Anna Wahlgren
Kleine Kinder brauchen uns

Anna Wahlgren

Kleine Kinder brauchen uns

Ins Deutsche übertragen
von Lone Rasmussen-Otten

Mit Zeichnungen
von Gunnar Haglund

BELTZ

Titel der schwedischen Originalausgabe:
anna.wahlgren online
Anna Wahlgren svarar på frågor om barn
© Anna Wahlgren 2002
First published by Bonnier *Carlsen* Bokförlag, Stockholm 2002

Das Werk und seine Teile sind urheberrechtlich geschützt. Jede Nutzung in anderen als den gesetzlich zugelassenen Fällen bedarf der vorherigen schriftlichen Einwilligung des Verlages. Hinweis zu § 52a UrhG: Weder das Werk noch seine Teile dürfen ohne eine solche Einwilligung eingescannt und in ein Netzwerk eingestellt werden. Dies gilt auch für Intranets von Schulen und sonstigen Bildungseinrichtungen.

www.beltz.de

Alle Rechte der deutschsprachigen Ausgabe:
© 2006 Beltz Verlag, Weinheim und Basel
Umschlaggestaltung: Federico Luci, Odenthal
unter Verwendung von Illustrationen von Gunnar Haglund
Foto Anna Wahlgren (Umschlagrückseite): © Anne Mette Welling
Innenillustrationen: © Beltz Verlag · Weinheim und Basel
Satz: WMTP GmbH, Birkenau
Druck und Bindung: Druck Partner Rübelmann, Hemsbach
Printed in Germany

ISBN 3 407 85777 2

»Es ist eine so kurze Zeit, in der unsere Kinder klein sind und uns wirklich brauchen – und wir sie.«
Anna Wahlgren

Kleine Kinder brauchen uns

Erster Teil
Kinder bis zu 2 Jahren

*»Das Kind
Kind sein lassen«*

Seelische Entwicklung und
Unterstützung
Essen und Schlafen
Spiel und Beschäftigung
Seite 13–158

Zweiter Teil
Kinder von 2–6 Jahren

*»Ein selbstständiger
kleiner Mensch«*

Entwicklung und Erziehung
Schlaf-, Essens- und
Toilettengewohnheiten
Sprache und Spiel
Seite 159–270

Dritter Teil
Kinder ab 6 Jahre

*»Kleine Kinder leben,
um zu lernen«*

Entwicklung, Erziehung und
Unterstützung
Schlafen und Essen
Sauberkeit
Spielen und Lernen
Seite 271–356

Vierter Teil
**Familienleben bei
Trennung und Scheidung**

*»Kein Kind möchte in seinem
Herzen ein Elternteil
verlieren«*

Trennung und Scheidung –
das Leben miteinander
Wo wohnt das Kind?
Patchwork-Familien
Seite 357–394

Inhalt

Vorwort 11

Erster Teil
Kinder bis zu 2 Jahren

»Ein Kind wird zur Welt kommen und du schenkst ihr oder ihm das Leben. Du spürst die Kindesbewegungen und fängst an zu träumen, wie das Kind aussieht und was es da drinnen gerade macht. Du legst die Hand auf deinen Bauch aus Freundschaft, Zärtlichkeit und Freude.«

Seelische Entwicklung und Unterstützung 16
Wie spielt man mit einem Säugling? *16* · Will nur umhergetragen werden *18* · Fordert ununterbrochene Unterhaltung *20* · Konzentrationsschwierigkeiten *23* · Nur Mama ist gut genug *25* · Mag nicht kuscheln *26* · Beteiligung an der Hausarbeit *28* · Versäumte den Kontakt zu meinem Neugeborenen *29* · Genervter Papa *30* · Verfrühtes Fremdeln *32* · Das Fremdeln *34* · Ich gehe bald unter *39* · Jammert ohne Ende *42* · Das Fremdeln dauert an *45* · Meine Kinder – eure Kinder *47* · Warum so traurig? *49* · Uneinigkeit in Sachen Erziehung *49* · Zieht anderen an den Haaren *50* · Sture Kinder *51* · Schwierig, Grenzen zu setzen *57* · Bricht zusammen, wenn er ein »Nein« bekommt *61* · Unselbstständig und ungeduldig *65* · In ihrer eigenen Welt *67* · Endlos viele Sorgen *68* · Nein sagendes Papa-Kind *69* · Mag keinen körperlichen Kontakt *71* · Willensstarkes Löwenmädchen *74* · Haut sich selbst *77* · Sie provozieren uns *79*

Fragen zur körperlichen Entwicklung 85
Neugeborener mit Schluckauf *85* · Muttermal? *86* · Träger Stuhlgang *86* · Merkwürdiges Kopfschütteln *87* · Mag nicht krabbeln *88* · Kann noch nicht laufen *88* · Anstrengende, neue Zähne *89*

Essen und schlafen 90
Die Milch reicht nicht aus *90* · Entdramatisiere das Stillen! *91* · Isst zu wenig *92* · Braucht er einen Schnuller? *93* · Ein frustriertes Baby *93* · Möchte am liebsten stillen *94* · Länger schlafen trotz Anfangsschwierigkeiten? *95* · Schluss mit nächtlichen Mahlzeiten *97* · Mag nicht essen *99* · Immer noch hektische Nächte *101* · Möchte

mit dem Stillen aufhören *103* · Alleine spielen im Bettchen *105* · Schlafen in Mamas Bett *110* · Wie kann ich ihn zum Schlafen bringen? *112* · Nur die Brust ist gut genug *119* · Mag keine Flaschenmahlzeit *120* · Schwierige Schlafenszeit *123* · Saugt die ganze Nacht *126* · Gemeinsames Schlafzimmer *127* · Das eigene Zimmer hat uns alle glücklich gemacht *128* · Wie sollen wir das alles schaffen? *129* · Will weder essen noch trinken *131* · Kein Interesse am Essen *132* · Will nicht im Gitterbett schlafen *133* · Endlich isst er! *133* · Braucht sie weniger Schlaf? *135* · Warum wird sie immer wieder wach? *136*

Verschiedenes 137
Mit einem Säugling auf Reisen? *137* · Ich muss meine Großfamilie verteidigen *138* · Wir leben in einer gefühlskalten Gesellschaft *140* · Meine Mutter macht mir alles kaputt *143* · Ist es schlimm, kleine Kinder für die Nacht wegzugeben? *145* · Sie hängt so an ihrem Kuscheltier *146* · Wie ein kleiner Aal *147* · Kann ich verreisen? *149* · Wir dürfen ihre Zähne nicht putzen! *150* · Kulturelle Unterschiede und das Spielen allein *151* · Wird er unter meiner erneuten Schwangerschaft leiden? *153* · Er spricht so wenig *154* · Waschen unter der Vorhaut? *155* · Weg mit dem Schnuller? *155* · Sollen Homosexuelle adoptieren dürfen? *156*

Zweiter Teil
Kinder von 2–6 Jahren

»Das Kind wird nicht nur fordernd sein. Es wird auch dein Freund werden, ein selbstständiger kleiner Mensch, der dich wirklich liebt – ohne Vorbehalte. Das hört sich doch gut an – oder?«

Seelische Entwicklung, Erziehung und Unterstützung 162
Wegwerf-Freude und grobes Verhalten *162* · Drei Kinder kurz hintereinander *164* · Wie streitet man sich? *167* · Testet sie uns aus? *169* · Zu Hause nicht immer am besten *171* · Verhalte ich mich richtig? (Wutanfälle, Trotzalter) *172* · Er macht uns bald wahnsinnig *175* · Warum so Mama-anhänglich? *177* · Weint im Schlaf *183* · Wilder und grober großer Bruder *184* · Dreijähriger im Trotzalter *189* · Kann es Missbrauch sein? *191* · Er möchte keine weiteren Kinder *194* · Ich würde ihr so gern ein Geschwisterchen schenken *196* · Fast wie Zwangsgedanken *196* · Leistungsdruck *201* · Hyperaktiv? *203* · Sie spricht mit ihren Strümpfen *205* · Angst vor Fliegen, Mücken und Wespen *208* · Mein Selbstvertrauen schrumpft Stück für Stück *209* · Aggressivität und Konzentrationsstörungen *213* · Viel zu penibel *215* · Wie ausgetauscht, wenn er bei seiner Mama ist *217*

Schlaf und Schlafgewohnheiten 221
Schlafprobleme *221* · Er will nur bei uns schlafen *223* · Träume und Albträume *225* ·
Ist es zu spät, die Routine zu ändern? *228* · Unruhige Nächte *233*

Essen und Essgewohnheiten 238
Ärger mit dem Essen *238* · Sie isst so wenig *239* · Er hat das Essen zu seiner Waffe gemacht *241*

Sauberkeit und Toilettengewohnheiten 243
Sie will auf der Toilette nicht groß machen *243* · Sie verkneift es sich *245* · Sie nässt jede Nacht ein *247* · Seit zwei Jahren trocken – und nun nässt er wieder ein *248* · Probleme mit dem großen Geschäft *251*

Verschiedenes. 253
Geschwister bekommen *253* · Wird er darunter leiden, dass ich verreise? *254* · Übergibt sich oft *255* · Er hat seine eigene Sprache *256* · Elterngehalt, Unterhalt für Eltern *257* · Tagesmutter oder Kindertagesstätte? *258* · Unmöglich, ihre Fußnägel zu schneiden *259* · Dreisprachige Familie *260* · Alle Schnuller weg – außer einem! *261* · Er besteht auf seinem Schnuller *262* · Sie spricht Babysprache *264* · Ich habe die vielen Anforderungen einfach satt *266* · Ich möchte meinen Kindern Selbstvertrauen geben *268*

Dritter Teil
Kinder ab 6 Jahre

»Kleine Kinder leben, um zu lernen. Sie wissen nicht alles von selbst. Wie sollten sie auch? Kinder befinden sich ununterbrochen in der Schule des Lebens, egal wo auf der Erde sie gelandet sind. Wir können nicht verlangen, dass sie sofort alles können und wissen und richtig machen. Wir müssen ihnen helfen, indem wir ihnen das Leben leichter machen – ein Leben, das schon kompliziert genug ist (auch für uns Erwachsene). Wir müssen die Führung übernehmen und ihnen helfen.«

Seelische Entwicklung, Erziehung und Unterstützung. 273
Vom Engel zum Monster *273* · Sie will die Kontrolle haben *275* · Empfindlich und einfühlsam *278* · Er will nicht bei der Tagesmutter bleiben *280* · Sie kann sich nur schwer entscheiden *282* · Sauer und wütend, wenn er abgeholt wird *283* · Wir wollen nur sein Bestes, aber es läuft schief *287* · Reizbar und aggressiv *290* · Er meckert nur

noch *293* · Er schimpft über seine Freunde *299* · Ewige Geschwisterstreitigkeiten *301* · Ich erreiche meinen Sohn nicht *304* · Altersbedingtes Verhalten oder Entwicklungsstörungen? *312* · Schreiend und dominierend *315* · Wie können wir unserem mürrischen Zwölfjährigen helfen? *317* · Mein Sohn hat die Führung übernommen *319*

Fragen zur körperlichen Entwicklung 323
Bauchschmerzen *323* · Nägelkauen *324* · Nächtliches Einnässen *325* · Das Einnässen hört nicht auf *326* · Sie macht jeden Tag in die Hose *330* · Ist Krafttraining schädlich? *333*

Schlaf und Schlafgewohnheiten 334
Er kommt nachts angeschlichen *334* · Plötzliche Einschlafprobleme *335* · Fühlen sich die Kinder nicht geborgen? *338*

Verschiedenes 341
Mit den Kindern spielen *341* · Er ist von seinem Kuscheltier total abhängig *343* · Tipps zu besseren Essgewohnheiten *345* · Wie die kleinen Kinder entstehen *349* · Kinder und Spiritualität *352* · Wie schafft man das? *353*

Vierter Teil
Familienleben bei Trennung und Scheidung

»Jeder Tag ist neu und unsere Kinder geben uns immer wieder eine neue Chance.«

Trennung und Scheidung – das Leben miteinander.................. 359
Sollte ein Siebenjähriger pendeln? *359* · Im Schlafzimmer überrascht *360* · Meine Kinder hassen einander *363* · Wie beeinflusst unsere Scheidung unseren Sohn? *365* · Mein Exmann mischt sich in mein Leben ein *368* · Wie komme ich den Kindern meines neuen Mannes näher? *370* · Eifersüchtig auf meinen neuen Mann? *372* · Sie will nicht zu ihrem Vater *375* · Mein Sohn kommt nicht mit meinem neuen Freund klar *376* · Unruhig, wenn sie bei ihrem drogenabhängigen Papa sind *377* · Papa geht es nicht gut *380* · Wie werden sie mit ihren Halbgeschwisterchen umgehen? *382* · Geschieden, aber immer noch beste Freunde *385* · Sie möchte keinen Kontakt zu ihrer Tochter *387* · Im Schatten seiner alten Familie *388* · Kann der Schein trügen? *391*

Vorwort

Fast ein Jahr habe ich im Internet Fragen beantwortet, die mit der Erziehung unserer Kinder zu tun haben. Und ich habe versucht, den Eltern gute Ratschläge und Tipps zu geben, wie sie verschiedene Probleme mit ihren kleinen – oder nicht mehr ganz so kleinen – Mäuschen lösen können. Oft mussten die Fragen geradezu im Handumdrehen beantwortet werden, denn »es ist unerträglich, warten zu müssen«, schrieb zum Beispiel eine Mutter, »wenn man ein schreiendes Kind am Ohr hat und ständig nur zu hören bekommt, dass man ›alles mit Ruhe‹ angehen und erst einmal abwarten soll«. Mit manchen der Besucher dieser Website konnte ich einen regelrechten Dialog aufnehmen und mit vielen von ihnen stehe ich heute noch in persönlichem Kontakt.

In unserer Zeit, in der wir mit so vielen Traditionen gebrochen haben und in der so viele Eltern erleben, dass sie im Alltag mit ihren Kindern ohne jede Unterstützung dastehen, war es für mich sehr ergreifend, zu erleben, wie groß der Bedarf nach dem anteilnehmenden Kontakt ist, der auf Nähe und Lebenserfahrung baut, und der früher durch ein praktisches und unterstützendes, menschliches Netzwerk rund um die Kinder gedeckt wurde. Persönliches Engagement und lebensnahe Erfahrung können durch professionelle Einrichtungen, auf die man sich »mit einem schreienden Kind am Ohr« vielleicht nicht stützen kann, nie ganz ersetzt werden. Ich bin stolz und froh, dass ich als erfahrene Mutter so vielen ratlosen Eltern habe helfen können – sowohl übers Internet als auch durch »Das KinderBuch«, von dem ich weiß, dass es gerade bei euch in Deutschland so großen Anklang gefunden hat. Das Leben ist meine Schule gewesen und die Kinder waren meine Universität.

Ich hoffe und glaube daran, dass dieses Buch eine Quelle der Inspiration für viele Eltern sein wird, die heute in ihrer Beziehung zu ihren Kindern unsicher und fragend dastehen. »Es gibt nicht genug Dunkelheit in der Welt, um auch nur ein einziges kleines Licht zu verbergen.« So lautet ein altes Sprichwort. Und was trägt mehr Licht in sich als Kinder, kleine wie große, mit glänzenden Augen und strahlendem Lächeln? Es lohnt sich, sich auf das »Abenteuer Kind« wirklich einzulassen, und dieses Buch soll dabei helfen.

Anna Wahlgren
Gastsjön, Schweden

Erster Teil
Kinder bis zu 2 Jahren

»Ein Kind wird zur Welt kommen und du schenkst ihr oder ihm das Leben. Du spürst die Kindesbewegungen und fängst an zu träumen, wie das Kind aussieht und was es da drinnen gerade macht. Du legst die Hand auf deinen Bauch aus Freundschaft, Zärtlichkeit und Freude.«

In diesem Teil liest du:

Seelische Entwicklung und Unterstützung   16
Wie spielt man mit einem Säugling?   16
Will nur umhergetragen werden   18
Fordert ununterbrochene Unterhaltung   20
Konzentrationsschwierigkeiten   23
Nur Mama ist gut genug   25
Mag nicht kuscheln   26
Beteiligung an der Hausarbeit   28
Versäumte den Kontakt zu meinem Neugeborenen   29
Genervter Papa   30
Verfrühtes Fremdeln   32
Das Fremdeln   34
Ich gehe bald unter   39
Jammert ohne Ende   42
Das Fremdeln dauert an   45
Meine Kinder – eure Kinder   47
Warum so traurig?   49
Uneinigkeit in Sachen Erziehung   49
Zieht anderen an den Haaren   50
Sture Kinder   51
Schwierig, Grenzen zu setzen   57
Bricht zusammen, wenn er ein »Nein« bekommt   61
Unselbstständig und ungeduldig   65
In ihrer eigenen Welt   67
Endlos viele Sorgen   68
Nein sagendes Papa-Kind   69
Mag keinen körperlichen Kontakt   71
Willensstarkes Löwenmädchen   74
Haut sich selbst   77
Sie provozieren uns   79

Fragen zur körperlichen Entwicklung   85
Neugeborener mit Schluckauf   85
Muttermal?   86
Träger Stuhlgang   86
Merkwürdiges Kopfschütteln   87
Mag nicht krabbeln   88
Kann noch nicht laufen   88
Anstrengende, neue Zähne   89

Essen und schlafen   90
Die Milch reicht nicht aus   90
Entdramatisiere das Stillen!   91

Isst zu wenig   92
Braucht er einen Schnuller?   93
Ein frustriertes Baby   93
Möchte am liebsten stillen   94
Länger schlafen trotz Anfangsschwierigkeiten?   95
Schluss mit nächtlichen Mahlzeiten   97
Mag nicht essen   99
Immer noch hektische Nächte   101
Möchte mit dem Stillen aufhören   103
Alleine spielen im Bettchen   105
Schlafen in Mamas Bett   110
Wie kann ich ihn zum Schlafen bringen?   112
Nur die Brust ist gut genug   119
Mag keine Flaschenmahlzeit   120
Schwierige Schlafenszeit   123
Saugt die ganze Nacht   126
Gemeinsames Schlafzimmer   127
Das eigene Zimmer hat uns alle glücklich gemacht   128
Wie sollen wir das alles schaffen?   129
Will weder essen noch trinken   131
Kein Interesse am Essen   132
Will nicht im Gitterbett schlafen   133
Endlich isst er!   133
Braucht sie weniger Schlaf?   135
Warum wird sie immer wieder wach?   136

Verschiedenes   137
Mit einem Säugling auf Reisen?   137
Ich muss meine Großfamilie verteidigen   138
Wir leben in einer gefühlskalten Gesellschaft   140
Meine Mutter macht mir alles kaputt   143
Ist es schlimm, kleine Kinder für die Nacht wegzugeben?   145
Sie hängt so an ihrem Kuscheltier   146
Wie ein kleiner Aal   147
Kann ich verreisen?   149
Wir dürfen ihre Zähne nicht putzen!   150
Kulturelle Unterschiede und das Spielen allein   151
Wird er unter meiner erneuten Schwangerschaft leiden?   153
Er spricht so wenig   154
Waschen unter der Vorhaut?   155
Weg mit dem Schnuller?   155
Sollen Homosexuelle adoptieren dürfen?   156

Seelische Entwicklung und Unterstützung

»Bis ins kleinste Detail habe ich versucht, die Welt klein sein zu lassen, bevor sie groß wurde.«

Wie spielt man mit einem Säugling?

Hallo! Ich habe viel darüber nachgedacht, wie man mit Säuglingen spielen kann. Meine kleine Tochter ist jetzt zehn Wochen alt, und sie hat angefangen, Interesse an ihrer Umwelt zu zeigen. Sie sitzt und schaut sich dabei um, wird aber nach einer Weile müde. Wie kann ich ihr in ihrer Entwicklung weiterhelfen, wenn es ums Spielen geht? Wie spielt man mit so kleinen Kindern? Ich singe für sie, wiege sie und erzähle ihr irgendwas, und sie antwortet plappernd. Gibt es sonst etwas, was ich mit ihr zusammen machen kann, obwohl sie ja noch so klein ist?

Hallo, meine Liebe! Das, was du machst, ist doch perfekt: Du kommunizierst, singst und erzählst – und sie plappert zurück. Das ist ein richtiges Gespräch, das ist Zusammensein auf höchstem Niveau! Du siehst auch, dass sie angefangen hat, sich für ihre Umwelt zu interessieren. Super – und du kannst sie ihr zeigen! Trage sie umher, lass sie schauen und versuchen, die Sachen anzufassen, drinnen wie draußen!

Du kannst auch einige interessante Gegenstände, über die man sich unterhalten kann, vor ihr anbringen. Stelle oder lege etwas auf den Boden oder auf einen großen Tisch, von dem sie nicht herunterfallen kann – eine große Vase, die nicht umkippen kann, ein aufgeschlagenes Buch, hänge eine bunte Bluse über einen Stuhl; du kannst auch Gegenstände aus der Küche nehmen, alles Mögliche, von dem du meinst, dass es in IHREN Augen interessant sein könnte – und dann musst du dafür sorgen, dass sie genauso viel auf dem Bauch liegt wie auf dem Rücken und dass sie – sobald sie richtig festhalten kann – immer etwas in den Händen hat! (Aber keinen Schnuller, der würde es ihr nur erschweren, auf den Geschmack ihrer Umwelt zu kommen, und sie hat ja gerade erst angefangen, sie kennen zu lernen.)

In der Zeit, in der sie allein spielt, solltest du sie so ungestört wie möglich sein lassen, solltest ihr nicht mit deiner ununterbrochenen Aufmerksamkeit deine Gesellschaft aufzwingen. Beobachte sie lieber ganz diskret! Das gibt ihr die Ruhe, um in ihrer ganz eigenen Weise zu spielen und sich mit den Sachen in ihrem eigenen Tempo vertraut zu machen. Sie kann auf diese Weise auch – ungestört – ihre Eindrücke verdauen. Bedenke, dass die Kleine noch keine Erfahrungen hat, auf die sie zurückgreifen kann. Alles, oder fast alles, ist für sie ganz neu – hier und jetzt, und noch für lange Zeit!

Du musst ihr nicht helfen, wenn sie zwanglos spielt. Um die Seite ihrer Entwicklung kümmert sie sich nämlich ganz von allein, und das sollte ihr auch erlaubt werden, meine ich. Deine Aufgabe besteht darin, ihr die Voraussetzungen zu schaffen, damit sie ihre Umwelt, die Menschen und die Gegenstände dort erforschen kann.

Einem Spiel, das aus sich selbst entwicklungsfördernd ist und das du vielleicht im Kopf hast, kann sie sich erst hingeben, wenn sie sich mit ihrer Umwelt einigermaßen vertraut gemacht hat. Dabei handelt es sich im Grunde genommen schon um eine Art Verarbeitung der Wirklichkeit. Wenn sie z.B. sitzen und greifen kann, wird es ihr auch möglich, zwei Klötze in die Hände zu nehmen und sie gegeneinander zu schlagen oder auf den Tisch zu hauen – das könnte man auch Spielen nennen. Aber sie wird es erst können, wenn sie sich mit einem Klotz vertraut gemacht hat, dann mit zwei Klötzen, erst einzeln und dann zusammen. Ihre kleine Welt besteht noch aus vielen tausend Sachen und Zusammenhängen, und sie steht noch am Anfang ihrer Karriere – ist gerade dabei, einen Bruchteil davon zu entdecken. Und wozu man später all diese Sachen – noch – gebrauchen kann, wird die nächste große Entdeckungsreise des Kindes sein, und wie man damit »richtig« spielt, folgt dann als dritte Stufe.

Drossele also deine Ambitionen, wenn es ums Spielen geht, und überlasse die ganze Sache ruhig deiner Tochter, wenn die Zeit reif dafür ist.

Das, was du machst, ist vollkommen ausreichend und ganz wunderbar – genau das, was liebevolle Eltern zu allen Zeiten getan haben: Du singst, redest, bringst sie zum Brabbeln und Lachen, schmust mit ihr, machst Quatsch – und du zeigst ihr ihre Umwelt. Um gar nicht davon zu sprechen, was du noch alles für ihr gesamtes Wohlbefinden tust – Nahrung, Schlaf und Körperpflege. Mehr kann sich ein kleiner Mensch nicht wünschen – und tut es auch nicht. Deshalb solltest du es auch nicht tun! Viele liebe Grüße!

Will nur umhergetragen werden

Hallo, Anna! Ich habe einen zwei Monate alten Sohn. Seit er ganz klein war, hat er sich geweigert, tagsüber allein zu schlafen. Nachts schläft er bei mir, das sehe ich aber nicht als ein Problem. Aber tagsüber ist es in der Tat anstrengend. Er will dann nur herumgetragen werden, und es muss sogar auf eine besondere Weise geschehen, er muss dabei geknufft und gewiegt werden usw. Langsam gelingt es mir, ihn für 10 bis 15 Minuten auf eine Decke auf den Fußboden zu legen. Aber wenn ich ihn zum Schlafen hinlegen will, schreit er wie am Spieß, bis ihm der Schweiß ausbricht, und das kann ich wirklich nicht ertragen und nehme ihn sofort wieder hoch. Er wiegt schon 6,5 kg, es wird also allmählich eine echte Belastung für mich.

Wird er aus dieser Misere herauskommen? Oder gibt es etwas, was ich tun sollte?

Hinzu kommt, dass er mit seiner Verdauung Probleme hat – sowohl Blähungen als auch harten Stuhlgang. Er stöhnt und krümmt sich, weint aber nur, wenn man ihn hinlegen will. Ich wäre für deine Hilfe sehr dankbar.

Hallo, dein kleiner Junge (der nun wirklich nicht mehr so klein ist – 6,5 kg sind eine Menge, wenn man das Kind ständig umhertragen muss) glaubt vermutlich, dass er sich noch in der Gebärmutter befindet, mehr oder weniger … Die physische Symbiose ist ja in der ersten Zeit immer vorhanden, bis zur »eigentlichen« Geburt, wie ich sie nenne, die etwa drei Wochen nach der Entbindung stattfindet. Danach werden kleine Kinder in der Regel ihre Aufmerksamkeit nach außen richten, von der Mama weg, und man spürt nun das Interesse des Kindes an seiner Umwelt, welches beim kleinen, neugeborenen Menschen noch nicht vorhanden ist. Aber man kann natürlich die »eigentliche« Geburt verschieben: Man setzt die »Entbindung« ganz einfach nicht weiter fort, sondern trägt das Kind immer noch umher – nur jetzt außerhalb des Bauches, anstatt innen drin. Das Ergebnis ist für gewöhnlich die Situation, in der du dich im Moment befindest. Das Kind denkt, es sei gefährlich, von der Mutter getrennt zu leben, oder zumindest sehr FALSCH. Und wenn er nachts bei dir im Bett schläft, wird es weder deinem armen, müden Rücken besser gehen noch wird er sich richtig ausruhen können – genau wie bei deinem ständigen Umherschleppen mit ihm auf dem Arm. Damit erzielst du genau das Gegenteil von Geborgenheit: Ohne dich fühlt er sich ungeschützt und bekommt Angst.

Du musst nun also versuchen, ihm beizubringen, dass es NICHT gefährlich ist, sich außerhalb von Mamas Bauch oder Schoß zu befinden, sondern dass es in der Tat sowohl gemütlich wie auch vollkommen O.K. ist, d.h. RICHTIG. Ich schlage vor, dass du damit anfängst, ihn nachts in seinem Kinderwagen schlafen zu lassen (bevor er dafür schon zu groß wird!), und ihm die nächtlichen Mahlzeiten abgewöhnst, indem du ihn im Kinderwagen hin- und herwiegst – in einem kühlen, dunklen Zimmer. Sage dabei nichts, führe nur das Wiegen in großen, steten Bewegungen aus – nach vorn, bis dein Arm ganz ausgestreckt ist, und wieder zurück ... in einem ziemlich forschen Tempo.

7 bis 8 Stunden müsste er ohne Probleme durchschlafen können. Das bekommst du mit einer kleinen Kur von drei bis vier Nächten hin, wobei du konsequent sein musst und ihn NICHT hochnimmst. (Er sollte dabei nicht schreien müssen, er muss ggf. gewiegt werden und wird sich so innerhalb von ein paar Minuten beruhigen. Funktioniert es nicht auf Anhieb, musst du deine Wiegetechnik verfeinern!)

Darüber hinaus strukturierst du seinen Tagesablauf, so dass seine Ess- und Schlafzeiten einigermaßen fest geregelt sind. In sein kleines Schema gehören auch Zeiten, in denen er auf dem Fußboden liegt, und diese verlängerst du nach und nach. 10 bis 15 Minuten sind für den Anfang sehr gut. Sorge dafür, dass er etwas Spannendes zum Beobachten hat – und auch für interessante Musik dazu – »... tjimdada und bum-bum-bum«, kräftige Lautstärke scheint den meisten Säuglingen zu gefallen. Deine Haltung muss überaus positiv sein, als würdest du ihm ein herrliches, märchenhaftes Erlebnis bieten, er soll es sozusagen als ein Geschenk ansehen, eine Weile auf dem Fußboden liegen zu dürfen! Lass keine innere Unruhe zu, nach dem Motto: »Er wird ja sowieso gleich anfangen zu schreien!« Zeige ihm stattdessen deine rein positive Erwartung: »Das wird ihm total gut gefallen!« Und wie sehr er sich auch anstrengen mag, um das Gegenteil zu beweisen – d.h., er zeigt deutlich, dass es für ihn eine Qual ist, einfach schrecklich und außerdem gefährlich –, du musst dich so verhalten, als wäre er überglücklich und zufrieden. Versuche, ihn zu einem Zeitpunkt, zu dem er NICHT schreit, wieder hochzunehmen, damit du nicht den Eindruck vermittelst, du müsstest ihn zurück in deinen Körper oder auf deinen Schoß retten, sondern dass du ihn jetzt mitnimmst, weil DU es so entschieden hast und weil nun der nächste Punkt auf dem Programm dran ist (was es auch gerade sein mag). Du kannst ihn dann auf einer Decke, die du auf einem Tisch oder an einem anderen höher gelegenen Ort ausgebreitet hast, auf den Bauch legen – einfach zur Abwechslung. In dem Fall musst du natürlich die ganze Zeit bei ihm bleiben, damit er nicht herunterfällt. Du kannst deine Hand auf seinen Rücken legen, aber du solltest ihn nicht umhertragen und auch nicht irgendwie trösten. Deine Haltung sollte ihm stattdessen zeigen, dass er etwas BEKOMMT, das für ihn so etwas wie eine Extrawurst darstellt. In dieser Weise bringst du ihm bei – in schöner Harmonie mit seinen eigenen, positiven Erlebnissen –, dass es in der Tat NICHT gefährlich ist, zu einem Leben außerhalb der Gebärmutter geboren zu sein! Er hat ja deinen Schutz, denn du bist da. Sinn der Sache ist aber, dass er sein *eigenes* Leben leben soll.

Die Probleme mit der Verdauung kann man vielleicht etwas symbolisch betrachten. Auch sie muss lernen, selbstständig zu funktionieren, und das wird sie auch. Kinder werden eben nicht ganz fertig geliefert, wenn sie auf die Welt kommen! Man muss mit einem halben Jahr rechnen, bevor alle Organe des kleinen Körpers einwandfrei und automatisch funktionieren (das gilt übrigens auch für die Atmung). Der kleine Bauch ist eben auch zu einem eigenen, neuen und ungewohnten Leben geboren worden – außerhalb der Gebärmutter. Er braucht noch eine kleine Weile und ein wenig Aufmunterung.

Fordert ununterbrochene Unterhaltung

Während ich diese Zeilen schreibe, renne ich in regelmäßigen Abständen immer wieder zu meiner Tochter, dreieinhalb Monate, die wie immer daliegt und meine Aufmerksamkeit fordert. Tagsüber gönnt sie sich nur recht selten ein kleines Nickerchen, außer wenn wir mit dem Kinderwagen oder mit dem Auto unterwegs sind. Ich werde allmählich wahnsinnig!

Aus medizinischen Gründen stille ich meine Tochter nicht. Ich habe gehört, dass es normal ist, dass Babys, die mit Fertignahrung gefüttert werden, nachts mehr Stunden am Stück schlafen, weil sie nach klareren Regeln essen. So ist es bei meiner Tochter auch. Normalerweise schläft sie ohne Unterbrechungen von ca. 20 Uhr bis 6 Uhr. (Oft wecke ich sie aber noch einmal um etwa 22 Uhr und sie bekommt dann noch eine Gute-Nacht-Mahlzeit). Aber wie gesagt, außer abends und nachts weigert sie sich kategorisch zu schlafen.

Im Laufe dieser langen Wachzeit kommt es vor, dass sie sich damit zufrieden gibt, auf dem Fußboden zu liegen und sich mit ihren Spielsachen zu beschäftigen – aber meistens fordert sie ununterbrochen Aufmerksamkeit. Sobald man ihr den Rücken zudreht, fangen ihre Proteste an und steigern sich schnell zum richtigen Wutgeschrei. Ich muss sie dann nicht unbedingt hochnehmen, aber sie möchte unterhalten werden – mit Grimassen, Reden oder Berührung. Hin und wieder reicht es aus, ihr den Schnuller zu geben, aber da er immer wieder rausfällt und sie ihn noch nicht selbst in den Mund stecken kann, muss ich konstant hin- und herlaufen und mich um sie kümmern.

Ich weiß, dass ich selbst sehr wenig schlief, als ich klein war. Dass es so werden wird, wie es jetzt ist, hatte ich aber doch nicht gedacht. Vielleicht war ich zu optimistisch, als ich glaubte, ich würde noch Zeit für andere Sachen als die physischen und psychischen Bedürfnisse der Kleinen haben. Diese kleinen Wesen sollten ja 16 Stunden am Tag schlafen, habe ich irgendwo gelesen. Braucht meine Tochter doch mehr Schlaf? Und wie kriege ich das hin? Ich meine auch gehört zu haben, dass man einen Säugling nicht verwöhnen kann, indem man ihm Aufmerksamkeit schenkt. Siehst du das auch so?

Hallo, meine Liebe, es ist richtig, dass man einen Säugling nicht verwöhnen kann – aber man kann ihn ganz schrecklich langweilen! Die unendliche Aufmerksamkeit hat nicht nur positive Seiten. Ein Baby von fünf bis sechs Monaten z.B., das wirklich angefangen hat, die Welt zu entdecken, und das von Gegenständen schon überaus begeistert ist, würde nur zu gern seine geliebte Mutter gegen einen Kassenapparat, der »Pling« macht, eintauschen! Darüber sollte man vielleicht mal nachdenken. Man sollte sich, meiner Meinung nach, selbst keine wahnsinnig große Bedeutung beimessen, jedenfalls nicht immer! Kinder leben nicht von Gefühlen und Aufmerksamkeit allein. Es sollte ihnen erlaubt werden, die Welt kennen zu lernen – denn deswegen sind sie ja hier!

Ich glaube also, dass deine Kleine sich ganz einfach langweilt. Liegt sie immer auf dem Rücken? Damit kann kein Mensch zufrieden sein. Nimm ihr den Schnuller weg, und gib ihr stattdessen etwas in die Hände, das sie festhalten und allmählich auch zum kleinen Mündchen führen kann. Lass sie auf dem Bauch liegend »Kraftübungen« machen – während sie von spannenden Gegenständen umgeben ist, nicht zu viele, aber lustige: glänzende Küchengeräte, bunte Gegenstände, Kuscheltiere mit schwarzen Augen. Hänge Mobiles über ihr auf – irgendetwas, das umherbaumelt und sich bewegt. Mit allem Respekt für die fertigen Spielwaren wird dir sicherlich selber etwas einfallen! Wechsle zwischen verschiedenen Orten: eine Decke auf dem Fußboden, eine Unterlage auf einem großen Tisch oder im Kinderwagen mit vielen Sachen, die über ihr hängen und die sie beobachten kann. Wechsle die Gegenstände in regelmäßigen Abständen aus – das ist Unterhaltung!

Und nun zum Schlaf: Lass die Mahlzeit um 22 Uhr wegfallen. Die braucht sie nicht mehr. (Wenn sie vier Monate alt wird, kommt sie 12 Stunden am Stück ohne Nahrung aus.) Wird sie wach und meint, sie müsse etwas essen, legst du sie ganz schnell in den Kinderwagen und schenkst ihr eine schöne Tour – in ruhigen Zügen, vor und zurück, bis sie wieder einschläft. Sie wird denken, dass sie schon gegessen hat und ruhig weiterschlafen (sie hat ja schon einen ganz tollen Nachtschlaf!).

Außerdem ist es wichtig, den Tag zu strukturieren. Wenn du möchtest, kannst du das Standardmodell, das ich in »Das KinderBuch« näher beschrieben habe, anwenden. Es beinhaltet – in ihrem Alter –, dass eine Mahlzeit bis zu 2 Stunden dauern kann, mit allem was dazugehört an Essen und Essen und nochmals Essen, Pflege und deiner vollkommenen und fröhlichen Aufmerksamkeit. Daneben sorgst du für Unterhaltung, du trägst sie umher und zeigst ihr verschiedene Sachen – Fenster, Lampen, Spiegel, all die Sachen, die sie ohne Hilfe nur schwer entdecken kann – und du lässt sie versuchen alles anzufassen. Darauf wird sie etwa anderthalb Stunden schlafen (ein passend langer Zeitraum für ein gutes Nickerchen). Du solltest in etwa ein Programm mit den folgenden Zeiten erreichen können: Essen um 6, 9, 13, 17 und 19.30 Uhr mit einem Vormittagsnickerchen von ca. 1,5 Stunden, einem Mittagsschlaf von 2,5 Stunden (nach der Mahlzeit um 13 Uhr) und einem Nickerchen von 1,5 Stunden am späten Nachmittag – um ca. 17 Uhr. Vielleicht passt es dir besser, wenn die Kleine anstelle der längeren Nickerchen sowohl vormittags wie auch nachmittags nur jeweils 20 Minuten schläft (auch eine gute Schlafdauer, denn nach 20 Minuten kannst du sie leicht wecken).

Setze dich also mit Bleistift und Papier hin und erstelle ein Schema! Folge ihm dann mit einem Spielraum von höchstens 15 Minuten in beiden Richtungen. Und dann musst du sie nach Bedarf in den Schlaf wiegen (im Kinderwagen), um sie nach dem Schema, das du ausarbeitet hast, schlafen zu lassen –

du musst die Führung übernehmen und es ganz selbstverständlich tun. Denn genau das erwartet sie von dir. Du lässt das Schema sich festigen, indem du es eine Woche lang – ohne Abweichungen – einhältst.

Der Hauptteil ihres Jammerns und ihrer Unzufriedenheit entsteht sicherlich aus Übermüdung, aber auch aus Verwirrung, da sie spürt, dass du nicht alles im Griff hast, sondern dich von ihr leiten lässt – wenn du verstehst, was ich meine –, anstatt durch deine Handlung zu zeigen, wie du es haben willst. Du kannst dich selbst ein bisschen erziehen, indem du strukturierter denkst. Entweder bist du voll und ganz mit deiner Tochter zusammen, du schenkst ihr deine totale Aufmerksamkeit und ihr habt Spaß miteinander – in einer Weise, die von Liebe geprägt ist –, oder das Kind ist sozusagen auf die Welt angewiesen, wobei du dich selbst in den Hintergrund stellst.

Sie braucht insgesamt etwa 16 Stunden Schlaf, aber dieser Zeitraum kann natürlich etwas variieren. Im Schema, das ich vorgeschlagen habe, kommen wir auf 15,5 Stunden. Deine Kleine kommt vielleicht mit weniger aus, aber ich habe das Gefühl, dass bei ihr eher ein ziemlich großer Nachholbedarf besteht. Liebe Grüße!

Konzentrationsschwierigkeiten

Hallo! Unser Sohn ist gerade fünf Monate alt geworden. Unser Problem ist folgendes: Wenn man ihn umherträgt oder mit ihm spielt, ist er vollkommen glücklich und brabbelt fröhlich. Soll er dagegen allein spielen, z.B. in seinem Laufställchen, oder wenn er auf dem Bauch liegt mit seinen Spielsachen um ihn herum, verliert er nach wenigen Minuten die Geduld. Haben wir ihn etwa schon mit zu viel Erwachsenenkontakt verwöhnt? Hat er schon Aufmerksamkeits- oder Konzentrationsschwierigkeiten? Und was können wir dagegen tun?

Hallo, meine Liebe. Wenn es euch gelungen ist, ein kleines Baby im Alter von fünf Monaten zu verwöhnen, habt ihr das Unmögliche geschafft! Denn das geht ganz einfach nicht. Dagegen kann man weniger nett zu einem kleinen Baby sein, und das werfe ich euch vor: Es ist NICHT nett von euch, bei ihm Fehler zu suchen. Aufmerksamkeitsschwierigkeiten, mangelnde Konzentration – schämt euch!

Euer kleiner Sohn ist eine soziale Person geworden, der die Menschen und das Zusammenspiel mit ihnen liebt – das ist eine große Sache, ein Riesenschritt in seiner Entwicklung. (Die Freude dauert nur wenige Monate an, bis zum Fremdeln im Alter von etwa acht Monaten, genießt sie also!)

Zeigt er keine größere Lust dazu, allein zu spielen oder Sachen zu beobachten, kann es ganz einfach bedeuten, dass er sich langweilt. Und nicht dass ihm die Geduld fehlt! Aus praktischen Gründen kann man natürlich nicht ständig das kleine Kind mit sich herumtragen (und sollte es auch nicht tun, denn meiner Meinung nach sollten Kinder nur getragen werden, wenn sie sich dabei aktiv mit ihrer Umwelt austauschen, wenn man sie ganz schnell tröstet oder beim Transport) – und deshalb ist es notwendig, dass er sich ab und an allein beschäftigen kann. Versucht also, seine kleine Welt ein bisschen lustiger zu gestalten, wenn er allein spielen soll!

Ein paar Tipps: Wechselt in regelmäßigen Abständen die Gegenstände aus, die er zum Beobachten um sich hat. Umgebt ihn nicht mit 15, sondern mit drei interessanten Gegenständen. Entfernt den Schnuller, falls er einen hat, und gebt ihm stattdessen IMMER etwas in die Hände, das er festhalten und auch zum Mund führen kann. Lasst ihn öfter auf dem Bauch als auf dem Rücken liegen. Legt ihn auch mal höher platziert hin, damit er sehen kann, was ihr macht – in Arbeitshöhe, mit anderen Worten nicht immer nur auf Fußbodenniveau. Legt ihn z.B. mitten auf den Küchentisch, wenn ihr am Essen seid, das schadet keinem! Sozial zu sein bedeutet, dass man dabei sein möchte!

Wenn er auf der Decke auf dem Fußboden liegen soll, und es passiert, dass er seine Beschäftigung mit irgendetwas innerhalb von wenigen Minuten aufgibt, müsst ihr nicht sofort zu seiner Rettung hinhasten. Wartet ab, ob er vielleicht selber eine Lösung des Problems findet – dank der vielen spannenden Voraussetzungen: vielleicht ein paar schöne »Werkzeuge« aus der Küche – die ihm nun zur Verfügung stehen. Und dann könnt ihr noch einen richtig schönen Trick anwenden: Seht ihn nicht an, zeigt keine Spur von Unruhe, sondern sprecht stattdessen laut vor euch hin oder miteinander, als wäre er gar nicht da, beschäftigt euch mit etwas und redet darüber, ohne Unterbrechung, blabla-bla ... laut und deutlich, so alltäglich und effektiv, dass seine Proteste dabei untergehen. Ihr hört sie gar nicht! In seiner eigenen, tristen Welt, aus der niemand ihn rettet, wird er schließlich einsehen, dass es so langweilig ist, sich zu langweilen, dass man genauso gut etwas Lustiges unternehmen kann. Da er sich nicht selbst etwas heranholen kann, könnt ihr – so ganz zufällig und immer noch, ohne ihn anzuschauen, und während ihr euch über irgendetwas unterhaltet, nur nicht über ihn oder mit ihm – etwas Spannendes in seiner Reichweite und/oder in seinen Händen »auftauchen« lassen, woraufhin ihr schnell mit dem weitermacht, womit ihr euch so intensiv beschäftigt habt. Danach könnt ihr ihn dann in einem Moment, in dem er glücklich und zufrieden ist, hochnehmen, aber nicht, wenn er schreit, denn die »Behandlung« soll fortgesetzt werden, bis er wieder zufrieden ist!

In dieser Weise – durch eine solche kleine, aber effektive Kur – wird er lernen: 1. Es ist nicht gefährlich, sich zu langweilen – nichts, vor dem man gerettet werden muss, denn man kann sich ja selber retten. 2. Ihr habt auch etwas zu tun in dieser Welt – etwas, das eure Konzentration erfordert, deshalb könnt ihr euch also nicht immer nur mit ihm beschäftigen – herrlich (denn wer hat schon immer Lust dazu?) 3. Ihr wisst, was ihr tut. Ihr bemitleidet ihn nicht – denn er braucht kein Mitleid –, also braucht er sich auch selbst nicht bemitleiden. Liebe Grüße!

Nur Mama ist gut genug

Hallo, unsere Tochter, sechs Monate alt, ist plötzlich zum »Mama-Kind« geworden. Sie weigert sich, beim Papa zu bleiben. Besonders abends, wenn sie müde ist. So war es bisher nie. Ich kann nicht einmal das Wohnzimmer verlassen, ohne dass sie schon lauthals schreit. Sie folgt mir die ganze Zeit mit den Augen. Was können wir tun? Wird es von allein vorübergehen?

Hallo, meine Liebe – ja, es geht vorüber. Kleine Kinder verschieben ständig ihre wichtigste Bindung. In dieser Weise erweitern die Kleinen ihre Welt – wie merkwürdig es sich auch anhören mag. In zwei bis drei Monaten kann es sein, dass dieses kleine Mädchen, das nun so liebevoll und zärtlich auf deinem Schoß sitzt, plötzlich lauthals losschreit und die Arme nach ihrem Papa ausstreckt, als wäre er der Einzige, der ihr Leben (vor dem großen Ungeheuer, DIR) retten kann.

Du kannst mit ihr ein wenig trainieren, um zu erreichen, dass sie allmählich einsieht, dass es komplett ungefährlich ist, wenn du mal aus ihrem Blickfeld verschwindest – was ja bei ihr zurzeit ganz offensichtlich die große Panik auslöst. Erkläre ihr laut und deutlich – und mit fröhlicher Stimme: »Tschüss, kleine Maus! Ich gehe jetzt! Aber ich komme gleich wieder!« Wink ihr zum Abschied und vergewissere dich, dass sie die Botschaft verstanden hat. Und geh dann! Nach ein paar Minuten – egal ob sie schreit oder nicht – kehrst du im ganz großen Stil zurück, als hättest du mehrere Wochen lang auf Mallorca Urlaub gemacht, und freust dich nun riesig, sie wieder zu sehen. Keine Sorgen, sondern pure Freude und sprudelnde Fröhlichkeit! Nachdem ihr euer erneutes Zusammensein in vollen Zügen genossen habt, wiederholst du die Prozedur.

»Tschüss, mein Mäuschen, Mama geht mal kurz weg! Bin aber gleich wieder da! Ciao – Ciao!« Und diesmal bleibst du ein ganz wenig länger weg – worauf es erneut Zeit für das große Wiedersehen ist usw. usw. Wiederhole es einfach 50 Mal. Glaub mir, schließlich wird sie gar keine Lust mehr haben, darauf zu achten – und das ist gesund: Denn nun weiß sie, dass du wieder zurückkommst. Du kommst immer wieder zurück und sie braucht deswegen gar nicht schreien.

Natürlich ist es am besten, wenn Papa in ihrer Nähe ist, wenn du verschwindest und jedes Mal etwas länger wegbleibst. Denn Kinder wenden sich – wie wir wissen – an die Person, die sich in ihrer Nähe befindet, an ihren Nächsten – im wahrsten Sinne des Wortes. Zurzeit klappt es mit euch nicht so gut, wenn ihr zu dritt zusammen seid, aber das wird, wie gesagt, wieder vorübergehen. Liebe Grüße!

Mag nicht kuschüln

Hallo, Anna! Ich habe ein wenig darüber nachgedacht, warum unsere kleine Tochter, die bald ein halbes Jahr wird, sich noch nie viel aus Zärtlichkeiten gemacht hat. Sie mag z.B. nicht bei uns auf dem Schoß sitzen (hat es nie gemocht), es scheint, als würde sie sich dort wie festgenagelt vorkommen, sie dreht und wendet sich und fängt an zu jammern. Die einzige Chance, mit ihr einen engeren körperlichen Kontakt zu bekommen, besteht darin, sie umherzutragen, damit sie sich verschiedene Sachen anschauen kann. Nur morgens gibt es einen kleinen Moment, bei dem sie gerne bei uns liegen und »erzählen« mag.

Den Rest des Tages möchte sie am liebsten alles alleine machen, z.B. wenn sie im Lauflernstuhl umherrollt. Sie kontrolliert in regelmäßigen Abständen, dass ich in der Nähe bin und lacht oder plappert etwas – wie im Vorübergehen. Es ist natürlich schön, dass sie nicht ständig mit mir zusammen sein muss, aber manchmal fühlt es sich so an, als würde sie mich gar nicht mögen (verrückt, nicht?). Ist das etwas, das ich einfach so hinnehmen muss, wie es ist? Sollte ich dankbar sein – und sie weiter dazu aufmuntern? Man liest ja darüber, wie wichtig der körpernahe Kontakt für die Kleinen ist, und dass alle Kinder die physische Nähe lieben. Und darüber, wie wichtig es ist, einander nahe zu sein. Ich bekomme hin und wieder ein schlechtes Gewissen, weil wir es nicht so oft tun. Es scheint, dass es ihr genügt, mir ein Küsschen zu geben, wenn sie im Lauflernstuhl vorüberrollt. Muss ich mir wegen meiner Sorgen lächerlich vorkommen …? Vielen Dank im Voraus für eine aufschlussreiche Antwort!

Nein, du bist nicht lächerlich! Überhaupt nicht. Nur, wenn man zu feinfühlig alles registriert, spricht dies nicht immer für ein gesundes Selbstvertrauen. Dann grübelt man ständig darüber nach, ob irgendetwas nicht stimmt, weil man unsicher ist. Natürlich lässt sich diese Form der Unsicherheit nicht immer umgehen, vielleicht sollte man daraus ein feinfühliges Suchen machen. Aber ohne Feinfühligkeit kann man ein Kind nicht verstehen, es nicht einmal SEHEN. Du bist also alles andere als lächerlich.

Du hast ja nun kein neugeborenes Kind mehr, denn deine Kleine ist allmählich schon eine kleine Dame geworden. Sie hat gar keinen so großen Bedarf mehr nach körperlichem Kontakt, Haut gegen Haut, der anfangs natürlich eine lebenswichtige Bindung herstellt, ohne die kein Neugeborenes überleben würde. Sie WEISS schon seit langem, dass sie überleben wird, und nun ist sie vollauf damit beschäftigt, die Welt zu entdecken, immer mehr zu lernen und zu können und die eigene kleine »Herde« und ihre Funktionen zu verstehen – ganz einfach: das Leben kennen zu lernen. Genau so, wie kleine Kinder in dieser Altersstufe vom Trinken an der Brust genug bekommen, ja, es schlichtweg »satt« haben können, kann ihnen die ganze Schmuserei auch einfach zu viel werden. Sobald die Fähigkeit, sich vorwärts zu bewegen, zu dem wunderbaren Werkzeug wird, das sie in der Tat ist – z.B. dein kleines Mädchen in ihrem Lauflernstuhl –, fängt man an, sich von den liebevollen Eltern, vom Zentrum, fortzubewegen, und versucht die Welt zu erweitern. Und genau das ist der Sinn der Fähigkeit, sich umherbewegen zu können!

Die Zärtlichkeitsbekundungen finden also schon jetzt unter ihren Prämissen statt, und daran wirst du dich gewöhnen müssen! Sie bestätigt ja ab und an – so eben im Vorbeifahren –, dass ihr beide zusammengehört und dass sie es mag, dich in ihrer Nähe zu wissen, aber sie bildet sich vermutlich ein, dass sie nun dazu im Stande ist, allein klarzukommen, mehr oder weniger … was eine sehr schöne Illusion ist und auch irgendwie logisch: Denn jeder einzelne kleine Mensch strebt nach Weiterentwicklung und Wachstum, die in letzter Instanz die Selbstständigkeit als Ziel haben – man soll allein zurechtkommen können, ohne Eltern. Und diese Tendenz, das kindliche Streben nach Selbstständigkeit, tritt meistens dann deutlich hervor, wenn das Kind fünf oder sechs Monate alt ist.

Deshalb finde ich, du solltest einfach dankbar sein und deine Tochter so nehmen, wie sie ist. Du solltest wirklich diese frische, neugierige, fröhliche und kleine Selbstständigkeitsentwicklung unterstützen! Du musst nicht länger ihre wärmende Schutzhülle sein. Arbeite stattdessen darauf hin, ihre Freundin und helfende Begleiterin zu sein! Liebe Grüße!

Beteiligung an der Hausarbeit

Hallo! Ich habe überlegt, ob du mir ein paar Anregungen geben kannst und ein paar Beispiele, wie ein Baby im Alter von sechs Monaten an der Hausarbeit beteiligt werden kann?

Er kann allein sitzen. Wenn ich beispielsweise den Abwasch erledige, sitzt er meistens daneben und hält z. B. einen Becher in den Händen, aber wenn wir kochen wollen, ist es gar nicht so einfach, denn solange er sitzt, kann er ja nicht im Topf umrühren usw. Und ihn auf dem Arm zu tragen oder ihn in einen Tragegurt zu setzen geht auch nicht, denn er wiegt eine Tonne (nein, bloß 10 kg). Übrigens vielen Dank für all deine Antworten!

Hallo, meine Liebe! Nein, du sollst ihn mit diesem »Fliegengewicht« um Himmels willen nicht herumschleppen. Gib ihm stattdessen etwas! Du kannst ihm etwas geben, was man in die Pfanne oder einen Topf legen kann, worauf du ihm die Pfanne oder den Topf gibst, um sie mitsamt dem neuen Inhalt gleich wieder auf die Herdplatte zu stellen. Du kannst ihn auch mit Gegenständen, die du fürs Kochen brauchst, umgeben: einem kleinen Holzlöffel, einem kleinen Schneidebrett, einem Schaumschläger und was dir sonst noch so einfällt. Dann zeigst du auf das Teil, das du gerade brauchst, und schaust ganz hilflos: KANNST du mir das geben? Vielen Dank! Oh, ich komme an das da nicht heran, ich schaffe es nicht … KANNST du vielleicht …? Notfalls musst du selbst das Teil packen, mit deiner Hand um seine gelegt, und so dir selbst den Gegenstand geben. Aber das große Dankeschön bekommt er trotzdem, als hätte er es allein getan und als hättest du es ohne seine

Hilfe niemals hinbekommen. Du kannst ihn dazu bringen, schön still zu sitzen und zu arbeiten, indem du ihm kleine, verführerische Sachen zukommen lässt. Es kann ihm z. B. erlaubt werden, irgendwelche Lebensmittel zu untersuchen und mit irgendwelchem Zubehör zu spielen, das du dann plötzlich wieder brauchst. Wenn es nicht anders geht, gibst du ihm einen Topf mit Deckel, mit dem kann er dann schön Krach machen, bis sein Einsatz wieder erforderlich wird. Alles, was mit dem Kochen zu tun hat, ist Arbeit! Liebe Grüße!

Versäumte den Kontakt zu meinem Neugeborenen

Unser Sohn, der nun ein halbes Jahr alt ist, wurde mit einem Riss in der Lunge und einer Lungenentzündung geboren. Der Kleine musste noch eine ganze Woche auf der Neugeborenenstation bleiben und er erholte sich vollständig. Die ersten Tage wurden mein Mann und ich auf der Schwangerenstation, die ganz am anderen Ende des Krankenhauses lag, untergebracht, und zwischendurch waren wir in der Eingangshalle, denn dort bekamen wir unser Essen serviert. Ich fand es schrecklich belastend, dass ich mein Kind nicht bei mir haben konnte, und obwohl das Personal ganz wunderbar war, fiel es mir schwer, anderen das Wickeln, Anziehen, Füttern, Trösten usw. überlassen zu müssen.

Am schlimmsten war es, wenn ich mich für die Nacht von ihm verabschieden musste. Eines Morgens erzählten mir die Schwestern, dass er so traurig gewesen sei und deshalb ein paar Stunden auf dem Schoß von jemandem verbringen durfte – und selbst hatte ich ihn kaum auf dem Arm gehabt. Er lag ja anfangs im Brutkasten. Gleichzeitig sagten sie, dass er schon genau wisse, wer seine Mama ist, denn er reagiere, wenn ich käme. Das war ja eigentlich etwas Positives, aber mich belastete es nur noch mehr, denn er musste dann auch bemerkt haben, dass ich fast nie da war. Vielleicht hat es ihn auch verwirrt, dass so viele verschiedene Menschen sich um ihn gekümmert haben.

Ich denke oft daran, wie sehr die erste Zeit ihn wohl beeinflusst haben mag und inwieweit er sich daran erinnern kann. Es tut mir so Leid, dass ich nicht da sein konnte. Danach habe ich ihn monatelang nicht aus den Augen gelassen. Ich fühlte mich so eng mit ihm verbunden und wollte alles, was ich versäumt hatte, wieder gutmachen. Ich hatte über längere Zeit Albträume.

Wie bewusst erleben Neugeborene ihre Umwelt? Kann es ihn beeinflusst haben? Wie soll ich mich dazu verhalten?

Hallo, meine Liebe. Das war kein schöner Start ins Leben, den dein Kind dort bekam – und es war auch kein schöner Start für dich als Mutter. Aber, wie du weißt, passiert laufend viel Schrecklicheres, und kleine Kinder besitzen trotz allem eine wunderbare Fähigkeit, sich wieder zu erholen, sowohl seelisch als auch körperlich. Sonst würden nur wenige Säuglinge überleben – hätte ich beinahe gesagt …

Mit den Erholungsfähigkeiten der frisch gebackenen Mütter sieht es nicht immer ganz so gut aus. Ohne Zweifel bist du es, die in diesem Fall am meisten gelitten hat – und immer noch leidet. Wenn man ein kleines Kind bekommt, ist man in höchster Bereitschaft darauf eingestellt, sich gut darum zu kümmern. Das ist von der Natur schon so eingerichtet. Deshalb fühlt es sich sehr merkwürdig und falsch an, wenn eine andere nachts stundenlang mit deinem neugeborenen Baby auf dem Schoß sitzt, wobei es doch nichts in der Welt gibt, was du selbst lieber getan hättest – aber nicht hast tun können oder dürfen. Ich möchte auf jeden Fall versuchen, dich zu beruhigen: Nach dem, was du über ihn schreibst, so, wie er jetzt ist, hat die erste schwere Zeit deinem kleinen Sohn nicht geschadet, auch wenn man heutzutage weiß, dass es für Neugeborene eine Belastung sein kann, im Brutkasten zu liegen und dazu noch von vielen verschiedenen Menschen umsorgt und gepflegt zu werden, auch wenn es notwendig ist. Aber selbst bei wirklich traumatischen Erlebnissen erholen sich kleine Kinder erstaunlich schnell, wenn erst die Geborgenheit und die Freude an die Stelle des Schreckens getreten sind – und die Kinder bleiben dann stabil. Glaube mir, die Seele deines kleinen Jungen hat keine dauerhaften Kratzer davongetragen. Versuche stattdessen im Jetzt zu leben – wie auch dein Junge es tut. Viele liebe Grüße!

Genervter Papa

Gestern hatten mein Mann und ich eine Diskussion. Wenn er es satt hat, dass Max, der ein halbes Jahr alt ist, nicht einschlafen kann, sagt mein Mann laut und deutlich »Verdammt noch mal!« – und darauf nennt er den Kleinen eine Heulsuse und erzählt ihm, dass er total lästig sei, in einer Weise, die ich als erniedrigend empfinde. Mal kommt auch nur ein tiefer Seufzer. Mir kommt es FALSCH vor, jetzt und für immer! Er kann doch nichts dafür, der kleine Schatz, denn das Schreien ist nun mal seine Methode der Kommunikation, und hin und wieder ist er ganz schön traurig, und er weint ja nun nicht weniger, wenn mein Mann sich in der genannten Weise ausdrückt. Ich möchte, dass Max spüren soll, dass wir für ihn da sind, und er soll auch wissen, dass es O.K. ist, Gefühle zu haben und sie auch zu zeigen. Ich möchte positiv sein.

Mein Mann meint, dass es einfacher wird, wenn Max sprechen kann – die Reaktionen des Kleinen würden nur mit irgendwelchen Frustrationen zusammenhängen. Mein Mann ist auch der Meinung, dass Max alles erst bewusst wahrnimmt, wenn er ein Jahr alt wird (was bedeutet, das sich mein Mann spätestens bis dahin überlegen sollte, was er dem Kleinen so alles erzählt …). O.K., sein Ziel ist immerhin dasselbe wie meins. Aber wie sehr werden Kinder von solchen Sprüchen geprägt? Wie reagieren wir am besten auf seine Gefühle und sorgen dafür, dass er ein starkes Selbstwertgefühl bekommt?

Bin ich zu beschützend? Oder ist es O.K., zu zeigen, dass man genervt ist – und wann? Mein Mann und ich teilen immer alles zwischen uns auf. Sollte ich mich vielleicht mehr um das Kind kümmern, nun da mein Mann ziemlich erschöpft und schnell genervt ist, oder kann man es als eine gute Übung für die Zukunft ansehen? Er wird nämlich seinen Erziehungsurlaub nehmen, wenn Max ein Jahr wird, und außerdem wird er sich schon einige Monate vorher mehr um Max kümmern müssen, weil ich wieder anfange zu arbeiten. Ich denke viel darüber nach, wie das alles klappen wird.

Ich möchte auch, dass es Max erlaubt wird, die Welt zu erleben und sich frei voranzutasten, und deshalb weiß ich nicht richtig, was ich vom »Pfui!« und »Nein!« halten soll, wenn kleine Kinder z.B. ein bisschen im Blumentopf buddeln möchten. Wie bringt man sie dazu, damit aufzuhören – ohne sie mit ganz vielen »Neins« zu überhäufen?

Hallo, meine Liebe! Ein Papa, der sich die Freiheit nimmt, wegen seines kleinen Sohnes genervt zu sein – das ist aber eine traurige Geschichte. Einem sechs Monate alten Kind gegenüber sollte man keine Irritation zeigen, und man sollte das Kind nicht mit Vorwürfen belasten, begleitet von unzähligen »Neins« und »Pfuis«, Geseufze und Gestöhne. Das könnte ein ernsthafter Beweis dafür sein, dass man das Alter des kleinen Kindes nicht richtig einzuschätzen vermag. Denn man kann ein Kind im Alter von einem halben Jahr nicht erziehen. Das geht nicht, so einfach ist das! Papa muss also lernen, seine Nerven zu beherrschen und seine Irritation in keinem Fall vor seinem kleinen Sohn herauslassen. Max hat genauso wenig wie andere kleine Kinder darum gebeten, ein Hindernis im Leben seiner Eltern zu sein. Wenn es deinem Mann nicht möglich ist, seinem Sohn ein neugieriger, wohlwollender und hilfsbereiter Freund zu sein, ist es besser, wenn er sich zurückzieht und dich übernehmen lässt. Papas Zeit wird noch kommen, und unter uns beiden gesagt kann man wohl behaupten – und das ziemlich zu Recht –, dass nicht alle Männer sich auf Säuglinge verstehen und auch nicht besonders viel Interesse an ihnen zeigen. Das Verhältnis zwischen Papa und Kind verbessert sich meistens, wenn das Kind sprechen lernt und die Kommunikation somit auf Papas »Terrain« stattfinden kann. Und das ist auch gar nicht verkehrt – alles hat eben seine Zeit.

Und selbstverständlich soll es Max erlaubt werden, die Welt zu erforschen! Deshalb ist er ja hier. Noch schöner und noch richtiger wäre es, Max, anstatt den Blumentopf zu entfernen, beizubringen, wie man mit Blumentöpfen umgeht, aber dafür hat man ja nicht immer die Zeit und die Geduld. Sein Selbstwertgefühl und sein Selbstvertrauen können gestärkt werden, sobald er richtig sitzen kann (auf der Arbeitsfläche z.B., wenn du am Kochen bist) und er dir das, worauf du zeigst und worum du ihn bittest, geben kann – mit anderen Worten: sobald du ihn irgendwie an deiner Arbeit beteiligen kannst, ihn gebrauchen kannst. Und denke dran, ihm herzlich für seine Hilfe zu danken. Wie wir Erwachsene auch, haben Kinder das Bedürfnis, sich in konkreten Zusammenhängen wichtig zu fühlen. Niemand lebt von Gefühlen allein. Viele liebe Grüße!

Verfrühtes Fremdeln

Hallo, wir werden bald umziehen und mein Sohn wird dann sieben Monate alt sein. Eigentlich soll das Fremdeln ja erst mit acht Monaten einsetzen, aber kann es auch schon davor eintreten? Und wie wird der Kleine in diesem Fall auf einen Umzug reagieren?

Dann habe ich noch gehört, dass kleine Kinder, die schon seit dem Neugeborenenalter durchschlafen, plötzlich anfangen können, nachts aufzuwachen und dabei unruhig und ängstlich zu sein. Was macht man dann? Und kann es dann zu einer Gewohnheit werden, die sich über längere Zeit festsetzt? Ja – ich weiß – ich mache mir schon im Voraus Sorgen, aber ich möchte doch gerne gut vorbereitet sein. Viele liebe Grüße!

Hallo, meine Liebe. Es ist außergewöhnlich, dass ein Kind vor dem 8. Monat anfängt zu fremdeln. Eher tritt es später auf, wenn das Kind neun Monate oder vielleicht sogar zehn Monate alt ist. Es dauert selten länger als einen Monat an. Und dann: Natürlich kannst du umziehen oder andere Dinge ändern (wobei Fremdeln und Umzug wohl nicht zusammenfallen werden), und zwar unter der Bedingung, dass man die Veränderungen so sachte wie möglich durchführt: 1. Keine neuen Menschen werden sich um das kleine Kind kümmern, das ist Mamas bzw. Papas Aufgabe – genau wie sonst auch, egal wie sehr sich die Welt drum herum verändern mag (also: Das Kind wird in dieser Übergangszeit selbstverständlich keinem anderen übergeben). 2. Die Wohnungseinrichtung kommt mit, damit man das neue Zuhause sofort mit dem Kinderbett, dem Wickelzubehör, den Schmusetieren und dem Spielzeug einrichten kann, in einer solchen Weise, dass es dem alten Zuhause möglichst ÄHNLICH ist. 3. Man hält an den alten Gewohnheiten und dem alten Zeitplan fest – soweit es sich irgendwie machen lässt, so dass das Kind die Gewohnheiten und alles, was sonst um es herum geschieht – und wann es geschieht –, wieder erkennen kann, bis zum kleinsten, Geborgenheit bringenden Detail.

In der Zeit des Fremdelns (aber: Nicht ALLE Kinder verzweifeln – bei einigen ist das Fremdeln kaum spürbar!) kann es vorkommen, dass der Kleine plötzlich mitten in der Nacht aufwacht und sich schrecklich unglücklich anhört. Es ist ein großer Umbruch, wenn man zu einem Ich geboren wird, das von dem getrennt ist, von dem man bisher dachte, man sei ein Teil davon. Hinzu kommt, dass man, wenn man so klein ist, absolut keine Ahnung hat, was vor sich geht und warum, keine Erfahrungen, auf die man zurückgreifen kann. Die Angst vor diesem Neuen und Unbekannten, von dem man nicht weiß, was man damit anfangen soll, kann einen bis in den Schlaf und die Träume verfolgen. Man kann richtige Albträume bekommen.

Und selbstverständlich sollen Kinder, die böse Träume haben, getröstet werden. Aber diesen Trost bekommen sie, während sie im Bettchen liegen. Man sollte sie nicht hochnehmen. Denn damit würde man ihre Unruhe und ihre Angst bestätigen: »Du lieber Himmel – hier kannst du auf keinen Fall liegen bleiben, es ist ja lebensgefährlich, ich muss dich mit meinem Körper beschützen und dich sofort aus diesem Bett retten!« Und das kleine Kind in seiner Phase des Fremdelns würde sich am liebsten zurück in die Gebärmutter verkriechen. Das ist nun leider nicht mehr möglich, aber wenn es machbar WÄRE, würde es sowieso nur das Unvermeidliche hinauszögern: Das Kind ist zu einem Ich geboren, es ist auf der Welt – und das lässt sich nicht mehr ändern. Am besten wäre es natürlich, wenn man dem Kind das Gefühl vermitteln kann, dass das, was da mit ihm passiert, nicht nur unumgänglich, sondern vollkommen O.K., ja, das einzig Richtige ist. Dass alle durch dieses Elend hindurch müssen und dass es NICHT gefährlich ist (wenn auch unangenehm).

Man tröstet und macht es dem Kind im Bettchen wieder richtig gemütlich – legt es hin, kuschelt es schön ein (egal ob es notwendig ist oder nicht, denn es wirkt allgemein beruhigend), das Kind bekommt einen Kuss und wird über den Kopf gestreichelt, und während man dann das Zimmer verlässt, sagt man eine kleine »Gute-Nacht-Leier« auf, die dem Kind Vertrautheit und Geborgenheit bringt. Komplizierter braucht es also gar nicht sein, und schon bald ist alles überstanden und sein Schlaf wird wieder stabil.

Zu einer Gewohnheit wird sich das nächtliche Aufwachen nicht entwickeln, außer wenn ihr ihn hochnehmt und ihm so durch eure Handlung zeigt, dass das mit dem Durchschlafen – was er ja jetzt schon längst begriffen hat – plötzlich keine Gültigkeit mehr hat. Liebe Grüße!

Das Fremdeln

Hallo, Anna! Ich habe mir über unsere acht Monate alte Tochter einige Gedanken gemacht. Ich gehe davon aus, dass ihre Quengeleien mit dem so genannten Fremdeln in diesem Alter zusammenhängt. Außerdem bekommt sie gerade ihren ersten Zahn, und das ist sicherlich der Grund ihres fehlenden Appetits, habe ich Recht? Das Problem ist, wie ich mit ihrem Jammern umgehen soll. Sie saust in ihrem Lauflernstuhl hinter mir her und klammert sich an meiner Hose fest, aber mir ist nicht klar, was sie eigentlich will. Meistens setze ich mich dann eine kleine Weile mit ihr hin und sie beruhigt sich wieder, aber sobald ich aufstehe, geht es wieder von vorne los. Das Einzige, was sie richtig zufrieden macht, ist, wenn ich sie herumtrage, aber das will ich nicht (d.h., nicht mehr als notwendig, denn sie wiegt schon 10,2 kg!).

Ich würde nur zu gerne mit ihr auf dem Schoß sitzen, aber dabei vergeht höchstens eine Minute, bevor sie sich dreht und windet und jammert, was dann zum nächsten Problem führt: das Fahren im Kinderwagen. Sie hasst es, im Kinderwagen gefahren zu werden. Als sie ganz klein war, schrie sie wie am Spieß, wenn man sie in den Wagen legte. Im Alter von fünf bis sieben Monaten ging es besser, da konnte sie im Wagen schlafen. Nun verbindet sie das Schlafen wahrscheinlich schon mit ihrem Bettchen, denn selbst wenn sie mal im Kinderwagen einschläft, wird sie viel früher wach, als wenn sie zu Hause im Bett schläft. Wie gesagt, sie mag überhaupt nicht still sitzen – kann es daran liegen? Sie spannt sich wie ein Bogen, verliert das Gleichgewicht (kullert beinahe aus dem Wagen), während sie losschreit. Was soll ich bloß machen? (Ich habe den Kinderwagen gegen einen Buggy ausgetauscht und es klappt ein bisschen besser.) Warum gefällt es ihr nicht?

Nächste Frage: Sie hat ja schon ordentlich zugenommen. Bei der Geburt wog sie 2,5 kg und jetzt bringt sie über 10 kg auf die Waage. Als ich sie noch gestillt habe, hörte sie immer schon nach 3 Minuten auf zu trinken, und ich dachte, sie könne doch noch nicht satt sein, und habe sie ständig zum Weitertrinken gedrängt, und dort liegt wohl die Erklärung für die schnelle Gewichtszunahme.

Es ist nicht so, dass ich mir ständig Sorgen mache, aber ich überlege manchmal, wie sie so schnell wachsen kann, da sie so wenig isst (meistens nur eine halbe Flasche Milchbrei oder ein halbes Gläschen). Sie schläft von 19 bis 7 Uhr, aber morgens isst sie kaum etwas. Sie nimmt gierig die Flasche, dreht aber den Kopf weg, sobald sie den Inhalt probiert hat (und gleichzeitig fängt sie an zu quengeln). Ich habe eine andere Sorte Babynahrung ausprobiert, es hat aber nichts gebracht. Sie trinkt ein wenig, während ich selber am Frühstücken bin, aber sonst isst sie gar nichts, bevor es fast mittags ist, dann schafft sie ein halbes Gläschen Püree. Warum mag sie nicht mehr das essen, was sie früher mit Begeisterung genossen hat, z.B. Milchbrei? Sie isst mal dies, mal das. Sie mag aber kein Obstpüree (ich kann sie also damit auch nicht überlisten). Das Einzige, das sie immer gerne isst, ist frisches Obst, aber davon kann sie ja nicht leben! Sie mag trotzdem gerne alles probieren, was ich esse – sitzt am Tisch und kaut hartes Brot (ohne Zähne!). Es scheint mir, sie mag am liebsten das, was sie selber halten und woran sie herumknabbern kann.

Nun zum Schlafen. Sie wird immer um ca. 5.30 Uhr wach und schreit ein wenig, schläft dann aber von allein wieder ein (seit sie sechs Monate alt ist); doch in letzter Zeit macht sie nun am frühen Morgen immer ihr großes Geschäft und dann ist das Weiterschlafen vollkommen ausgeschlossen. Ich wickle sie im Bettchen, aber sie kommt nicht wieder zur Ruhe. Sie schreit wie am Spieß – das hat sie auch gemacht, als wir ihr – nach deiner Anleitung, danke! – das Durchschlafen beigebracht haben, aber dabei war sie immer einige Minuten ruhig, bevor sie wieder mit dem Schreien loslegte. Nun aber schreit sie ohne Unterbrechung, bis es Zeit zum Aufstehen ist. Und natürlich sind ihre

Essgewohnheiten dadurch nur noch schlechter geworden. Und dazu kommt, dass sie etwas anstrengender ist, wenn sie zu wenig schläft. Wird ihre Unruhe vorübergehen? Wir haben dich lieb, Anna!

Hallo, meine Liebe, danke für die warmen und wärmenden Worte! Es ist zweifelsohne das Fremdeln des acht Monate alten Kindes, das hier seine Finger im Spiel hat. Man kann es als die zweite große Geburt im Leben eines Menschen betrachten – man wird zu einem Ich geboren, nachdem man ein Teil eines Ganzen war – ein Teil der Mutter, des Vaters, des Zuhauses; von allem, was ich die »Herde« nenne. Nun sieht man plötzlich ein, dass man ein selbstständiger Mensch ist, innerhalb der Herde … und was bringt diese Einsicht mit sich? Die ganze Welt rutscht einem unter den Füßen weg! Alles ist plötzlich anders. Bevor man seinen Platz in diesem neuen Zusammenhang findet, quält einen die Unsicherheit wie ein Albtraum. »Wer bin ich?! Was bin ich?!« Wir sehen ja fortlaufend uns selbst und unsere Person, wie auch unsere Handlungen in Beziehung zur Umwelt, in der wir leben. Was für das Kind bedeutet, dass alles in neue Relationen gebracht werden muss. Die Probleme deiner kleinen Tochter im Hinblick auf das Stillsitzen könnte man ganz buchstäblich interpretieren: Sie kann ihren Platz in dieser Welt nicht finden – noch nicht. Unruhig, ungeduldig und unsicher wird sie ihren eigenen, kleinen Weg der Verwirrung entlanggetrieben und hat gar keine Ahnung, wohin er sie führt. Oder korrekter gesagt: Eine vage Vermutung hat sie wohl doch – sie soll groß werden. Größer. Selbst essen. Selbst gehen. So werden wie du – d.h., essen wie du, etwas anderes schafft sie ja noch nicht. Aber hier lauert der Konflikt; all dieses Neue, dieses Schwierige – ein eigenes kleines Ich zu werden – sucht seinen eigenen Widerspruch im Trost. Sie möchte von dir getragen werden, um sich mit dir zusammen auf den Weg zu begeben (geschützt gegen das Neue), aber gleichzeitig um sich zu verkriechen – zurück ins »Alte«, in dem sie ein untrennbarer Teil von dir war – wenn es sich nur machen ließe. Aber das geht nun nicht mehr. Es ist wirklich zum Verzweifeln!

Es ist gut, dass du dich zu ihr setzt, anstatt sie immer hochzunehmen und umherzutragen. Aber du kannst und solltest mehr variieren, indem du sie auch mal hochnimmst und an der Sache beteiligst, mit der du dich gerade beschäftigst. Sie kann auf der Arbeitsfläche sitzen oder liegen, während du am Herd herumwerkelst. Sie kann dir »helfen« (das baut sie auf), auch wenn es nur winzig kleine Hilfeleistungen sind, die du dir mit deiner einfallsreichsten Phantasie ausdenkst; wie auch immer – wo auch immer – und immer über Fußbodenhöhe! Es wirkt wie Zauberei! Und du bedankst dich ganz herzlich bei ihr für ihre Hilfe, so als hätte sie dich tatsächlich entlastet und wäre richtig nützlich gewesen!

Das Fremdeln kommt in verschiedener Weise zum Ausdruck, am häufigsten gibt es Schlafprobleme und ein fast gewaltsames Verhalten, das das Kind gegen sich selbst richtet – gegen dieses neue, eigene Ich, aus dem das Kleine einfach nicht schlau wird und das es folglich ablehnt. Eure Nächte sind noch ziemlich ruhig – sei froh drum! Die morgendliche Unzufriedenheit, die deine Kleine zeigt, ist nicht so schön, aber du machst es genau richtig, wenn du sie im Bett wickelst (so schnell wie möglich und ohne zu sprechen), und vielleicht kannst du ihr bei der Gelegenheit eine kleine Bestechung zukommen lassen, damit sie sich wieder beruhigt. Überlege dir, worin eine solche Bestechung bestehen kann: Kekse ohne Zucker, einen Knust Vollkornbrot, Apfelstücke, halbe Bananen – oder vielleicht ein neuer und spannender Gegenstand zum Halten und Erforschen – etwas, was sie noch nicht gesehen hat. Aber nur wenn sie tatsächlich hellwach ist! Ansonsten machst du die Sache so kurz wie möglich: wickelst sie, kuschelst sie wieder in ihre Decke – und verschwindest. Und falls sie weiter schreit, sagst du außerhalb ihrer Tür ein paar Mal eine schnelle »Gute-Nacht-Leier«. »Gute Nacht, meine Kleine, schlaf jetzt schön, bis morgen!« Denn sie hat ja schon bewiesen, dass sie allein wieder einschlafen kann. Nur stellt sie diese Fähigkeit jetzt in Frage, so, wie sie fast alles in Frage stellt, weil sie es mit neuen, ungewohnten Augen sieht. Und wenn es dann Zeit zum Aufstehen wird, nimmst du sie NICHT hoch, wenn sie am Schreien ist, sondern versuchst, sie in einem Moment zu erwischen, in dem sie noch schläft oder zumindest ruhig ist und dann machst du eine riesengroße Nummer aus eurem Wiedersehen und dem Beginn des neuen Tages!

In der Verwirrung, unter der sie zurzeit leidet, ist es wichtiger denn je, dass du freundlich, aber mit Bestimmtheit an allen Routinen des Alltags festhältst. Wenn kleine Kinder im Alter von acht Monaten fremdeln, herrscht in ihrem Inneren ein echtes Chaos und deswegen können sie zusätzliche Unregelmäßigkeiten in ihrer Außenwelt nur schwer ertragen. Halte deshalb beinhart an den Schlafens- und Essenszeiten fest. Wenn sie plötzlich nicht mehr das essen möchte, was sie sonst gerne gegessen hat, ist es halb so wild. Gib ihr einfach das, was sie mag! Und sie könnte in der Tat von Obst leben, wenn es sein müsste – mit ein paar Löffel voll Milchbrei und ein bisschen Aufschnitt von deiner Brotmahlzeit als Ergänzung wäre es eine ausgezeichnete Kost. (Knäckebrot ist übrigens gesund und gut; das Zahnen bringt nach meiner Erfahrung selten größere Probleme mit sich als einen schrecklichen Juckreiz und dann müssen die noch zahnlosen Kauleisten schön massiert werden. Dass die Zähne wachsen, hat keinen negativen Einfluss auf den Appetit!). Die Kleine wächst und verändert sich in diesem Alter ganz besonders. Du siehst, wie ihr Körper größer wird (auch wenn sie wenig isst), und du kannst dir sicherlich vorstellen, dass auf der psychischen Ebene genauso große Veränderungen vonstatten gehen, auch wenn du nicht genau weißt, wie.

Die Zeit des Jammerns geht zu Ende, wenn sie sich in dieser neuen Welt zurechtgefunden hat. Das Fremdeln dauert selten länger als einen Monat an. Ihr solltet sie in dieser Zeit häufiger aufmuntern – innerhalb eurer Routine –, das macht sie sozusagen ein Stückchen größer. Der Wechsel vom Kinderwagen zum Buggy war ein Schritt in die richtige Richtung. Vielleicht kann sie auch draußen ein wenig umherlaufen, wenn du sie an den Händen hältst? (Auf dem Schoß still zu sitzen ist ja, wie du weißt, nur etwas für kleine Babys, während das Umhergetragenwerden bedeutet, dass man irgendwohin transportiert wird … wohin auch immer.)

Krabbelt sie? Du kannst mal versuchen, neben ihr herzukrabbeln, und daraus ein lustiges »Erwachsenenspiel« entwickeln, so wird sie dazu angeregt, sich auf eigene Faust vorwärts zu bewegen, ganz so wie du (und wird schon kapieren, dass du dazu nicht den Lauflernstuhl in Anspruch nimmst). Wenn sie im Buggy unruhig wird und nicht still sitzt, solltest du eine Grenze ziehen: Müsst ihr unbedingt irgendwohin und das auch ziemlich schnell, dann setzt du sie angegurtet in den Buggy. Dies kannst du an einem Ort trainieren, an dem ihr Geschrei keine Vorkämpfer der allgemeinen Ruhe und Ordnung stört, so als wärest du tatsächlich auf dem Weg irgendwohin. Trainiere, bis sie einsichtig wird und nicht mehr schreit, »egal« wie lange es dauern mag. Habt ihr es hingegen nicht so eilig und macht nur einen gemütlichen Spaziergang, dann lass sie sich aus dem Wagen winden und selber austesten, was sie damit angezettelt hat! Möchte sie bloß zu dir, um sich an dich zu klammern, nimmst du sie hoch in deine Arme, gibst ihr einen Kuss und setzt sie wieder in den Wagen zurück. Dann gehst du ein paar Schritte weiter, bis sie wieder anfängt, aus dem Wagen zu klettern usw. Fahre damit fort, bis sie von der Geschichte genug hat und im Wagen ruhig sitzen bleibt – und dann kannst DU sie mit fröhlicher Miene aus dem Wagen nehmen (weil sie nicht mehr protestiert) und ihr könnt anschließend etwas ganz anderes machen. Aber vielleicht wollte sie auch nur eine kleine Weile auf der Erde sitzen oder sich im Stehen am Wagen festhalten oder … Lass es zu, gönne ihr die Zeit! Weiß Gott, warum sie dies oder jenes gerade macht, aber soweit es irgendwie geht, sollte es in dieser schwierigen Zeit respektiert werden. Das Kind sollte sich am besten ständig rundum geschützt und verstanden fühlen. Das Jammern dagegen macht keinen Menschen glücklich – sie eingeschlossen –, und bekommst du davon etwas zu viel, kannst du, finde ich, sie auch mal außerplanmäßig ins Bettchen verfrachten (ohne Vorwürfe), mit einer kleinen Bestechung und/oder Spielzeug, und so für dich ein wenig Ruhe und Frieden erlangen. Das ist nicht verboten. Viele liebe Grüße!

Ich gehe bald unter

Hallo, Anna! Seit ich mit unserer Tochter (heute 8,5 Monate) schwanger war, leide ich an einer schweren Depression. Alles fällt mir so schwer, seit sie auf der Welt ist. Sie schrie und schrie und ich stillte und stillte, vermutlich hat das ständige Füttern ihre Verdauung durcheinander gebracht. Ich versuchte fröhlich zu sein, wenn ich mit ihr zusammen war, aber sie hat wohl doch gespürt, wie es mir ging. Ich fühlte mich irgendwie verspannt und hatte überhaupt keine Ahnung, wie ich sie aufheitern konnte. Wenn sie schlief, lag ich einfach in einer Ecke und weinte. Niemand hat mir geholfen. Eigentlich hätte die Hebamme es doch erkennen müssen, wenn es tatsächlich bei jungen Müttern so häufig vorkommt …? Ich habe mich nicht getraut, mit meinen engeren Freunden darüber zu sprechen, denn es ist ja keine schöne Sache. Stattdessen habe ich eine Psychologin in der Beratungsstelle kontaktiert, und sie hat mich dazu überreden können, mich in professionelle Behandlung zu begeben. Ich nehme jetzt Antidepressiva (obwohl ich immer dagegen gewesen bin) und nun geht es mir viel besser!

Ich nehme an, dass unsere Tochter nun in die so genannte Fremdelphase kommt, und ich habe das Gefühl, dass mir überhaupt keine Pause von der endlosen Quengelei gegönnt wird. Ich gehe bald unter. Hast du vielleicht einen Rat für mich, wo man Hilfe bekommen kann, wenn man das Gefühl hat, dass man es gar nicht schafft, den Kontakt zum Kind aufrechtzuerhalten? Erst als ich angefangen habe, die Medikamente zu nehmen, habe ich wirklich eingesehen, welches Wunder meine Tochter in der Tat ist! Und ich finde es unendlich traurig, dass ich in ihren ersten Monaten überhaupt nicht richtig für sie da gewesen bin (ich erinnere mich nicht einmal daran …). Wenn es so »normal« ist, eine Depression in der Schwangerschaft oder nach der Geburt zu bekommen, warum gibt es dann keine entsprechende Beratung, die man in Anspruch nehmen könnte? Denn es ist doch sehr wichtig, dass es mir gut geht, damit es auch meinen Kindern gut gehen kann, aber ich habe immer noch das Gefühl, dass ich die Kleine immer nur für sehr kurze Zeit für irgendetwas begeistern kann. Vielen Dank im Voraus!

Hallo, meine Liebe. Ich leide mit dir, denn ich habe (selbstverständlich, hätte ich beinahe gesagt) die gleiche Erfahrung gemacht. Ich weiß, wie es ist. Nicht gerade lustig, um es (sehr!) milde auszudrücken! Die verlorene Zeit kommt nie wieder.

Aber jeder Tag ist neu. Unsere Kinder geben uns immer wieder neue Chancen. Oder Herausforderungen, wenn man so will. Die Depression an sich ist eine langwierige Angelegenheit, aber auch sie ist eine Herausforderung. Letztendlich wird man dazu gezwungen, einen Weg aus dem Dunkel zu suchen, einen Weg zurück ins Leben. Das hast du gemacht und das zeugt von deiner Stärke. Du bist wirklich stark. Auch wenn man – im Prinzip – Antidepressiva ablehnt, können sie doch von großem Nutzen sein. Jedenfalls bringen sie für den Moment eine gewisse Erleichterung und verschaffen einem eine nützliche Perspektive. Man sieht die Sache mit etwas anderen Augen, für eine Weile. Daran ist nichts Falsches. Und währenddessen kann die Lebensenergie allmählich zurückkehren. Und der Tag wird kommen, an dem man mit einem Lächeln im Gesicht wieder aufwacht. Ich hoffe, dass dieser Tag bei dir schon bald kommen wird!

Es ist nicht so wichtig, dass es dir gut geht, damit es auch deinem kleinen Kind gut gehen kann. Man muss die Sache ein wenig differenzierter anschauen – die Mutter in dir ist nicht dieselbe wie das kleine Kind, das du in deinem Inneren auch noch bist. Natürlich hat deine kleine Tochter deine Seelenqualen gespürt und es hat sie wohl auch ein wenig beunruhigt. Aber du bist dazu imstande, dich zusammenzureißen, du kannst deine eigene Persönlichkeit hintanstellen, zumindest in den Momenten, in denen du dich mit ihr beschäftigst, du kannst dich auf sie konzentrieren, neugierig und konstruktiv. Was macht SIE? Was möchte SIE? Welche kleine Persönlichkeit und welches Leben hat SIE? Wie geht es IHR in all diesem Neuen, das sie vor weniger als einem Jahr noch gar nicht kannte, als sie noch nicht geboren war? Du kannst deine Neugier weiterentwickeln, verfeinern. Und du kannst dabei denken: »Ich muss mich dann eben später um meine eigenen Angelegenheiten kümmern.« Das musste auch ich tun. In ganz persönlicher Hinsicht war ich wirklich ein verschlissener Mensch, war es eigentlich schon immer, aber ich habe versucht, es wieder hinzubekommen. Ich war sehr hart mir selbst gegenüber: »Darum musst du dich kümmern, wenn du allein bist.« Und wenn die Kinder alle eingeschlafen waren – fröhlich und müde, fiel ich in mich zusammen, setzte mich in eine Ecke des Wohnzimmers und weinte und jammerte eine Stunde lang – oder auch zwei, und das jeden Abend (aber ganz leise, damit keiner davon wach wurde und Angst bekam). Diesen Weg kann ich dir nicht empfehlen, denn es war wirklich die Hölle. Aber mit diesem Ventil habe ich zumindest meine Kinder verschonen können.

Ich kann dir leider nicht sagen, wohin du dich am besten wendest (ich führe gerade zwei Durchschlafkuren für Säuglinge durch – aber nicht für Erwachsene!). Und ich bin mir auch gar nicht sicher, ob du überhaupt noch weitere Beratungsstellen aufsuchen musst. Denn ich glaube nicht, dass es um dich so schlecht bestellt ist, dass du es mithilfe der Medizin, der Zeit und deiner steigenden Lebensenergie nicht auch allein hinbekommen wirst, Freude für dein Kind und eine gesunde Neugierde zu entwickeln. Du leidest offensichtlich unter einer postnatalen Depression (und das ist eine ganz gemeine Sache, die leider sehr lange dauern kann, bevor sie ihren Griff allmählich wieder lockert). Aber du bist ja schon auf dem richtigen Weg! Du erzählst, dass du erkennst, welches Wunder deine kleine Tochter ist. Herrlich! Halte daran fest, genieße es in vollen Zügen, wie die Kleine sich immer weiterentwickelt und wie sie Verschiedenes erlebt, und schraube deine allzu hohen Erwartungen zurück! Es ist nicht deine Aufgabe, sie zu erheitern und sie zum Lachen zu bringen. Das schafft sie auch alleine – darin musst du ihr einfach vertrauen. Deine Aufgabe ist es, die Voraussetzungen zu schaffen: Nahrung, körperliche Pflege, eine freundliche und fröhliche Haltung, ausreichend Schlaf und der Zugang zu verschiedenen kleinen Sachen (Spielzeug etc.). Und das war es schon. So einfach ist es in der Tat. Das dich am stärksten Belastende in dieser unglücklichen Zeit, die du durchlebst, sind deine zu hohen Ambitionen und die damit verbundenen zu hohen Anforderungen an dich selbst. Von denen solltest du dich befreien – oder sie zumindest etwas zurückschrauben … Sie tun deiner Tochter nichts Gutes, machen sie höchstens verwirrt – was wohl auch der hauptsächliche Grund für ihr Schreien ist.

Viel Glück – hab keine Angst, halte stattdessen an deiner Freude fest. Denn sie ist ja da! Liebe Grüße.

Jammert ohne Ende

Meine Tochter ist zehn Monate alt, und sie hat in den letzten Wochen sehr große Fortschritte gemacht (sie hat angefangen zu krabbeln, zu stehen, mit dem Finger auf etwas zu zeigen usw.). Aber von einem Tag auf den anderen ist sie plötzlich so etwas von quengelig geworden! Sie will nicht länger sitzen und für sich allein spielen, wie sie es sonst gemacht hat. Sie möchte nur noch bei mir sein (oder bei ihrem Papa) und ich schaffe den ganzen Tag über fast gar nichts mehr weg (außer frühstücken). Was soll ich tun? Sie umherschleppen oder sie auf dem Fußboden schreien und jammern lassen? Sie weigert sich, auf dem Fußboden sitzen zu bleiben, ich muss sie beinahe dazu zwingen. Während ich dies schreibe, hängt sie an meinem Hosenbein und schreit wie verrückt, um hochgenommen zu werden.

Liebe Anna, was soll ich bloß machen?

Hallo, meine Liebe, hier geschehen die Dinge ja wirklich im Raketentempo – man könnte es damit vergleichen, dass du eines Morgens wach werden und entdecken würdest, dass du fliegen könntest. Und danach würdest du dich im Spiegel anschauen und feststellen, dass du auch noch einen ganzen Kopf größer bist … dies kombinierst du dann noch mit prämenstruellen Beschwerden und mit einer dicken Frühjahrsdepression, und dann hast du den Zustand deiner Tochter auf den Punkt gebracht.

Spaß beiseite – aber an dieser Vorstellung ist doch etwas dran. Dein kleines Mädchen schießt in die Höhe, während sie sich gleichzeitig vermutlich mitten in der Fremdelphase des acht Monate alten Kindes befindet (die ja auch eintreten kann, wenn das Kind neun oder zehn Monate alt ist). Plötzlich hebt sich ihre Identität von der Umgebung ab, und man wird zu einem Ich geboren, das nicht mehr ein Teil des Ganzen ist, sondern ganz eigen. Man befindet sich zwar immer noch in diesem Ganzen – bei den Eltern, im selben Zuhause, in dem Zusammenhang, den ich die »Herde« nenne –, aber nun steht man als ein selbstständiges Ich da, zum ersten Mal im Leben. Dies ist eine erschreckende Entdeckung für viele kleine Kinder, die auf alle mögliche (für die Eltern nicht immer lustige) Weise darauf reagieren können. Gegen Veränderungen jeder Art versuchen ja nicht nur die kleinen Kinder, sondern auch wir Erwachsene uns zu wehren.

Es ist eine verhältnismäßig kurze Phase, die – glaube ich – überstanden sein wird, wenn das Kind ein Jahr alt wird, aber dein kleines Mädchen ist nun noch beunruhigt, ja, hat vielleicht sogar auch Angst. Sie hat keine Erfahrungen, auf die sie zurückgreifen könnte, und sie begreift einfach nicht, was los ist. Das Unbekannte kann sehr beängstigend sein. Deine – eure – Aufgabe besteht nun vor allem darin, ihr durch euer Verhalten zu zeigen, dass keine Gefahr besteht, dass alles so ist, wie es sein soll, und dass man mit der Veränderung »etwas« anfangen kann – dass es eine Entwicklungsphase ist, die ganz normal und außerdem noch richtig angenehm sein kann.

Fangt damit an, eurer eigenen Irritation und Unruhe Einhalt zu gebieten. Schaut immer fröhlich aus, wenn ihr sie anseht. Wenn sie sich an euch klammert (um sich in ihre alte, Geborgenheit bringende Lage, in ihre Rolle des »Kleinen« und Hilflosen zurückzuversetzen), nehmt ihr sie ab sofort nicht mehr hoch. Tut ihr es doch, bestätigt ihr nämlich, dass es gefährlich ist, 1. allein zu sein (als ein eigenes Ich, vollkommen ungeschützt!), 2. auf dem Fußboden zu sitzen und zu spielen, jetzt, da alles verändert ist und man sowohl krabbeln wie auch stehen kann. Das meine ich mit dem Bild des Fliegens: Stell dir vor, du könntest es – aber wohin, würdest du dich sicherlich verängstigt fragen, und wer fliegt mit dir mit, wie sieht diese neue Welt aus und was ist, wenn du niemals zu deiner guten alten Welt wieder zurückkehren kannst, zurück zur altbekannten Welt der Geborgenheit?

Macht es euch stattdessen zur Regel, euch zu ihr auf den Fußboden zu setzen, wenn sie sich an euch klammert. Bleibt sitzen, ohne etwas zu tun. Spielt nicht mir ihr. Ihr könnt sie gerne kurz umarmen, aber nehmt sie nicht hoch. Setzt euch auch mal beide hin, unterhaltet euch und tut einfach so, als wäre es das Normalste der Welt, auf dem Fußboden zu sitzen und nichts zu machen. Wartet ab, bis sie es satt hat, sich an euch zu klammern und sich stattdessen in Bewegung setzt. Dann könnt ihr wieder aufstehen und dort weitermachen, wo ihr aufgehört habt. Wird sie wieder quengelig, wiederholt ihr die Prozedur. Sie herumzutragen sollte ab hier nur eine praktische – und zielbewusste! – Art sein, sie zu transportieren, etwas, für das *ihr* euch entscheidet – nicht sie! Es darf nichts Tröstendes an sich haben; Sinn der Sache ist, dass sie spürt, dass ihr ruhig seid, um sich so auch selbst wieder zu beruhigen.

Um nicht ewig herumzusitzen, könnt ihr die Prozedur allmählich verkürzen, z.B. nach dem zweiten oder dritten Tag. Die Wirkung ist am besten, wenn ihr es zu zweit hinbekommt: Du sitzt, und dein Mann fragt dich, ob du ihm bei irgendetwas helfen könntest; du stehst auf, hilfst ihm, und dann tauscht ihr die Rollen. Fängt die Kleine sofort an zu schreien, lasst ihr sie weiterschreien, bis ihr eure »Aufgabe« erledigt habt – ohne sie dabei auch nur anzuschauen (man kann niemandem verbieten, auf etwas zu reagieren). Redet laut miteinander, unterhaltet euch – und somit auch die Kleine! Und wenn du mit ihr allein bist, kannst du dich über all das, was du machen musst, laut mit dir selbst unterhalten – in einem heiteren Tonfall; ein überaus wirkungsvoller Trick!

Danach geht es darum, die Hilfsbereitschaft der Kleinen effektiv einzusetzen: Jetzt wird der Spieß umgedreht – ihr geht hin, nehmt sie hoch, aber nicht, um sie rumzutragen, sondern um sie an einem höheren Ort zu platzieren, von wo aus sie euch behilflich sein kann (und nun wird das Zeigen mit dem Finger für alle aktuell). Wenn ihr frühstückt, kann sie beispielsweise einen Löffel in die Marmelade stecken (reicht das Zeigen als Erklärung nicht aus, nehmt ihr ihre kleine Hand und lasst sie so verschiedene Sachen machen, bis sie begriffen hat, worum es geht). Bedankt euch danach herzlich bei ihr für ihre Hilfe und gebt ihr noch eine Aufgabe. Und ab jetzt sitzt sie nicht mehr bei euch auf dem Schoß! Seid ihr am Kochen, kann sie in der Nähe vom Herd sitzen und euch dies und jenes, was gerade so herumliegt, reichen. Fragt sie: »Kannst du mir vielleicht dies und das geben?«, und vergesst nicht, euch bei ihr zu bedanken, denn sie war ja in der Tat von großem Nutzen: »Vielen Dank, mein Schatz, du bist ja wirklich tüchtig, toll, tausend Dank!« So etwas wäre kaum möglich, wenn ihr nur auf dem Fußboden sitzt und spielt. Sie wird vor Glück nur so strahlen, wenn sie spürt, wie sie all ihre neuen Talente einsetzen kann, und allmählich begreift, wozu das alles gut ist. Wenn ihr sie in dieser Weise systematisch und häufig bei allen möglichen Kleinigkeiten »sozial beteiligt«, wie ich es nenne, wird sie auch nach getaner »Arbeit« freinehmen können, um zufrieden auf dem Fußboden zu spielen – mit den Sachen, die ihr zufälligerweise dort hingezaubert habt.

Viele liebe Grüße!

Das Fremdeln dauert an

Hallo, Anna! Danke für deinen gesunden Menschenverstand (mit Betonung sowohl auf »gesund« wie auch auf »Verstand«). Ich mache mir ziemlich viele Gedanken um meinen Sohn, der in einer Woche ein Jahr alt wird. Als er neun Monate alt war, zeigte sich bei ihm allmählich das so genannte Fremdeln, z.B. wenn er einen Abend lang oder auch mal bei anderen Gelegenheiten von seiner Oma beaufsichtigt wurde. Er zeigte seine Angst nie direkt vor jemandem, nur in dem Moment, als ich gehen wollte, schossen ihm die Tränen in die Augen. Das ist ja ganz normal in dem Alter, und ich dachte, es würde im Laufe von ein oder zwei Monaten wieder vorübergehen. Aber das ist nicht der Fall, eher ist es noch schlimmer geworden und kommt nun auch in anderen Situationen vor, beispielsweise wenn sein Papa ihn wickelt und ich dabei den Raum verlasse. Dann schreit der Kleine wie am Spieß. Eigentlich hatte ich gedacht, dass er sich allmählich zum »coolen« Einjährigen wandeln würde und dann nicht mehr so stark an mich gebunden ist. Ich vermeide übrigens weitgehend, ihn zu oft mit mir umherzutragen. Und er wird auch schon an der Hausarbeit beteiligt – beim Kochen, Abwaschen und beim Staubsaugen. Dennoch: Ich kenne keine Babys in seinem Alter, die so sehr an ihrer Mutter hängen! Aber ansonsten ist er doch schon ziemlich »cool«. Vielen Dank im Voraus für deine Antwort – und viele liebe Grüße!

Hallo, meine Liebe, und danke für deine lieben Worte! Ich würde mir um diese Anhänglichkeit an seine Mutter keine großen Sorgen machen, was du im Grunde ja auch nicht tust. Vermutlich ist das Fremdeln des acht Monate alten Kindes bei ihm etwas verspätet eingetreten und unter gewissen Umständen kann es sich in die Länge ziehen. Kinder entwickeln ja ihr ganz eigenes Gewohnheitsmuster! Er hat sich wahrscheinlich eine ganz private Logik zurechtgelegt: Mama geht – ich breche zusammen; dabei muss er gar nicht so fühlen, geschweige denn, verstehen und sich erinnern, warum. Du kannst versuchen, diese Logik zu durchbrechen, indem du dein Verhalten änderst – dann wird er es sicherlich auch bald tun. Mache ein Spiel daraus, dass du weggehst: Wink ihm zu, und schaue dabei schön lustig aus, während du laut und deutlich sagst: TSCHÜSS, MEIN KLEINER! – und du gehst nur eben um die nächste Ecke, du machst es blitzschnell, bevor er überhaupt dazu kommt, zusammenzubrechen. Und schon tauchst du wieder auf und rufst: KUCK-KUCK! Wiederhole es einige Male. Sinn der Sache ist, 1. dass er dabei das Lächeln gar nicht lassen kann – Trolle brechen ja auch zusammen, wenn sie Sonnenstrahlen ausgesetzt werden, und so durchbricht das strahlende Lachen sein festgefahrenes, trübes Gewohnheitsverhalten, 2. dass er lernt, wie überaus schön es ist, wenn du wieder zurückkommst (was dazu führen könnte, dass der undankbare, kleine Balg sich in der Tat darüber freut, dass du gehst – haha!). Vielleicht bist du etwas nachlässig geworden, klar zu sagen, was du willst und was du vorhast, aber genau dies ist jetzt ganz wichtig: »JETZT gehe ich! Ich komme gleich wieder! JETZT bin ich wieder da!« Diese »Markierungen« sind SEHR wichtig für kleine Kinder, die dabei sind, ihre Umwelt zu identifizieren und eine wiedererkennbar aufgebaute Ordnung in ihrer immer größer werdenden Welt zu etablieren.

Ein einfacher Trick ist auch, nicht zu gehen, obwohl du gehst – d.h., du redest die ganze Zeit, während du aus seinem Blickfeld verschwindest, und kehrst zurück, immer noch redend (nicht mit dem Kind, sondern mit dem lieben Papa oder einfach laut mit dir selbst). In der Welt der kleinen Kinder ist jemand, der weg – d.h. außer Sicht – ist, wirklich WEG. Das kann selbst das coolste Kind beunruhigen. Es dauert eine Weile, bis kleine Kinder verinnerlichen, dass eine Person oder ein Gegenstand, die oder der verschwindet, durchaus wieder zurückkommen kann, und in diesem Zusammenhang kann die Stimme, die man ja nicht sieht, ein sehr nützliches Hilfsmittel sein.

Erst während des Fremdelns stellen die kleinen Menschenkinder fest, dass sie kein untrennbarer Teil ihrer Mutter oder ihrer Herde sind, sondern sehr wohl eine eigene – und einsame – Person. Eine erschütternde Entdeckung! WIR wissen: »Mama ist doch hier, mein Kleiner!« – und WIR wissen, dass Mama niemals ihr kleines Kind dem bösen Wolf draußen im Walde überlassen würde, aber DAS KIND weiß es nicht – seine neue, aufgezwungene und erschreckende Perspektive in Betracht genommen: »Ich bin gar kein Teil meiner Mama. Ich bin eine eigene Person!« Die Erfahrung, die Zeit und nicht zuletzt das Lachen werden ihn lehren, dass es andere und (fast) genauso Geborgenheit bringende Arten des Zusammenseins gibt. Liebe Grüße!

Meine Kinder – eure Kinder

Hallo, Anna! Ich möchte gerne deine Meinung dazu hören, wie ich am besten damit umgehe, dass meine Freunde ihre Kinder anders erziehen. Ich habe eine Freundin, die eine zweijährige Tochter hat. Selbst habe ich eine elf Monate alte Tochter. Wenn wir beide mit ihr und ihrer Tochter zusammen sind, muss ich meine Tochter ständig vor verschiedenen, hinterlistigen Angriffen seitens der Zweijährigen retten, denn sie macht wirklich die schlimmsten Sachen, die den kleinen Kindern mitten im Trotzalter so einfallen können: Sie schubst, kratzt, reißt, haut meiner Tochter mit Bauklötzen auf den Kopf usw. Es ist ja ein typisches Verhalten bei den Zweijährigen und eigentlich ist es auch O.K. Was mich daran stört, ist, dass die Mutter niemals auch nur einen Finger hebt, um ihre Tochter zurückzuhalten. Als ihre Tochter zu meiner in den Kinderwagen klettern und sich oben drauflegen wollte, meinte sie nur: »Jetzt hörst du aber auf, sonst wird Maria (also ich) noch böse auf dich.« Aber das bin ja wohl nicht ich, die ihre Tochter erzieht? Wenn die Mutter keine Grenzen setzt, wird es wohl vollkommen wirkungslos sein, wenn ich die Kleine »durchs Fenster werfe, ohne es vorher zu öffnen« – sie wird davon nichts lernen.

Die ganze Sache ist ziemlich ärgerlich, und ich ziehe mich allmählich von meiner Freundin zurück – und das ist wirklich eine traurige Geschichte. Ich schaffe es aber nicht, ständig hinter ihrer Tochter her zu sein und sie zurechtzuweisen: »Hoppla, hör auf damit, du musst ein bisschen vorsichtiger sein!« Wäre es mein Kind, würde ich mit viel größerer Bestimmtheit auftreten, ich hätte sie weggehoben und damit gedroht, sie ins Schlafzimmer zu sperren. Und ich hätte es vorgezogen, selbst die Grenzen zu ziehen, anstatt es meinem Gast zu überlassen.

Wenn ich bei Gelegenheit das Thema Kindererziehung mit meiner Freundin diskutiere, habe ich das Gefühl, dass sie durchaus der Meinung ist, sie hätte das Kind im Griff und würde ihm ausreichend Grenzen setzen. Und natürlich bin auch ich der Meinung, dass ich MEIN Kind in bester Weise erziehe. Das denkt wahrscheinlich jede Mutter. Wenn jemand meine Erziehungsmethoden in Frage stellen würde, wäre ich sicherlich ziemlich eingeschnappt.

Wenn ich meiner Freundin nun sage, dass ich mich nicht entspannen kann, wenn wir uns treffen, weil ich ihre Tochter die ganze Zeit im Auge behalten muss, glaube ich, dass ich damit eher Schaden anrichte, als dass ich etwas erreiche. Was meinst du?

Ja, es ist eine traurige wie auch häufig vorkommende Geschichte. Wenn du dich weiterhin mit deiner Freundin treffen möchtest und somit ihre kleine Hexe mit in Kauf nehmen musst, wirst du so viel Diplomatie und Taktgefühl aufbringen müssen, wie es nur geht. Das Beste wäre natürlich, wenn ihr euch nur noch ohne Kinder seht – es wäre dann etwas seltener, dafür aber umso gemütlicher!

Denn es ihr zu sagen, wie du selbst schreibst, klappt nicht. Es gibt keine Ratschläge, die bei Eltern Wirkung zeigen, wenn diese nicht vorher darum gebeten haben. Du kannst im Grunde genommen nichts anderes tun, als deine Kleine zu schützen, und das ist ja nicht gerade lustig, wenn man ein paar gemütliche Stunden verbringen möchte.

Hier erzähle ich noch eine kleine Geschichte aus dem wirklichen Leben, die dich vielleicht zum Nachdenken anregen kann (und vielleicht kannst du sie bei Gelegenheit deiner Freundin vorlesen, ha!): Ein sehr aggressiver 6-jähriger Junge besuchte mich mit seinem Vater zusammen. Ich hatte Kleinkinder im Haus, u.a. ein Baby von nur einem Monat. Der Junge warf sich sofort auf meine Kinder. Der Vater forderte ihn ein- oder zweimal dazu auf, doch bitte lieb zu sein, hat es aber nicht weiterverfolgt. Auf einmal schlug mir das Herz bis zum Hals. Der Junge hatte sich in der Küche ein Messer herausgeholt und fuchtelte damit vor den Kleinen herum. Irgendwie hat er auch noch versucht, einem der Kinder ein Stück Kabel um den Hals zu binden. Und dann hat er sich schließlich das Baby geschnappt und sich auf den Weg zum Balkon begeben – wir wohnten damals im achten Stock – und dabei erklärt, er werde das blöde Baby hinausschmeißen.

Ich habe ihm das Baby abgenommen und ihn gebeten, mir in die Küche zu folgen. Dort habe ich ihm meine Hände um den Hals gelegt: »Wenn du dich nicht anständig benehmen kannst, mein kleiner Freund, werde ich dich erwürgen!« Der Junge hat gesehen, dass ich es ernst meinte – jedenfalls glaubte er daran. Laut brüllend stürzte er zu seinem Vater hinein, um dort Schutz zu suchen. Er hat ihm aber nicht gesteckt, welche Drohung ich in der Küche ausgesprochen hatte. Und er hat auf weitere Angriffe auf meine Kleinen verzichtet. Dabei lag es nicht an der Drohung an sich. Ich habe seine schwärzesten Gefühle übernommen und bestätigt, gezeigt, dass ich auch solche Gefühle habe, dass ich sie aber beherrschen kann. Dadurch konnte er sich als Person verstanden fühlen (auch wenn er mich mit Sicherheit nicht liebte …) und er konnte sein destruktives Verhalten beenden. Liebe Grüße!

Warum so traurig?

Hallo, Anna! Danke für eine Website, die wirklich Gold wert ist! Ich habe einen einjährigen Sohn, der seit etwa einer Woche jeden Tag um etwa 17 Uhr total durch den Wind ist. Er jammert dann nur noch, hängt an meiner Hose, setzt sich auf den Fußboden, weint und protestiert ohne Ende. Warum bloß? Er isst mit gesundem Appetit und schläft wie ein Murmeltier, einfach herrlich! Ich wäre dir für eine Antwort sehr dankbar, denn ich halte es bald nicht mehr aus. Sonst hat er nie geweint oder gemeckert, auch nicht, als er ganz klein war. Er ist normalerweise ein fröhlicher, kleiner Junge!

Danke für deine warmen und wärmenden Worte! Es ist schwer zu sagen, was deinen kleinen Schatz so »verrückt« macht – sein kleiner Kopf kann überfüllt sein von allen möglichen Vorstellungen und Gedanken, von denen wir gar nichts wissen können. Ich schlage vor, dass du dich zu ihm auf den Fußboden setzt und dich zu seiner Verfügung stellst, wenn er das nächste Mal zusammenbricht. Bleib einfach ganz still sitzen, tue gar nichts, sondern warte nur ab und schau, was ihm so einfällt! Vielleicht möchte er nur eine kleine Weile in Ruhe und Frieden mit dir verbringen – eine stille, wortlose Verständigung.

Er kann eventuell auch Hunger haben oder vielleicht müde sein. Eine kleine »Bestechung« in Form eines Vollkornknustes kann sich als echter Glückstreffer erweisen. Ein kleines Nickerchen von 20 Minuten kann auch Wunder wirken. Liebe Grüße!

Uneinigkeit in Sachen Erziehung

Hallo, Anna! Ich habe ein Problem! Mein Freund und ich sind uns nicht immer einig, wie wir mit unserem Einjährigen umgehen sollen. Mein Partner schreit den Kleinen an, nur weil er selbst mal brüllt (der Junge ist nicht traurig, ich glaube eher, dass er nur seine Stimme testen möchte). Mein Partner ruft NEIN! NEIN!, wenn der Kleine etwas nicht anfassen darf –

und das sehr laut. Der Junge bekommt dann Angst und fängt an zu weinen. Und er nimmt dem Kleinen sein Essen weg, wenn er der Meinung ist, dass er nicht anständig damit umgeht. Er ist im Großen und Ganzen eher genervt, dass es den Kleinen überhaupt gibt. Er schreit ihn an und meint, er müsse AUF DAS HÖREN, was gesagt wird. Mein Partner wird richtig sauer, wenn der Kleine ihn so anfasst, dass es ein bisschen wehtut. Er kann sogar auf die Idee kommen, zurückzukneifen.

Ich bin mit dieser Situation überhaupt nicht zufrieden und wage es kaum noch, den Jungen allein mit seinem Vater zu lassen. Ich kann nicht einmal duschen gehen, ohne dass der Kleine anfängt zu weinen, weil sein Vater ihn wieder angeschrien hat. Es ist ein Riesenproblem für mich. Der Junge ist, seit er auf die Welt kam, nur ungefähr fünf Mal mit seinem Vater allein gewesen und das eigentlich nur, weil ich gerade nicht zu Hause war. Was kann ich tun?

Ach, nein! Ich werde immer ganz traurig, wenn ich so etwas höre. Dein Partner hat ein Problem. Denn wenn man dafür ist, dass ein kleines Kind im Alter von einem Jahr unglücklich gemacht wird – durch Beschimpfungen und Geschrei –, dann hat man wirklich ein Problem. Denn jedes einjährige Kind, das Gott erschaffen hat, ist per Definition glücklich. Und es ist einfach gemein, das kaputtzumachen!

Wie ich es sehe, musst du zwischen deinen beiden Männern wählen. Was nicht bedeutet, dass du einen vor die Tür setzen musst. Richte aber eine Sperre zwischen ihnen auf. Kümmere dich getrennt um deinen Partner und deinen Sohn, und sorge dafür, dass sie so wenig wie möglich miteinander zu tun haben. Es wäre natürlich von Vorteil, wenn dein Partner eine Therapie oder etwas Ähnliches mitmachen würde, um seine mentalen Sorgen, die ihn sehr bedrücken, loszuwerden. Denn er misshandelt den kleinen Jungen mental, und so etwas müsste verboten werden – genauso wie es verboten ist, die Kinder zu schlagen! Sei standhaft und beschütze dein Kind! Liebe Grüße.

Zieht anderen an den Haaren

Hallo! Wir haben ein tolles, 14 Monate altes Kind – das eine ziemlich anstrengende Angewohnheit entwickelt hat. Sie zieht und reißt an den Haaren von jedem, der in ihre Nähe kommt, und nicht zuletzt bei mir. Ich versuche es mit »Nein!« oder »Oh! Oh!«, ich schaue sie wütend an, aber sie lacht bloß. Was soll ich tun?

Hallo, meine Liebe! Sich an den Haaren anderer Menschen festzuhalten und daran zu ziehen ist ein Hobby, das für die anderen nicht gerade angenehm, bei unseren Kleinen jedoch hoch im Kurs steht – wie bei den Affen vielleicht?

Sie meint es nicht böse, findet es nur lustig, dass sie ihre Umgebung schon ziemlich heftig beeinflussen und dabei ihre Kräfte testen kann (andere Kleinkinder verwenden gerne ihre nagelneuen Zähne dazu, um andere zu beißen). Deshalb sind so genannte Erziehungsmaßnahmen in diesem Zusammenhang sinnlos. Vorwürfe bringen dich nicht weiter. Deine Tochter versteht sie nicht, dazu ist sie noch viel zu klein. Das einzig Richtige ist, dass die »Opfer« versuchen, sich zu schützen und das Kind abzulenken, damit es sein Interesse auf etwas anderes richtet, das mindestens genauso lustig ist. Die kleinen Hände, die an den Haaren zerren, müssen vorsichtig geöffnet und weggenommen werden, man sollte nicht versuchen, sie schnell wegzureißen (das würde nur dazu führen, dass die Kleine weitermacht). Es ist ein Hobby, das verschwindet, wenn das Kind andere Interessen bekommt – glaub mir –, und bis dahin muss man, wie gesagt, zielbewusste Diplomatie anwenden.

Sture Kinder

Meine Kinder sind unglaublich stur. Der Älteste (vier Jahre) ist aber etwas schüchtern und insofern nicht ganz so stur, also eher unproblematisch. Aber unsere kleine Tochter führt sich ziemlich heftig auf, wenn man bedenkt, dass sie erst 16 Monate alt ist.

Kommt jemand in ihre Nähe und es passt ihr irgendwie nicht, dann schubst sie und zieht und zerrt an den Haaren des Betroffenen. Sagt man ihr, dass sie damit aufhören soll, macht sie nur weiter und scheint dabei noch wütender als vorher. Aber plötzlich hört sie dann auf und ist wieder die Fröhlichkeit selbst.

Bekommt sie ihren Willen nicht, wie sie es will, wird sie stinksauer, reißt an den Haaren und vieles mehr. Sie verlangt oft, getragen zu werden, wenn sie ein wenig müde ist, und sie wird richtig wütend, wenn ich mich ihr nicht füge. Obwohl sie noch so klein ist, muss ich in Großbuchstaben mit ihr sprechen und ihr deutlich zeigen, dass man sich so nicht benehmen darf, aber es hilft alles nicht. Was kann man da machen? Mir graut es schon vor dem Trotzalter!

Heute erlebte ich eine Situation, die deutlich macht, was ich gerne irgendwie vermeiden möchte. Ich besuchte eine Freundin und ihre Tochter. Meine Freundin bat meinen Sohn, sich die Hände zu waschen, aber das wollte er nicht. Sie versuchte, es als etwas Lustiges darzustellen, und sagte, dass es ihm bestimmt Spaß machen würde, worauf sie ihn mit ins Badezimmer nahm. Er wurde dann richtig wütend und fing an zu schreien, schlug auf sie los und zog ihr an den Haaren, als sie sich zu ihm beugte. Danach ist er noch auf ihre Tochter losgegangen.

Ich nahm die Tochter meiner Freundin hoch, aber alle meine Worte erreichten ihn nicht. Ich habe ihn festgehalten und versucht, ihn zu beruhigen. Ja, daraus wurde folglich kein langer Besuch, denn dazu kam, dass meine Kleine anfing, sich mit ihrem Bruder zu prügeln und ihn an den Haaren zu ziehen. Sie sind so was von durcheinander! Und das, ohne sich im Trotzalter zu befinden! Was kann ich nur tun?

Sture Kinder (Kommentar)
Hallo! Du schreibst, dass du mit ihr – obwohl sie noch so klein ist – in Großbuchstaben sprechen musstest. Ich glaube, dass dies der Haken an der Sache ist. Sie ist so klein, dass sie nicht versteht, was du von ihr willst, sie ahmt dich deshalb nur nach.

Ich denke, es entspricht in etwa einer Situation, die ich selbst bei einer Freundin erlebte. Ihr anderthalb Jahre alter Sohn hob immer seine Faust und schimpfte laut, wenn er in der Küche auch nur in die Nähe des Mülleimers kam. Er hatte mal erlebt, dass seine Mutter es so machte, und dachte deshalb, dass man so mit Mülleimern umgehen müsse. Dass sie mit ihm geschimpft hatte, weil er sich vom Mülleimer fernhalten sollte, hatte er nicht begriffen, also ahmte er sie stattdessen nach. Seine Mutter meinte, er sei frech, sie wurde wütend und schimpfte wieder mit ihm – worauf er seinerseits laut losschimpfte.

Dein Kind ist noch sehr klein, und ich glaube, du solltest versuchen, ihr beizubringen, wie man mit Menschen und Sachen umgeht, anstatt mit ihr zu schimpfen. Das ist jedenfalls meine Meinung. Schauen wir mal, was Anna dazu meint. Viele liebe Grüße von *Maria*.

Du hast sicherlich auch Marias wunderbaren und sehr klugen Kommentar gelesen!

Manchmal können kleine Kinder fast unerträglich sein, darüber gibt es keine Zweifel, und es ist dann einfach unmöglich, sie in möblierten Räumen – oder mit anderen Menschen zusammen – unterzubringen. Wir alle hätten am liebsten süße, kleine Engelskinder, aber der Storch hat wohl gemeint, es dürfe nicht nur lustig sein, Kinder zu haben – und auch gar nicht so einfach. Es ist vermutlich so gedacht, dass wir von unseren Kindern einiges lernen sollen – nicht zuletzt über uns selbst. Es sind ja nicht nur die kleinen Kinder, die wachsen und sich weiterentwickeln. Die Eltern tun es auch. Und der Storch oder wer auch immer hat es nun einmal so eingerichtet, dass jede menschliche Weiterentwicklung von Bedeutung durch Widerstand und schwierige Situationen entsteht und nicht durch engelsartige Freude und Friedlichkeit.

Du wirst also auf eine Herausforderung nach der anderen stoßen und gezwungen, sie irgendwie anzunehmen. Und dafür solltest du geradezu dankbar sein! (Ja, ja, ich verstehe schon, wenn du erst einmal ein wenig entrüstet bist …) Statt die Kinder als »sture« Persönlichkeiten zu betrachten, kannst du ihr provozierendes Verhalten auch mit einigem Wohlwollen als »sture« Fragen ansehen – »Wie geht das?«, »Wieso macht man das?«, »Wo stehst du, Mama? Kannst du uns nicht leiten und Anweisungen geben?«. Und hier geht es eben nicht um so genannte Erziehungsmaßnahmen! In Großbuchstaben zu sprechen bringt überhaupt nichts, wie du schon selbst eingesehen hast, denn dabei lehnst du das Kind ab, statt es zu leiten und ihm den Weg zu weisen. Aber genau darum geht es, den Kindern eine Anleitung zu geben, sie ins Leben zu führen, miteinander und zusammen mit anderen Menschen. Danach fragen sie dich, und ihre Fragen werden immer sturer, je länger du mit deiner Antwort zögerst.

Laut zu werden und zu schimpfen ist keine Antwort, mit der ein kleines Kind etwas anfangen kann. Es führt nur dazu, dass das Kind sich mit seiner »Frage« nicht verstanden fühlt – und darauf wird die/der Erwachsene für sein »Versagen« bestraft! Und das ist dann der Anfang des Teufelskreises.

Versuche stattdessen aus dieser Perspektive die Führung zu übernehmen: Du sollst deinen Kindern eine gute Leiterin, Lehrerin und Freundin sein, besonders wenn Schwierigkeiten und Widerstände auftauchen – und beobachte, ob es dann nicht viel, viel besser läuft!

Wenn die Kleinen so übel drauf sind, muss man ihre »Taten« eben unterbinden! Dann müssen sie ihre eigene, entsetzliche Gesellschaft einmal allein ertragen. Man kann keinen Menschen dazu zwingen, so oder so zu SEIN (z. B. fröhlich, lieb, von gemütlicher Natur – oder weniger stur), aber man kann ihnen beibringen, wie man sich in einer sozial akzeptablen Weise BENIMMT – was in ihrem eigenen Interesse ist, und genau darauf zielt ihre »Fragerei« im Grunde genommen. Indem man ihnen die Konsequenz eines unakzeptablen Verhaltens zeigt, lernen sie genau das, was wir alle im Laufe unseres Lebens lernen müssen: Keiner mag mit jemandem zusammen sein, der sich unausstehlich verhält. Schafft man es nicht, sich halbwegs manierlich in möblierten Räumen aufzuhalten, muss man woandershin. Dort kann man dann brüllen und schreien, so viel man will, aber nicht, wenn man mit anderen zusammen ist. Es muss hinter verschlossener Tür ablaufen – bis man davon genug hat und dazu bereit ist, gewisse Kompromisse einzugehen, um wieder bei den anderen sein zu dürfen: mit dem Beißen, Schubsen, Prügeln und Schreien aufhören – oder was es auch war, das man nicht durch Warnungen oder Ablenkungen in den Griff bekommen hat. Wenn das kleine Kind dann auf andere Gedanken kommt (und das wird es), muss man ihm zeigen, wie sehr man sich über diesen Wandel freut, und es in seinem neuen Verhalten bestätigen. Ja, so ist es gut, dies ist ein sozial akzeptables Verhalten (im Gegensatz zu vorher)! Diese Wertschätzung kann man zeigen, indem man ganz einfach glücklich aussieht und das Kind wieder in die Gemeinschaft aufnimmt (wohlgemerkt, ohne negative Erwartungen zu hegen).

Nun zu den Beispielen, die du mir genannt hast (vielen Dank dafür!): Dein kleines Mädchen schubst und reißt andere an den Haaren. (Die Frage nach dem »Warum« ist eigentlich uninteressant – sie mag zwar wütend oder enttäuscht über irgendetwas gewesen sein, aber das gibt ihr nicht das Recht, andere zu verletzen. Sie darf sich also nicht so benehmen, wie es ihr gerade passt, auch wenn sie »nur« auf dies oder jenes reagiert.) Man greift sich deshalb sofort die kleinen Hände und stoppt das Kind (die Botschaft lautet: Du darfst anderen Menschen nicht wehtun). Erst macht man es auf eine liebenswürdige Weise, als würde es sich um einen kleinen Unfall handeln und das Kind hätte bestimmt nichts Böses gemeint: »Oh, nein, das hast du doch aus Versehen gemacht, nicht? Das war ja nicht so schön! Jetzt musst du ihn aber streicheln. Man darf nicht hauen, aber man darf gerne streicheln!« Und dann nimmt man die kleine Hand und lässt sie streicheln (egal ob das Kind nun damit einverstanden ist oder nicht). Botschaft: Hier wird die positive Berührung der negativen Berührung gegenübergestellt, das richtige Verhalten dem falschen Verhalten. Darauf folgt eine Aufmunterung zum richtigen Verhalten: »Oh, wie schön, schau, jetzt freut er sich wieder!« (Man kann statt des Streichelns auch umarmen, dabei nimmt man die kleinen Arme und legt sie um das »Opfer«; die Hauptsache ist, dass man dem Kind ein korrektes Verhalten ganz konkret zeigt – im Gegensatz zum nichtakzeptablen.) Wenn die Provokationen trotzdem weitergehen und das Kind ganz offensichtlich nicht der Meinung ist, eine klare »Antwort« bekommen zu haben, und entsprechend weiterschubst und -zerrt usw. – ja, dann greift man wieder ein und bittet das Kind darum, es wieder gutzumachen (was beim Kind nicht immer auf Verständnis stößt, wenn es in seinen Herausforderungen gerade ziemlich heftig ist, aber davon sollte man sich nicht einschüchtern lassen!), und eine klare Warnung wird ausgesprochen: »Du DARFST nicht hauen, es tut WEH, das darfst du nicht machen, du darfst streicheln, aber NICHT hauen! Wenn du nicht damit aufhörst, darfst du nicht länger hier bei uns sein. Dann kannst du in dein Zimmer gehen. Dort musst du dann bleiben, bis du mit dem Hauen aufhörst. Du hörst also jetzt damit auf, O.K.!?« Macht das Kind trotz allem weiter, muss man sich nicht aufregen, sondern einfach die traurige Tatsache beklagen: »Ach, das tut mir wirklich Leid, aber dann musst du wohl ein bisschen für dich alleine sein, bis du wieder mit uns zusammen sein möchtest – ohne zu hauen.« Dann wird das Kind in seinem Zimmer aufs Bett gesetzt, du machst die Tür zu und wartest davor ab. Sobald eine kleine Unterbrechung des Schreiens zu vernehmen ist, machst du die Tür auf und fragst freundlich: »Bist du jetzt fertig? Möchtest du wieder herauskommen?« Bei erneutem Geschrei macht man die Tür wieder zu. Grummelnde Schweigsamkeit auf Seiten des Kindes bedeutet Nachgiebigkeit: Das Kind ist dazu bereit, sich zu fügen und sich akzeptabel zu verhalten. Dann darf es herauskommen und wieder dabei sein, und man selbst sieht dabei überaus glücklich aus, als wäre alles wieder in bester Ordnung – was es ja auch ist: Friede, Freude, Eierkuchen.

Und so musst auch du handeln, wenn deine Kleine meckert und wütend wird, weil sie mal nicht das bekommt, was sie haben will. Du musst ihr durch deine Handlung zeigen, dass ihre Methode in dieser Welt nicht von Erfolg gekrönt sein wird: Kein Mensch sollte etwas bekommen, nur weil er danach schreit. Wenn man schreiend Forderungen stellt, werden sie auf keinen Fall erfüllt. Niemand hat Lust, nach solch einer Pfeife zu tanzen, du schon gar nicht. Du setzt sie mit der Bemerkung ab: »Wenn du mit dem Schreien aufhörst, wird Mama dich tragen. Wenn du aber nicht mit dem Schreien aufhörst, will ich dich auch nicht tragen.« Darauf beschäftigst du dich anderweitig, damit die Botschaft sich erst einmal setzen kann. Wenn sie dann ihre kleinen Arme zu dir hochstreckt, um getragen zu werden – und zwar ohne zu schreien –, dann seid ihr schon viel weiter gekommen (obwohl diese kleine Erfahrung eventuell mehrmals wiederholt werden muss, bevor die Botschaft sich festigt; betrachte »jedes Mal«, als wäre es die allererste Lektion, auch wenn es schon das 15. Mal an ein und demselben Tag ist).

Zum Ärger bei deiner Freundin: Dein Sohn weigert sich, seine Hände zu waschen, und zeigt somit ein unakzeptables Verhalten. Dann bist du von dem anderen Kind »gefesselt«, das du hochgenommen hast, um es zu schützen. Dieses Kind hätte ich abgesetzt, mit der Bemerkung: »Ich bin gleich wieder da, kleiner Schatz!«, und hätte mir darauf den Jungen geschnappt, wäre mit ihm ins Badezimmer gegangen und hätte ihm unter vier Augen erklärt, »wo der Hase längs läuft«. Mit einem festen Griff um seine beiden wilden Hände hätte ich ihm mit einem beherrschten, aber rasenden Blick klar gemacht, dass er sich so nicht verhalten darf (und ihm wirklich klar gemacht, was ich damit meine). »Jetzt gehst du hin und umarmst den anderen, los! Und danach wäschst du dir deine Hände, und wenn du es nicht allein schaffst, werde ich dir schon helfen« – das alles in angemessen drohendem Tonfall. Ich hätte dafür gesorgt, dass der Junge auch wirklich sein »Opfer« umarmt, egal ob er damit einverstanden wäre oder nicht (du bist immer noch stärker als er, sei froh drum!) – du kannst ihm vielleicht den richtigen Weg weisen, indem du dabei deine Hände auf seine Arme legst (dagegen kann man keinen Menschen dazu zwingen, »Entschuldigung« zu sagen, das wäre vollkommen sinnlos). »Gut«, hätte ich gesagt, so als hätte er sich aus freien Stücken zur Umarmung überwunden. »Und dann wäre da noch das Händewaschen!« Beide geht ihr ins Badezimmer – und du überwachst die Prozedur hinter verschlossener Tür. Sollte er es wagen, zu protestieren, würde ich die kleinen Hände greifen und das Händewaschen für ihn übernehmen, auch wenn die Kraft von zehn wilden Pferden erforderlich wäre. Danach wird seine Tat fröhlich und auf ganz natürliche Weise bestätigt, so als hätte er alles alleine hinbekommen: »Super! So ist es richtig. Jetzt sind die Hände schön sauber! Lass uns wieder zu den anderen gehen!«

Nun hoffe ich, dass etwas hiervon dich zu einer neuen Einstellung deinen Kindern gegenüber inspirieren kann! Es würde mich sehr wundern, wenn sie nicht mit einer riesigen Erleichterung reagieren, wenn sie nun mitbekommen, dass du in der Tat eine Frau mit konstruktiven, liebevollen, freundschaftlichen, aber auch bestimmten Führungsfähigkeiten bist! Und dann brauchst du dich auch nicht mehr vor dem Trotzalter fürchten, das kannst du mir glauben. Viele liebe Grüße!

Schwierig, Grenzen zu setzen

Hallo! Ich bin die Mutter eines sehr aktiven, anderthalbjährigen Jungen. Ich finde es immer wieder etwas schwierig, Grenzen zu setzen, aber sehe allmählich ein, dass es wirklich notwendig ist. Ab und an werde ich fast verrückt von all den Sachen, die er anstellt.

Er wirft beispielsweise sein Besteck, sein Essen, seine Flasche usw. auf den Fußboden. Nehme ich dann die Flasche, stelle sie auf die Spüle und erzähle ihm, dass sie jetzt weg ist, dann schreit er wie am Spieß und die ganze Mahlzeit ist hin. Oder er hämmert mit Gegenständen auf den Tisch, schleift Sachen über den Fußboden, so dass Kratzer entstehen, oder er haut und beißt uns.

Dazu muss aber auch gesagt werden, dass er überaus lieb und fröhlich und zärtlich sein kann und dass es einfach ist, seine gute Laune wiederherzustellen. Aber ich habe einfach nicht immer die Kraft und die Geduld. Ich hoffe, du hast ein paar gute Tipps für mich! In gespannter Erwartung.

Nein, meine Liebe, das »Grenzen setzen« funktioniert hier einfach noch nicht – so kleine Kinder kann man nicht erziehen. Damit vergeudest du nur Zeit und Kraft. Du hast ja auch selbst eingesehen, dass eure Versuche in dieser Hinsicht keine Wirkung gezeigt haben. Das Einzige, was dabei herauskommt, ist, dass er entweder wütend oder traurig wird – die Alternative ist (Gott sei Dank), dass er die ganze Geschichte vergisst, oder aber, dass ihr selbst die Fassung verliert und ihn anschreit, was nach deiner eigenen Schilderung nicht wirklich angenehm ist (vermutlich, weil du in deinem Innersten weißt, dass es falsch ist). Deshalb möchte ich dich darum bitten, deine Denkweise ganz und gar umzustellen!

Vor anderthalb Jahren gab es deinen kleinen Jungen noch gar nicht. Er hatte gar keine Ahnung, worum es in dieser Welt geht, in die er als Fremder hineingeboren wurde – als ein kleines, hilfloses Paket, das die Aufgabe hat, ALLES zu lernen, was notwendig ist, um überleben zu können und eines schönen Tages allein zurechtzukommen. Er hatte eure Kultur, Normen und euren Verhaltenskodex nicht mit im Gepäck ... Er hätte sich genauso gut in einem Iglu in Grönland oder einem Beduinenlager in der Wüste Sahara wiederfinden können. Dort hätte er ganz andere Normen, ganz andere Verhaltensweisen, eine ganz andere Sprache und andere Überlebensmechanismen lernen müssen. Wärest du selber in seiner Situation (als außenstehender Fremder), hättest du es sicherlich gut gefunden – und wie er wärest auch du komplett abhängig davon –, dass ein anderer Mensch, der dich einigermaßen versteht, dir helfen würde, dir verschiedene Sachen zeigt und dir gegenüber ganz und gar wohlwollend wäre; der dich an die Hand nähme (bildlich gesprochen), um dir als liebevoller und immer gegenwärtiger Führer den Weg zu zeigen, durch all dies Unbekannte, das nun dein Leben sein soll. Dagegen würdest du nicht viel lernen, wenn die Menschen versuchen würden, dir Grenzen zu setzen, die du noch nicht einmal begreifen kannst. Noch weniger würdest du es verstehen, wenn sie dich anschreien würden, sobald du etwas falsch machst. Du wüsstest ja nicht einmal, was richtig ist! Du würdest nichts wissen, aber trotzdem würdest du wünschen, dass man dir in deiner Unwissenheit mit Verständnis begegnet, dich liebt und dir das Gefühl gibt, dass du dort hingehörst.

Hier hast du nun deinen kleinen Jungen. Er ist in diese Welt gekommen, um sie zu erforschen und allmählich zu lernen, sie zu beherrschen. Das erfordert seine Zeit. (Wie lange würdest du brauchen, um die Sprache, die Lebensverhältnisse und die Bräuche in einem Beduinenlager zu erforschen und später zu beherrschen?) Erst im Trotzalter – im Alter von ungefähr drei Jahren – ist es an der Zeit, mit der Erziehung anzufangen, d.h., deutlich Bescheid zu geben, was zu gegebenem Zeitpunkt vom Kind gewünscht, ja sogar gefordert wird. Und wenn du es richtig machst, wird dein Kind mit Erleichterung reagieren. Wie du aber selbst festgestellt hast, reagiert dein kleiner Junge nicht gerade mit Erleichterung, wenn du versuchst, ihn zu bremsen oder zu steuern, und NEIN sagst. Denn er versteht ehrlich gesagt nicht, warum – und das ist eigentlich auch verständlich. Seine Aufgabe ist es, die Welt zu erforschen, und wird es noch für lange Zeit bleiben. Er provoziert nicht. Er hat ja gar keine Ahnung, was ein Fußboden ist, außer dass es etwas ist, das sich unter seinen Füßen befindet, und dass man darauf herumlaufen kann. Noch weniger weiß er, was Kratzer auf dem Fußboden sind. Und sollte er es doch irgendwie begreifen, würde er trotzdem nicht verstehen können, dass es falsch ist, Kratzer in den Fußboden zu machen. Warum sollte das denn falsch sein? Er hat ja keine Erfahrungen, auf die er zurückgreifen könnte. Wie sieht ein Fußboden normalerweise aus – oder noch unverständlicher: Wie sollte ein Fußboden aussehen? Er hat keine Ahnung.

Dann hilf ihm. Zeig ihm den Weg. Zeig, anstatt zu verbieten. Unterstütz ihn, anstatt ihn zu bremsen. Sei aufmunternd, anstatt ihm Vorwürfe zu machen. Schau, wie unglaublich viele Sachen er in so kurzer Zeit schon gelernt hat! Er kann gehen, holen, tragen, heben, öffnen, schließen, helfen, »arbeiten«, tausend Wörter verstehen … Es ist wirklich eine große Leistung. Darum geht es doch – und vergiss die Vorstellung, dass er dabei ist, einen Machtkampf gegen euch anzuzetteln! Wenn er Sachen vom Esstisch fallen lässt, bedeutet es, dass er 1. keinen Hunger mehr hat, oder 2., dass er die Schwerkraft erforscht. Dann darf er sich fürs Essen bedanken und den Tisch verlassen! Wenn er etwas über den Fußboden zieht, sind es andere Kräfte – nicht zuletzt seine eigenen –, die getestet werden. Gib ihm Sachen, die den Boden nicht zerkratzen – oder leg einen Teppich dort hin oder kümmere dich nicht um die Kratzer oder kauf dir einen neuen Fußboden!

Und wenn er haut oder beißt (um etwas geschmacklich zu testen oder um auszuprobieren, was passiert), dann sorgst du in einer liebevollen Weise dafür, dass er damit aufhört, ohne ihn zu verletzen, so als wäre nur ein kleiner Unfall passiert: »Hoppla! Da hast du mich ja gebissen und es hat wehgetan! Jetzt musst du mich aber schön streicheln.« Du nimmst seine kleine Hand und lässt ihn dich streicheln, und denk dran, dabei richtig glücklich auszusehen! Er versteht nicht, was »wehtun« bedeutet, und er versteht auf keinen Fall, dass er selber jemandem wehtun kann, aber er begreift, was man macht, wenn man versehentlich jemanden hauen oder beißen sollte, so dass der/die andere reagiert – dann streichelt man! In dieser Weise repariert man das kleine Detail, das offensichtlich zu etwas führte, das nicht angedacht war. Gut, dann weiß man Bescheid! (Haut der Kleine, sollte er nicht nur streicheln, sondern auch umarmen; unterbrich das Hauen sofort mit einem »Hoppla!« und nimm die kleinen Hände und Arme und lass sie den Betroffenen umarmen – und darauf bestätigst du: »Fein, ja, jetzt ist es wieder gut!«)

Übe dich in Ablenkungsmanövern, die im Notfall eingesetzt werden können. Ist die Flasche »weg«, kann sie nicht neben der Spüle stehen, sondern muss wirklich außerhalb seines Blickfeldes sein; und darüber musst du genauso erstaunt sein wie er, dass sie auf einmal nicht mehr da ist – du kannst sie sogar »suchen« und sehr besorgt scheinen. So teilst du seine Gefühle mit ihm, anstatt sie zu verwerfen. (Gegenstände, die man auf keinen Fall verlieren möchte, können in dieser Weise ganz diskret »gerettet« werden – nach der einfachen Regel: Nimm den Gegenstand weg, nicht das Kind!)

Vor allem möchte ich euch dazu raten, es ihm und auch euch leichter zu machen, indem ihr den Alltag strukturiert. Übernehmt die Führung, bis hin zum kleinsten Detail! Dadurch lernt ihr auch, vorbeugend zu denken und die Missgeschicke eventuell schon im ersten Anlauf aufzufangen, so dass er beispielsweise weniger Enttäuschungen durchstehen muss. Er muss essen, schlafen, frische Luft bekommen usw., und das zu festgelegten Zeiten. Nach und nach werdet ihr alle drei die Spielregeln kennen – und es ermöglicht euch, einfach glücklich zu sein. (Zwischen den Mahlzeiten sollten mindestens drei Stunden vergehen, am besten dreieinhalb.) Dann muss der Kleine auch noch »arbeiten«, d.h., er wird gebraucht! Auch die Arbeit sollte systematisiert werden, so dass er sich nützlich machen kann und das Gefühl hat, dass er praktisch und konkret gebraucht wird, zumindest bei zwei – wenn auch ganz kleinen – Gelegenheiten an jedem Tag. (Er kann auf der Arbeitsfläche sitzen oder auf einem Schemel stehen, wenn ihr kocht, dabei platziert ihr Gegenstände in seiner Reichweite und fragt: »Kann ich das da haben? – Toll! Vielen Dank!« oder: »Kannst du das machen, schaffst du das? Kannst du die Wurst in die Pfanne legen?« Und dann reicht man die Pfanne zu ihm hin, gibt ihm die Wurst in die Hand – und: »Fein! Das hast du gut gemacht!« Und: »Tausend Dank für die Hilfe, mein Schatz!«) Und außerdem sollte er mithelfen, wenn er selbst dazu die Initiative ergreift, d.h. außerhalb des Tagesprogramms. Versucht er beispielsweise Papas Rasierer in die Hand zu bekommen, wenn Papa sich gerade rasiert, bedeutet es ja nicht, dass er Papa stören oder etwas kaputtmachen will. Er will auch nicht mit dem Rasierer »spielen«, er möchte etwas lernen. Und die beste Methode, kleinen Kindern beizubringen, wie man in dieser Welt mit den Sachen umgeht, besteht darin, es ihnen zu zeigen. Papa kann zulassen, dass der Kleine ihn rasiert, indem er seine Hand um die kleine Hand seines Sohnes legt. Und danach bedankt er sich für seine Hilfe. So einfach ist es, einem Kleinkind das Gefühl zu geben, dass es nützlich ist – und somit glücklich und zufrieden sein kann. Man muss sich nur immer wieder daran erinnern, warum diese kleinen Größen auf der Welt sind: um mit unserer Hilfe und unserer Anleitung überleben zu können, um eines Tages allein zurechtzukommen – und nicht um kleine Freizeitroboter zu sein, die unser Leben in regelmäßigen Abständen zur Hölle werden lassen. Liebe Grüße!

Bricht zusammen, wenn er ein »Nein« bekommt

 Hallo, mein Sohn Anders ist anderthalb Jahre alt, und ich habe ein paar Fragen, die mich zurzeit sehr beschäftigen.

Anders hat gelernt, das Wort NEIN zu sagen, und er übt sich jetzt fleißig in dessen Gebrauch. Es ist ganz niedlich, aber ab und zu auch ziemlich anstrengend. Und dabei fällt mir ein, was du über Kinder, die noch nicht drei Jahre alt sind, gesagt hast: Dass man sie nicht mit Erziehungsmaßnahmen belasten sollte, bevor sie das Trotzalter erreicht haben. Meinst du damit, dass man ihnen nichts verweigern sollte und sie stattdessen ablenken und Gegenstände entfernen soll, um sie mit anderen Dingen zu beschäftigen?

Zur Sache selbst: Anders schaut zurzeit gerne und so oft er kann »Mumintal« auf Video. So oft, dass es mir wirklich zu viel wird. Darf ich also nicht sagen: »Nein, nicht jetzt! Wir können morgen wieder Mumintal gucken«, sondern müsste den Videorecorder und vielleicht sogar den Fernseher entfernen, weil sie die Ursache der »Konfrontationen« sind, da man ja nicht immer rechtzeitig merkt, dass eine problematische Situation im Anmarsch ist, und ihr somit nicht von vornherein vorbeugen kann, oder?

Andererseits ist Tatsache, dass wenn ich nur ein kleines »NEIN« flüstere oder den Kopf schüttele, bei ihm eine ganze Welt zusammenbricht und er dann lauthals losschreit. Anfangs habe ich mich nur etwas darüber gewundert, aber jetzt finde ich es langsam gar nicht mehr lustig! Obwohl es ja auch schön ist, festzustellen, dass er bereits seine eigene Meinung vertreten kann.

Was hättest du z. B. in der folgenden Situation gemacht: Ich hatte Besuch zum Kaffee, Anders kam dazu und wollte mich vom Tisch wegziehen. Ich habe ihm ein paar Spielzeuge geholt, aber er wollte nicht damit spielen, er wollte »Mumintal« schauen. Ich habe versucht, ihn auf meinen Schoß zu setzen (er hatte schon mit uns zusammen ein wenig gegessen), aber das wollte er überhaupt nicht. Und dann hat er eine Riesenszene veranstaltet!

Und was soll ich machen, wenn er mit einem Buch nach dem anderen angelaufen kommt und will, dass wir zusammen lesen, während ich gerade dabei bin, Bücher aus den Umzugskartons einzuordnen. Wir sind gerade umgezogen, es kann also auch sein, dass der Umzug und die drei Wochen Aufenthalt bei Oma und Opa teilweise schuld an seiner Unruhe sind. Ich versuche also, ihn abzulenken, und bitte ihn darum, Bücher ins Regal zu stellen: »Das Buch kommt dahin, und das dahin« usw., aber er gibt nicht nach.

Heute hatte ich ein sehr erfreuliches Erlebnis mit ihm (finde ich selbst). Wir waren einkaufen und beim Eingang des Supermarktes stand so ein Motorrad für Kinder mit Münzeinwurf. Mein Sohn entdeckte es und war Feuer und Flamme, aber da waren wir schon im Supermarkt drinnen. Ich bin dann mit ihm zum Eingang zurückgegangen, zum Motorrad, habe ihm gesagt, dass ich verstanden habe, dass er gerne damit fahren möchte, und dass wir es auch machen werden, aber erst nach dem Einkauf, und dass das Einkaufen nicht lange dauern würde. Und es hat alles ganz toll geklappt! Wie viel kann man ihm eigentlich jetzt schon erklären? Gar nicht so wenig, wie es scheint! Manchmal hat man ja doch ein schlechtes Gefühl, wenn man seinen Forderungen immer nachgibt. Was hätte ich z. B. tun sollen, wenn ich beim heutigen Einkauf starke Kopfschmerzen gehabt hätte und es wirklich nur geschafft hätte, schnell das Nötigste einzukaufen? Dann hätte ich bestimmt keine Lust dazu gehabt, dort herumzuhocken, während er mit dem Motorrad beschäftigt ist – auf der anderen Seite hat es ja keine Ewigkeit gedauert.

Was in meinem Unterbewusstsein herumspukt, ist vielleicht die uralte Redensart, dass man Kinder auf keinen Fall verwöhnen sollte, indem man immer das macht, was das Kind möchte, egal ob man es selbst gut findet oder nicht. Gilt diese »Regel« dann erst ab dem Trotzalter?

Ach ja, dein Junge hat also gelernt, NEIN zu sagen. Das lernen die meisten Kinder genau in diesem Alter. Es ist eine Schwindel erregende Perspektive, die sich dem Kind damit öffnet: ICH HABE EINEN EIGENEN WILLEN! Was leider nicht bedeutet, dass man damit auch umgehen kann … oder korrekter ausgedrückt: überhaupt nicht. Ich betrachte diese »Neinsagerei« immer als eine Übung (für mich selbst, wie auch für das Kind). Ich vermeide, Fragen zu stellen, die mit einem »Nein« beantwortet werden können. Ich frage also nicht: »Wollen wir nach draußen gehen?«, oder: »Hast du Hunger – möchtest du etwas essen?« Ich frage stattdessen: »Wo sind die Schuhe?«, oder: »Wo ist der Teller? Und wo ist der kleine Löffel, den du zum Essen nimmst?«

Ja, es verhält sich wahrscheinlich so, dass die alte Redensart darüber, dass man Kinder niemals verwöhnen sollte, in deinem Kopf herumgeistert (dafür wird schon deine Umwelt sorgen). Aber ehrlich gesagt – warum sollte man kleine Kinder nicht verwöhnen, solange sie damit zufrieden sind? Oder den Mann, den man liebt? Oder sich selbst?

Du merkst ja selbst, dass er nicht dazu im Stande ist, mit deiner Weigerung umzugehen: »Wenn ich nur ein ›Nein‹ flüstere oder den Kopf schüttele, bricht seine ganze Welt zusammen und er schreit lauthals los.« Ich frage deshalb: Wozu soll das denn gut sein? Wenn das Kind aber ins Trotzalter kommt, wird es nach Grenzen und Widerstand, Verboten und Regeln verlangen – und es wird mit Erleichterung reagieren, wenn man zeigt, dass man auf seine (oder ihre) heftigen Provokationen eine Antwort weiß und dass man ihm/ihr mit Hilfe, Anleitung und wegweisenden Alternativen zur Verfügung steht.

Dein kleiner Anders provoziert nicht. Er möchte nur verstanden werden, und in seinem Innersten glaubt er, dass er in dir seinen besten Freund hat – einen, der seine Signale deuten kann, der seine verschiedenen Sprachen interpretieren kann und dabei als sein verlängerter Arm funktioniert (genau wie du es machst, wenn du ihm sein Mumintalvideo in den Recorder schiebst und startest oder ihn aufs Kindermotorrad vor dem Supermarkt setzt und eine Münze einwirfst). Wenn du »Nein« sagst, wird er so verzweifelt, weil er glaubt, dass du *ihn* plötzlich nicht mehr verstehst, *ihm* nicht helfen möchtest, obwohl du es kannst, dass du ihm nicht wohl gesonnen bist! Und das ist – finde ich – ganz schrecklich, denn das ist ja gar nicht der Fall.

Deshalb, meine Liebe, solltest du alles, was mit Erziehung zu tun hat, vergessen, bis er dafür empfänglich wird! Und dann sag mir doch mal: Was ist denn dabei, wenn er sein Mumintalvideo 30.000 Mal schauen möchte? (Davon wird er irgendwann genug bekommen, das verspreche ich dir.) Er schaut sich das Video so oft an, dass es doch nicht gut sein kann, schreibst du. Aber warum denn? Wenn es IHM so gefällt? Würdest du dir dieselbe Frage stellen, wenn er 117 Mal das gleiche Märchen vorgelesen haben möchte? Gute Kinderfilme sind wie gute Märchen. Und Kinder können sie alleine »lesen«! Bedenke doch, dass es nur wenige Anderthalbjährige gibt, die länger als drei Minuten vor dem Fernseher sitzen bleiben können. Also sind die Mumins für ihn etwas ganz Besonderes. Freue dich mit ihm zusammen, solange sein Interesse noch andauert! Außerdem ist es doch wirklich praktisch, dass er die Mumins schauen möchte, wenn du Kaffeebesuch hast. Warum sollte es besser sein, dass er mit irgendwelchen Spielsachen, die du ihm holst, spielt, wenn er doch auf eigene Initiative etwas machen möchte – etwas, das keinem schadet?

Wenn ich mit einem anderthalbjährigen Jungen Bücher ins Regal stelle, muss ich wohl damit rechnen, dass er sich gerne das eine oder andere Buch anschauen möchte und auch erwarten würde, dass ich ihm etwas vorlese (wenn ich ihm wohlgemerkt beigebracht habe, dass ich zum Vorlesen von Märchen da bin, hm!). Das finde ich überhaupt nicht merkwürdig. Ich würde mich aber von vornherein gegen ein endloses Vorlesen wehren: »Gut, dann lesen wir diese Geschichte. Wenn du danach noch mehr lesen möchtest, musst du dir das Buch aber alleine anschauen. Das schaffst du ja schon. Dann muss Mama nämlich die ganzen Bücher noch dorthin ins Regal stellen ...« Und beim Aufräumen und Saubermachen würde ich dann seine Hilfe in

Anspruch nehmen – und mich herzlich für jeden ambitiösen, kleinen Einsatz bedanken!

Es ist richtig, man kann einem kleinen Kind schon sehr viele Sachen erklären, und das Kind kann vieles verstehen – und dazu noch sehr gut mitarbeiten. Aber die Grundlage sollte immer Verständnis sein, Einfühlungsvermögen. Das Kind sollte sich verstanden fühlen. Wenn du aber mit »erklären« meinst, dass es klappen soll, dem Kind zu erklären, warum dies oder jenes NICHT erlaubt ist, musst du mit Protesten rechnen (bis zum Trotzalter). Kleine Kinder verstehen in der Tat nicht, warum dies oder jenes nicht machbar ist, denn die/der Erwachsene schafft doch erwiesenermaßen alles, beherrscht alles und weiß alles – und sollte doch als verlängerter Arm des Kindes bereitstehen. (Dass die/der Erwachsene nicht immer alles will, was sie oder er kann, ist eine bestürzende Einsicht, die das Kind genau im Trotzalter trifft, aber vorher nicht. Steht irgendwo ein Kindermotorrad, auf dem andere Kinder sitzen und das doch wohl extra für Kinder aufgestellt wurde, wo das Ausprobieren doch so spannend und lustig ist – warum um alles in der Welt ist das Fahren dann plötzlich verboten, wenn ER damit fahren möchte? Wer kann dafür eine plausible Erklärung geben …)

Ich weiß nun nicht genau, wie du das Problem gelöst hast – ich denke, er durfte dann fahren oder zumindest dort stehen und sich in Ruhe alles anschauen, wie du es ihm versprochen hattest. Damit war er zufrieden, ja, er konnte sogar abwarten, bis du deinen Einkauf erledigt hattest. Das, musst du wissen, ist eine große Sache für ein so kleines Kind, und er konnte es nur, weil du ihm gezeigt hast, dass du ihn verstehst und ihm hilfst. Aber was wäre passiert, wenn du wirklich Kopfschmerzen gehabt hättest und nur so schnell wie möglich nach Hause geeilt wärest?

Ich verstehe deine Gedanken sehr wohl, aber sie wollen mir nicht richtig gefallen. Egal ob dein kleiner Junge es möchte oder nicht, muss er mit dir zum Einkaufen, und er darf vielleicht nicht einmal mit einem eigenen kleinen Einkaufswagen fahren und sich dabei nützlich fühlen. Er muss sich ausschließlich nach dir richten und es außerdem gut gelaunt tun, ohne eigene Impulse und Wünsche.

Es sind keine kleinen Anforderungen, die wir an unsere Kindern stellen. Ist es denn zu viel, dass ER für einen kleinen Moment etwas machen darf, an dem ER wirklich Freude hat?

Nein, du sollst den Videorecorder oder den Fernseher nicht entfernen! Hier geht es ja nicht um zerbrechliche oder wertvolle Gegenstände, die auf keinen Fall kaputtgehen dürfen und die vor den Händen krabbelnder Kleinkinder gerettet werden müssen. Bring deinem Sohn stattdessen bei, selbst das Muminvideo hervorzuholen und es in den Recorder zu legen. Das schafft er sicherlich. Und vergiss nicht, ihn dafür zu loben, wenn es klappt! Und wenn die Zeit fürs Video vorbei ist – ihr wollt vielleicht gerade essen, schlafen oder nach draußen gehen –, dann beende die Sache mit einer Haltung freundlicher Selbstverständlichkeit und mit etwas, das nach vorne zeigt, anstatt mit Kritik oder Unzufriedenheit oder mit einem NEIN. Sag einfach: »Jetzt wollen wir essen, mein Kleiner! Auf Wiedersehen so lange, kleine Mumins! Wir machen jetzt aus, winke, winke!« (Und dann machst du aus, oder noch besser: Er macht selbst aus.) »Komm, mein Schatz, nun wollen wir mal gucken, ob es im Kühlschrank etwas Leckeres gibt.« Wenn du keinen Widerstand gegen die Mumins zeigst (gegen das, was er mag, seine Präferenz in dieser Welt), dann weiß er, dass sie immer noch da sind. Auch nach dem Essen. Das hast du ihm mit deiner Akzeptanz gezeigt. Liebe Grüße!

Unselbstständig und ungeduldig

Hallo, Anna! Mein Sohn ist jetzt 19 Monate alt, er war immer sehr selbstständig und erfinderisch, aber in letzter Zeit hat er sich in den Kopf gesetzt, dass er bei allem Hilfe braucht. Er hat gar keine Geduld mehr, obwohl er doch sonst stundenlang irgendwo sitzen und sich mit irgendeinem Gegenstand beschäftigen konnte. Nun ruft er nach Hilfe, schon bevor er selber versucht hat, das Problem zu lösen. Den ganzen Tag hört man nur noch »Mama, Mama, Mama!«. Manchmal habe ich den Eindruck, als würde er bewusst Sachen aussuchen, mit denen er nicht allein zurechtkommt. Wir haben z. B. eine Schaukel, und wenn er sie sieht, möchte er immer schaukeln, und wenn es 200 Mal am Tag sind. Ich weiß nicht, wie ich es handhaben soll. Sage ich nein, bricht er vollkommen zusammen. Sollte ich vielleicht die Schaukel abbauen? Ich versuche, ihn bei vielen Dingen, die ich mache, zu beteiligen, und er mag mir auch helfen, aber er gönnt sich danach keine Freizeit, wie du sagst. Diese Probleme tauchen aber nur zu Hause auf. Gehen wir z. B. zur Kinderkrippe, ist er wieder wie immer – bemerkt uns kaum und beschäftigt sich gerne ganz vertieft mit seinen eigenen Sachen. Außerdem sind wir jeden Tag viel draußen an der frischen Luft.

Hallo! Sehr gut, dass du deinen Sohn wirklich in Gebrauch nimmst; es macht so unheimlich viel für das Selbstwertgefühl der Kleinen aus – wie auch der Großen ... Du erzählst, dass er nach getaner Arbeit nicht »frei macht«, weshalb ich den Verdacht hege, dass er sich nicht genug anstrengt, sondern »nur« spielt. Wie du weißt, muss sich die Arbeit deutlich vom Spielen unterscheiden. Du solltest also richtige kleine Ansprüche an ihn stellen. Lass ihn ein wenig länger »arbeiten«, als er es eigentlich vorhatte. Halte ihn zurück, wenn er gehen will, und rege ihn an, auch noch diese oder jene Kleinigkeit zu erledigen, und dann auch dies noch ... Und dann bedankst du dich für seine Hilfe, aber erst, wenn du spürst, dass er in der Tat einen kleinen Widerstand oder auch zwei überwunden hat! So markierst du deutlich die Grenze zwischen der Arbeit, die für andere Menschen nützlich ist, und dem Spielen, das nur zum eigenen Vergnügen da ist! Dann, glaube ich, wird er sich auch seine Ruhezeit gönnen.

Dementsprechend solltest du ihn – leicht fordernd – dazu ermuntern, gewisse Sachen alleine zu erledigen. Das bekommst du am besten durch konsequentes Handeln hin. Wörter zeigen bei Kleinkindern noch keine große Wirkung, wie du ja schon bemerkt hast. Er ist noch so klein, dass er sich leicht überrumpeln lässt. Du kannst ihm zu verstehen geben, dass du sofort wieder zurückkommen wirst, um ihm zu helfen, du musst nur noch schnell ... und dann drehst du ihm das taube Ohr hin, wenn er um Hilfe schreien sollte. Du tust einfach so, als hättest du ihn nicht gehört. Du kannst dabei ein kleines Selbstgespräch führen, auch um ihn zu übertönen, über das, was du JETZT alles erledigen musst und danach musst du noch dies und das usw. Und das alles, ohne ihn anzuschauen. Lass es – wenn nötig – zu, dass er richtig wütend wird! Und warte die leere Zeit ab, in der er in der Tat selbst eine Lösung des Problems sucht, da kein anderer dazu bereit ist, es für ihn zu übernehmen. Kinder leiden nicht darunter, wenn sie sich mal selber über etwas Gedanken machen müssen, um dann auch auf eigene Faust die erlösende Idee zu finden.

Entferne die Schaukel. Und mache dann eine große Nummer daraus, sie einmal am Tag wieder aufzuhängen, sehe dabei richtig fröhlich aus und teile die schöne Überraschung mit ihm: Guck mal! Die Schaukel ist wieder da! (Gegenstände haben für ihn noch ein Eigenleben.) Lass ihn unendlich lange schaukeln, solange du es aushältst. Und dann wird die Sache beendet, natürlich ohne Vorwürfe oder Ermahnungen: NUN muss die Schaukel wieder zurück in den Schrank und schlafen! Tschüss, kleine Schaukel! Leg sie weg, egal wie sehr er protestieren mag, sieh immer noch fröhlich aus und mach mit etwas ganz anderem weiter. (Man kann nicht verbieten, dass der Mensch reagiert; wird er sauer und eingeschnappt, dann lass es so sein, bis er sich etwas Besseres einfallen lässt. Kinder haben es nach kurzer Zeit selbst satt, sauer zu sein. Sie haben eben eine sehr gesunde Lebenseinstellung!)

Wenn ich dich damit trösten kann, möchte ich dich noch darauf aufmerksam machen, dass genau sein Alter – 18 bis 19 Monate – in der Tat schwierig ist. In dem Alter lernen die Kinder für gewöhnlich »Nein« zu sagen – um somit einige schrecklich anstrengende Dinge des Lebens anzupacken, die sie mit ihrer fehlenden Reife noch gar nicht stemmen können. Sie haben genauso viel Angst vor Veränderungen wie ihre armen Eltern. Diese sehr problematische Phase ist aber nur kurz – schon im Alter von etwa zwei Jahren wissen diese kleinen Kinder »alles« und befinden sich dann in einer der harmonischsten Phasen der Kindheit. Liebe Grüße!

In ihrer eigenen Welt

Hallo, Anna! Unsere Tochter, die 19 Monate alt ist, hat öfters Tagträume, wie wir sie nennen. Sie fing damit an, als sie etwa ein halbes Jahr alt war. Sie ist dann für einen kurzen Moment, 5 bis 10 Sekunden, »weg« – danach ist sie wieder ganz sie selbst. Dies kann mehrere Male am Tag passieren. Ich habe noch nie von einem anderen Kind gehört, das sich so verhält, auf jeden Fall nicht so häufig. Sie hört uns, reagiert aber überhaupt nicht, wenn sie »wie weg« ist, sie starrt nur vor sich hin, und stellt man ihr dabei eine Frage, reagiert sie gar nicht, sondern antwortet erst, wenn sie wieder richtig »da« ist.

Woher kommt das? Ist es auffällig? Ich habe mehrere Ärzte gefragt, aber sie wissen nichts darüber. Ich habe gehört, dass sich Kinder mit einem sehr starken Willen so verhalten – stimmt das? Was können oder sollten wir tun?

Hallo, meine Liebe! Ich finde nicht, dass ihr etwas machen solltet – außer das, was die Kleine da gerade macht (egal, was es auch sein mag), zu respektieren und leise zu sein, bis sie wieder »da« ist. So außergewöhnlich ist es nicht – Kinder haben (Gott sei Dank) ein reiches, inneres Leben. Wir können nicht immer wissen, was sie gerade denken, was sie fühlen, welche Dimensionen des Lebens sie erleben, die bei uns selbst schon vor langer Zeit in Vergessenheit geraten sind … Man kann es damit vergleichen, dass ein erwachsener Mensch, der gerade ein Buch liest, plötzlich – päng! – von irgendetwas, das im Buch steht, getroffen wird – er hebt den Kopf und starrt vor sich hin, ohne etwas zu sehen, er ist auf einmal ganz außer Reichweite unserer eigenen, strahlenbeleuchteten Welt … Sollte jemand versuchen, uns in einer solchen Situation anzusprechen, reagieren wir ziemlich genervt! Dass es aber mit dem starken Willen des Kindes zusammenhängt, hört sich in meinen Ohren ziemlich weit hergeholt an. Liebe Grüße!

Endlos viele Sorgen

Hallo, Anna! Ich grüble über etwas nach und hoffe, dass du mir weiterhelfen kannst. Wir haben einen ganz wunderbaren Sohn von 19 Monaten. Alles läuft super, er schläft nachts durch – und macht uns überhaupt keine Probleme. Ich bin das Problem! Ich mache mir die ganze Zeit fürchterlich viele Sorgen! Dass er sich verlaufen könnte, dass er entführt werden könnte, dass er in der Schule gehänselt werden könnte usw. usw. Bin ich total verrückt, oder was? Mein Freund macht sich nicht halb so viele Sorgen wie ich. Ich wäre für eine Antwort sehr dankbar, denn ich fühle mich allmählich wirklich hirnverbrannt!

Hallo, meine Liebe. Jeder Mensch sucht sich anscheinend sein Quantum Unglück … Hat man keine Sorgen, schafft man sich welche! Darin liegt eine Art Demut, würde ich denken, die man in aller Dankbarkeit über das, was im Leben gut läuft, hervorkramt. Um das Gute wirklich zu erkennen, braucht man irgendwie die Perspektive des Bösen. Du gehst im Licht umher und pflegst dabei den Schatten – und ganz falsch ist es ja gar nicht, wenn du nur vor Augen behältst, wozu die Schatten da sind: um das Licht noch stärker und klarer erscheinen zu lassen.

Versuch also deine Sorge in Dankbarkeit und Freude umzuwandeln, wohl wissend, was passieren könnte – und gerade deswegen froh, dass dies nicht der Fall ist! Und FALLS oder wenn einmal doch etwas passiert, musst du dann darauf reagieren, denn du kannst zum *jetzigen* Zeitpunkt sowieso nichts daran ändern, genauso wenig wie man das Geld für eine Rechnung, die man nicht bezahlen kann, auch nicht aufbringen kann, indem man die ganze Nacht darüber nachgrübelt – oder genauso wenig wie man ein sauberes Zuhause hinbekommt, indem man nachts im Traum nur noch am Putzen ist.

Ein großer Teil deiner Sorgen hängt sicherlich mit deinem Verantwortungsgefühl zusammen. Ich meine dabei nicht, dass dein Partner weniger verantwortungsbewusst ist, sondern dass er in einer anderen Weise damit umgeht. (Wenn du nicht da wärest, hätte er bestimmt einen unruhigeren Schlaf …) Dein Verantwortungsgefühl wurde während der Schwangerschaft aufgebaut und wurde so stark, dass du dazu bereit bist, dich um jeden Preis um einen anderen Menschen zu kümmern – Tag und Nacht, so in etwa 18 Jahre lang. Es ist ganz phantastisch, wenn man mal näher darüber nachdenkt. Wenn ein Fremder an deine Tür klingeln und dir mit folgendem Kommentar ein Bündel überreichen würde: »Seien Sie doch bitte so lieb und kümmern Sie sich die nächsten 18 Jahre darum, danke!«, – und darauf wieder weggehen würde, wärest du sicherlich nicht darauf eingestellt, diese Aufgabe auf dich zu nehmen … Mach dir selbst also keine Vorwürfe – wende sie stattdessen gegen die Natur, die dich so gründlich vorbereitet hat und es weiterhin jeden Tag tut! Liebe Grüße.

Nein sagendes Papa-Kind

Liebe Anna Wahlgren! Unser Sohn wird bald 20 Monate alt. Die letzte Zeit ist anstrengend gewesen. Obwohl ich an unserem alten Tagesablauf festgehalten habe, hat es einiges an Geschrei und Gezänk gegeben. Jetzt ist seine Laune wieder etwas besser, aber es gibt ein paar Sachen, bei denen ich unsicher bin, wie ich mich dazu verhalten soll. Es geht um das »Besitzer-Gefühl«. Unser Kleiner hat außer Gebrauchsgegenständen nicht viel Spielzeug – das ist uns nie wichtig gewesen. Aber wenn er mit anderen Kindern zusammen ist, verhält sich unser Sohn so, als wären Gegenstände das Wichtigste überhaupt (mein, mein, mein, nein, das ist Mein!). Ich versuche zu schlichten (Karin ist zuerst dran, danach bist du an der Reihe …), aber ich habe das Gefühl, dass ich mich zu sehr einmische, um das Spiel zu steuern. Und all die Diskussionen sind auch anstrengend, sowohl für ihn als auch für mich. Ist es üblich, dass Kinder sich in bestimmten Phasen so verhalten?

Etwas anderes, über das ich gerne mehr erfahren möchte, ist deine Einstellung zu Folgendem: Zu Hause funktioniert es mit meinem Sohn überwiegend gut. Aber wenn Papa nach Hause kommt, klammert sich der Kleine an ihn. Ich darf ihn dann nicht einmal mehr wickeln. Hin und wieder beunruhigt mich der Gedanke, dass er sich vielleicht mit mir zusammen nicht so wohl fühlt. Seit einem Jahr ist es nun schon so. Oft denke ich darüber nach, wie ich am besten darauf reagieren kann. Soll ich den Papa sich kümmern lassen, wenn der Junge es so will, oder soll ich mit dem, was ich angefangen hatte, weitermachen, obwohl es dann Ärger gibt? Viele liebe Grüße!

Hallo, meine Liebe! Meiner Meinung nach brauchst du dir überhaupt keine Sorgen machen! Dein Sohn ist in einem Alter, in dem viele Sachen plötzlich Kopf stehen. Dies ist ein Vorgeschmack auf das Trotzalter und das Wort NEIN kommt nun zum ersten Mal zum Einsatz. (Einige Untersuchungen weisen sogar darauf hin, dass viele Eltern den Überblick verlieren und anfangen, ihre Kinder zu misshandeln, wenn die Kleinen etwa 18 Monate alt sind. Es ist mit anderen Worten die Lebensphase, in der die Kinder am häufigsten gewalttätigen Übergriffen, die aus einem Ohnmachtgefühl der Eltern entstehen, ausgesetzt sind. Es ist erschreckend – aber nichtsdestotrotz ist es wahr.) Du verstehst nun sicherlich, dass es gar nicht so merkwürdig ist, dass du dir angesichts des Verhaltens deines Sohnes ein wenig ratlos vorkommst, und diese Ratlosigkeit macht es dir ja auch nicht gerade leichter!

Er ist noch zu klein, um zu begreifen, dass es noch andere Herden als seine eigene gibt. Er bewacht sein Revier. Das hier gehört MIR! Er betrachtet andere Kinder als Eindringlinge, genau so, wie ein Hund sein Revier beschützt und anderen Hunden den Zutritt verweigert. Erst nach dem Trotzalter – wenn er etwa vier Jahre alt ist – wird dein Junge wirklich verstehen, dass es andere Herden gibt und dass sie das Recht haben, neben ihm zu existieren, ja, sogar im Austausch mit ihm und seiner Herde. Erst dann wird er mit echter Toleranz und Mitmenschlichkeit begreifen, was Rücksicht, Verständnis und Großzügigkeit usw. sind. Bis dahin kannst du ihm schon ein gewisses, zivilisiertes Verhalten aufzwängen, aber es wird – wie du auch andeutest – sehr von deiner Steuerung, deiner Einmischung, abhängen. Das lässt sich nicht vermeiden. (Dagegen kann man allzu viel Zusammensein mit anderen Kindern vermeiden – zumindest so lange, bis er reif genug dafür ist.)

Dass er so an seinem Vater hängt, ist auch ein Zeichen, dass er sein Revier beschützt. Und es bedeutet überhaupt nicht, dass er sich bei dir nicht wohl fühlt. Wenn Papa nach Hause kommt, dreht sich alles um ihn, damit die Herde gestärkt und vollständig wird. Dadurch wird die Zusammengehörigkeit deines Sohnes zu seinem Vater bestätigt, so wie sie mit dir über viele Stunden täglich bestätigt wird. Der Kleine ist immer noch vollauf damit beschäftigt, seine Herde und ihre Funktionen, seinen eigenen Platz auf dieser Erde – den Ort und das Umfeld, in das er hineingeboren wurde, und wo er zu Hause ist – kennen zu lernen.

Auch hier gilt, dass er im Trotzalter – und besonders danach – seine Entdeckungen allmählich aus seiner Herde herausverlagern wird, um so seine Welt zu vergrößern. Dann werden Mama und Papa ihm wieder gleichwertig erscheinen. Dann kennt er seine Zugehörigkeit und kann sie als Grundlage für weitere Ausflüge in die Welt hinaus nutzen. Aber noch geht es ihm darum, ständig seine Herde zu sondieren und die Zugehörigkeit zu ihr bestätigt zu bekommen!

Lass ihn also ruhig mit Papa zusammen sein, er braucht das. Er tendiert seit längerem zum Papa hin, schreibst du; kleine Kinder arbeiten schon im Säuglingsalter an ihrer wichtigsten Bindung und verlagern sie zwischen den erwachsenen Bezugspersonen hin und her. Das ist vollkommen O.K. Es ist, wie es sein soll, die Bindung verschiebt sich immer wieder – bis nach dem Trotzalter, denn danach kann man in der Tat mehrere Bindungen aufbauen – und mehrere Menschen gleichzeitig lieben.

Kram deine eigene Neugier hervor, beobachte interessiert die aktuelle Entwicklung deines Sohnes, jetzt, wo er dabei ist, sich zu einem sozialen Wesen zu entwickeln! Seine sozialen Fähigkeiten werden sich mit der Zeit entwickeln – und auch wenn der Weg dorthin etwas holprig sein kann und teilweise von Weinen und Geschrei (wie zurzeit gerade) begleitet wird, ist das vollkommen in Ordnung so. Du bist eine kluge Mutter, die trotz allem an der Routine festhält und findet, dass alles doch irgendwie super funktioniert! Liebe Grüße!

Mag keinen körperlichen Kontakt

Hallo, Anna! Ich verstehe nicht, warum unsere 20 Monate alte Tochter keinen körperlichen Kontakt, keine Küsse, keine Umarmungen mag. Sie hat es nie gemocht, wenn man ihr zu nahe kam. Als kleines Baby hat sie viel geschrien (Kolik!), und wenn ich sie dicht an mich drückte, um sie zu trösten, kniff sie mich oder zerrte an mir und wurde richtig wütend. Es war wirklich schwierig, sie zu beruhigen. Als sie ein halbes Jahr wurde, konnte man sie auf den Schoß setzen, durfte sie aber immer noch nicht küssen oder umarmen, sonst wurde sie wütend und schlug mit ihren Ärmchen nach uns. Warum ist sie so? Wo ich doch selbst Küssen und das Schmusen so gern mag und immer ganz eifersüchtig werde, wenn ich sehe, wie andere Mütter und ihre Kinder sich körperlich nahe sind. Meine Kleine möchte weder dass ich noch ihr Vater oder andere zu nahe an sie herankommen.

Es wirkt so, als wenn sie die Nähe mag und gerne bei uns auf dem Schoß sitzt, wir sie aber nicht berühren dürfen – alles muss sozusagen unter ihren Bedingungen geschehen. Wir haben versucht, die Initiative zu mehr Nähe ganz ihr zu überlassen, und wir haben es vermieden, ihr Umarmungen aufzuzwingen, aber auch dann wurde es nicht besser. Und wenn andere – egal ob in der Krippe oder anderswo – sie ansprechen oder selbst nur anschauen, blockt sie wütend ab, schlägt mit den Armen um sich und schreit. So verhält sie sich nun schon seit geraumer Zeit. Sie hat einen starken Willen und ist sehr selbstständig.

Ich empfinde es als sehr belastend, denn als Mutter möchte man ihr ja gern ganz viel Liebe und auch mal ein Küsschen geben und vielleicht hin und wieder eine Umarmung zurückbekommen. Sie hat mich in der Tat ein paar Mal umarmt und geküsst, aber das waren dann Situationen, bei denen sie miterlebt hatte, wie andere Kinder und Mütter sich geküsst haben und die wahrscheinlich Eifersuchtsgefühle bei ihr auslösten. Ich möchte so gerne, dass meine Tochter und ich genauso zärtlich und harmonisch miteinander umgehen könnten wie alle anderen. Wie können wir einen engeren Kontakt herstellen? Wir versuchen es immer wieder, aber sie lehnt uns nur ab. Liebe Grüße!

Hallo, meine Liebe! Ich finde, man sollte versuchen, kleine Kinder an körperliche Nähe und Kontakt zu gewöhnen, da sie später große Probleme bekommen können, wenn Körperkontakt zu etwas wird, das man nicht mag, gegen das man sich wehrt und von dem man glaubt, man müsse sich davor in Acht nehmen. Auch wenn sie vielleicht nie das kleine Schmusekätzchen wird, das du so gerne haben möchtest, solltest du dir, mit ihrem Wohl vor Augen, das ein oder andere Küsschen oder die eine oder andere Umarmung erschleichen! Das Ziel deiner Strategie sollte sein, sie an Zärtlichkeitsbeweise zu gewöhnen. Dann aber können wir nur hoffen, dass du auch erleben wirst, wie sie selbst die Initiative dazu ergreift, nur müssen wir das wohl bis auf weiteres als kleine, erfreuliche Ausnahme ansehen …

Es ist schwer zu sagen, warum sie wütend wird und um sich schlägt. Vielleicht hängt es, wie es meistens der Fall ist, mit irgendeiner Enttäuschung zusammen. Leider bekommen wir es nicht immer mit, wenn wir kleine Kinder enttäuschen – und verstehen es auch gar nicht. Und die Kleinen sind nun mal nicht in der Lage, es uns begreiflich zu machen. Die so genannte Abendquengelei kann sehr wohl der Schurke in diesem Drama sein. Meiner Meinung nach ist eine Kolik eine nicht gelinderte Überlebensangst, und eine Abendkolik ist nichts anderes als Hunger, der nicht gestillt wurde, kombiniert mit Müdigkeit (nach einem langen Tag mit tausenden von Eindrücken und Unbegreiflichkeiten, denen das Kind jeden Tag ausgesetzt ist). Trost und Beruhigung müssen dann zum Ziel haben, dass das Kind sich so sehr entspannt, dass es erstens essen und zweitens schlafen kann. Trost und Beruhigung an sich, d.h., ohne wirklich etwas zu unternehmen und damit ohne Ziel und Sinn, rufen bei kleinen Kindern Enttäuschung hervor. Sie fühlen sich nicht verstanden und alles andere als geholfen. Es kann sein, dass sie das zum Ausdruck bringen wollte, ihre pure Frustration, die sich bei einigen Kindern als Aggressivität, bei anderen als Schweigsamkeit und Verschlossenheit zeigt, ja, eventuell sogar als Depression. So weit die Theorie.

Vielleicht hat sie in diesen Situationen – hier und jetzt – das Gefühl, dass du nur etwas von ihr willst und möchtest, wenn du versuchst, ihr näher zu kommen; vielleicht erlebt sie es als Forderung, dass du etwas nimmst und bekommst – anstatt ihr etwas zu geben (also auf *ihre* Probleme einzugehen und sie damit zu verstehen). Am besten, du versuchst deine eigenen Träume und Wünsche zu vergessen, auch wenn dir dabei noch so traurig ums Herz ist (wie wär's übrigens, wenn du dir die Streicheleinheiten stattdessen von deinem Mann holst und mit ihm schmust und zärtlich bist). Und sonst kannst du deine Tochter natürlich daran gewöhnen, dass du sie berührst, um ihr etwas zu geben, das sie ihretwillen braucht. Du kannst auch spontan sagen: »Ich glaube, ich möchte mal mit dir schmusen!«, gleichzeitig ihre kleinen Arme um dich legen und dich dann ganz herzlich bei ihr bedanken. Wiederhol diese »Zärtlichkeit«, wenn du dich gerade glücklich und stark fühlst. Und sollte sie auf die Idee kommen, zu schlagen, greifst du sofort ein. Greif die Hand, die schlägt, und halt auch die andere fest, schau der Kleinen in die Augen und sag mit kontrollierter Wut in deiner Stimme: »Du darfst nicht hauen. Du darfst streicheln. So, siehst du!« Und dann muss sie streicheln – mit deiner Hand um die ihre –, ob sie es nun mag oder nicht. So lernt sie, dass eine gute Berührung die schlechte wieder aufhebt. Das wirst du schon hinbekommen! Davon bin ich überzeugt! Viele liebe Grüße!

Willensstarkes Löwenmädchen

Hallo, Anna! Unsere Tochter, die 20 Monate alt ist, hat einen unglaublich starken Willen. Sie hat sehr viel Temperament. Sind Löwenkinder temperamentvoller als andere? Sind rothaarige Kinder lebendiger? Unsere Tochter hat das Sternzeichen Löwe und dazu hat sie noch rote Haare! Einige Leute meinen, dass sie deswegen ein so heftiges Temperament hat. Ist der Umgang mit solchen Kindern schwieriger als mit anderen?

Sie ist oft wütend; es ist schwierig, sie zufrieden zu stellen. Macht man Blödsinn mit ihr, ist sie meistens eher genervt oder wird wütend, wobei andere Kinder vor Lachen fast umfallen. Sie hat ihr heftiges Temperament schon immer deutlich gezeigt. Spaß und Unsinn dürfen nur unter ihren Bedingungen stattfinden und so war es schon immer.

Wenn wir sie anziehen wollen, verlangt sie diese oder jene Kleidungsstücke, ansonsten bekommt sie einen Anfall (diese Probleme mit dem Anziehen sind erst vor kurzem aufgetaucht). Alles muss so gemacht werden, wie sie es haben will, und es muss schnell gehen, denn verlangt sie etwas Bestimmtes, muss ihre Forderung sofort erfüllt werden, sonst fängt sie an zu schreien – und das kann sie in der Tat sehr laut. Darauf haben mich schon viele aufmerksam gemacht. Und so hat sie sich schon immer verhalten.

Ich finde den Umgang mit ihr sehr anstrengend, denn man hat ja keine Ahnung, wann der nächste Wutausbruch kommt. Sie hatte fast vier Monate lang Abendkoliken. Diese verschwanden aber, nachdem wir mit Babymassage anfingen. Das erste halbe Jahr habe ich mich mit ihr total von allen anderen zurückgezogen, weil sie so viel und so laut schrie. Ich konnte nicht einmal mit ihr einkaufen gehen!

Jetzt wo sie allmählich größer wird, habe ich Angst, sie zu verwöhnen, wenn ich ihr alles gebe, was sie verlangt, nur um diese schrecklichen Wutausbrüche zu vermeiden. Ich kann ihr Geschrei nicht mehr ertragen. Ist es dieser Trotz, der sich schon bei den Kolikanfällen im Säuglingsalter zeigte, oder wie hängt es zusammen? Ist die Wut einfach ein Teil ihres Temperaments?

Wenn sie glücklich ist, ist sie richtig gut drauf, aber wenn sie wütend wird (und das kommt wie gesagt häufig vor), ist sie völlig außer sich. Sie bekommt vor Wut fast Krampfanfälle. Unser Arzt hat mir empfohlen, sie abzulenken, aber wie soll ich das machen, wenn sie mich nicht einmal ansieht und nicht hört, was ich sage, sondern lauthals schreit und schreit. Oder darüber einschläft.

Was kann man mit so einem Kind machen? Warum sind einige Kinder schwieriger zufrieden zu stellen, und was muss man tun, um sie glücklich zu machen? Irgendwie habe ich schon so vieles versucht. Es ist so anstrengend, dass ich fast verrückt werde. Stille und Ruhe sind anscheinend nichts für sie.

Anna, sind Kinder wirklich so unterschiedlich – wie Erwachsene auch? Einige meinen, es sei doch halb so schlimm, wenn ich ihnen erzähle, wie sehr das Verhalten der Kleinen mich stört; aber wenn man nicht selbst so ein Kind hat, kann man ja nicht wissen, wie es ist.

Leider habe ich selbst einige Stresssymptome bekommen – als Folge ihres Temperaments und der vielen schlaflosen Nächte (und es waren viele). Zum Glück schläft sie jetzt wieder besser, nachdem sie einige Probleme beim Zahnen hatte, dazu kommen aber noch etliche Erkältungen, die ihre Laune und ihren Schlaf erheblich stören. Und man kann kaum mit dem Finger auf sie zeigen, und schon fängt sie wieder an, zu schreien. Der Vater der Kleinen arbeitet seit einem Jahr woanders und kann mich deshalb nur an den Wochenenden entlasten. Immerhin bekomme ich ab und an ein wenig Hilfe von meiner Mutter. Liebe Anna, gib mir bitte einen Rat – du hast so viel Menschenverstand.

Hallo, meine Liebe! Egal ob rothaarig, ob Löwe oder sonst was – deine Tochter hat offensichtlich gelernt, dass man in dieser Welt nur mit Geschrei vorankommt. Nur so kann man bewirken, dass etwas geschieht. So kann man Einfluss auf den Menschen ausüben. Dann bekommt man es so, wie man es haben will. (Aber wie soll man überhaupt wissen, was man will, wenn man noch so klein ist? Man weiß doch nur, dass alles so anstrengend ist und es viel einfacher wird, wenn andere entscheiden, damit man das bekommt, was man *braucht*. Und dann muss man auch nicht so viel Willenskraft einsetzen.)

Vermutlich hat sich das Muster, zu schreien, um überhaupt etwas zu erreichen, bei deiner Tochter festgesetzt, als sie noch ganz klein war, und jetzt kennt sie nichts anderes. Sie macht einfach so weiter. Die Kolik habt ihr mit Babymassage überwunden. (Meiner Meinung nach kann eine Kolik nur endgültig behoben werden, indem man das Kind füttert und füttert und nochmals füttert. Denn das setzt dem Geschrei ein Ende.) Das Schreien wurde zur Aufforderung: TUE etwas! Mit ihrem Schreien hat sie die Führung übernommen, und du hast dich vor ihren Wagen spannen lassen, und hast dann verschiedene Sachen ausprobiert, um sie wieder zur Ruhe zu bringen. Sie hat – so wie ich es sehe – noch keinen Grund gehabt, daran zu glauben, dass man in dieser Welt zurechtkommt und sich jemand um einen kümmert, außer wenn man lauthals schreit.

Zweifelsohne gibt es Kinder, die ein stärkeres und feurigeres Temperament haben als andere. Daran lässt (und sollte) sich nicht viel ändern. Außerdem befindet sich deine Tochter in einer Entwicklungsphase, die man den »Sturm vor der Stille« nennen könnte – wenn das Kind etwa 18–20 Monate alt ist, bekommen die meisten Eltern einen Vorgeschmack auf das Trotzalter, denn hier erscheint das Wort »Nein« auf der Bildfläche, und der Wille des Kindes nimmt langsam Konturen an (auch wenn sie noch etwas verschwommen sind, da dies für das Kind noch eine ganz neue Erfahrung ist). Im Alter von zwei Jahren legt sich wieder eine harmonische Ausgeglichenheit wie Balsam über das Kind und alles stabilisiert sich. Man kann also sagen, dass 1. ihre lange Erfahrung mit der Wirkung des Schreiens, 2. ihr Temperament und 3. ihre jetzige Entwicklungsphase im Zusammenspiel eine »Hölle« heraufbeschworen haben, unter der du, und sie selbst sicherlich auch, leiden musst.

Du musst dich also daranmachen, ihr beizubringen, dass das Schreien sinnlos ist. Es bewirkt gar nichts (außer dass andere Menschen, du eingeschlossen, keine Lust haben, mit ihr zusammen zu sein). Das, was etwas bewirkt – egal, was man in dieser Welt erreichen möchte –, sind aber ganz andere Kommunikationsformen. Und diese solltest du versuchen, ihr beizubringen, deinetwillen wie auch ihretwillen. Denn die jetzige Situation kostet euch beide viel zu viel Kraft. Sei eisern, ENTSCHEIDE dich für eine kleine Kur von etwa einer Woche, innerhalb der du ihr ein ganz neues Verhalten antrainieren wirst. Es wird seine Zeit brauchen, da sie sich bisher, wenn man so will, durchs Leben geschrien hat. Fang damit an, den Alltag zu strukturieren, wenn du es nicht schon gemacht hast (ich nehme an, dass du bei ihr zu Hause bist!). Mach dir ein detailliertes Schema – für jede Viertelstunde des Tages! Alles, ja, wirklich alles wird im Plan mit aufgeführt – der Nachtschlaf, die Mahlzeiten, der Mittagsschlaf (sie sollte ca. 13,5 Stunden am Tag schlafen), Ausflüge, Arbeit (d.h. die soziale Beteiligung: Du beteiligst sie jeden Tag mindestens ein paar Mal systematisch an kleinen Aufgaben, bei denen du vorgeben kannst, auf ihre Hilfe angewiesen zu sein; du fragst nach ihrer Hilfe, zeigst ihr, um was es geht, fragst aufmunternd, ob sie das vielleicht schafft, hilfst ihr bei der Ausführung und bedankst dich im Nachhinein für ihre Hilfe, so als hätte sie es ganz allein hinbekommen). Stärke dich mit einer Haltung der Selbstverständlichkeit, wenn du diesen Plan einführst – und durchsetzt! Du musst von vornherein das Gefühl haben, dass du ab sofort die Führung übernimmst (und dich nicht mehr von ihr und ihrem Schreien leiten lässt). Die festen Zeiten werden dir eine große Hilfe sein, denn so weißt du ganz genau, wann die verschiedenen Punkte der Tagesordnung zu Ende sind und wann du dir eine ruhige und friedvolle Pause gönnen kannst.

Fängt sie doch an zu schreien, schaust du sie ganz erstaunt an, als wäre das das Letzte, was du von ihr erwartet hättest, und führst sie mit einem bedauernden Blick zu ihrem Bett (ich gehe davon aus, dass sie in einem anderen Raum als du schläft) und lässt sie dort zurück, nachdem du erklärt hast, dass sie wieder herauskommen darf, wenn sie zu Ende geschrien hat. Du verlässt ihr Zimmer und machst die Tür hinter dir zu. Warte außerhalb der Tür. Sobald sie still ist, auch wenn es nur zum Luftholen geschieht, öffnest du die Tür und fragst freundlich: »Bist du fertig? Möchtest du wieder herauskommen?« Erneutes Schreien bewirkt, dass du die Tür wieder zumachst. Grummelndes Schweigen bedeutet, dass du dich riesig freust und sie hochnimmst, um dort weiterzumachen, wo ihr aufgehört hattet, so als wäre nichts passiert. Bis zum nächsten Aufbrüllen. Sofort wird die Prozedur wiederholt. Eine solche Verbannung kann sich, wie du verstehen wirst, zu einer echten Marathonvorstellung entwickeln. Das ist in Ordnung so! Öffne die Tür, schließe sie wieder, öffne und schließe, bis sie nachgibt – und das wird sie, da sie mit ihrem Schreien nichts anderes bewirkt, als dass sie in ihr Bett verwiesen wird und nicht mehr »dabei sein« darf. Hier funktioniert die Verbannung nicht als Strafe, sondern ausschließlich als Konsequenz eines unsozialen Verhaltens. (Dies gilt auch, wenn ihr nicht zu Hause seid. Egal wo und egal was ihr macht – das Schreien wird nicht akzeptiert. Wenn man schreit, wird man nach Hause gebracht und darf allein im Bett sitzen, bis man wieder auf andere Gedanken kommt: Wenn ich schreie, darf ich nicht dabei sein. Wenn ich nicht schreie, darf ich dabei sein.) VIEL GLÜCK, arme, kleine, müde Mama! Es wird schon alles gut werden – wenn DU nur nicht nachgibst. Liebe Grüße!

Haut sich selbst

Hallo! Unser Sohn, 21 Monate alt, hat angefangen, sich selbst mit den Fäusten auf den Kopf zu hauen, und macht es oft. Es passiert, wenn wir ihn darum bitten, etwas zu unterlassen, oder wenn er sich übergangen fühlt – so unser Eindruck. Meinst du, dass wir uns wegen seines Verhaltens Sorgen machen müssen? Kann es ein frühes Anzeichen von etwas Ernsterem sein? Vielen Dank im Voraus.

Nein, ihr braucht euch keine Sorgen zu machen, aber ihr müsst es verhindern! Er darf weder sich noch anderen Schaden zufügen.

Er hat sich in seinen kleinen Kopf gesetzt, dass dies eine passende Reaktion ist, wenn man Wut und Enttäuschung herauslassen und sich selbst gleichzeitig bestrafen will (weil er ausgeschimpft worden ist oder weil er sich übergangen fühlt, obwohl er in seinem Innersten genau weiß, dass dies nicht der Fall ist). Und man kann nun einmal kleine (oder große) Menschen nicht daran hindern, auf etwas zu reagieren. Aber seine Methode ist nun wirklich keine gute Lösung, und ihr müsst versuchen, ihm das klar zu machen. Es geht darum, ihm eine Alternative zu zeigen.

Haltet sofort seine kleinen Hände fest und hindert ihn am Hauen: »NEIN, du darfst nicht hauen! Du darf dich nicht selbst hauen, und andere Menschen auch nicht! Hauen darf keiner! Wir hauen auch nicht. Wir streicheln, so … (nehmt die kleine Hand, und lasst ihn sich selbst ein paar Mal über den Kopf streicheln). Und wenn man wütend ist – so richtig wütend, dass man unbedingt hauen muss –, dann darf man irgendein DING hauen« … dabei schaut ihr euch nach einem passenden Ding um, greift es und sagt: »Das Ding hier darf man hauen! Und jetzt bin ich selbst gerade so sauer und wütend und traurig, ja, so richtig fuchsteufelswild, und deshalb haue ich nun dieses Ding hier. Und wie ich es hauen werde …« Und dann haut man – wild übertrieben und ziemlich theatralisch – auf das Ding ein, und bringt den Kleinen damit zum Lachen – hoffe ich. So bekommt das Kind eine lehrreiche und passend realistische Anweisung, und der Teufelskreis wird gebrochen – durch sein Lachen.

Wichtig ist auch, dass man zeigt, dass man selbst genauso wütend und enttäuscht wie das Kind werden kann, dass man aber diese Gefühle beherrschen und steuern kann. Man lässt keine Gewalt zu (nur gegenüber Gegenständen). Es ist eine wahre Erleichterung für jedes Kind, wenn es feststellt, dass auch die so perfekten Erwachsenen solch düstere Gefühle in sich bergen – und wissen, wie man damit umgeht; das ist also etwas, das man lernen kann … stellt das Kind fest. Wenn euer Sohn in Kürze zwei Jahre alt wird, ändert sich sein Verhalten wieder (bis zum Trotzalter). Viele kleine Kinder haben in genau seinem Alter eine kleine Krise. Aber mit eurer Hilfe werdet ihr diese qualvolle Zeit verkürzen können!

Deine Frage, ob dies ein Anzeichen von etwas Ernsterem sein kann, lässt mich schaudern. Meinst du vielleicht, dass er krank oder unnormal sein könnte – vielleicht ein Kind, das mit Amphetamin behandelt werden sollte?! Das hoffe ich nicht. Man darf nie – NIE! – auch nur mit dem Gedanken spielen, dass mit dem eigenen Kind etwas nicht in Ordnung sei – außer wenn man hundertprozentig davon überzeugt ist, dass es sich wirklich so verhält. Und dann muss man sich darauf einstellen, von einem Arzt zum anderen zu traben, nur um bestätigt zu bekommen, was man von vornherein wusste. Ich rede hier nicht von Verdacht oder Vermutung, sondern vom WISSEN. Im Ernstfall würde deine innere Alarmzentrale schon aufleuchten und ohrenbetäubende Geräusche von sich geben.

So darfst du wirklich nicht denken, meine Liebe! Selbstzerstörende Tendenzen sind in uns allen zu finden, und bei kleinen Kindern zeigen sie sich oft gerade in dem Alter, in dem sich dein Kind gerade befindet. Es ist die Aufgabe von uns Erwachsenen, unseren Kindern bessere Methoden beizubringen, damit sie ihren verschiedenen (unvermeidbaren) Gefühlen der Enttäuschung freien Lauf lassen können, ohne dabei sich selbst zu schaden. Liebe Grüße!

Sie provozieren uns

Hallo, Anna! Ich habe Drillinge – drei Jungs, die bald zwei Jahre alt werden. Alle drei sind sehr aktiv und willensstark, und keiner der drei ist in irgendeiner Weise dominanter als die anderen beiden. Sie entwickeln sich ganz normal, außer dass sie beim Sprechenlernen etwas langsam sind. Sie machen viele plappernde Geräusche, können aber noch nicht viele richtige Wörter sagen. In den letzten Monaten haben sie angefangen, uns Eltern mehr und mehr zu provozieren. Sie machen etwas, von dem sie wissen, dass sie es nicht dürfen, und warten dann unsere Reaktion ab. Es ist zu einem richtigen Spiel geworden. Ich verstehe, dass dies ganz normal ist und dass man einfach da durchmuss. Es ist aber schwieriger, wenn sie es immer häufiger aufeinander abgesehen haben, und auch dann nur, um entsprechende Reaktionen (Weinen/Wut) hervorzurufen. Ich meine damit nicht, dass sie sich streiten, weil sie beispielsweise gerade dasselbe Spielzeug haben wollen, sondern dass sie mit raffinierten Provokationen einen Bruder zum Weinen bringen wollen. Wenn Pelle z. B. an einem Tag nicht so gut drauf ist und leicht genervt wirkt, provozieren die anderen beiden ihn andauernd – beispielsweise, indem sie ganz dicht an ihn herangehen und ihn mit hänselnden Grimassen anschauen. Und das bringt für Pelle das Fass zum Überlaufen. Sie schikanieren ihn dann auch noch, indem sie ihm ein Sofakissen, das er als seins betrachtet, wegnehmen oder seinen Schnuller durchs Zimmer werfen usw.

Andere Male, wenn alle drei schlecht drauf sind, fallen die Provokationen noch etwas härter aus. Zwei können sich auf den Dritten werfen, sich auf ihn setzen und ihn an den Haaren ziehen. Oder einer fängt an, den anderen beiden mit einem harten Gegenstand auf die Köpfe zu hauen usw.

Wir greifen so schnell ein, wie es nur geht. Manchmal kann es aber ein paar Minuten dauern. Wenn man gerade dabei ist, eine Windel zu wechseln, kann man einfach nicht sofort einschreiten. Und es tut uns Leid für denjenigen, auf dem gerade herumgehüpft wird.

Dass man Kinder einfach sich selbst überlassen sollte, wenn sie sich prügeln, damit sie lernen, die Probleme allein zu lösen, kann doch wohl bei so kleinen Kindern nicht richtig sein, oder? Sie könnten sich ja ernsthaft wehtun? Manchmal versuchen wir auch, ein Kind vor weniger hartnäckigen Provokationen zu schützen, weil es gerade krank oder einfach müde ist. Mir ist aufgefallen, dass das »Opfer« nicht versucht, den anderen Einhalt zu gebieten und sich zu wehren, sondern dass es sofort anfängt zu weinen und bei uns Eltern Hilfe sucht. In der Kinderkrippe verhalten sie sich ganz anders einander gegenüber. Und dort spielen sie viel konstruktiver.

Nun zu meinen Fragen:

1. Warum provozieren sie sich gegenseitig, wenn sie zu Hause sind? Gehört es zu ihrer normalen Entwicklung, oder ist es ein Zeichen, dass es ihnen nicht gut geht?

2. Wie verhalten wir Eltern uns am besten?

3. Meinst du, dass dieses Problem mit der Zeit vorübergehen wird – und wann?

Ich fange mal von hinten an: 3. Das Problem wird während des Trotzalters, das bei deinen kleinen Mäusen im Alter von etwa drei Jahren eintreten wird, eher noch schlimmer werden. Was ihr zurzeit erlebt, ist nur ein kleiner Vorgeschmack.

2. Natürlich müsst ihr eingreifen. Kinder sich selbst zu überlassen, wenn sie sich prügeln – damit sie lernen, Konflikte zu lösen –, halte ich für keine gute Idee. Denn wie sollten sie das überhaupt hinbekommen können? Nicht einmal alle Erwachsenen schaffen es – wie wir alle wissen. Kinder brauchen Anleitung und Hilfe. Man kann es vielleicht noch nicht direkt Erziehung nennen (sie nimmt eigentlich ihren Anfang erst beim Eintritt ins Trotzalter), aber sie brauchen gute und konstruktive Anweisungen. Das Wort NEIN sowie Predigten und Ermahnungen zeigen bei so kleinen Kindern überhaupt noch keine Wirkung – zumindest nicht die gewünschte ... Selbst habe ich es mir zu einer echten Herausforderung gemacht, das Wort NEIN unter keinen Umständen vor

dem Trotzalter zu gebrauchen. (Erst dann wird es verlangt, übrigens von den Kindern selbst.) Je kleiner die Kinder sind, umso leichter ist es, sie abzulenken. Musst du bei einem die Windel wechseln, wird der zweite mit einem spannenden Gegenstand irgendwo geparkt, und der dritte darf in der Küche an etwas Leckerem knabbern – oder er darf seinen beiden Brüdern etwas von dem leckeren Zeug zum Probieren bringen. Deine Fantasie müsste sich eigentlich schon verdreifacht haben! Was es für alle Beteiligten einfacher machen könnte, wäre, sich im Voraus in die Situationen einzufühlen – dies oder jenes könnte passieren, hm, was kann ich tun, um es abzuwenden und die Ruhe zu bewahren? Anstatt den Kindern hinterherzurennen, um zu versuchen, den schon angerichteten Schaden wieder gutzumachen? Vorbeugend einzugreifen ist immer besser als nachträgliche Flickschusterei.

Wie du selbst erwähnst, ist es dringend erforderlich, kleine Kinder daran zu hindern, sich gegenseitig wehzutun. Kinder sind in der Tat körperlich dazu imstande, sich gegenseitig zu erwürgen – es gibt mehrere ernsthafte Vorfälle in dieser Richtung, nicht zuletzt in Kindertageseinrichtungen. Man muss wirklich Augen im Nacken haben und möglichst einschreiten, bevor die kleinen Hände ihr auserkorenes Ziel erreicht haben. Man kann sie buchstäblich bremsen und ihr Verhalten in eine andere Richtung lenken. Hat das Kind aber schon mit dem Hauen angefangen, nimmt man die Hände und lässt den kleinen Haudegen sein Opfer streicheln oder umarmen – eventuell auch beides. Die positive Berührung hebt die negative wieder auf. Das Gute steht dem Bösen gegenüber und das Gute muss den Sieg davontragen. Dies ist etwas, das auch kleine Kinder sehr schnell begreifen und akzeptieren. Sie wünschen sich im Innersten ja nicht, dass sich jemand wehtut oder dass jemand traurig wird; und sie sind erleichtert, wenn sie alles wieder gutmachen können. Und egal wie erzwungen das Streicheln oder die Umarmung ausfallen mag, zeigt es dem Kind einen Handlungsweg, und es muss sich nicht mehr schämen, bleibt nicht in einer erdrückenden Situation stecken.

Anstelle von Vorwürfen, die ja immer wirkungslos sind, könnt ihr einen genauso effektiven wie wenig verbreiteten Trick anwenden: Fragt das Kind! Einer will den anderen ärgern, indem er ihm beispielsweise sein Kissen wegnimmt. Du nimmst ganz ruhig das Kissen und gibst es ans »Opfer« zurück, und dann fragst du den Bruder: »Wozu brauchst DU überhaupt ein Kissen? Und wozu brauche ICH ein Kissen? Wo sind denn die ganzen Kissen? Welches Kissen braucht Papa?« Mehr ist gar nicht nötig, um ein Kind dazu zu bringen, konstruktiv zu denken. Und das »Lustige« am Ärgern gerät wieder in Vergessenheit.

Sie fühlen sich sicherlich pudelwohl, die drei Burschen – und es geht bestimmt oft lustig zu! Welch eine Freude sie aneinander haben müssen – und das ein ganzes Leben lang! Dass sie sich beim Sprechenlernen etwas Zeit lassen, sollte kein Grund zur Sorge sein; sie haben schon längst ihre ganz eigene Sprache entwickelt und werden vermutlich immer – in irgendeiner Weise – untereinander eine ganz besondere Art der Kommunikation beibehalten. Und natürlich werden sie auch lernen, richtig zu sprechen.

Das jetzige Provozieren und Ärgern ist ganz normal, auch wenn es für alle Beteiligten nicht gerade berauschend ist. In der Kinderkrippe befinden sie sich auf neutralem Boden und spielen auch mit anderen Kindern. Zu Hause aber wollen sie sich ihre Zugehörigkeit bestätigen lassen – und das oft mit Lärm und Getöse. Es ist ein gesundes oder, wenn man so will, ganz normales Verhalten. Du kannst es mal mit deinem eigenen Verhalten vergleichen; nur zu Hause – umgeben von Menschen, die dich lieben, bei deinem Mann z.B. – lässt du deinen Gefühlen freien Lauf, dort weinst du, beklagst dich, brichst zusammen, drehst durch – das macht man selten bei der Arbeit oder einem Busfahrer gegenüber. Deine kleinen Jungs sind bald zwei Jahre alt, und sie wissen sehr wohl, wo sie hingehören, zu wem sie gehören. Aber diese Zugehörigkeit muss trotzdem täglich, ja, am besten stündlich, immer wieder bestätigt und festgehalten werden. Kleine Kinder, die anfangen, in die Kinderkrippe zu gehen, glauben z.B., dass sie dort einziehen müssen, da der Aufenthalt dort oft den größten Teil des Tages ausfüllt. Dass die Kleinen in einer solchen Situation ihre eigene Bedeutung zu Hause hervorheben, dass sie versuchen, Macht über ihre Nächsten zu gewinnen und sie auch anwenden – das sind Tricks und Methoden, auf die nicht nur kleine Menschen zurückgreifen! Nichts deutet also darauf hin, dass es ihnen bei euch nicht gut geht, aber ihr Bedarf nach Zugehörigkeit zu euch und zu einander kann – und sollte – etwas liebevollere Formen annehmen.

Es gibt etwas sehr Konstruktives – die beste Ablenkung der ganzen Welt –, das ihr bei euch zu Hause auf systematische Weise durchsetzen können müsstet (und das in der Kinderkrippe kaum durchführbar ist). Es besteht darin, die Kinder in Gebrauch zu nehmen, sie nützlich werden zu lassen. Die Kleinen sollen ganz konkret und praktisch zum Einsatz kommen – beim Kampf ums Leben der ganzen Familie – bei allem, was zum Wohlergehen aller Beteiligten (und/oder Nichtbeteiligten) notwendig ist. Das nenne ich die soziale Beteiligung, und sie wirkt Wunder! Ich empfehle sie von ganzem Herzen. Viele liebe Grüße!

Sie provozieren uns
(Fortsetzung)

 Hallo, Anna, und vielen Dank für deine Antwort. Jetzt verstehe ich, was du meinst. In aller Kürze: Die Kinder (23 Monate alt) sind noch zu klein, als dass man ihnen Grenzen setzen könnte, indem man mit Strenge und Schimpfen usw. einschreitet. Sie verstehen noch nicht den Zusammenhang zwischen einem falschen Verhalten und der darauf folgenden Kritik, und deshalb fühlen sie sich verletzt und missverstanden! Es ist besser, zu versuchen, mit List, Taktgefühl und Schauspielerei dem Kind einen Gegenstand, der gerettet werden muss, zu entlocken und es dabei seine Beharrlichkeit vergessen zu lassen, indem seine Aufmerksamkeit in eine andere Richtung gelenkt wird. Man sollte darauf achten, das Kind nicht zu verletzen, oder es zurückhalten. Diese Sicht auf unsere Situation war mir ganz neu, und ich bin froh, dass ich sie jetzt auch begriffen habe. Es ist eine sehr ansprechende Vorgehensweise, finde ich. Ich habe mich mit meinem Mann zusammen hingesetzt, wir haben alles durchgesprochen und versuchen jetzt nach bestem Willen, an unserer neuen Linie festzuhalten. Es erfordert aber sehr viel Selbstdisziplin, d.h., man muss auch selbst sehr ausgeglichen sein. Leider klappt es bei uns mit der Harmonie nicht so oft, wie wir es uns wünschen, und dann endet es doch wieder bei NEIN und Ermahnungen, Geschrei und Geweine.

Darf ich eine persönliche Frage stellen? Du hast ja ein sehr arbeitsreiches Leben mit deinen Kindern gehabt. Hast du es wirklich immer geschafft, als Mutter in dieser vorbildlichen Weise zu reagieren? Oder hattest du auch manchmal das Gefühl, dass die Kräfte einfach nicht mehr reichen – dass man es nicht schafft, so zu reagieren, wie man vom Verstand her reagieren müsste?

Hallo, ich freue mich natürlich für deine Kinder. Es ist eine große Sache für ein kleines Kind (und auch für große Menschen!), sich verstanden zu fühlen.

Es ist klar, dass ich es nicht immer geschafft habe, meine eigenen Ambitionen umzusetzen. Ich war müde und ich war allein. Wie du hatte ich drei Windelkinder auf einmal (drei Kinder, die innerhalb von zwei Jahren geboren wurden). Die Kinder waren alles, was ich hatte. Sie waren meine Liebe, mein Leben. Sie haben mir alles, was ich heute weiß, beigebracht – nicht nur über Kinder, sondern über Menschen, ja, über die Menschheit, und somit natürlich auch über mich selbst.

Ich möchte dich noch darum bitten, dir zum einzig Negativen, das ich entdecken kann, Gedanken zu machen, eventuell, um eine neue Einstellung zu finden. Du betonst, dass du und dein Mann nicht immer ausgeglichen seid, aus dem einen oder anderen Grund (Stress könnte man es wohl auch nennen!), und dass es dann doch zum NEIN, zu Ermahnungen, zu Schreien und Weinen kommt. Aber wenn man mit Kindern so umgeht, dass sie nicht immer und ewig provozieren müssen, ist es ja an sich eine riesige Belohnung. Sie werden ruhiger, man hat es leichter, sie um sich zu haben, und das Zusammensein mit ihnen wird viel gemütlicher! Was wieder mit sich bringt, dass sie bei euch viel weniger Stress verursachen werden, als sie es momentan tun. Ich finde, ihr solltet versuchen, eure Mühe nicht als eine Bürde (die ihr nicht tragen könnt, wenn ihr selbst unausgeglichen seid), sondern als eine Methode anzusehen, euch selbst etwas Gutes zu tun – denn die Tatsache, dass das Verhalten der Jungs dadurch besser wird, ist für euch eine wohltuende und schöne Belohnung. Man muss sich eigentlich nur mal selber betrachten: Stößt man auf Verständnis, Anerkennung und mitmenschliche Wärme anstelle von Kritik, Schimpfwörtern und Ermahnungen, wird man in seiner Liebe wachsen, und man möchte und kann die Liebe erwidern, die einem entgegengebracht wird.

Denn es darf nicht so sein – wie du sicherlich verstehst –, dass man die Kinder als Katalysatoren oder Fußabtreter für die eigene Unzufriedenheit benutzt. Das ist nicht fair. Liebe Grüße und noch einmal – danke!

Fragen zur körperlichen Entwicklung

*»Genieße das Hier und Jetzt
mit deinem Kind zusammen,
anstatt darüber nachzudenken,
was kommen wird – es kommt von ganz allein!«*

Neugeborener mit Schluckauf

Hallo, ich habe einen neugeborenen Sohn, der oft Schluckauf hat. Besonders abends kommen richtige Schluckauf-Phasen, die 8 bis 10 Minuten andauern können. Ist das normal und was kann ich dagegen machen? Vielen Dank im Voraus.

Hallo, meine Liebe, es ist so normal, dass Neugeborene Schluckauf bekommen, dass es eher unnormal ist, wenn sie NICHT in regelmäßigen Abständen Schluckauf haben. Mache dir also deswegen keine Sorgen.

Ansonsten kannst du versuchen, darauf zu achten, ob er es warm genug hat. Kleine Neugeborene müssen in eine Baumwolldecke eingepackt werden, sobald man sie aus dem Bettchen nimmt, und auch beim Essen usw. bleiben sie in der Decke eingekuschelt. Der kleine Körper braucht etwas Zeit, um sich an die Temperaturen außerhalb der Gebärmutter zu gewöhnen – man hat ja neun Monate lang in 37 Grad warmem Wasser gelegen. Der Unterschied zu 20 bis 22 Grad ist riesig und kann in der Tat die Ursache des Schluckaufs sein! Liebe Grüße!

Muttermal?

Unsere Tochter ist ca. zwei Monate alt. Vor etwa zwei Wochen entdeckte ich einen kleinen roten Strich genau unter ihrem rechten Auge (sie ist mein erstes Kind, und es ist in der Tat so, dass man sich über jede Kleinigkeit Sorgen macht). Erst dachte ich, dass sie sich gekratzt hätte, aber der Strich ist immer noch da und es gibt keine Verkrustung. Der Strich bildet eine kleine Erhöhung auf der Haut, das Merkwürdige ist aber, dass er von einem Tag zum anderen da war, er also nicht allmählich gewachsen ist. Kann es ein Muttermal sein, was meinst du? Sie hatte es ja noch nicht, als sie geboren wurde. Meinst du, es geht von selbst wieder weg? Es ist nicht so leicht, dir zu erklären, wie es aussieht, aber ich hoffe, du verstehst, was ich meine. Vielen Dank im Voraus! Liebe Grüße!

Hallo, meine Liebe, ich bin ja nun mal keine Ärztin, aber für mich hört es sich an, als hätte sie sich gekratzt oder an etwas Hartem gestoßen und dadurch ist eine kleine, rote Schwellung entstanden. Ein Muttermal wäre von Anfang an dort gewesen. Ich finde, du solltest erst einmal abwarten. Kleine Kinder haben eine extrem empfindliche Haut, die auf alles Mögliche reagiert, ohne dass man sagen kann, warum. Ich finde auch, dass du dich mehr auf deine eigene »innere Alarmzentrale« verlassen solltest. Wenn wirklich etwas Ernsthaftes vorliegt, wirst du es WISSEN und wirst dafür sorgen, eine entsprechende, ärztliche Bestätigung zu bekommen. In dem Falle hätten die roten Lampen schon längst angefangen zu blinken. Liebe Grüße!

Träger Stuhlgang

Ich habe einen Sohn, der fast drei Monate alt ist. Sein Stuhlgang ist träge und er macht nicht so oft »groß«. Ich habe gehört, dass man kleinen Kindern geschmolzene Butter oder Pflaumensaft geben kann. Wie früh kann man damit anfangen?

Hallo, meine Liebe, ich bin keine Ärztin und kann dir nur meine Erfahrungen als Mutter weitergeben. Von geschmolzener Butter habe ich in diesem Zusammenhang noch nie etwas gehört. Aber von Pflaumen schon. Ich würde an deiner Stelle Pflaumenmus (nicht Pflaumensaft) auf seinen Speisezettel setzen, ein paar Löffel voll täglich und dies in Verbindung mit einer

Mahlzeit, d.h., bevor du ihm die Brust gibst. Gib ihm einfach so lange Pflaumenmus (ein Mal am Tag reicht aus), bis der Stuhlgang weicher und regelmäßiger wird. Liebe Grüße!

Merkwürdiges Kopfschütteln

Hallo, Anna! Hier kommt eine Frage von einer beunruhigten Erstlingsmutter. Ich habe eine sieben Monate alte Tochter. Sie hat in den letzten Tagen viel den Kopf geschüttelt – so, wie wenn man den Kopf schüttelt, um »Nein« zu sagen. Es kann überall auftreten: Wenn sie auf dem Fußboden liegt oder im Kinderwagen oder wenn sie in ihrem Lauflernstuhl sitzt.

Woher kommt das? Ist es normal? Ansonsten ist sie ganz normal in ihrer Entwicklung.

Vielen Dank im Voraus. Liebe Grüße!

Hallo, meine Liebe, ich vermute, dein kleines Mädchen hat einfach Spaß dran und »trainiert« die Bewegung geradezu. Ihr kleiner Körper, der Kopf eingeschlossen, ist ja wie ein fantastisches Abenteuer und alles will ausprobiert werden. Es gibt so vieles, was sie mit ihrem Körper machen kann. Das muss doch mal getestet werden! Wir Erwachsene meinen natürlich, dass man den Kopf still halten soll oder vielleicht etwas schräg, wenn man in eine bestimmte Richtung schaut, aber kleine Kinder werden nicht mit solch einer (ziemlich langweiligen) Gebrauchsanweisung geboren. Sie entdecken allmählich dies und jenes, sie erforschen und untersuchen alles in ihrer ganz eigenen Weise. Körper und Kopf, Arme und Beine sind für sie keine Selbstverständlichkeiten! Und das wird noch eine Weile so bleiben.

Wer weiß, vielleicht horcht deine Tochter auf eine Form von innerer Musik; der Mensch ist nun mal eine rhythmische Kreatur. Probiere es aus, spiel ihr etwas Musik vor, und beobachte, wie sie darauf reagiert! So richtige Herz-Schmerz-Lieder, Cha-Cha-Cha und Rambazamba sind bei den Kleinen meist sehr beliebt (sowie auch Mozart, wenn es Zeit zum Schlafen ist). Es kann sehr wohl sein, dass du ein tanzendes Baby im Lauflernstuhl erleben wirst …

Eine gute Regel gegen die mütterliche Sorgenmacherei ist es, IMMER davon auszugehen, dass alles so ist, wie es sein soll, auch wenn du nicht immer alles begreifst – bis die roten Lampen deiner inneren Alarmzentrale anfangen zu blinken, wie ich es nenne, und du mit Macht innerlich spürst, dass etwas nicht stimmt. Liebe Grüße!

Mag nicht krabbeln

Ich möchte gerne wissen, ob mein zehn Monate alter Sohn in seiner Entwicklung etwas zu langsam ist. Er kann zwar allein sitzen, aber es sieht nicht so aus, als möchte er mit dem Krabbeln anfangen. Wenn er mal in der »Krabbelstellung« landet, fällt er meistens sofort der Länge nach auf den Bauch. Er kann sich noch nicht allein hinstellen, aber er mag gerne gehen, wenn er an den Händen festgehalten wird. Gibt es hier Unterschiede zwischen Mädchen und Jungen? Ich habe eine Tochter, die mit zehn Monaten laufen konnte.

Hallo, meine Liebe, das so genannte starke Geschlecht ist im Allgemeinen etwas langsamer in seiner Entwicklung. Damit muss man einfach leben. Außerdem gibt es Kinder, die überhaupt nicht krabbeln. Dass er an den Händen gehalten gehen mag, zeigt doch, dass er vorankommt – auch ohne zu krabbeln! Besorg ihm einen Lauflernstuhl, damit er auf eigene Faust üben kann. Das Ziel ist ja doch, dass er laufen lernt. Das Krabbeln ist sowieso nur ein Übergangsstadium. Liebe Grüße!

Kann noch nicht laufen

Ich habe einen 16 Monate alten Sohn, der noch nicht laufen gelernt hat. Ist er nicht etwas spät dran? Kann man ihn irgendwie unterstützen? In welchem Alter können Kinder normalerweise gehen?

Hallo, meine Liebe, er ist zwar etwas spät dran, wenn man ihn mit dem Durchschnitt vergleicht (die meisten laufen, wenn sie 13 oder 14 Monate alt sind), aber Hand aufs Herz – warum soll man sich darum scheren? Kinder entwickeln sich nach einer gewissen, von der Natur vorgegebenen Ordnung, doch hat die Natur keine punktgenauen Monatsangaben für die entsprechenden Entwicklungsschritte gegeben. Es gibt kleine Menschen, die mit neun Monaten laufen können, und es gibt andere, die erst mit 21 Monaten damit anfangen. Gemeinsam ist allen, dass sie erst die eine oder andere vorbereitende Fortbewegungsmethode entwickeln müssen, bevor sie das Gehen lernen können – sie krabbeln, robben oder rollen sich vorwärts … und plötzlich ist die Zeit für den nächsten Schritt gekommen. Wortwörtlich.

Mache dir also keine Sorgen! Stattdessen solltest du ihn zu dem aufmuntern, was ihm zurzeit gerade gut gefällt, was es auch sein mag. Der Lauflernstuhl vielleicht? Oder ein »Hüpfer«, den man im Türrahmen festmachen und in dem er herumhüpfen kann? Sich an Möbeln, Menschen oder interessanten, großen Gegenständen hochziehen? Oder draußen im Schneckentempo zu gehen, während er an den Händen gehalten wird? Egal womit er sich gerade beschäftigt, auch in dieser Zeit vor dem Laufen solltest du bedenken, dass diese Zeit nie zurückkommen wird. Genieße das Hier und Jetzt, mit ihm zusammen, anstatt darüber nachzudenken, was kommen wird – es kommt von ganz allein! Liebe Grüße!

Anstrengende, neue Zähne

Hallo Anna! Sind einige Kinder empfindlicher als andere, wenn sie Zähne bekommen? Unsere 19 Monate alte Tochter bekam mit fünf Monaten ihren ersten Zahn. Bei jedem neuen Zahn, den sie bekommen hat, ist sie ein paar Wochen lang äußerst sensibel, gnatzig und weinerlich gewesen, verbunden mit Durchfall und Fieber – und schlechtem Schlaf. Sie hat jetzt 16 Zähne – glauben wir, denn wir dürfen weder fühlen noch nachschauen. Was können wir tun, um ihr das Zahnen zu erleichtern? Es gibt wohl auch Kinder, die dabei gar keine Probleme haben? Liebe Grüße!

Hallo, meine Liebe, ich bin weder Zahnärztin noch Allgemeinärztin. Aber einige Kinder leiden in der Tat beim Zahnen mehr als andere. Dass man wegen der Zähne Fieber kriegt oder krank wird, ist meiner Meinung nach falsch. Möglicherweise könnt ihr der Kleinen helfen, indem ihr ihr etwas zum Essen gebt, das wirklich Kaukraft erfordert – Vollkornknuste, harte Birnen, grobes Knäckebrot. Vermeide alle leicht zu kauenden Nahrungsmittel. Andererseits hört es sich für mich so an, als sei ihr Zahnfleisch wund – und deshalb lässt sie euch nicht zum Zähneputzen und Zahnfleischmassieren an ihre Zähne heran. Dann würde ich an eurer Stelle doch lieber mal mit ihr zum Zahnarzt gehen! Liebe Grüße!

Essen und schlafen

»Horche und vertraue deiner eigenen, inneren Stimme.«

Die Milch reicht nicht aus

Hallo! Mein neugeborener Sohn ist mit meiner Muttermilch nicht zufrieden, und wir haben deshalb angefangen, ihn zusätzlich mit Ersatznahrung zu füttern. Wie viel braucht er? Auf der Verpackung steht, dass man bei jeder Mahlzeit 80 bis 150 g geben soll. Als wir noch auf der Entbindungsstation waren, bekam er nur 15 bis 30 g zusätzlich. Wenn wir ihm nach dem Stillen nur so wenig geben, ist er aber nicht zufrieden und verlangt nach mehr. Auf der Packung steht auch, dass man das Wasser erst aufkochen und dann abkühlen lassen muss. Ist Wasser direkt aus der Leitung nicht genauso gut, wenn man es auf die passende Temperatur erhitzt?

Lass deinen kleinen Neugeborenen essen, essen und noch mal essen – bis er keinen Tropfen mehr haben will! Du kannst ihm nie zu viel geben, es würde sonst an dem einen oder anderen Ende wieder herauskommen.

In den Kliniken ermuntert man sicherlich zum Stillen – um jeden Preis, wie es mir manchmal scheint. Aber wenn man vom Kind ausgeht, geht es nicht ausschließlich um Brust oder Flasche, auch nicht um Brust und Flasche, sondern einzig und allein um so viel Nahrung, dass man überleben kann. Und vorzugsweise um so viel, dass man sich auch noch dabei wohl fühlen kann. Das kleine Kind braucht in der Tat VIEL Nahrung – denn Überleben und sich wohl fühlen sind nicht eine und dieselbe Sache. Mach also mit ruhigem Gewissen schon 150 g pro Mahlzeit und vergrößere die Menge, sobald du spürst, dass er gerne ein wenig mehr essen würde. Dabei ist es wichtig, dass zwischen den Mahlzeiten zweieinhalb Stunden vergehen. Er muss ja sowohl das Essen verdauen als auch Zeit haben, um wieder Hunger zu bekommen. Und für ein so kleines Kind würde ich das Wasser abkochen. Liebe Grüße!

Entdramatisiere das Stillen!

 Ich möchte hier nur ein wenig über meine Meinung zum Thema Stillen schreiben und hoffe, dass dies der einen oder anderen Leserin von Nutzen sein kann.

Ich habe zwei Kinder und habe sie beide gestillt. Beim ersten Kind klappte das Stillen einwandfrei. Nach drei Monaten hatte ich das Gefühl, dass ich aufhören möchte. Die Hebamme meinte aber, dass ich weiterstillen solle, da ich es ja *konnte*. Es war nicht so, dass es nicht mehr funktionierte, ich *wollte* nur einfach nicht mehr. Als Erstlingsmutter war es eine verwirrende Situation. Ich wusste überhaupt nicht mehr, was ich machen sollte ... Es ist gut und wichtig, dass man stillen kann (das gebe ich ja zu). Bei mir geschah nun Folgendes: Der Vater des Kindes nahm die Sache in die Hand, er fuhr einfach zum Supermarkt, kaufte Ersatznahrung und verschiedene Sachen für die Zubereitung, und er machte sich dran und fütterte den Kleinen! Ich stillte noch eine Weile weiter, wir mischten die beiden Nahrungsformen sozusagen und dabei verlief der Übergang von der Brust zur Flasche ohne jegliche Schmerzen.

Später bekamen wir noch ein Kind. Ein bezauberndes, kleines Mädchen, und auch diesmal klappte es mit dem Stillen gut. Aber der Papa des Kindes hatte seine Freude am Füttern entdeckt, und schon als wir von der Entbindungsstation nach Hause kamen, hatte er Ersatznahrung eingekauft. Und er bestand darauf, der Kleinen jeden Abend die letzte Mahlzeit zu geben, damit ich in der Zeit ungestört mit unserem Sohn zusammen sein konnte. Mir wurde ganz warm ums Herz, wenn ich beobachtete, wie mein Partner mit unserer kleinen Tochter auf dem Arm ihr Essen vorbereitete und dann seinen Pullover auszog, um sich mit ihr Bauch an Bauch hinzulegen – nur die beiden. Und ich habe dabei oft an die Menschen gedacht, die immer die herausragende Rolle der Mutter unterstreichen. Der Vater ist mindestens genauso wichtig.

Ich habe meine Tochter vier Monate lang gestillt und auch diesmal verlief der Übergang von der Brust zur Flasche problemlos.

Ich finde, man sollte den Mut haben, an sich selbst und die eigenen Gefühle zu glauben. Das haben wir getan und es klappte hervorragend! Ich respektiere zwar die Frauen, die endlos lange stillen und darin richtig aufgehen, aber meiner Meinung nach muss das Stillen entdramatisiert werden. Es gibt Väter und andere Personen, z.B. Großmütter, die während des Fütterns dem Kind Liebe geben können! Außerdem sollte man an die armen Mütter denken, die mit wunden Brustwarzen und vielen anderen Problemen kämpfen müssen. Die müssen auch mal entlastet werden. Danke, dass ich mich aussprechen durfte!

Ich bin mit ganzem Herzen deiner Meinung. Wir leben (noch) in einem privilegierten Teil der Welt, in dem wir uns darauf verlassen können, dass unsere Kinder überleben, egal wie wir sie füttern, mit der Brust oder mit der Flasche. Das Wichtigste ist und bleibt, dass das kleine Kind satt und zufrieden wird. In diesem Zusammenhang gibt es so unendlich viele Aspekte – nicht zuletzt den, den du beschreibst, bei dem der Vater genauso wichtig wird wie die stillende Mutter und seine Rolle in vollen Zügen genießt. Das Stillen sollte nie zu einer Prestigefrage werden, egal wie sehr es hervorgehoben und empfohlen wird. Das Wohlbefinden des Kindes – und damit auch der Eltern – muss immer an erster Stelle stehen. Liebe Grüße!

Isst zu wenig

Hallo! Sechs Wochen zu früh geboren. Und jetzt ist er eine Woche alt. Wird gestillt, trinkt alle drei Stunden ungefähr 15 ml aus der Brust, die übrige Nahrung bekommt er durch einen Schlauch durch die Nase. Geburtsgewicht 2.300 g, momentan 2.100 g. Warum will er nur schlafen und nicht trinken?

Ich kann mir vorstellen, dass die verfrühte Geburt ihn sehr viel Kraft gekostet hat und dass dies – jetzt, eine Woche später – und dann noch lange zu spüren sein wird – bis zum ursprünglichen Geburtstermin. Das Kind liegt bildlich gesehen noch in Mamas Bauch, auch wenn es sich nun rein körperlich außerhalb befindet. Und in Mamas Bauch bekommt man sein Essen nicht, indem man saugt, sondern durch eine Sonde (von der Plazenta durch die Nabelschnur). Man atmet auch nicht. Auch die Sauerstoffzufuhr läuft über diese Sonde. So plötzlich geboren zu werden, bevor man dazu bereit ist, in eine neue und kalte Welt, in der es erforderlich ist, dass man selbst saugt und herunterschluckt und dazu noch aus eigener Kraft Luft holt, obwohl man noch gar nicht dazu bereit ist, zehrt natürlich gewaltig an den Kräften. Und deshalb schläft der Kleine viel. Vielleicht versucht er sein Gebärmutterdasein fortzusetzen, da es unterbrochen wurde, bevor er für das Leben außerhalb von Mamas Bauch richtig reif war.

Ich glaube nicht, dass du dir so viele Sorgen machen musst. Gib ihm – und dir – Zeit. Betrachte die nächsten fünf Wochen als eine verlängerte Schwangerschaft! Die Gewichtsabnahme ist vorübergehend und unter diesen besonderen und stark veränderten Umständen ganz normal. Liebe Grüße!

Braucht er einen Schnuller?

Hallo! Ich habe einen zweieinhalb Wochen alten Sohn. In den letzten Tagen ist mir aufgefallen, dass er ständig gestillt werden will. Deshalb habe ich überlegt, ob er vielleicht einen Schnuller braucht. Ich bin mir nicht sicher, ob ich möchte, dass er einen Schnuller bekommt. Wäre dankbar für einen guten Rat!

Hallo, meine Liebe, vermutlich hat er einfach einen ziemlichen Hunger (mehr Hunger als bisher). Vergiss den Schnuller! Der macht niemanden glücklich, wenn ich es mal ganz deutlich sagen darf.

Ende der zweiten Lebenswoche oder Anfang der dritten wendet das kleine Kind sich seiner Umwelt zu und bekommt größeren Hunger – in mehr als nur einer Hinsicht. Die Zeit, in der man das Kind wie ein kleines Paket behandeln konnte, ist vorbei. Das Kind geht den endgültigen Schritt aus der Gebärmutter heraus und erlebt, was ich die eigentliche Geburt nenne.

Probiere es mit dem Standardmodell, das ich in »Das KinderBuch« sehr ausführlich beschrieben habe – richte dich darauf ein, dass jede Mahlzeit anderthalb Stunden dauert: Erst stillen, dann Bäuerchen, dann nochmals dieselbe Brust; dann kannst du das Kind wickeln, bevor es die andere Brust bekommt, dann nochmals Bäuerchen, noch einmal trinken, und als Abschluss vielleicht noch ein kleines Schlückchen. Sorg dafür, dass er während der ganzen Mahlzeit hellwach ist, und lass ihn so viel trinken, wie du nur in ihn hineinbekommen kannst! Danach soll er etwa zweieinhalb Stunden schlafen. Liebe Grüße!

Ein frustriertes Baby

Hallo! Ich habe ein wunderbares kleines Mädchen im Alter von sieben Wochen, dem ich so gerne helfen möchte. Sie hat abends öfters eine Schreiphase, und ich versuche das Problem dadurch zu überwinden, indem ich sie stille und stille und nochmals stille – wie du es empfiehlst. Das Problem ist nur, dass meine Milch nicht mehr ausreicht, wenn ich ständig stillen muss, am späten Abend habe ich dann nur noch ein paar kleine Tropfen. Und das macht meine kleine Tochter natürlich ziemlich frustriert. Sie strampelt mit den Beinen, spannt den ganzen Körper an und drückt sich verzweifelt gegen meine Brust – d.h., sie fängt an zu saugen, lässt aber wieder los und weint und schreit, wenn keine Milch kommt. Was kann ich tun, um ihr zu helfen? Ich nehme sie dann hoch und gehe singend mit ihr umher, um sie wieder an die Brust zu legen, sobald sie sich beruhigt. Ich wäre für eine Antwort sehr dankbar!

Hallo, meine Liebe, es ist gut, dass du beharrlich versuchst, so viel Nahrung wie nur möglich in sie hineinzubekommen, und du machst es ganz richtig, wenn du sie abwechselnd beruhigst und stillst. Wenn die Milch am späten Abend nicht mehr ausreicht, dann ist es nun mal so ... wahrscheinlich bist du bei der zweiten Stillkrise angelangt, die meistens nach etwa zwei Monaten auftritt und bei der die Nachfrage größer ist als das Angebot. Deine Brüste brauchen etwas Zeit, um sich auf die neuen fordernden Ansprüche einzustellen! Sie werden es aber schon noch schaffen. Zwischenzeitlich würde ich mich nicht zurückhalten und der Kleinen einen abendlichen Schlaftrunk in Form von Ersatznahrung aus der Flasche geben. Gib ihr die Nuckelflasche, als wäre es das Selbstverständlichste der Welt – du strahlst dabei Fröhlichkeit und Geborgenheit aus, und warte ab, ob sie damit erst einmal zufrieden ist. Es reicht sicherlich, wenn sie 20 bis 25 ml bekommt. Sie sollte darauf richtig »fertig« sein und so aussehen, als würde sie rein gar nichts mehr in sich hineinbekommen. Liebe Grüße!

Möchte am liebsten stillen

Hallo, Anna! Meine Tochter ist zwei Monate und drei Wochen alt, und ich habe ihr zeitweise Muttermilchersatz gegeben, damit sie satt wird. Ich mache mir Sorgen, ob das wohl eine gute Lösung ist. Ich stille sie fast ausschließlich, aber etwa zwei Mal am Tag gebe ich ihr Ersatznahrung, damit sie richtig satt wird. Ich weiß, dass Muttermilch besser ist, weil sie dadurch ihre körpereigenen Abwehrkräfte besser aufbaut, aber manchmal wird sie von der Milch aus meiner Brust allein nicht satt. Ich mag ihr eigentlich gar nicht Ersatznahrung geben, aber meine Milch reicht nun mal nicht aus. Sie trinkt sehr viel und möchte sehr oft an die Brust gelegt werden. Was kann ich tun? Die Hebamme meinte, es sei am besten, mit der Zufütterung anzufangen, und dumm wie ich war, habe ich mich einverstanden erklärt. Und auf einmal habe ich jetzt weniger Milch. Ich war deshalb sehr enttäuscht, da ich mein kleines Mädchen total gerne stille. Ich bin Erstlingsmutter, bin der Empfehlung gefolgt, und nun weiß ich nicht, wie ich das wieder rückgängig machen kann. Meine Tochter müsste doch ausschließlich mit meiner Milch auskommen können? Dabei möchte ich aber auch nicht, dass sie Hunger hat, nur weil ich mich weigere, ihr Ersatznahrung zu geben, denn die braucht sie anscheinend. Was soll ich bloß machen?

Hallo, meine Liebe, du brauchst überhaupt nicht traurig sein. Kehr zum Stillen zurück, denn das ist es doch, was du möchtest und willst; du kannst ihr aber zusätzlich ein paar Löffel Brei geben (dafür ist sie schon alt genug), bevor du ihr die Brust gibst – und das auch ein paar Mal am Tag. Damit wird sie richtig satt, und du kannst weiter stillen, solange wie du nur möchtest. Um die Milchproduktion wieder zu erhöhen, kannst du sie zum Trinken ein wenig drängeln: stillen, Bäuerchen, wieder stillen, wieder Bäuerchen (wenn sie anfängt, sich zu weigern und sich wegzudrehen), und dann drängelst du sie ein bisschen, damit sie noch weitertrinkt. Achte darauf, dass jede Mahlzeit mit ihren verschiedenen Phasen etwa eine Dreiviertelstunde dauert, höchstens eine Stunde. Lass die Ersatznahrung ganz weg und verlass dich auf deine Muttermilch! Selbstverständlich kann sie mit deiner Milch auskommen, aber es soll ihr dabei auch noch gut gehen, d.h., sie soll bei jeder Mahlzeit richtig schön satt werden. Und hier können 3 bis 4 Löffel voll Brei Wunder bewirken. Vergiss nicht, sie – wie oben beschrieben – zum Weitertrinken zu drängeln! So wird sie mehr Milch hervorsaugen und deine Milchproduktion steigt wieder an. Denk auch daran – wenn du verschiedene Ratschläge von dieser und jener bekommst –, dass du dem Einzigen folgst, was wirklich zählt, nämlich deiner eigenen, innere Stimme. Horche – und vertraue! – auf diese innere Stimme. Liebe Grüße – und gib deiner Kleinen einen Kuss auf die Nase von mir!

Länger schlafen trotz Anfangsschwierigkeiten?

Hallo, Anna! Vor drei Monaten wurde unser Sohn Paul geboren. Wir beide hatten große Probleme beim Stillen und nach langem Kampf mussten wir es schließlich aufgeben. Paul wurde nie satt und zufrieden, und er schlief sehr unruhig. Von der Ersatznahrung bekam er dann auch Probleme wegen der Kuhmilch und spuckte nach jeder Mahlzeit alles wieder aus. Wir mussten auf ein milchfreies Produkt umsteigen und nun funktioniert es gut. Hinzu kommt noch, dass er bis vor zwei Wochen unter einer Kolik litt, was sehr anstrengend für ihn war. Er isst sehr oft und wirkt sehr unruhig und verängstigt, obwohl wir unser Bestes tun, um ihn zu beruhigen und ihm Geborgenheit zu geben. Nachts trinkt er alle 2 bis 3 Stunden und ich bin am Ende meiner Kräfte. Ist es möglich, dass er nun länger schlafen kann – obwohl er einen so beschwerlichen Start ins Leben hatte? Ich wäre sehr dankbar für einen guten Rat.

Hallo, meine Liebe, es war ja wirklich ein schwerer Start – für den kleinen Paul wie auch für euch. Aber verliert nicht die Hoffnung! Denn erst jetzt fängt das Leben richtig an – und das werdet ihr sicherlich schon bald spüren! Denn nun ist er schon so groß geworden, und er WEISS, dass er überleben wird – die Kolik, d. h. die Überlebensangst, wie ich es sehe, hat sich gelegt – und ihr habt eine Ersatznahrung gefunden, die funktioniert. (Das ist bei weitem nicht bei allen Ersatz- und Mischprodukten so ohne weiteres der Fall; es bedeutet aber auch nicht, dass seine Probleme mit der Kuhmilch für immer andauern werden.) Das Stillen ist eine herrliche Sache – aber nur solange es herrlich funktioniert. Es darf nie zum Kampf werden – für keinen der Beteiligten!

Ich finde, du solltest schon ab morgen deinem kleinen Paul so viel zu essen geben, wie er nur hinunterschlucken kann – und das bei jeder Mahlzeit. Lass ihn nach der ersten Runde trinken, sein Bäuerchen machen, und dann drängelst du ihn dazu, noch weiterzutrinken. Nochmal ein Bäuerchen, und wieder zum Trinken drängeln! Versuch deine Unruhe zu verbergen – du musst ihn beim Trinken nicht anschauen. Du kannst währenddessen an etwas ganz anderes denken, fernsehen, dich mit anderen unterhalten – und lass dabei eine Atmosphäre der Selbstverständlichkeit herrschen. Damit wird er am besten zurechtkommen. Er muss essen, bis er wirklich keinen Tropfen mehr herunterbekommt, wie sehr du auch drängelst. Und während der reichlichen Mahlzeit – und danach – breitet sich echtes Wohlbefinden in dem kleinen Körper aus. Und das ist etwas ganz anderes (und viel mehr!) als das reine Überleben.

Entscheidet euch dafür, wenigstens eine der nächtlichen Mahlzeiten zu streichen – erst einmal. Wird er wach, könnt ihr versuchen, ihn zum Weiterschlafen zu bringen, indem ihr ihn wiegt – am besten im Kinderwagen, den ihr in langen Zügen hin- und herzieht; gebt ihm aber nichts zu essen und nehmt ihn nicht hoch! Nach höchstens 20 Minuten wird er sicherlich wieder schlafen, und dann wird er weiterschlafen, bis er meint, dass die nächste Mahlzeit dran ist. In dieser Weise könnt ihr die Nächte nach und nach verlängern, indem ihr nach einer Woche noch eine Nachtmahlzeit wegfallen lasst usw. Das Leben muss so gemütlich und Geborgenheit bringend sein, wie das Essen an sich wohltuend ist! Diese Haltung müsst ihr ihm vermitteln. Liebe Grüße!

Schluss mit nächtlichen Mahlzeiten

Hallo! Mein Sohn ist gut drei Monate alt, und in letzter Zeit hat er angefangen, tagsüber immer weniger zu essen (vorher hat er mindestens jede zweite Stunde getrunken). Das Problem ist nur, dass er nun in der Nacht entsprechend viele Mahlzeiten verlangt, ja, vielleicht sogar mehr. Im Laufe einer normalen Nacht trinkt er z. B. um 24 Uhr, 3 Uhr, 4.30 Uhr und 6 Uhr. (Dabei ist immer eine längere Pause zwischen der letzten Abendmahlzeit um etwa 20 Uhr und der ersten Nachtmahlzeit.) Ich hätte ja gar nichts dagegen, dass der Tag um 6 Uhr morgens anfängt, aber wenn man im Laufe der Nacht so viele Male geweckt wird … Und außerdem fällt es mir schwer, nach den Nachtmahlzeiten wieder einzuschlafen. Was soll ich machen? Am liebsten würde ich die Nachtmahlzeiten ganz und gar abschaffen, aber dafür ist er wohl noch zu klein? Er wiegt 7,3 Kilo.

Hallo, meine Liebe, dafür ist er wirklich nicht zu klein. Weder was das Alter noch was sein Gewicht betrifft. Fast siebeneinhalb Kilo im Alter von nur drei Monaten – kolossal! Er hat sich schon ein richtiges Polster zugelegt … In dieser Beziehung kannst du ihn bereits jetzt schon wie ein vier Monate altes Kind betrachten. Ein gesunder, normalgewichtiger Säugling kann nämlich im Alter von vier Monaten problemlos 12 Stunden durchschlafen. Dein kleiner Wurm müsste also schon eine Nacht von 11 Stunden, wenn nicht 12 Stunden ohne Essen durchhalten können.

Wie es aussieht, hat er noch gar keine Ahnung vom Unterschied zwischen Tag und Nacht. Er isst, wenn er meint, dass er Hunger hat, und du unterstützt ihn darin. Und das macht man so weiter, bis man der Meinung ist, dass es so nicht mehr geht – d.h., man entscheidet sich für etwas anderes. Das kleine Kind erfasst schnell die Veränderungen seiner Situation und wird sich innerhalb weniger Tage daran gewöhnen. Die Umstellung muss gar nicht mal Schwierigkeiten bereiten. Die Kinder erwarten, dass wir Erwachsene die Führung übernehmen – denn wir sind schon groß und wissen, wie alles läuft (zumindest glauben das die Kinder …).

Es ist gut, dass du angefangen hast, die Mahlzeiten am Tag zusammenzulegen (ja, ich habe *du* geschrieben, nicht *er*!). Es sollten dreieinhalb bis vier Stunden vom Anfang der einen Mahlzeit bis zum Anfang der nächsten vergehen. Ich schlage vor, dass du Papier und Bleistift holst und ein Schema aufstellst. Übernimm die Führung! Er wird seine Zustimmung geben, allein weil er erwartet, dass *du* weißt, wie das Leben funktioniert.

Sorg dafür, dass er lacht und richtig fröhlich ist, bevor du ihn für die Nacht ins Bett legst. Bade ihn gerne jeden Abend – sozusagen als Vorläufer für den Nachtschlaf. Und ab jetzt wird die Nacht mit Großbuchstaben geschrieben! Es gibt keine Nachtmahlzeiten mehr, nicht um 24 Uhr, nicht um 3 Uhr und auch nicht um 4.30 Uhr. Du bist dazu bereit, den Tag um 6 Uhr anfangen zu lassen, sagst du. Gut, dann entscheide dich auch noch dafür, wann die Nacht beginnen soll. Um 19 Uhr vielleicht? Baden und Essen werden etwa eine Stunde dauern, so sollte die Mahlzeit um 18 Uhr beginnen. Wenn er dann nachts wach wird, weil er meint, er müsse doch etwas essen, kannst du ihn im Kinderwagen hin- und herwiegen – oder ist er schon so groß, dass die Gefahr besteht, er könne aus dem Wagen herausklettern? Dann kannst du ihn im Gitterbett beruhigen. In beiden Fällen geht es darum, eine so kristallklare Ausstrahlung der Selbstverständlichkeit zu zeigen, dass gar keine Zweifel aufkommen können. Nachts wird geschlafen – das ist die Einstellung, die du ihm vermittelst. Du wiegst ihn im Wagen, ohne etwas zu sagen, ohne tröstende Worte, aber mit resoluten Zügen in voller Armlänge, in einem schnellen Tempo und mit einem kleinen, festen Ruck am Ende eines jeden Zuges. Mit dieser Technik müsstest du ihn innerhalb von ein paar Minuten zur Ruhe bringen können. Und er sollte nach etwa einer Viertelstunde wieder eingeschlafen sein. Du musst ihn nicht die ganze Zeit wiegen. Sinn der Sache ist, dass er lernt, allein einzuschlafen. Wieg ihn nur, bis er still wird, dann lässt du den Wagen langsam ausrollen. Bei erneutem Schreien fängst du wieder an.

Bekommst du diese Sache mit Zielbewusstheit und Bestimmtheit hin – OHNE dich dazu verleiten zu lassen, ihn hochzunehmen und zu füttern, weil du es nicht mehr aushältst und einen Moment Ruhe haben möchtest –, dann ist das Problem nach vier bis fünf Nächten aus der Welt geschafft und alle werden ihre Nachtruhe bekommen. Viel Glück wünsch ich dir, und halte durch! Du wirst erleben, dass dein kleiner Junge danach viel fröhlicher, ruhiger und zufriedener wird. Denn auch er braucht ja seinen Nachtschlaf! Liebe Grüße!

Mag nicht essen

Hallo, Anna! Wir sind jetzt mit unserem drei Monate alten Sohn beim dritten Tag unseres »Durchschlaf-Kurses« angelangt. Die erste Nacht war okay, die zweite etwas schlimmer mit ziemlich viel Geschrei. Aber wir halten durch … Unser Kleiner wird nun nach folgendem Schema gefüttert: 6 Uhr, 9 Uhr, 12 Uhr, 15 Uhr und 18 Uhr – d.h., mit sehr viel größeren Abständen als vorher. Man sollte deshalb meinen, dass er sich über die Muttermilch hermachen würde, wenn es endlich so weit ist, aber das Gegenteil scheint der Fall zu sein: Oft wirkt er ganz unglücklich, wenn ich ihn anlege. Er saugt ein wenig, lässt wieder los, schreit und wird immer unglücklicher, bis ich die Mahlzeit unterbreche – was ihn dann aber erst richtig zur Verzweiflung bringt. Was um alles in der Welt ist mit ihm los? Dieses Verhalten hat er auch gezeigt, bevor wir mit der Strukturierung seines Tagesablaufes anfingen, zu dem Zeitpunkt bin ich aber noch davon ausgegangen, dass er einfach keinen Hunger hatte. Ist das jetzt auch der Fall oder was kann der Grund für seinen Unmut sein? Am frühen Morgen, 11 bis 12 Stunden nach der letzten Mahlzeit, trinkt er außerdem nur eine Brust leer, so dass ich die andere abpumpen muss. Meinst du, dass er trotzdem genug zu essen bekommt? Zusätzlich hatten wir eine Zeit lang versucht ihm die Flasche zu geben – mit abgepumpter Brustmilch, aber das hat auch nicht geklappt. Auch das Trinken aus der Flasche macht ihn vollkommen unglücklich. Was können wir bloß tun? Sollten wir lieber die Durchschlaf-Kur abbrechen und zu der früheren (fehlenden) Routine zurückkehren? Hilfe!

Aber ihr seid doch auf dem richtigen Weg! Und verliert zwischendurch mal den Mut, was ganz normal ist. Nur wenn ihr jetzt abbrecht und zum alten Schlamassel zurückkehrt, wird es beim nächsten Mal, wenn ihr euch entscheidet, einen geregelten Tagesablauf einzuführen, ungefähr dreimal so lange dauern, bis es klappt. Nur damit ihr Bescheid wisst! Aber es ist eure Wahl, hm … sechs Nächte oder sechshundert?

Die Nuckelflasche sowie auch der Schnuller können am Anfang für Verwirrung sorgen. Und verwirrt ist er sowieso, da nun auf einmal alles anders ist: Er bekommt seltener etwas zu essen, die Zeiten sind neu geregelt, nachts wird gar nicht mehr gegessen, er spürt allmählich den Unterschied zwischen Tag und Nacht … Die Neuigkeiten brechen über deinen kleinen Wurm herein, und du wunderst dich, dass er an deiner Brust nicht sofort ruhig wird? Es ist ja gar kein Wunder!

Wenn du ihm das Leben leichter machen möchtest, musst du ihm beibringen, dass man etwas zu essen bekommt, wenn man saugt. Keine Luft, und keinen leeren Kunststoffsauger. Gib ihm die Brust, und wenn er anfängt, ärgerlich zu werden, tust du so, als wärest du der Meinung, er müsse jetzt ein Bäuerchen machen – mit anderen Worten: Du unterbrichst die Mahlzeit. Leg ihn an deine Schulter, halt ihn fest und geborgen an dich gedrückt, während du ihn dazu bringst, ein Bäuerchen zu machen. Darauf legst du ihn wieder an die Brust. Schau ihn nicht an, wenn er nun wieder schön saugt, unterhalte dich mit jemand anderem, schau Fernsehen oder was du gerade möchtest. Beklagt er sich, na gut, dann muss er natürlich wieder ein Bäuerchen machen, und du hilfst ihm wie gehabt dabei usw. Du zeigst überhaupt keine Besorgnis, sondern regelst die Sache mit der größten Selbstverständlichkeit. »Du hast jetzt Hunger, mein Kleiner, und – na, klar – ich habe etwas zu trinken für dich.« Raffiniert, nicht? So drängelst du ihn immer weiter – Brust, Bäuerchen, Brust, Bäuerchen usw. – höchstens eine halbe Stunde lang. Eine halbe Stunde ist aber vollkommen O.K., denn du musst ihm ganz viele Chancen geben, damit er es auch schafft, schön ruhig und gemächlich zu trinken.

Gib ihm auch etwas Zeit, damit er die Pointe begreift: dass er von nun an bei jeder Mahlzeit mehr und dafür seltener etwas bekommt. Stell dir vor, du wärest selbst daran gewöhnt, den ganzen Tag lang – und die ganze Nacht – immer wieder eine Kleinigkeit zu essen, sobald du auch nur den kleinsten Drang dazu spürtest, dir etwas in den Mund zu stopfen, dann hättest du auch kein Interesse an einem dreigängigen Menü.

Man sollte ja meinen, dass er nach einem guten, langen Nachtschlaf – 11 bis 12 Stunden ohne Nahrung – richtig schön Hunger haben und ganz fit und munter sein müsste. Aber auch Kinder, die nachts schön durchschlafen, werden nach ein paar Stunden müde und möchten wieder schlafen. So haben auch nicht alle Kinder nach einer langen Nacht einen Bärenhunger – der kommt vielleicht erst nach 1 oder 2 Stunden. Er wird schon seine Harmonie wieder finden, wenn er die neuen Spielregeln erst einmal begriffen und sich daran gewöhnt hat, glaub mir! Liebe Grüße!

Immer noch hektische Nächte

Hallo, Anna! Mein erleichtertes Aufatmen war wohl doch etwas verfrüht, wenn es um das Durchschlafen von meinem kleinen Ville geht. Er ist jetzt vier Monate alt. Er wird nachts immer noch mehrmals wach, und ich weiß nicht, was ich machen soll. Ich dachte erst, dass er mit seinen schönen sieben Kilo Lebensgewicht mehr Nahrung bräuchte, aber an der Flasche zeigt er überhaupt kein Interesse. Ich habe noch reichlich Milch und bin auch eher diejenige, die ihn zum Essen drängelt, wenn er aufwacht. Ich habe mit dem Zufüttern angefangen, kleine Portionen Obstbrei. Er isst ungefähr 2 bis 3 Löffel voll, und abends zusätzlich ein bisschen Babybrei. Sein Speiseplan sieht in etwa wie folgt aus: 6.00 Uhr Muttermilch, 9.30 Uhr ein wenig Mus und Muttermilch, ca. 14 Uhr Muttermilch und zwischen 18 und 18.30 Uhr ein bisschen Brei und noch Muttermilch, bevor er dann um 20 Uhr für die Nacht hingelegt wird. Tagsüber schläft er ca. eine Stunde zwischen 8 und 9 Uhr, ca. 2,5 Stunden zwischen 11.30 und 14 Uhr – und noch etwa eine Dreiviertelstunde zwischen 17 und 18 Uhr. Ich habe damit begonnen, ihn nach dem Mittagsschlaf zu wecken, wenn er zweieinhalb Stunden geschlafen hat, sonst kann er bis zu dreieinhalb Stunden schlafen. Merkwürdigerweise kommt es immer wieder vor, dass er nachts zwischen 3 und 5 Uhr wach wird, danach schläft er aber schön weiter bis etwa 6.30 Uhr (dann wecke ich ihn). Ich fühle mich richtig niedergeschlagen und ratlos und habe das Gefühl, dass ich auf katastrophale Weise etwas vollkommen falsch gemacht haben muss!!

Ich überlege, ob ich meine Taktik vielleicht ganz umstellen und ihn in seinem Gitterbett zum Durchschlafen bringen sollte? Denn er ist eigentlich schon ein bisschen groß, um im Kinderwagen zu schlafen. Könnte ein solcher Wechsel bedeuten, dass er einen besseren Schlafrhythmus finden würde? Was meinst du, Anna?

Hallo, meine Liebe. Nein, du hast überhaupt keine katastrophalen Fehler gemacht! Verliere um alles in der Welt nicht deinen Mut! Der kleine Ville braucht nur ein wenig Zeit (und entsprechend viel Geduld von deiner Seite). Versuch seine Schreie – oder wie er sich auch äußert, wenn er aufwacht – als Fragen zu betrachten und *nicht* als Äußerungen von Unzufriedenheit oder als Zeichen, dass er schrecklich unglücklich oder halb verhungert ist oder sonst irgendetwas Negatives! Er möchte nur herausfinden, welche Regeln nun ihre Gültigkeit haben. Wie verhält man sich nachts ... und tagsüber? Wird jetzt geschlafen ... oder nicht? Ist hier jemand? Was ist hier los? Ist alles in Ordnung? Oder ist etwas gar nicht O.K.? – es sind vielleicht Fragen dieser Art, die der kleine Ville sich zurzeit stellt. Und sie sind an dich gerichtet. Du musst sie beantworten. Durch dein Handeln. Wenn er nachts wach wird, ziehst du ihn im Kinderwagen hin und her, in einem stillen, dunklen Raum. Sag nichts, zieh nur den Wagen, bis er ruhig wird, und geh wieder – kurz *bevor* er einschläft, so lernt er auf eigene Faust einzuschlafen. Schreit er wieder, erinnere ihn dadurch, dass du ihn nicht ganz so lange wie vorhin hin- und herschiebst (jetzt reden wir nur noch von Sekunden). Geh wieder hinaus, bevor er eingeschlafen ist usw., usw.

Darüber hinaus solltest du wissen, dass es unter Säuglingen sehr beliebt ist, um etwa 4 Uhr nachts (zur »Wolfsstunde«) wach zu werden. An dieser Gewohnheit können sie noch sehr lange festhalten. Haben sie aber inzwischen gelernt, allein wieder einzuschlafen, ist die Sache nicht mehr ganz so problematisch. Und danach wird schön weitergeschlafen bis zur Frühstückszeit – auch das ist ein sehr verbreitetes Verhalten!

Kleine Kinder erlernen das Durchschlafen nicht so von einem Tag auf den anderen. Man sollte mit kleineren Rückfällen rechnen, d.h. mit weiteren Fragen von Seiten des Kindes. Es verhält sich hier wie bei allen anderen Arten der Weiterentwicklung: Drei Schritte vor und einen zurück. Vergleiche es einmal mit den vielen anderen Sachen, die wir, ohne mit der Wimper zu zucken, unseren kleinen, unschuldigen Kindern aufzwingen, z.B. müssen sie plötzlich Brei essen, die kleinen Füße werden in Schuhe gesteckt, die Hände in Fäustlinge gestopft, Mützen werden ihnen über die kleinen Ohren gezogen, sie werden im Auto festgeschnallt … all diese praktischen Vorkehrungen, die wir ihnen andrehen, ohne dass sie darum gebeten haben – ja, hier siehst du, welche Geduld und welche Sturheit *wir* an den Tag legen: Denn der Kleine MUSS doch etwas essen! Er MUSS doch Schuhe tragen! Er MUSS im Auto angeschnallt sein!, sagen wir und kämpfen weiter, auch wenn der Kleine verzweifelt versucht sich zu wehren – wir bemühen uns weiter und drängeln beharrlich, wir geben nicht nach, denn das Kind MUSS doch … Nimm dir von dieser Haltung etwas mit, als Grundlage für das Durchschlafen des kleinen Ville! Sag dir auch hier: Der Kleine MUSS doch schlafen! Denn das muss er, es ist in der Tat genauso wichtig wie das Essen!

Du kannst ihn ohne Bedenken ab jetzt im Gitterbett schlafen lassen und mit erneuten Kräften, etwas Knuffen auf den Po und eventuell einer Kur von drei bis vier Nächten das Durchschlafen einführen. Auch hier musst du dich darauf einstellen, dass einige »Erinnerungen« notwendig sein werden – wiederholte Antworten auf wiederholte Fragen (aus der Zeit, als er noch im Kinderwagen schlief). Es ist sicherlich eine gute Idee, ihn jetzt schon im Gitterbett schlafen zu lassen, da es ihm im Kinderwagen sowieso bald zu eng sein wird.

Die Schlafzeiten (mit einem Mittagsschlaf von 2 Stunden) hören sich perfekt an. Viele liebe Grüße!

Möchte mit dem Stillen aufhören

Hallo, ich habe eine vier Monate alte Tochter. Ich möchte mit dem Stillen aufhören, weil meine Brustwarzen ständig schmerzen und ich es einfach als belastend empfinde. Das Problem ist nur, dass meine Kleine die Flasche nicht annimmt. Ich habe sogar versucht, sie aus einer kleinen Schüssel trinken zu lassen, aber das funktioniert auch nicht. Sie mag nicht einmal einen Schnuller. Es ist so, dass ich weder stillen kann noch möchte, da ich an den Brustwarzen Soor habe, und jedes Mal wenn die Kleine trinkt, tut es entsetzlich weh. Ich habe eine Salbe bekommen, aber keine Hilfe oder Ratschläge, wie ich sie dazu bringen kann, aus der Flasche zu trinken. Ihr Saugbedarf ist sehr groß. Sie saugt an der Brust, bis sie einschläft, und manchmal auch in der Nacht. Ich habe versucht, ihr Muttermilchersatz zu geben, aber nichts hat funktioniert. Was soll ich machen?
Ich wäre dir für eine schnelle Antwort und ein paar Tipps sehr dankbar.

In diesem Fall sollte man hart durchgreifen! Ich finde, du solltest schon heute Abend anfangen. Entscheide dich zuallererst dafür, ab heute Abend nicht mehr zu stillen. Dann hast du keine Milch mehr in deiner Brust. So ist es einfach! Und eine Alternative gibt es hier irgendwie nicht.

Leg deine Kleine zum Schlafen in den Kinderwagen, leg die Dauer des Nachtschlafs auf so und so viele Stunden fest – beispielsweise acht. In dieser Zeit solltest du sie auf keinen Fall hochnehmen, sie bekommt nichts zu trinken und wird auch nicht getröstet (das braucht sie alles nicht). Du musst sie nicht zum Schnuller drängeln, er würde sie nur enttäuschen, wenn sie Hunger verspürt. Und Hunger wird sie schon bekommen. Das ist ja der Sinn des achtstündigen Nachtschlafs – ohne Nuckeln zwischendurch!

Wenn sie nachts aufwacht, wird sie im Kinderwagen gewiegt – vor und zurück, in der vollen Länge deines Armes, und in einem ausreichend schnellen Tempo – mit einem kleinen, abschließenden Ruck am Ende eines jeden Zuges. Mit der richtigen Technik wirst du sie innerhalb von wenigen Minuten zur Ruhe wiegen können. Und nach etwa 20 Minuten wird sie wieder schlafen. Sei darauf eingestellt, in dieser ersten Nacht mehrmals aufstehen zu müssen (und noch drei bis vier Nächte mehr), um sie auf diese Weise zu wiegen, aber die Mühe lohnt sich, wie du bald verstehen wirst. Die Regel ist so hart, wie sie einfach ist: Sie wird nicht hochgenommen und sie bekommt nichts zu essen!

Und genau zu der Zeit, die du als das Ende des Nachtschlafes festgelegt hast, nimmst du sie hoch – keine Minute früher (es ist wichtig, dass sie in dem Moment NICHT schreit!), ihr feiert dann das sehnlich erwartete Wiedersehen, damit sie weiß, dass alles, was du tust, vollkommen in Ordnung ist, und dann servierst du die Flasche. (Probiere es mit verschiedenen Milchbreisorten und kontrolliere, dass das Loch im Nuckel groß genug ist – es muss ein wenig tropfen, wenn du die Flasche auf den Kopf drehst. In der Regel ist das Loch zu klein. Man kann ein oder zwei weitere Löcher machen, indem man die Nuckel mit einer sterilisierten Nadel durchsticht, die man nach dem Erhitzen mit kaltem Wasser abspült.) Setz dich ganz ruhig hin, halt das Kind geborgen in deinen Armen und stopf den Nuckel ein gutes Stück in den kleinen Mund hinein – ohne irgendwelche Zweifel aufkommen zu lassen und ohne Fragezeichen in der Stimme oder in den Augen! Du darfst nicht dasitzen und sie mit besorgtem Blick anschauen, sondern musst ihr einfach die Flasche in den Mund stopfen und dann in eine andere Richtung sehen. Sie darf nicht das Gefühl bekommen, dass sich alles um ihre Flasche dreht. Du musst so tun, als hättest du ihr schon tausend Mal die Flasche gegeben und als ob du nun einfach die Gelegenheit dazu nutzt, ein bisschen fernzusehen.

Der Hunger – begleitet von deiner magischen Haltung einer totalen Selbstverständlichkeit – wird sie davon überzeugen, dass sie jetzt schön essen kann. Vielleicht wird sie nicht gleich alles (200 g) auf einmal trinken – dann wird sie einfach bei der nächsten Mahlzeit mehr trinken. (Sollte alles wieder hochkommen, musst du es mit einer anderen Ersatznahrung versuchen!) Lass sie Bäuerchen machen, und drängle sie mit derselben Überzeugung wie am Anfang zum Weitertrinken, bis gar nichts mehr hineinpasst. Länger als eine halbe Stunde sollte die Mahlzeit nicht dauern. Danach sollten drei oder am besten dreieinhalb Stunden bis zur nächsten Mahlzeit vergehen, und so geht es immer weiter (stell einen Essensplan auf). Und denke dran: Du hast gar keine Brust mehr – auf jeden Fall keine, die Milch enthält! (Wenn die Brust zu sehr spannt, musst du ein wenig Milch abpumpen, das darfst du aber natürlich nicht machen, während die Kleine dabei ist.) Viel Glück und liebe Grüße!

Alleine spielen im Bettchen

Hallo Anna, es ist einfach genial, dass ich nun die Fragen, die ich habe, direkt an dich stellen kann. Mein kleiner Sohn ist gerade viereinhalb Monate alt. Wir haben versucht, ihn allein in seinem Bettchen spielen zu lassen, wie du es in deinem Buch beschreibst. Wir hängen Spielzeug, an einem Seil befestigt, über sein Gitterbett – das machen wir morgens, nachdem er gefüttert und gewickelt worden ist –, und er bekommt dann noch ein paar Kuscheltiere mit ins Bett und ein Küsschen aufgedrückt, bevor wir wieder gehen. Manchmal schläft er während des Spielens ein, aber meistens fängt er nach 10 bis 15 Minuten an, sich zu beklagen, und wir müssen das Spielzeug entfernen und sein Mobile, das er sehr liebt, wieder aufhängen. Darauf freut er sich und meckert im Wechsel, bis er schließlich einschläft. Hängen wir von vornherein das Mobile auf, langweilt er sich schon ziemlich bald, und versucht, sich im Bett umzudrehen, steckt die Füße immer wieder durch die Gitterstreben und quengelt. Was können wir machen? Wir wechseln in regelmäßigen Abständen das Spielzeug aus, er hat jeweils fünf oder sechs Teile zur Verfügung, und dazwischen ein paar lustige Teile aus der Küchenschublade.

Nun zur nächsten Frage: Mit dem Nachtschlaf gibt es keine Probleme, er schläft einwandfrei von 19.00 bis 6.30 Uhr, und wir haben eine sehr stabile Abendroutine mit Baden und Gemütlichkeit, einer Breimahlzeit – und dann Gute Nacht. Er protestiert dabei nie. Aber tagsüber schläft er fast gar nicht lange am Stück, macht höchstens ein Nickerchen von etwa einer halben Stunde, was allerdings mehrmals im Laufe des Tages vorkommt. Dies wiederum bewirkt, dass er es nicht schafft, länger als anderthalb Stunden aufzubleiben. Wir haben versucht, ihn längere Zeit wach zu halten, aber dann wird er letztendlich so müde, dass er nur noch weint. Die einzige Ausnahme ist sein Mittagschlaf, da schläft er etwa eine bis zwei Stunden. Wir haben überlegt, ob wir ein Schlafschema aufstellen, wie wir es für seine Mahlzeiten gemacht haben, aber die Schlafzeiten sind von Tag zu Tag so unterschiedlich, egal wie müde er ist. Ein typischer Tagesablauf sieht wie folgt aus: Guten Morgen um 6.45 Uhr. Fläschchen um 7 Uhr. Alleine spielen. Schläft um etwa 8 Uhr ein. Schläft bis 8.45 Uhr. Wird um 9 Uhr angezogen. Spielt. Schläft wieder um 10 Uhr, bis etwa 10.30 Uhr. Mittagessen um 11 Uhr. Mittagsschlaf um 12 Uhr, schläft etwas mehr als eine Stunde. Ist dann anderthalb Stunden wach, schläft eine halbe Stunde usw. Essen um 15 Uhr. Ein letztes Nickerchen zwischen 16.30 und 17.30 Uhr. Nach nur einer halben Stunde Schlaf wacht er auf und weint. Ich habe überlegt, dass es besser wäre, wenn er längere Zeiten am Stück schlafen würde und dafür nicht so häufig. Wie bekommen wir das hin? Versuchen wir, ihn wach zu halten, wird er so müde, dass er richtig hysterisch werden kann, wenn wir ihn dann schließlich hinlegen (falls er länger als zwei bis zweieinhalb Stunden wach war).

Es tut mir Leid, dass mein Beitrag etwas lang geraten ist, aber ich wollte möglichst alles Wichtige erwähnt haben. Und danke, dass es dich gibt, du bist ein wunderbarer Mensch!

Danke, meine Liebe, für die wunderbaren Worte! Das »Spielen allein« hört sich doch nicht schlecht an, das habt ihr gut organisiert. Und 10 bis 15 Minuten sind ein guter Anfang für so ein kleines Kind. Die Idee ist natürlich, dass man die Zeit, die er allein spielt, allmählich verlängert, aber das kann seine Zeit dauern. (Wenn nicht vorher, löst sich das Problem spätestens dann von ganz allein, wenn er erst einmal richtig sitzen kann.) Es ist O.K., das Spielzeug wegzunehmen, wenn er unzufrieden wird. Wichtig ist, dass nicht das KIND weggenommen wird, nicht das Kind vom »Spielen allein« gerettet wird, falls es unzufrieden wird! Wenn du also hörst, dass er müde und gnatzig wird und am liebsten schlafen möchte, kannst du ihm gerne dabei helfen (wenn er es nicht allein hinbekommt) und die Spielsachen wegnehmen. Das »Spielen allein« soll etwas Vergnügliches sein, egal wie kurz es sein mag.

Ja, ihr solltet euch auf jeden Fall hinsetzen und ein Schlafschema für ihn ausarbeiten. Seine Schlafzeiten sollten strukturiert werden. Das würde ihm gut tun. Bekommt er feste Schlafzeiten, wird er es auch schaffen, dazwischen für längere Zeit wach zu bleiben, glaub mir. Es hat sich wahrscheinlich in seinem kleinen Kopf festgesetzt, dass ER entscheidet, wann und ob er schläft, eine Aufgabe, die er einfach nicht allein bewältigen kann. Plane einen guten, langen Mittagsschlaf und darüber hinaus ein kleines Nickerchen am Vormittag und eines oder zwei am Nachmittag. Alles in allem sollte er etwa 15,5 Stunden pro Tag schlafen. Optimale Schlafphasen sind 5 Minuten, 20 Minuten, 45 Minuten, anderthalb Stunden, 2 Stunden oder zweieinhalb Stunden. (Dass er sich mal beschwert, wenn er nach einer halben Stunde wach wird, könnte auch bedeuten, dass er 10 Minuten weniger oder 15 Minuten länger hätte schlafen sollen, um den richtigen Rhythmus zu treffen, um ihn dann in einer Leichtschlafphase zu wecken.) Sucht euch Papier und Bleistift und erarbeitet einen genauen Plan. Geht von seinen Bedürfnissen aus – so wie ihr sie kennt –, aber entscheidet selbst, wie lang die einzelne Schlafphase sein soll. Helft ihm dabei, zum festgelegten Zeitpunkt zur Ruhe zu kommen, und weckt ihn nach dem Schlaf mit fröhlichen Gesichtern. Haltet die Zeiten sehr genau ein, zumindest in der ersten Woche, bevor ihr alles noch einmal überdenkt und eventuell kleine Änderungen im Plan vornehmt. Lasst euch einen Spielraum von 15 Minuten in beiden Richtungen beim Einhalten der Zeiten, aber auf keinen Fall mehr! Viel Glück – und viele liebe Grüße!

Alleine spielen im Bettchen
(Fortsetzung)

Wir haben es nun etwa eine Woche lang versucht, aber es ist wirklich nicht einfach! Am Anfang haben wir es so gemacht, dass er vormittags anderthalb Stunden, mittags zweieinhalb Stunden und am späten Nachmittag anderthalb Stunden schlafen sollte. Aber erstens ist es unmöglich, ihn dazu zu bringen, vormittags mehr als 50 Minuten zu schlafen. Und zweitens war es wohl doch zu viel des Guten, denn er fing dann an, morgens schon zwischen 5 und 6 Uhr wach zu werden. Ich glaube, wir sollten ihn vormittags so viel oder so wenig schlafen lassen, wie er gerade möchte (das regelt er ja praktisch alleine in Verbindung mit dem Spielen im Bett), d.h. 40–50 Minuten. Danach kommt der Mittagsschlaf von anderthalb Stunden, bis 13.30 Uhr, und schließlich eine halbe bis eine ganze Stunde zwischen 16 und 17 Uhr. Meinst du nicht, dass es so funktionieren könnte? So wie wir es angefangen hatten, waren wir gezwungen, ihn im Kinderwagen umherzufahren, damit er einen Mittagsschlaf von zweieinhalb Stunden hinbekam, denn sonst wurde er nach einer oder anderthalb Stunden wieder wach. Es ist vielleicht besser, die Zeiten nach seinen Bedürfnissen einzurichten, oder was meinst du?

Was das Spielen allein im Bettchen angeht, funktioniert es jetzt super. Er spielt nun schon etwas länger – eine halbe bis eine Stunde am Stück – und das hängt wohl damit zusammen, dass er nicht mehr so müde ist.

Wenn er lange genug geschlafen hat und dann weint, wenn er wach wird, sollten wir ihn dann dazu bringen, wieder einzuschlafen und ihn später wecken, damit er nicht glaubt, dass er aus seinem Bettchen, dem Kinderwagen oder sozusagen dem Schlaf »gerettet« werden muss? Danke für deine Antworten – und dafür, dass du so bist, wie du bist!

PS: Ich weiß, dass es eine sehr persönliche Frage ist, aber wie starb eigentlich dein kleiner Sohn, Aron? Im »KinderBuch« erwähnst du ihn ein paar Mal – und ich habe oft überlegt, woran er gestorben ist. Ich habe verstanden, dass es im Zusammenhang mit einer Reise geschehen ist, bin aber trotzdem neugierig. Ich bitte dich sehr, mir zu verzeihen, wenn ich dir mit meiner Frage zu nahe trete, es ist wirklich nicht böse gemeint. Liebe Grüße!

Hallo, meine Liebe. Natürlich sollst du von den Bedürfnissen des Kindes ausgehen und die Zeiten danach ausrichten! Da hast du vollkommen Recht. Und dann wird man einsehen, dass er einfach zu viel Schlaf bekam (obwohl er dadurch lebendiger wurde!), wenn man bedenkt, wie viele Stunden Schlaf er pro Tag braucht. Er wird bald fünf Monate alt, und ich schätze, dass er mit 15 Stunden auskommt. Rechnen wir 12 Stunden Nachtschlaf, sind es nur noch drei, die über den Tag verteilt werden. Vielleicht eine Dreiviertelstunde am Vormittag, anderthalb Stunden Mittagsschlaf, und dann noch eine Dreiviertelstunde am späten Nachmittag. Wenn du dagegen von einem elfstündigen Nachtschlaf ausgehst, kann er im Laufe des Tages noch eine Stunde mehr schlafen – sie könnte an den Mittagsschlaf angehängt werden (somit zweieinhalb Stunden), auch wenn es bedeutet, dass ihr ihn ein bisschen im Kinderwagen wiegen müsstet, bis die neue Regelung sich gefestigt hat. Auf der anderen Seite tendiert er selbst dazu, mittags mit anderthalb Stunden Schlaf auszukommen, und so solltet ihr vielleicht eher am langen Nachtschlaf festhalten. Deine Zeiten hören sich doch schon richtig gut an! Worauf ihr euch auch festlegt, eine Woche solltet ihr an diesem neuen Schema festhalten, bevor ihr irgendwelche Anpassungen vornehmt. Sonst hat der Kleine keine Chance, sich an die neuen »Spielregeln« zu gewöhnen. Und wie schön, dass sein Spielen allein nun etwas länger andauert!

Der Vorteil bei einem solchen festgelegten Schema (mit einem Spielraum von höchstens 15 Minuten in beiden Richtungen) ist, dass man die Uhr als Verbündete betrachten kann und genau weiß, wann was passieren wird. Somit übernehmt ihr die Führung. Und es bedeutet, dass das Kind nicht länger schreien muss, damit irgendetwas geschieht – es geschieht ja sowieso. Richtest du dich nach der Uhr anstatt nach dem Geschrei des Kindes, kannst du den Kleinen auch hochnehmen, bevor er wach wird und anfängt zu weinen. Machst du das ganz konsequent, wird das Kind schon sehr bald merken, dass es gar nicht zu schreien BRAUCHT – und hört deshalb damit auf. Für alle Beteiligten etwas sehr Schönes! (Man muss also nicht das Schicksal herausfordern und darauf warten, dass das Kind anfängt zu schreien, bevor man auf die Uhr schaut.)

Das Beste ist in der Tat, wenn ihr ihn dazu bringen könnt, weiterzuschlafen, und wenn es auch nur fünf Minuten sind, bevor ihr ihn hochnehmt (wenn er überhaupt noch anfängt zu schreien). Das ist die beste Methode, ihm beizubringen, dass er nicht schreien muss, um in dieser Welt etwas zu erreichen, und dass er nicht gerettet werden muss, weil er einem ja gar nicht Leid tun muss (obwohl er selbst vielleicht manchmal dieser Meinung ist, hm!). Sollte er aber doch mal weinen – er wird z. B. nach dem Spielen allein unzufrieden und will sich nicht schlafen legen, sondern fängt an zu quengeln –, dann geht es darum, einen Moment zu erwischen, in dem er ruhig ist. Und dann stürmst du hinein mit strahlenden Augen. Man muss die Situation dermaßen unter Kontrolle haben, dass keine Spur des Zweifelns in deiner Stimme (oder in deinem Handeln) zu spüren ist, man verhält sich so, als wäre das Kind dort im Bettchen in der Tat ein echter, kleiner Strahlemann, und NUN ist es Zeit, dies oder jenes zu machen, und sollte das Kind vorhin noch geweint haben, hat man es schon längst vergessen, denn NUN ist ja alles in bester Ordnung! So vergisst auch das Kind, dass es traurig war – und auch den Grund dafür –, und es bekommt obendrein eine klare und fröhliche Erinnerung an das, was immer Gültigkeit hat: Mama und Papa kommen DOCH! Und Mama und Papa wissen, wie alles funktioniert, sie regeln alles. Darum brauche ich mich gar nicht kümmern und es gibt also gar keinen Grund zu weinen oder zu schreien. Oh, wie schön das doch ist!

Nein, ich nehme dir deine letzte Frage nicht übel. Es ist ja das Erste, das man wissen möchte, wenn man erfährt, dass ein kleines Kind gestorben ist. Und seitdem sind nun schon so viele Jahre vergangen – für mich ist mein kleiner Aron schon längst nicht mehr »nur« so schrecklich tot, sondern er ist zu einem kleinen lieben und gegenwärtigen Schutzengel für seine Geschwister geworden. Und auch für mich … was nicht bedeutet, dass ich nicht immer noch darüber weinen kann, ich tue es fast täglich. Aber es ist ein Weinen, das nicht mehr wehtut.

Er bekam Diphtherie. Zu dem Zeitpunkt lebten wir im Ausland. Es ist eine heimtückische Krankheit, denn sie ähnelt einer ganz normalen Halsentzündung. Ich bin zu spät zum Arzt gegangen. Aron hatte anscheinend die Diphtherie selbst überwunden und schien zwei Monate lang ganz gesund. Aber dann kamen mehrere schleichende Folgekrankheiten zum Ausbruch und nach nur zwei Tagen beendete eine Herzkrankheit sein kurzes Leben. Er wurde drei Jahre und neun Monate. Als ich mit seinem kleinen, weißen Sarg nach Schweden heimkehrte, erfuhr ich, dass die Dreifachimpfung, die er im vorgeschriebenen Alter bekommen hatte und die ihn ja vor der Diphtherie hätte schützen sollen, nur ein Jahr wirksam war. Liebe Grüße!

Schlafen in Mamas Bett

Danke, dass es dich gibt, Anna! Es ist so viel schöner, Mama zu sein, nachdem ich deine Online-Beratung entdeckt habe, und ich habe mich durch jede einzelne Seite gelesen. Mir ist klar geworden, dass ich im Umgang mit meinen Kindern wohl zu weich gewesen bin, was vielleicht auf Dauer nicht so gut für sie ist. Ich bin also etwas bestimmter geworden. Wenn es um das Jüngste geht, ein Mädchen von vier Monaten, habe ich sehr darauf geachtet, dass sie einen regelmäßigeren Schlafrhythmus bekommt, als es bei ihrem Bruder, nun dreieinhalb Jahre, der Fall war, und es ist mir auch gut gelungen, sie in ihrem eigenen Bettchen schlafen zu lassen. Ich habe mit meinen Kleinen unverschämtes Glück gehabt, denn sie haben beide schon im Alter von etwa zwei Monaten durchgeschlafen.

Die Kleine, die ich immer noch stille, hat nun aber alles auf den Kopf gestellt, sie will nachts nicht mehr schlafen und möchte ständig gefüttert werden. Wenn sie bei mir im Bett liegen darf, wird sie wach, trinkt und schläft dann sofort weiter. Schläft sie aber in ihrem eigenen Bett, stehe ich auf, füttere sie und lege sie wieder hin, aber dabei wird sie richtig hellwach und möchte nach dem Essen im Bettchen noch spielen. Eigentlich finde ich es ja gut, dass sie tagsüber nicht ständig gefüttert werden will, denn so schaffe ich auch andere Sachen, als nur mit ihr an der Brust herumzusitzen, und nachts kann ich sehr gut schlafen – auch wenn sie zwischendurch trinkt. Ihr Papa ist zwar nicht davon begeistert, dass er mich nie für sich alleine hat, aber die Zeit wird wohl irgendwann wiederkommen.

Trotzdem habe ich das Gefühl, dass etwas nicht in Ordnung ist, denn ich möchte ja eigentlich, dass sie so schön schläft wie vorher, und meine größte Sorge ist, dass es ihr irgendwie nicht gut geht. Meistens ist sie schön fröhlich, und auch wenn sie mal ein bisschen Bauchschmerzen hat, kann man sie trotzdem zum Lachen bringen und sie lässt sich auch gerne trösten. Als sie drei

Monate alt wurde, fingen die Probleme mit dem Schlafen an. Sollte ich vielleicht mit dem Zufüttern anfangen, kann sie abends schon Brei essen? Sie bekommt vormittags ein wenig Haferbrei, und letztens habe ich ihr auch abends Brei gegeben, weil sie einen Riesenhunger hatte, und es schien, als täte ihr die feste Nahrung gut, denn sie schlief viel ruhiger in ihrem Bettchen, fast die ganze Nacht. Ich bin aber auch der Typ, der es so unheimlich kuschelig findet, wenn sie bei mir im Bett schläft, ich kann mich kaum dazu überreden, sie wieder in ihr leeres und kaltes Bettchen zu legen.

Viele werden sicherlich denken, dass ich eine richtige Kindernärrin bin, aber ich weiß wirklich nichts Schöneres, als mit den Armen meines Dreijährigen in meinen Haaren begraben zu schlafen (auch die Kleine kann es schon richtig gut nachmachen) – und dabei den Geruch der Kleinsten in der Nase zu haben. Ich hoffe wirklich, dass dir meine ganze Fragerei nicht zu viel wird, denn wen sollte ich sonst um Rat bitten? Die Kinder und ich umarmen dich!

Danke, meine Süße, herrlich deine Worte zu lesen! Deiner ganzen Familie geht es ja richtig gut – es gibt in der Tat auch einen positiven »Teufelskreis«.

Haferbrei ist eine ausgezeichnete Nahrung, er sättigt gut, und du kannst ihr so viel geben, wie sie mag! Abends ist das Füttern mit Brei vielleicht ein wenig umständlich, aber du könntest überlegen, ob du ihr stattdessen eine dickflüssige Flaschenmahlzeit zubereitest. Danach können die Kleinen meistens richtig gut schlafen.

Wenn du ihren Speiseplan änderst, solltest du ihr einen Zeitraum von mindestens drei Tagen, am besten einer Woche, geben, damit sie sich an das Neue gewöhnt, bevor du eventuell Änderungen vornimmst. Außerdem ist es so, dass Kinder in genau ihrem Alter richtiges Essen haben WOLLEN – sie sind darauf vorprogrammiert, der Magen wartet nur darauf und sie werden es schon lernen. Das Ziel ist ja, dass sie im Alter von ungefähr einem Jahr so in etwa alles essen können. Diese Weiterentwicklung kann sich darin zeigen, dass das kleine Kind die Brust nun langweilig findet und nicht so große Brustmahlzeiten mehr trinken mag – oder was ihm noch schlimmer erscheint: nichts anderes als die Brust zu bekommen. Du kannst also unbesorgt darauf hinarbeiten, zwei Mahlzeiten ganz auf feste Nahrung umzustellen.

Kuschelig in Mamas Bett zusammen zu liegen, na – ja … es ist ja deine Sache, wie du es einrichtest. Du kannst dir vielleicht eine Zeitgrenze setzen – nur noch für kurze Zeit ... bis zum 1. April ... beispielsweise.

Meine Meinung dazu kennst du vermutlich. Ich finde, dass man damit den gesunden Nachtschlaf des Kindes aufs Spiel setzt, indem man es mit zu sich ins Bett nimmt, denn Kinder brauchen genauso wie wir Erwachsene einen ununterbrochenen Nachtschlaf – sogar mehr noch als wir, weil sie sich in einer rasanten Entwicklung mit Millionen von täglich neuen Eindrücken befinden. Ich finde, es ist nicht ganz fair, die eigenen Bedürfnisse nach Streicheleinheiten vor den ungestörten Nachtschlaf des Kindes zu stellen ... aber es ist wie gesagt deine Entscheidung. Die Kleine, die zurzeit ein bisschen anstrengend ist, wird dir beim Durchsetzen eventueller Veränderungen nicht helfen können, leider. Viel Glück, und viele liebe Grüße!

Wie kann ich ihn zum Schlafen bringen?

Hallo, Anna! Ich bin 32 Jahre, Mutter von Alex, der fünf Monate und zwei Wochen alt ist. Ich schreibe dir in der Hoffnung, ein paar gute Ratschläge und ein wenig Hilfe zu bekommen, damit mein Kind besser schläft. Alex ist ein sehr fröhliches und lebendiges Kind, und er ist gerne mit anderen Kindern zusammen. Ein einfach zu nehmender und glücklicher Junge – tagsüber!

Alex wird in der Regel zwischen 21 und 22 Uhr müde. Dann hat er schon seinen Brei bekommen (und früher am Abend gebadet) und wir runden den Abend mit einer Brustmahlzeit ab. Er wird richtig schläfrig, und im Prinzip kann ich ihn ins Bettchen legen. Ich knuffe ihn noch ein wenig und er schläft ein. Er schläft dann maximal 2 bis 3 Stunden, um dann wieder aufzuwachen – und das wiederholt sich jede Stunde, bis morgens um 5 Uhr, wenn ich ihn wieder an die Brust lege.

Nachdem er jede Nacht alle anderthalb Stunden gefüttert werden musste und darauf weiterschlief, war alles aus den Fugen geraten, und ich war der Meinung, es müsse endlich Schluss sein mit den nächtlichen Mahlzeiten – nun wollten wir stattdessen wieder richtig schlafen! Mein Durchhaltevermögen war in Topform. Ich probierte es mit deiner Technik, knuffte ihn, streichelte ihm den Rücken, und Alex schlief wieder ein, ohne etwas zu trinken bekommen zu haben. Nach einer Woche »Kur« lief es richtig gut, ein paar Tage lang. Aber dann kamen die ersten Zähne, zwei Stück auf einmal, und dann gab es natürlich wieder Ärger, er schlief unruhig und wurde jede Stunde wach. Aber wir sind standhaft geblieben – und haben an unserer Regelung festgehalten: nachts kein Essen mehr, auch nicht, wenn er gerade Zähne bekommt.

Und dort stehen wir nun heute noch. Alex wird zwischen 24 und 4 Uhr einmal die Stunde wach, und es ist fast unmöglich, ihn zum Weiterschlafen zu bringen. Aber erst um 5 Uhr stille ich ihn wieder, auch wenn wir vorher schon eine ganze Stunde lang wach sind. Ich achte darauf, dass er nicht schreien muss, um gefüttert zu werden, denn das fühlt sich falsch an. Es ist mir wichtig, dass er sich einigermaßen beruhigt, bevor wir mit der Brustmahlzeit loslegen. Sehr oft schläft er nach dieser frühen Mahlzeit richtig schön, gut zwei Stunden, bis er wieder gefüttert wird.

Alex macht um die Mittagszeit seinen Mittagsschlaf von einer bis zwei Stunden und außerdem schläft er nachmittags etwa eine Stunde. Aber manchmal fällt dieses späte Nickerchen ganz weg und das bringt die Routine des restlichen Tages komplett durcheinander.

Als ich mich dafür entschieden habe, ihn nachts nicht mehr zu stillen, habe ich die Startgrenze für den nächsten Tag auf 5 Uhr gesetzt, teils, damit er die Nacht ohne Essen verkraftet, teils, um meine Brust daran zu gewöhnen. Natürlich würde ich die erste Mahlzeit des Tages gern auf etwa 6 Uhr verschieben, aber das schaffen wir im Moment nicht.

Alex' Papa fährt jeden Morgen um 5 Uhr zur Arbeit. Er schläft in einem anderen Zimmer, um das überhaupt schaffen zu können. Am Wochenende kümmert er sich dann mehr um Alex, aber auch bei ihm gestalten sich die Nächte sehr unruhig.

Alex nimmt keinen Schnuller, aber er nuckelt ein bisschen an seinen Fingern und an seiner Schmusedecke.

Er ist unser erstes Kind. Sein Schlaf ist eigentlich schon immer eher schlecht gewesen, außer ein paar wenigen ruhigen Nächten.

Ich wäre dir für ein paar Tipps und gute Ratschläge sehr dankbar!

Hallo, meine Liebe, zuallererst möchte ich dich für deine Entscheidung, einen geregelten Tagesablauf einzuführen, kräftig loben! Du hast festgestellt, dass alles aus dem Ruder gelaufen war, und hast dich nicht damit abgefunden. Ausgezeichnet! Denn es geht hier um kein unlösbares Problem!

Du bist zurzeit unendlich müde und hast nicht viele Kraftreserven, aber wenn du es schaffst, deine letzte Energie für ein paar Tage zu mobilisieren – und das Durchhaltevermögen, das du Gott sei Dank besitzt –, wirst du diese Sache beenden können.

Ich verstehe, dass du beinahe deinen Mut verlierst, weil die Nächte so unregelmäßig sind, sie haben sich irgendwie in einem Teufelskreis festgefahren, aber dem werden wir schon einen Riegel vorschieben. Und der kleine Alex wird dir dabei behilflich sein. Es gibt nichts, das er lieber möchte, als schön ruhig zu schlafen, in tiefer Geborgenheit – genau das Gegenteil zur jetzigen Situation.

Zuerst einmal – der Junge schläft viel zu wenig! Nachts werden es vielleicht insgesamt 6 (unzusammenhängende) Stunden, höchstens 7. Tagsüber schläft er 2, allerhöchstens 3 Stunden. Es sind also irgendwo zwischen 8 und 10 Stunden pro Tag – und er braucht 15! Er leidet an chronischem Schlafmangel und das ist praktisch schon von Geburt an der Fall gewesen. Wir Erwachsenen wissen ganz genau, was es bedeutet, zu wenig Schlaf zu bekommen … das brauche ich dir nicht zu erklären. Schon im Alter von vier Monaten kann ein Baby nachts 12 Stunden durchschlafen, ohne gefüttert zu werden.

Fang am Besten damit an, ein Schema aufzustellen. Setz dich mit Papier und Bleistift bewaffnet hin und strukturiere den Tag – und die Nacht. Er braucht 15 Stunden Schlaf – 12 nachts, und 3, die du über den Tag verteilst, am besten in Form eines Mittagsschlafes von anderthalb Stunden, und dazu ein Nickerchen von etwa einer Dreiviertelstunde, jeweils vormittags und nachmittags. Darüber hinaus braucht er vier zeitlich festgelegte Mahlzeiten (plus einen Gute-Nacht-Trunk, bevor er abends ins Bett gekuschelt wird) in einem Abstand von 3, höchstens 4 Stunden.

Leg zuerst den Nachtschlaf fest, von 19 bis 7 Uhr vielleicht? Dann werden die Mahlzeiten über den Tag verteilt und zum Schluss die drei Schlafzeiten am Tage – dabei gehst du von den Neigungen aus, die er bisher gezeigt hat.

Du übernimmst die Führung, folgst dem Plan ganz akkurat (mit einem Spielraum von höchstens 15 Minuten in beiden Richtungen) und erklärst die Uhr zu deinem besten Freund. Die Durchsetzung des Plans beansprucht drei bis vier Tage, und danach dauert es noch eine Woche, bis der Rhythmus sich so richtig gefestigt hat. Und schon bald wird der kleine Alex selbst wie ein kleines Uhrwerk funktionieren! Und er wird es lieben, denn so werden die Geschehnisse seiner Tage (und seiner Nächte) vorausschaubar, und er muss nicht mehr selbst die Verantwortung für sein Überleben in dieser Welt tragen, wozu er auch gar nicht mächtig ist.

Wenn die Nacht um 19 Uhr anfangen soll, berechnest du vorher etwa eine Stunde, in der er seine letzte Mahlzeit des Tages bekommt, gebadet wird und noch ganz viel Spaß hat – es ist nicht Sinn der Sache, dass ihm gegen Abend ein Dämpfer aufgesetzt wird. Er darf gerne noch lauthals lachen, auch wenn du ihn dafür durchkitzeln musst. Zum Schluss gibt es noch ein Schlückchen, und dann wird gute Nacht gesagt – gute Nacht, Mama – gute Nacht, Papa – gute Nacht, Kuscheltierchen – gute Nacht, Bett. Leg ihn in einem dunklen und kühlen Raum schlafen, deine Haltung strahlt dabei Ruhe und Bestimmtheit aus, erzähl oder summ eine kleine süße Gute-Nacht-Leier, und sei dann leise, während du ihn noch ein wenig auf den Po knuffst. Sobald sein Körper still und entspannt ist, hörst du auf – BEVOR er einschläft. Und zuallerletzt wiederholst du die Gute-Nacht-Leier viermal schnell hintereinander – das erste Mal, wenn du ihn loslässt – das zweite Mal auf dem Weg zur Tür – das dritte Mal an der Tür – und das vierte Mal außerhalb der Tür, die noch einen Spalt offen bleibt. Keine lange Pausen, sondern schnell und effektiv! So gibst du dem Kind »Bescheid«, wie ich es nenne. Und der Bescheid lautet, sowohl in deiner Stimme, wie auch in deiner Haltung: Nun musst du schlafen. Nachts wird geschlafen. Nachts ist überhaupt nichts los, außer dass man richtig schön schläft. Du sollst ihn also nicht in den Schlaf knuffen (die Gefahr bestünde dann, dass du beim Knuffen hängen bleibst, weil das kleine Kind es ja toll findet, geknufft zu werden – so wie viele von uns Erwachsene es auch gerne hätten, wenn wir bis zum Einschlafen schön massiert werden würden, und davon träumen, dass die Massage bis zum Aufwachen weiterginge, und wir in aller Ewigkeit so schön liegen bleiben könnten …). Deine Aufgabe ist es dagegen, Ruhe auszustrahlen, und ihn mit deiner Haltung und deinem Verhalten davon zu überzeugen, dass er in aller Ruhe und Geborgenheit schlafen kann – und muss, denn nachts gibt es sowieso nichts anderes zu tun. Und vor dem bösen Wolf braucht er sich auch nicht fürchten.

Er soll sozusagen noch einen klaren Kopf haben, wenn er einschläft, und sollte nicht bis zum Einschlafen eingelullt werden. Nur in den ersten beiden Monaten kann (und sollte) man einen Säugling in den Schlaf wiegen. Danach muss das Kind lernen, keine Angst mehr davor zu haben, allein einzuschlafen, und deshalb solltest du ihm diese Prozedur selbst überlassen. Es ist nicht einfach, vom Bettchen wegzugehen, mit dem Gefühl, dass er richtig schlafen wird, wenn man nur einen kleinen Moment weiterknufft – aber du musst gehen, wenn er lernen soll, so wie wir alle, allein wieder in den Schlaf zurückzufinden, wenn er nachts wach werden sollte.

Nachdem du ihm Bescheid gegeben hast, wird er (vielleicht) reagieren. Und das soll ihm auch erlaubt werden. Warte ab und horche. Gib ihm ein wenig Zeit. Wird sein Schreien lauter? Oder wieder leiser? Oder ist er vielleicht sofort still?

Wenn das Schreien lauter wird – gib ihm ein paar Minuten – und es so heftig wird, dass es in echte Verzweiflung übergeht, gehst du schnell wieder hinein, legst ihn liebevoll, aber bestimmt, wieder zurecht, knuffst ihn kurz – aber ohne etwas zu sagen. Und diesmal fällt dein Bescheid etwas kürzer aus. Dies nenne ich »die Erinnerung« und etwas anderes sollte es auch nicht sein. Kurz und bündig. Geh wieder hinaus, deine Gute-Nacht-Leier viermal wiederholend, die letzten beiden Male vor der Tür. Du kannst die Leier auch sechsmal wiederholen, wenn du das Gefühl hast, dass er dir nicht richtig zuhört.

Wenn das Schreien dagegen abnimmt und er still wird oder nur noch müde und/oder unzufrieden quengelt, wartest du weiter ab. Es können zwei oder auch drei Minuten vergehen, bevor du feststellen kannst, was er nun machen wird. Gib ihm seine Zeit! Wenn er allmählich ruhig wird, sagst du deine Leier noch mal vor – als Bestätigung –, dieselbe gute, alte Leier, aber nun gedämpfter, zärtlicher und fröhlicher. Sie erzählt ihm, dass er ein tüchtiger Junge ist, der so schön still liegt und so ruhig und zufrieden ist – genauso, wie man es machen muss, wenn man schlafen soll, und die Stimme erzählt ihm, wie schön alles ist, und wie herrlich es ist, dass man sich vor dem bösen Wolf nicht ängstigen muss! Diese bestätigende Leier sollte er mit sich in den Schlaf nehmen, sie sollte das Letzte sein, was er vorm Einschlafen wahrnimmt, und somit der Diskussion ein Ende setzen. Sie muss also vorgesagt werden, kurz bevor er einschläft, und du musst sehr aufmerksam sein, damit er sie noch mitbekommt! Gerade wenn er schon nach dem Bescheid oder der darauf folgenden Bestätigung still wird und sofort schlafen möchte.

Am Anfang kann die bestätigende Leier neue Proteste hervorrufen, das wird sich aber legen. Fahr einfach damit fort. Egal, wie viele Male er lauthals reagiert, schließt du immer wieder mit deiner bestätigenden Leier ab – bis er schließlich seine Ruhe findet.

Danach musst du ihn nur noch dann knuffen, wenn eine richtige Krise entsteht. Das Knuffen ist jetzt also nur noch eine Krisenlösung. Stell dich darauf ein, dass nun die Leier außerhalb der Tür am wichtigsten wird. Und auch hier musst du darauf achten, dich nicht in einer endlosen Wiederholung festzufahren – es muss zwischen den Wiederholungen bedeutend mehr Zeit vergehen, als das Vorsagen an sich in Anspruch nimmt.

Wenn er dann die erste Runde geschlafen hat und wieder aufwacht und schreit, musst du sein Schreien als eine Frage betrachten – nicht als Ausdruck, dass er unzufrieden ist! Ist es O.K., dass ich hier ganz alleine liege, passt jemand auf, dass der böse Wolf mich nicht holt? Die Antwort, d.h. die Bestätigung, muss prompt kommen – er bekommt keine Chance, sich einzuschreien, seiner Unruhe wird sofort etwas entgegengesetzt.

Geh sofort zur Tür und sag deine Gute-Nacht-Leier laut und deutlich und beruhigend auf – vier bis sechs Mal hintereinander, ohne Unterbrechungen, und warte dann seine Reaktion ab. Gib ihm wieder etwas Zeit. Wiederhol die Leier in derselben beruhigenden Weise, wenn und falls es nötig wird, achte aber darauf, dass du es nicht zu oft machst. Es ist ja nicht Sinn der Sache, dass du die ganze Nacht vor seiner Tür stehst! Denn auch eine endlos wiederholte Leier kann für den Kleinen sehr unterhaltsam sein …

Hast du das Gefühl, dass die abschließende, bestätigende Leier bei ihm nicht richtig ankommt und er sich nur noch mehr aufregt, zeigt dies dir, dass dein erster Bescheid nicht präzise genug war, und du musst nun seiner Unruhe ein Ende setzen – mit einer schweigenden, schnellen und effektiven Erinnerung. Schnellen Schrittes gehst du zu ihm, legst ihn zurecht (du kannst ihn noch kurz auf seinen kleinen Windel-Popo knuffen, kleine klopfende Bewegungen von unten nach oben, so dass sein ganzer Körper sich dabei rhythmisch bewegt). Wir sprechen nun von ca. einer halben Minute, mehr nicht! Du gehst wieder, sagst deine Gute-Nacht-Leier laut und deutlich vor – und wartest seine Reaktion ab. Wenn er still ist – oder auf jeden Fall ruhiger wird, sagst du ihm wieder die zärtliche (aber deutliche) Leier vor, als beruhigenden Schlusspunkt.

Es ist eine gute Idee, jedes Mal aufzuschreiben, wann er aufgewacht ist und wann er wieder eingeschlafen ist. Vier Nächte lang solltest du mit dieser Methode fortfahren, und dann wirst du schon feststellen, dass er Nacht für Nacht immer seltener und immer kürzer wach wird und wie es ihm immer häufiger gelingt, selber in den Schlaf zurückzufinden. Und das hängt damit zusammen, dass er sich immer geborgener fühlt. Deine kurzen, zielgerichteten und effektiven Bescheide/Erinnerungen/Bestätigungen haben ihm die Antwort gegeben, die er haben wollte: Dass er ruhig die ganze Nacht schön schlafen kann.

Wenn du das Schema einführst und er allmählich all den Schlaf bekommt, den er so nötig braucht, wird er die ersten Tage unheimlich müde sein. Hier gilt es zu versuchen, ihn wach zu halten, wenn er wach sein soll, und ihm beim

Einschlafen zu helfen, wenn es Zeit zum Schlafen ist. (Nun wirst du dir den Spielraum von 15 Minuten Abweichung in beide Richtungen des Planes häufiger gönnen müssen!) Schon am dritten Tag wirst du feststellen, dass dein Kleiner deutlich mehr Kraft und Energie bekommt. Er wird mit dem Schreien/Protestieren aufhören, er wird besser und mehr essen, und er wird sich vor deinen Augen wie eine kleine Blume entfalten! Und wenn du feststellst, dass du dich darauf verlassen kannst, deine Abende in Ruhe für dich zu genießen – und dass auch die Nächte still sind –, wirst auch du sicherlich erst einmal schrecklich müde sein. Aber auch das geht wieder vorüber …

Bevor der Kleine abends ins Bett gebracht wird, sollte er noch einmal richtig lachen. Und wenn es wieder morgen wird – genau zu dem Zeitpunkt, den du festgelegt hast, vielleicht um 7 Uhr –, sollte er am besten noch schlafen. Zumindest sollte er ruhig und zufrieden sein. Bis dahin nutzt du nach Bedarf noch deine »Erinnerungen« und »Bestätigungen«.

Morgens machst du euer Wiedersehen zu einem richtigen Erlebnis – Licht und Geräusche, sprudelnde Lebendigkeit, ja, eine große Show! Du nimmst das Kind hoch: »Guten Morgen, mein kleiner Schatz!!! – Ein herrlicher, neuer Tag erwartet uns!« Es muss superlustig sein, morgens aufzuwachen. Genauso lustig wie das abendliche Zubettgehen, gerade weil man weiß, dass das Aufwachen wieder genauso lustig wird – dann gibt es keine Unruhe, kein Geschrei mehr. (Sein eigenes Schreien beunruhigt ihn selbst ja auch, musst du bedenken – und allein aus diesem Grund sollte kein Kind sich in den Schlaf schreien.) Jetzt gibt es pure Gemütlichkeit!

Die Botschaft lautet außerdem, dass du – oder Papa oder die Uhr – entscheidest, wann der neue Tag beginnt, und nicht das Kind. Er muss also gar nicht selbst seine eigenen Interessen in dieser Welt wahren (schreien, um Essen zu bekommen oder um vor dem Wolf gerettet zu werden), sondern kann sich voll und ganz darauf konzentrieren, ruhig zu schlafen und das Leben zu genießen, wenn er wach ist. Denn es gibt andere, die sich um seine Bedürfnisse kümmern. Es wird Morgen, wenn es Morgen werden soll. Dafür sorgen diese lieben Menschen, die auch sein Überleben und sein Wohlbefinden garantieren, nämlich seine lieben Eltern! Viele liebe Grüße.

Und lasst mich hören, wie es läuft! Nacht für Nacht solltest du feststellen können, dass es vorwärts geht. Sonst besteht die Gefahr, dass ein neues, falsches Muster sich festigt, was dann seinerseits wiederum geändert werden muss. Dies sollten wir gegebenenfalls zusammen in Angriff nehmen. Aber ich glaube fest daran, dass du es hinbekommst, denn die meisten Sachen, die die kleinen Kinder betreffen, sind viel einfacher, als man denkt – wenn man bloß ein Ziel vor Augen hat und somit eine sonnenklare, Geborgenheit fördernde Haltung der Selbstverständlichkeit einnehmen kann!

Nur die Brust ist gut genug

Hallo! Meine Tochter, fünfeinhalb Monate, hatte vor kurzem eine Grippe, nun geht es ihr aber schon wieder viel besser (nur noch ein bisschen Schnupfen und etwas quengeliger als sonst). Während ihrer Krankheit wollte sie nur an der Brust trinken. Normalerweise bekommt sie um die Mittagszeit etwas Mus und abends ein wenig Brei zusätzlich zur Brust. Jetzt ist es mittlerweile so, dass sie immer noch (eine Woche danach) jegliche Zufütterung ablehnt – auch das, was sie vorher richtig lecker fand (Apfelmus, z.B.). Auch die Flasche nimmt sie nicht mehr an. Warum? Muss ich mit der Einführung der festen Nahrung ganz von vorn anfangen (hat sie es vergessen?), oder kann es damit zusammenhängen, dass sie sich immer noch nicht richtig wohl fühlt? Ist es falsch, sie zum Essen anderer Nahrung zu drängeln?

Darüber hinaus muss ich noch erwähnen, dass sie von Statur aus klein und dünn ist und die Zufütterung sicherlich gut gebrauchen könnte.

Hallo, meine Liebe, wir Menschen – große wie kleine – neigen dazu, in einer Krise etwas in uns zusammenzufallen. Wir werden schrecklich klein, wenn wir unglücklich oder krank sind oder es uns irgendwie nicht gut geht. Dann möchten wir nicht herumspringen, Schwiegermama besuchen oder Weihnachten feiern. Wir möchten nur noch Mitleid erfahren, im Bett liegen, Milch mit Honig serviert bekommen und richtig verwöhnt werden.

Kleine Kinder können nicht wissen, dass so etwas wieder vorübergeht und dass es Sinn der Sache ist, dann wieder zur alten Tagesordnung zurückzukehren. Sie sind in das Muster zurückgefallen, das seine Gültigkeit hatte, als sie noch ganz klein waren, und dort werden sie hängen bleiben, bis wir Erwachsenen ihnen etwas anderes beibringen, nämlich dass alles in Ordnung ist – und es ihnen auch zeigen: Du bist wieder GROSS! (D.h. gesund und munter!) Du solltest also in aller Ruhe von vorn anfangen, so als wäre sie etwas kleiner, als sie tatsächlich ist. Du gibst ihr wieder ganz kleine Geschmacksproben, die dann allmählich umfangreicher werden – und mach es mit einer Haltung voller Selbstverständlichkeit. »Und dann probieren wir dies – und dann noch das. Oh, wie lecker!« Als wäre es – wieder – das allererste Mal! Die Flasche wird in derselben Weise serviert, als etwas Neues und Gutes – und Selbstverständliches. Es kann ein bisschen dauern, aber wenn du die Fragezeichen in deiner Stimme vermeiden kannst, wird sie schon bald wieder die guten Seiten des Lebens genießen können und – wieder – groß werden. Liebe Grüße!

Mag keine Flaschenmahlzeit

Hallo! Ich habe überlegt, ob es eine gute Methode gibt, um die Kinder dazu zu bringen, die Flasche anzunehmen. Unsere Tochter, die nun sechseinhalb Monate alt ist, schläft die ganze Nacht, ohne zwischendurch gestillt zu werden, 11,5 bis 12 Stunden am Stück, und ich bin dabei, das Stillen zu reduzieren, stille sie jedoch immer noch morgens und abends. Tagsüber bekommt sie feste Nahrung mit dem Löffel und abends noch Haferbrei, aber Milchnahrung aus der Flasche mag sie nicht – ich habe verschiedene Marken ausprobiert (für Kinder ab sechs Monate). Morgens müsste sie ja eigentlich hungrig genug sein, aber sie spielt einfach nur mit der Flasche herum. Ich verhalte mich dabei so, wie du es anderen Müttern hier auf der Website beschrieben hast: Ich gebe ihr die Flasche und achte dann nicht weiter darauf, wie sie reagiert, aber es nützt nichts. Wasser trinkt sie sehr gerne aus der Flasche, es ist also nicht die Flasche an sich, die sie nicht mag. (Übrigens: Wie viel Wasser kann ich sie trinken lassen, ohne dass sie sich dabei sozusagen »satt« trinkt?)

Sollte ich es einfach aufgeben, ihr Milchnahrung mit der Flasche zu geben, und ihr stattdessen einen dickeren Milchbrei servieren? Es wäre einfacher (für mich), ihr die Flasche geben zu können, denn dann bräuchte ich unsere Morgenroutine nicht ändern, weil ich sie sonst mit in die Küche nehmen müsste, anstatt sie wie bisher im Bett zu füttern und sie danach noch in ihrem Bett ein wenig spielen lassen … O.K., vielleicht bin ich auch nur ein bisschen faul.

Nun zu etwas ganz anderem: Wir spielen mit dem Gedanken, ein Haus zu kaufen, und ich habe überlegt, dass es vielleicht im Hinblick auf das Fremdeln des acht Monate alten Kindes keine gute Idee wäre, wir würden umziehen, wenn sie etwa zehn Monate alt ist. Ich habe gelesen, dass man in der Fremdelphase des Kindes sogar darauf verzichten sollte, innerhalb der Wohnung umzumöblieren. Vielen Dank im Voraus!

Hallo, meine Liebe. Das läuft ja hervorragend, dass sie schon so lange durchschläft! Großes Lob! Kinder, die nachts lange und gut schlafen, haben in der Tat nicht immer einen Bärenhunger, wenn sie morgens wach werden, was man ja eigentlich vermuten müsste. Sie brauchen irgendwie noch eine kleine Weile zum Wachwerden. Mach am besten eine tolle Sache daraus, dass es wieder Morgen ist: Wickel sie in ihrem Bett, begrüß den neuen Tag, indem du die Gardinen aufziehst. Sorg dafür, dass das Zimmer schön hell wird und gib ihr ein paar schöne Spielsachen. Dann holst du die Flasche, legst sie zurecht (gern mit einem kleinen Kopfkissen) und lässt sie selber die Flasche halten.

Möchte sie nichts trinken, wird sie deswegen schon nicht verhungern. Sie bekommt ja wenig später ihren Brei. Aber ich könnte mir vorstellen, dass sie doch ein paar Schlückchen nehmen wird.

Vielleicht wäre es am besten, wenn du eine Entscheidung triffst: Brust oder Flasche? Manchmal ist es keine gute Idee, zwischen den beiden Nahrungsformen hin und her zu schwanken, es könnte bei deinem kleinen Kind zur Verwirrung führen, da es ja gerade erst lernt, wie es mit dem Leben und Überleben so läuft.

Wasser braucht sie gar nicht, hätte ich beinahe gesagt. Gib es ihr nach der Mahlzeit, d.h. nach der Fertignahrung bzw. dem Brei, und nur, wenn sie Durst hat! Dann trinkt sie nicht zu viel, sondern nur das Nötige. Trinkt sie immer wieder Wasser aus der Flasche – vor und zwischen den Mahlzeiten –, nimmt es im Magen Platz weg, der eigentlich für richtige Nahrung da sein sollte.

Hoffentlich wird sie die Fremdelphase überstanden haben (sie dauert selten länger als ein bis zwei Monate), wenn ihr umziehen werdet. Wenn nicht, müsst ihr – und die Kleine mit euch – drei bis vier Tage Verwirrung, Ängstlichkeit und Unsicherheit in Kauf nehmen. Äußere Veränderungen sind meistens nicht gerade vorteilhaft für diese kleinen Größen, die sich in einer reißenden Entwicklung befinden. Es stimmt, dass ich vor der Gefahr gewarnt habe, das Leben der Kleinen während der Fremdelphase umzuwälzen – aber es ging in dem Text um Kleinkinder, die in Tageseinrichtungen untergebracht sind. Insofern macht es nicht allen Kindern etwas aus, und wenn, dann erholen sie sich meist sehr schnell, sowohl körperlich wie auch seelisch. Was man während einer solchen Phase der Veränderung streng beibehalten sollte, ist die Routine, die äußerliche Ordnung, um so das Chaos, das im Inneren des Kleinen herrscht, möglichst auszugleichen.

Zieht ihr also nur um! Aber sorgt dafür, dass das Leben für die Kleine mit Hilfe der Routine und ihr wohl bekannter Fixpunkte (das Bett, der Küchentisch, das Spielzeug usw.) so gleichmäßig wie nur möglich abläuft – auch in der darauf folgenden Zeit. Viel Glück – und liebe Grüße!

Mag keine Flaschenmahlzeit
(Fortsetzung)

Hallo! Und Danke für deine guten Ratschläge! Hier noch ein paar weitere Fragen zum Thema Essen: Erst einmal habe ich mir keine Gedanken darum gemacht, was die Kleine essen möchte oder nicht, aber nun habe ich überlegt, ob sie schon beurteilen kann, was für sie gut ist? Nachdem wir erhebliche Schwierigkeiten hatten, sie dazu zu bringen, selbst vorbereitetes Essen anzunehmen, fingen wir an, Fertignahrung zu kaufen (für Kinder ab acht Monaten), und die hat sie ohne weiteres gut gegessen. Neulich habe ich eine neue Marke ausprobiert (für Kinder ab fünf Monaten), und die Kleine verhielt sich, als hätte sie sich am Essen verschluckt, sie schrie und wollte nichts mehr haben. Warum?

Zurück zur Flaschennahrung: Sie macht schön den Mund auf und nimmt die Flasche an, spuckt sie aber wieder aus, sobald sie feststellt, was sie da serviert bekommt, dann spielt sie nur noch damit. Insgesamt trinkt sie höchstens 15 bis 20 ml, und sie meckert, wenn ich versuche, sie zum Weitertrinken zu überreden. Danach bekommt sie, wie erwähnt, ihren Brei, den sie meistens aufisst. Zwischen den Mahlzeiten (4 Stunden) jammert und quengelt sie viel, aber auch bei der folgenden Mahlzeit isst sie nicht gut. Wir haben jetzt eine Woche durchgehalten, aber ich kann keine Verbesserung feststellen. Kann es wirklich sein, dass sie die Flaschennahrung nicht mag, oder können sieben Monate alte Kinder darüber noch keine eigene Meinung haben? (Als sie kleiner war, hat sie gerne Muttermilchersatznahrung getrunken.)

Und wieder einmal: Vielen Dank im Voraus!

So betagte Damen (und auch Herren) können sehr wohl ganz ausgeprägte Meinungen darüber haben, was sie mögen und was nicht! Versuch es mit einer anderen Marke. Das könnte schon ausreichend sein. Wenn es um Fertignahrung geht, empfehle ich dir, immer zwei Sorten gleichzeitig zu servieren, wechsle während der Mahlzeit zwischen den Gläschen oder

Breitellern hin und her, z. B. einen Löffel voll hiervon und dann einen Löffel voll davon, vertrau dabei auf dein Gefühl. Man kann die Mahlzeit willkürlich zusammenstellen. Ein gräulicher, trister Gemüsebrei oder ein Milchbrei, der nicht gerade die große Begeisterung hervorruft, kann beispielsweise mit ein bisschen Obstpüree verfeinert werden (Apfel/Birne/Aprikose) – oder was deine Tochter nun gerade besonders gerne mag.

Findest du wirklich, dass sie zu wenig isst? Ist sie nicht auch mal glücklich und zufrieden? Mir scheint es, als würdest du das Problem viel größer machen, als es eigentlich ist? Das beste Gewürz ist der Hunger und das gilt für kleine wie auch für große Menschen, und ein gemeiner Schurke in Sachen kleinkindlicher Essgewohnheiten ist und bleibt die Sorge der Erwachsenen. Ich möchte dir mit anderen Worten dazu raten, es erst einmal ganz ruhig anzugehen, die Essenszeiten einzuhalten, die Mahlzeiten mit verschiedenen Sorten Fertignahrung zu variieren, damit sie eine Chance bekommt, alles Mögliche auszuprobieren; gib den Milchbrei zu festen Mahlzeiten und achte erst mal nicht auf Kleinigkeiten!

Mach es dir zur Regel, zu versuchen, den Löffel immer wieder in ihren kleinen Mund zu stopfen, bis sie heruntergeschluckt und das Essen somit richtig probiert. Und dann folgt die zweite Sorte usw. Füttere sie nie länger als eine halbe Stunde am Stück. Und denk dran, dass das Essen an sich etwas Gemütliches darstellen soll. Wird eine Mahlzeit aber total UNGEMÜTLICH, hat die Kleine wahrscheinlich keinen großen Hunger, sie braucht einfach nichts mehr.

Und vergiss nicht, dass es in der Tat kein Gesetz gibt, das vorschreibt, dass ein Kind nur »altersgerechte« Nahrung essen darf. Deine Tochter ist nun so groß, dass sie alles essen kann, was nicht gekaut werden muss. Und niemand kann dir verbieten, ihr den Muttermilchersatz zu geben, den sie früher so gerne getrunken hat! Sie MUSS keine altersentsprechende Fertignahrung aus der Flasche trinken – Muttermilchersatz ist genauso gut –, er muss nur in verdünnter Form serviert werden. Liebe Grüße!

Schwierige Schlafenszeit

Hallo, Anna! Nach mehreren Monaten mit einigen vagen Ratschlägen aus der Gesundheits- und Familienberatung haben wir uns bei unserer Entdeckung deiner Website riesig gefreut und schöpfen beim Lesen deiner vernünftigen Empfehlungen neue Hoffnung. Auch bei uns gibt es Probleme mit dem Schlafen.

Wir haben eine acht Monate alte Tochter, die – trotz fester Routine, stetigen Wiegens, ruhiger und freundlicher, aber auch bestimmter Eltern – immer noch nicht allein einschlafen will: Abends, wenn es Schlafenszeit ist, gibt es häufig ein bis zwei Stunden Geschrei und darüber hinaus wird sie jede Nacht fünf bis zehn Mal wach! Sie beruhigt sich sofort, wenn man zu ihr hineingeht, und sie wieder schön zurechtlegt, aber sobald man den Raum verlässt, regt sie sich total auf. Sie kriegt es hin, eine halbe Stunde lang an den Gitterstäben zu stehen und nach Mama zu schreien. Und meistens tut sie sich am Kopf weh, wenn sie aus dem Stehen dann hinfällt.

Eine wichtige Hintergrundinformation: Sie hat eine schwere Kolik gehabt (15 bis 20 Stunden Geschrei jeden Tag, drei Monate lang!). Dadurch hat sie ein paar schlechte Gewohnheiten bekommen: Sie ist daran gewöhnt, in demselben Zimmer wie wir zu schlafen, sie möchte ständig umhergetragen werden und schläft am liebsten in Papas wiegenden Armen ein, Tag und Nacht usw.

Nun, da sie wieder gesund ist, möchten wir gerne diese unhaltbaren Gewohnheiten wieder abschaffen und ihr stattdessen zeigen, wer hier das Sagen hat – in einer freundlichen, aber deutlichen Weise.

Magst du uns einen Rat geben, inwiefern wir eine radikale Kursänderung zu einem etwas härteren Stil durchführen sollten, oder ist ein weicherer Übergang besser, d.h., dass wir nach und nach etwas bestimmter werden, wenn es um den Nachtschlaf geht?

Hallo, meine Liebe. Sehr gut, dass ihr euch entschieden habt, die unhaltbaren Gewohnheiten abzuschaffen, und ihr solltet es meiner Meinung nach sofort in Angriff nehmen. Weiche Übergänge sind bei den kleinen Nachteulen meist nicht so gut, sie brauchen eher deutlichen Bescheid!

Vermutlich befindet sich eure Tochter gerade in der Fremdelphase des acht Monate alten Kindes und deshalb sind äußere Veränderungen nicht unbedingt empfehlenswert. Sonst würde ich vorschlagen, dass ihr sie ohne weiteres aus eurem Schlafzimmer verfrachtet (oder habt ihr das vielleicht schon?). Es ist ausgezeichnet, dass sie ihre feste Routine und ihre festen Zeiten hat und dass ihr euch ihr gegenüber freundlich, aber bestimmt verhaltet. (Ich gehe davon aus, dass sie gut isst und dass sie bei jeder Mahlzeit so viel bekommt, wie ihr nur in sie hineinstopfen könnt!) Es ist auch sehr schön, dass ihr beide sie ganz schnell beruhigen könnt, wenn ihr hineingeht und sie wieder einkuschelt. Deshalb finde ich, dass eigentlich nur ein, nein, zwei kleine i-Tüpfelchen fehlen: Das gesunde Lachen vorm Schlafengehen und eine Gute-Nacht-Leier!

Ihr panisches Schreien bremst ihr am besten, indem ihr sie zum Lachen bringt, wenn ihr sie ins Bett bringt. Sie soll sich jedes Mal richtig schön kaputtlachen – eine der besten und notwendigsten Routinen, die es überhaupt gibt! Ich warne mit anderen Worten vor dem so genannten »Herunterschrauben« vor dem Schlafen, das angeblich beruhigend sein soll, aber oft genau die entgegengesetzte Wirkung hat: Das Kind wird unsicher und verwirrt, weil es nicht weiß, was damit bezweckt wird. Und es ist ja immer leichter, ein fröhliches Kind ins Bett zu bringen – und dort zurückzulassen – als ein Kind, das schon anfängt zu weinen, sobald man sich dem Bettchen nähert ... Schlafen soll etwas Schönes sein!

Die Gute-Nacht-Leier bekommt ihr selber hin – und das Einüben auch. Sie sollte passend kurz, singend rhythmisch, laut und deutlich und Geborgenheit bringend sein. Ihr könnt jeder eine eigene Gute-Nacht-Leier haben oder dieselbe benutzen, sie sollte für die Kleine wiedererkennbar sein. Der- oder diejenige von euch, der/die sie ins Bett bringt, liefert die erste Leier direkt am Bett, die zweite beim Hinausgehen, die dritte und vierte vor der Tür. Schreit das Kind, muss die Gute-Nacht-Leier so laut vorgesagt werden, dass das Schreien übertönt wird (das ist zumindest dann zu schaffen, wenn das Kind Luft holen muss!). Wird das Schreien heftiger und nähert sich der Hysterie, muss man nochmals hineingehen, das Kind zurechtlegen und die Gute-Nacht-Leier laut wiederholen – beim Verlassen des Zimmers und vor der Tür (ungesehen!). Nimmt das Schreien dagegen auch nur ein wenig an Stärke ab, sollte man beim Vorsagen vor der Tür bleiben, ein paar Male vielleicht, bis das Kind (allein) einschläft. Eine Pointe bei der Gute-Nacht-Leier ist natürlich, dass das Kind hört, dass man da ist (beim Verlassen des Zimmers oder vor der Tür), aber sie beinhaltet auch eine weitere Assoziation, indem sie die Eltern vom Kinderbett wegbegleitet – und nicht dorthin. Das Kind schreit somit nicht, damit Mama oder Papa bleibt, sondern damit sie/er geht! Schließlich wird die Gute-Nacht-Leier sozusagen einen Reflex auslösen: Das Kind wird still, entspannt sich und schläft ein, wenn es sie hört – und dabei könnt ihr dann in eurem Bett liegen bleiben, wenn ihr sie vorsagt ... ganz bequem! Meiner Meinung nach müsstet ihr dies innerhalb von einer Woche durchsetzen können. Liebe Grüße!

Saugt die ganze Nacht

Meine Tochter ist bald neun Monate alt, und das wunderbarste Kind der Welt. Aufgeweckt und neugierig, fröhlich und munter. Zum Problem sind in letzter Zeit die Nächte geworden, weil sie so gerne dicht bei mir liegt und gemütlich nuckelt – die ganze Nacht lang, ganz einfach, weil ich ihr wohl beigebracht habe, dass es so O.K. ist. Nun habe ich aber mittlerweile das Gefühl, dass es zu viel wird, ich sehne mich nach meinem Nachtschlaf, meinem Bett und meinem Mann. Und außerdem braucht meine kleine Anna ihren Schlaf. Seit einigen Tagen habe ich ihr abends nur noch Brei gegeben – ohne sie danach noch zu stillen, egal wie sehr sie es auch möchte –, und sie schläft vollkommen ruhig von etwa 20 Uhr bis 2.30 Uhr, aber danach wird sie richtig hysterisch und MUSS unbedingt etwas essen. Eigentlich möchte ich mit dem Stillen noch nicht ganz aufhören. Soll ich ihr eine Flaschenmahlzeit geben, wenn sie nachts wach wird, oder vielleicht lieber stillen? Wird es nur Verwirrung bringen, wenn ich ständig zwischen Brust und Flasche wechsle? Ich stelle mir ihren Essensplan in etwa so vor: morgens stillen, vormittags eine Zwischenmahlzeit, mittags richtiges Essen und Nachtisch, nachmittags eine Zwischenmahlzeit, abends Brei und vor dem Schlafen noch eine Flasche. Was hältst du davon? Und dann würde ich sie tagsüber – als Trost, je nach Bedarf – hin und wieder ein wenig stillen (aber abends nicht mehr!). Ist es richtig, dass Flaschennahrung besser und länger sättigt als Muttermilch? Herzliche Umarmungen von einer treuen Leserin.

PS. Sie hat sich bisher immer geweigert, einen Schnuller zu nehmen, und ich wäre eigentlich froh, ihn jetzt nicht noch einführen zu müssen …

Hallo, meine Liebe. Nach deinem Plan soll sie sechs Mahlzeiten pro Tag bekommen, was zwei mehr sind, als sie eigentlich braucht … deshalb brauchst du auf keinen Fall auch noch nachts mit einem vollen Tablett angelaufen zu kommen – und du brauchst sie tagsüber auch nicht wie zum Trost zu stillen. (Es ist überhaupt keine gute Idee, das Stillen mit dem Trösten in Verbindung zu bringen – wenn du ein wenig vorausschauend denkst, wirst du verstehen, warum!) Du kannst sie morgens stillen und ihr abends die Flasche geben, so wie du es vorhast. Wenn du nur konsequent bist, wird sie sich schnell daran gewöhnen.

Es ist ja hervorragend, dass sie so verhältnismäßig gut schläft – von 20 bis 2.30 Uhr –, nachdem sie es gewohnt war, immer bei Mama zu liegen und gemütlich zu nuckeln. (Schön, dass sie somit den Schnuller übersprungen hat.

Den sollst du um alles in der Welt jetzt nicht mehr einführen!) Das Schwerste ist also schon überstanden. Du musst ihr nur noch beibringen, dass sie in ihrem eigenen Bettchen schlafen soll – auch nach 2.30 Uhr. Dabei kannst du sie knuffen, ihr deine Gute-Nacht-Leier vorsagen, oder beides. Es wird einige harte Nächte in Anspruch nehmen, denn du musst ihre Hysterie überwinden, ohne sie aus dem Gitterbett hochzunehmen. Es ist natürlich am besten, einzugreifen, bevor sie sich richtig wütend geschrien hat, du musst aber nicht am Bett stehen bleiben, bis sie wieder schläft, nur bis sie sich beruhigt hat. Dann verlässt du sofort das Zimmer. Sonst wirst du an ihrem Bett genauso festkleben, wie sie es an deiner Brust getan hat. Du wirst ihr sicherlich etliche Male Bescheid geben müssen (mit deiner Handlung) und den Bescheid oft wiederholen (auch in deinem Handeln, aber kürzer), aber je bestimmter (freundlich, aber konsequent) du bist und je sicherer du eine Haltung der Selbstverständlichkeit präsentieren kannst – nachts wird geschlafen und damit basta! –, umso schneller wirst du ihr den beruhigenden Bescheid vermitteln können, dass sie nachts in aller Ruhe schlafen kann, bis DU (oder dein Mann) – und nicht ihr Geschrei – entscheidest, dass es Morgen ist. Ich denke mal, dass die Kleine diese Lektion schon nach einer Kur von drei bis vier Nächten gelernt haben wird. Liebe Grüße!

Gemeinsames Schlafzimmer

Hallo, Anna! Unser zehn Monate alter Sohn hat kein eigenes Zimmer, sondern schläft bei uns im Schlafzimmer. Mal in seinem Gitterbett, mal in unserem Bett. Ich habe es noch nicht geschafft, ihm beizubringen, ohne Hilfe einzuschlafen, aber überlege nun, es in Angriff zu nehmen.

Meine Frage ist, ob deine Ratschläge auch funktionieren, wenn man mit dem Kind in einem Zimmer schläft, ob der freundliche, aber bestimmte Bescheid an das Kind funktioniert, wenn man selbst sein Bett genau daneben hat. Er wird dann wohl wütender und verzweifelter werden, gerade weil er weiß, dass ich doch in der Nähe bin. Vielen Dank im Voraus!

Du hast Recht mit deiner Vermutung – teilt man das Schlafzimmer mit dem Kind, muss man eine Abschirmung aufbauen, damit das Kind nicht sehen kann, was man macht (man muss dagegen nicht total leise sein und auch das Licht kann anbleiben). Ihr könnt eventuell ein wenig ummöblieren und das Kinderbett in eine Ecke für sich oder an die Wand, die am weitesten weg ist, hinstellen. Macht oder kauft eine spanische Wand aus undurchsichtigem Material, oder befestigt eine Schiene an der Zimmerdecke, an die ihr einen bodenlangen Vorhang aufhängen könnt. Sorgt dafür, dass er keine Chance hat, irgendwo durchzuschauen! In dieser Weise bekommt er sein eigenes, kleines Zimmer, und ihr könnt außerhalb der Tür, d.h. hinter der Abschirmung bzw. dem Vorhang stehen und ihn – ohne gesehen zu werden – freundlich, aber bestimmt daran erinnern, dass es noch Nacht ist.

Rechnet hin und wieder mit etwas nächtlicher Verwirrung. Er muss erst einmal die Spielregeln begreifen, und deshalb solltet ihr euch nicht von der Unsicherheit überwältigen lassen und ihn wieder in euer Bett holen oder andere Aktivitäten mit ihm anfangen, außer das Vorsagen der Gute-Nacht-Leier, und die wiederholt ihr immer und immer wieder.

Bricht der Kleine doch zusammen und weint heftig und verzweifelt, müsst ihr natürlich zu ihm gehen, so als hätte er ein eigenes Zimmer (mache am besten vorher das Licht aus). Er wird mit festen Händen zurechtgelegt, kurz geknufft oder was euch gerade einfällt, damit er sich beruhigt, ihr sollt ihn aber nicht hochnehmen und auch keine Zeichen der Besorgnis zeigen. Wiederholt dann die Gute-Nacht-Leier, während ihr in euer Bett zurückkehrt. Viel Glück – und bleibt konsequent!

Das eigene Zimmer hat uns alle glücklich gemacht (Kommentar)
Hallo! Ich möchte nur meine Erfahrungen mit euch teilen. Wir haben ein kleines Mädchen, das nun zehn Monate alt ist, und wir hatten lange, lange Zeit Probleme mit ihren Schlafgewohnheiten. Aber jetzt haben wir die perfekte Lösung gefunden. Das Problem war, dass wir sie in ihrem Nachtschlaf störten! Erst zog Papa eine Woche lang ins Wohnzimmer, um dort ungestört schlafen zu können – und hoppla: Auch die Kleine schlief durch! Darauf bekam sie ihr eigenes Zimmer und schläft nun von etwa 18.45 Uhr bis 7.30 … es geht also doch!!!

Versucht euer Kind einige Nächte lang allein schlafen zu lassen (wenn ihr es nicht schon ausprobiert habt). Es funktioniert bei uns jetzt so gut, aber ich gräme mich wirklich, wenn ich daran denke, dass wir monatelang wie Zombies umhergelaufen sind, wobei die Lösung doch so einfach war … *Ich umarme euch!*

Wie sollen wir das alles schaffen?

Hallo! Ich überlege, wie ich meinen elf Monate alten Sohn dazu bringen kann, nachts zu schlafen – und nicht zu essen. Er bekommt eine Flaschenmahlzeit (150 ml) um 6 Uhr, und um 9 Uhr frühstückt er eine Schnitte Brot mit Milch. Zwischen 10 und 11 Uhr schläft er. Wird er nicht nach anderthalb Stunden wach, wecke ich ihn. Zwischen 12 und 14 Uhr bekommt er die nächste Mahlzeit, und zwischen 14 und 15 Uhr gibt es noch eine Zwischenmahlzeit. Danach schläft er etwa eine halbe Stunde. Zwischen 16 und 17 Uhr essen wir die warme Mahlzeit des Tages, danach bekommt er noch eine Flasche (150–300 ml) und schläft zwischen 18.45 und 20 Uhr ein. Er schläft in seinem Zimmer, wird aber wieder zwischen 23 und 24 Uhr wach und möchte essen. Er wird nochmals um 2 Uhr und um 3.30 Uhr wach, dann etwa um 5 Uhr und schließlich wieder um 6 Uhr, und dann möchte er aufstehen und spielen. Wie soll ich das bloß alles schaffen? Ich hoffe, du kannst uns helfen!

Hallo, meine Liebe. Hier soll es doch nicht darum gehen, alles zu schaffen!! Wenn ich richtig gerechnet habe, isst er sieben Mal am Tag, plus das, was er um 2, 3.30, 5 und 6 Uhr zu sich nimmt (denn auch da wird er sicherlich noch gefüttert werden, oder?). Er ist jetzt aber schon elf Monate alt und braucht vier Mahlzeiten am Tag und nachts überhaupt keine! Vielleicht kann man die abendliche Flasche als eine kleine Extramahlzeit betrachten, und es wären somit fünf Mahlzeiten. Mehr sollten es auch gar nicht sein! Und nächtliches Essen sollte es gar nicht mehr geben.

Hier ein paar Faustregeln: Im Alter von einem Monat kann ein gesundes Kind mit Normalgewicht nachts 6 bis 7 Stunden am Stück schlafen. Mit zwei Monaten sind wir schon bei etwa 8 Stunden. Mit drei Monaten sind es 10 Stunden. Und ein vier Monate altes Kind schafft einen Nachtschlaf von 12 Stunden. Es gibt durchaus Kinder, die das Durchschlafen allein hinbekommen, ja, die sogar ihren Nachtschlaf fordern. Aber die allermeisten – neun von zehn, denke ich – brauchen Hilfe. Und dein kleiner Junge, der nun bald ein Jahr alt wird, hat noch gar keine Ahnung, worum es geht: Er denkt, dass man nachts auch essen sollte, ungefähr so wie am Tage. Er kennt es eben nicht anders. Du bist es, die ihm beibringen muss, wie es in dieser Welt funktioniert: Nachts wird geschlafen! Nachts wird man nicht hochgenommen, man muss auch nichts essen, das Einzige, was nachts passiert, ist, dass man, wenn man wach wird, in aller Ruhe weiterschläft, so lange, bis es Morgen wird. Da du ihm dies nicht mit Worten erklären kannst, musst du es ihm in deinem Handeln zeigen.

Die Nachtmahlzeiten werden ab sofort gestrichen, die abendliche Flasche bildet somit den Abschluss des Tages. Danach bekommt er gar nichts, bevor es morgens um 6 Uhr – oder zu dem Zeitpunkt, für den du dich entschieden hast – wieder Zeit zum Essen ist.

Wenn er nachts wach wird und meint, er müsse etwas essen, schreitest du sofort ein und erklärst ihm mit deinem Handeln die Spielregeln. Du legst ihn freundlich, aber mit Bestimmtheit im Bett zurecht (natürlich ohne ihn dabei hochzunehmen) und knuffst ihn am kleinen windelweichen Popo – und es gibt dabei keine tröstenden Worte. Er wird eher erstaunt als traurig werden, da es ja noch nie vorgekommen ist, dass er nicht zu jeder Tages- und Nachtzeit etwas zu essen bekommen hat. Hör auf, sobald er still und entspannt liegt. Lege ihn für die Nacht zurecht und entferne dich. Was schwer sein kann, wenn er so kurz davor ist, einzuschlafen … Aber genau dann muss man gehen – nach nur zwei, höchstens drei Minuten – es ist ja Sinn der Sache, dass er lernt, allein einzuschlafen, und nicht über Stunden hinweg von Mama in den Schlaf gelullt wird.

Reagiert er dann wütend, schreit und protestiert, lässt du ihn das erst einmal tun – man kann keinem Menschen verbieten, auf etwas zu reagieren. Steigert sich sein Protest aber bis zur Verzweiflung, gehst du hinein und erinnerst ihn an die Spielregeln. Du wiederholst die beruhigenden Maßnahmen, kuschelst ihn ein und knuffst ihn, bis er wieder still und entspannt ist. Diesmal solltest du es innerhalb von 2 Minuten schaffen, ansonsten musst du deine Technik verfeinern. Entscheidend ist deine Haltung: Du musst ihm durch dein Handeln vermitteln: Nachts wird geschlafen! – und deine Haltung muss dabei von ABSOLUTER SELBSTVERSTÄNDLICHKEIT geprägt sein.

Hat er schon eine Weile geschlafen und wird wach und weint, geht es darum, SOFORT einzuschreiten und ihm wieder Bescheid zu geben (bevor er sich ins Schreien hineinsteigert). Hat er dann nochmals Bescheid bekommen und fängt darauf wieder an, zu protestieren – d.h., er schläft nicht allein wieder ein –, und wird sein Protest immer kräftiger, gibst du ihm eine Erinnerung. Diese sollte kürzer als dein Bescheid sein. Eben nur eine Erinnerung, da er sozusagen die Spielregeln schon kennt – er wird sie zwar in dieser ersten Nacht noch nicht begreifen und in der zweiten vielleicht auch noch nicht, aber dann …

Und ich finde, du solltest dir seinen Tagesablauf noch einmal genauer anschauen! Es geht um feste Essens- und Schlafzeiten. Halte sie am besten schriftlich fest – das wäre eine kolossale Hilfe für dich und somit auch für das Kind. Damit wird es einfacher, die gute Nachtroutine zu erreichen, die du jetzt einführen solltest. Dass die Tage einen geregelten Ablauf bekommen, ist beinahe eine Voraussetzung dafür, dass man auch die Nächte in den Griff bekommt! Ich umarme dich und wünsche dir viel Glück dabei!

Will weder essen noch trinken

Ich habe einen einjährigen Sohn. Seine Essgewohnheiten waren schon immer mehr oder weniger problematisch, schon als er noch gestillt wurde. Zeitweilig isst er einigermaßen gut, aber sobald er auch nur ein bisschen kränkelt, weigert er sich zu essen. Früher haben wir ihn dann immer dazu überreden können, ein wenig Joghurt zu essen, aber als er vor kurzem Mittelohrentzündung hatte, hat er das Essen komplett verweigert. Und er mag dann auch fast gar nichts trinken. Wir haben es mit Saft und anderem probiert, leider reagiert er allergisch auf Kuhmilch und wir können ihm deshalb nicht alles geben. Wegen seiner Allergie wiegt er nicht sehr viel und wird nur noch dünner und dünner. Es fühlt sich an, als würde er uns allmählich entgleiten. HILFE! Was können wir tun?

Hallo, meine Liebe. Hier gibt es wirklich Grund zur Sorge, und das Schlimmste ist, dass man dabei nicht sehr viel tun kann. Kinder, die keine Fettpolster haben, werden spindeldürr, sobald sie krank werden. Man kann ihre Rippen unter der Haut zählen und der kleine Bauch sieht aus wie eine leere Schüssel. Es ist so traurig. Aber man kann kleine Kinder ja nicht zum Essen zwingen. Man kann sie eventuell zum Trinken überreden, und meistens begreifen sie irgendwie auch selbst, dass sie trinken müssen. Ich kann dir keinen besseren Rat geben – du hast ja schon selbst alles versucht. Im Übrigen musst du auf bessere Zeiten warten, und sie werden schon kommen – ganz sicher! Selbst das spindeldürrste kleine Kind bekommt irgendwann ein besseres Polster. Er wird das Versäumte schon aufholen, obwohl er vermutlich nie zu den Pummeligen gehören wird. (Und man darf natürlich nicht vergessen, dass er vor allem ausreichend Schlaf braucht, d.h. ca. 13,5 Stunden pro Tag.) Viele liebe Grüße!

Kein Interesse am Essen

Was macht man mit einem einjährigen Jungen, der nur bestimmte Gerichte essen möchte und sonst gar nichts? Er zeigt ein dermaßen großes Desinteresse an allem, was mit Essen zu tun hat, dass ich gar nicht mehr ein noch aus weiß. Hast du vielleicht ein paar Tipps?

Hallo, meine Liebe. Es gibt kleine Kinder (auch Erwachsene übrigens), die wahrscheinlich der Meinung sind, dass eine einfache Nahrungstablette viel vorteilhafter wäre als eine anstrengende und zeitraubende Mahlzeit … Bei einem kleinen Einjährigen sollte man aber noch nicht davon ausgehen, dass bereits alles verloren ist. Dagegen sollte man bedenken, dass der Appetit im Laufe des zweiten Lebensjahres deutlich zurückgeht – ein Phänomen, das man nicht mit der Weigerung, zu essen, verwechseln darf. Im ersten Lebensjahr verdreifacht das Kind sein Geburtsgewicht, und würde es bei diesem Wachstumstempo bleiben (und dem noch alles verschlingenden Appetit), würde das Kind an seinem vierten Geburtstag ungefähr 108 kg wiegen!

Reduzier also die Menge der einzelnen Mahlzeit – und auch deine Erwartungen. Wende stattdessen das Prinzip der kleinen Geschmacksproben an. Stell alles Mögliche auf den Tisch und lass dem Kind freie Wahl! Gib ihm das, was er gerne mag, aber auch noch etwas anderes dazu. Du solltest mit ihm zusammen essen und dich ganz und gar auf deinen eigenen Teller konzentrieren, somit wird sein »problematisches« Essverhalten entdramatisiert. Es ist wichtig, dass die festen Mahlzeiten eingehalten werden und dass du alles streichst, was man Zwischenmahlzeiten nennen könnte (egal ob es nur um einen Schluck Milch, eine halbe Scheibe Knäckebrot oder sonst was geht – außer Wasser). Es sollten mindestens drei, am besten dreieinhalb Stunden zwischen den Mahlzeiten vergehen. Und wenn er dann isst, sollte er höchstens eine halbe Stunde am Tisch sitzen.

Bring deine eigene Begeisterung für das, was DU isst bzw. ihm servierst, zum Ausdruck. Das Essen kann spannend sein, lustig oder wenigstens schmackhaft, so lautet deine Botschaft an ihn. Liebe Grüße!

Will nicht im Gitterbett schlafen

Hallo! Ich habe eine kleine, einjährige Tochter. Seit sie etwa neun Monate alt war, weigert sie sich, in ihrem Gitterbett zu schlafen, wir haben alles getan, damit sie akzeptiert, dass sie dort schlafen soll, aber es hat eben nichts gebracht. Dann habe ich einen Trick ausprobiert: Ich habe eine Gitterseite entfernt und den Boden des Bettes niedriger gestellt, so dass sie selbst hinein- und hinausklettern kann, und nun schläft sie dort ohne Proteste! Meine Frage lautet deshalb: Könnte es sein, dass sie sich im Gitterbett eingesperrt fühlt, da sie es nun auf einmal akzeptiert, nachdem das Bett offener und niedriger geworden ist? Von so etwas habe ich ja noch nie gehört … oder haben wir sie vielleicht doch zu sehr verwöhnt, obwohl wir gekämpft und alles versucht haben?!

Hallo, meine Liebe. Es kann schon sein, dass sie sich eingesperrt gefühlt hat – manche Kinder drehen z. B. total auf, wenn sie irgendwo festgeschnallt werden (was im Kinderwagen durchaus notwendig werden kann), während andere sich davon nicht stören lassen, sondern eher meinen, dass es sich gut und sicher anfühlt, da sie ja so nicht herausfallen können.

Die Frage ist nun, was die Kleine mit ihrer neu erworbenen Bewegungsfreiheit anstellt. Kommt sie nachts jetzt immer zu euch herüber? Krabbelt sie wieder von selbst ins Bett – und wieder hinaus? Denn sie sollte ja immer noch nachts schlafen – am besten durchschlafen. Wenn das der Fall ist, könnt ihr sie sogar auf einer Matratze auf dem Fußboden schlafen lassen, wenn ihr wollt! Schläft sie aber nicht durch, sondern wandert ständig hin und her, wacht laufend wieder auf und unternimmt irgendetwas – dann müsst ihr die Sache wieder anders regeln! Liebe Grüße!

Endlich isst er!

Hallo! Ich möchte hiermit nur allen Eltern von solchen Kindern, die sich weigern zu essen, eine kleine Stütze bieten, einen Tipp, der vielleicht eine kleine Hilfe sein kann: Mein Sohn, der nun 16 Monate alt ist, war schon sein ganzes Leben etwas schwierig, wenn es ums Essen ging. Erst hat er die Brust abgelehnt, dann wollte er die Fertignahrung nicht, und schließlich war ihm zum Würgen zumute, als er mit dem Löffel gefüttert werden sollte. Ich habe wirklich alles Mögliche versucht und wurde richtig traurig, weil er einfach nicht essen mochte. Es hat die schönen Seiten in unserem Leben etwas verdunkelt, und es war deprimierend, jeden neuen Tag mit dem Gedanken daran, ob und was er nun essen würde, in Angriff zu nehmen. Dass er schlecht geschlafen hat und generell etwas frustriert war, hat die ganze Sache auch nicht leichter gemacht. Er wollte am liebsten bei mir liegen und gemütlich nuckeln, bis er einschlief, und wenn er nachts wach wurde, wollte er erst die Flasche haben und dann auch noch gestillt werden – bis er dann wieder weiterschlief. Ich versuchte immer wieder, ihn dazu zu bringen, selbst einzuschlafen, aber ohne größeren Erfolg. Aber dann hat er eine Nacht bei meiner Mutter verbracht, und da habe ich entschieden, dass es nun mit dem ständigen Brustnuckeln vorbei sein sollte – ich hatte ja einen kleinen Vorsprung, weil er bei meiner Mutter war. Wieder zu Hause übernahm der Papa dann das Ins-Bett-bringen, zwei Abende hat er ihn noch ein wenig umhergetragen und ihn mit musikalischer Begleitung gewiegt, und schon wurde mein Sohn ein ganz anderer. Er hatte plötzlich einen riesigen Appetit, so als hätte er noch nie etwas zu essen bekommen. Es gab keinen Ärger mehr, er hat alles in sich hineingestopft – mit Löffel und mit Gabel –, bis der Teller leer war. Ich hatte Angst, er würde Bauchschmerzen bekommen, und habe ihn am Anfang noch ein wenig gebremst. Und ab da konnte er selbst einschlafen, als wäre es die einfachste Sache der Welt – zwar noch in unserem Bett, aber trotzdem. Ich habe ihn dann in sein Bett verfrachtet, und wenn er dabei am Aufwachen war, habe ich nur meine Hand auf seinen Bauch gelegt, und er schlief sofort wieder weiter – in seinem eigenen Bett. Diese enorme Veränderung vollzog sich innerhalb von vier bis fünf Tagen, und nun schläft er von 20 Uhr bis 5 Uhr und auch da schläft er meistens wieder weiter bis um 7 Uhr. Er ist so wunderbar ruhig geworden, ich darf ihm jetzt sogar die Zähne putzen. Und er, der eigentlich nie richtig still sitzen konnte, kann sich nun nach dem Essen auf die Couch legen und richtig schön entspannen!! Ich finde es merkwürdig, dass all dies machbar wurde, nachdem ich mit dem Stillen aufhörte. Und ich hatte in der Tat gedacht, das Stillen sei das einzig Richtige für ihn – und als ich dann aufhörte, wurde er so viel ruhiger und fröhlicher.

Ich möchte also allen Eltern von Kindern mit Essproblemen empfehlen, keinen Druck auf die Kinder auszuüben und sie nicht zu füttern, sondern selbst essen zu lassen, bis das Missverständnis, dass Essen ekelig und anstrengend ist, sich in Luft aufgelöst hat. Und außerdem sollte man wirklich nicht so lange stillen, wie ich es getan habe. Es ist mir klar, dass es schwierig sein kann, aufzuhören, versucht dann, dem Papa oder einer anderen Person die Versorgung des Kindes zu überlassen, bis es vergessen hat, dass Mama gleichbedeutend mit Essen ist! Ich hoffe, dies könnte vielleicht auch bei einigen von euch funktionieren.

Braucht sie weniger Schlaf?

Meine Tochter, die anderthalb Jahre ist, schläft nachts auf einmal zwei Stunden weniger. Tagsüber schläft sie höchstens anderthalb Stunden. Ist es normal, dass der Schlafbedarf in diesem Alter markant zurückgeht? Sie ist am Tage fröhlich und guter Dinge, und deshalb gehe ich davon aus, dass sie mit 11 Stunden Schlaf wohl auskommt. Ich bin nur ein bisschen neugierig!

Wenn du 11 Stunden Schlaf pro Tag meinst, ist es meiner Meinung nach viel zu wenig. Sie braucht einen Nachtschlaf von 12 Stunden und dazu noch einen Mittagsschlaf. Das wäre optimal. Aber vielleicht meinst du 11 Stunden Nachtschlaf und dazu noch einen Mittagsschlaf? Das müsste hinkommen, und natürlich variiert der Schlafbedarf von Kind zu Kind, genau wie bei uns Erwachsenen, aber höchstens um eine Stunde oder zwei.

Ich finde also, du solltest damit anfangen, sie abends früher ins Bett zu bringen. (Kinder, die man spät ins Bett bringt, werden deswegen am nächsten Morgen nicht länger schlafen.) Zehre nicht an ihren Ressourcen! Sie ist tagsüber fröhlich und gut drauf, wie du schreibst, aber es wird ihr schließlich doch irgendwann ihre Energie rauben. Und das kann dazu führen, dass sie für Krankheiten anfälliger wird, einen schlechteren Appetit bekommt, und immer schlechter schläft – genau wie bei uns Erwachsenen, wenn wir überfordert sind. Ein kleines Kind kann mit seinen überschüssigen Reserven durchaus mal einen Abend länger aufbleiben, eine anstrengende Reise bewältigen, an einer Feier teilnehmen und sogar in ziemlich hoffnungslosen Zusammenhängen noch fröhlich und fit sein ... aber die Belastung kann zu groß werden, wenn es zum Dauerzustand wird. Liebe Grüße!

Warum wird sie immer wieder wach?

Hallo! Ich mache mir wegen meiner bald zweijährigen Tochter ziemlich viele Gedanken. Sie hat nie einen besonders großen Schlafbedarf gehabt, aber in letzter Zeit ist alles immer anstrengender geworden. Sie wird nun teilweise bis zu sieben Mal pro Nacht wach. Ich dachte, sie hat vielleicht Hunger, und habe versucht, ihr noch zusätzlich etwas zu essen zu geben, bevor ich sie abends ins Bett bringe – das hat aber keine Wirkung gezeigt! Es sind auch keine Zähne im Anmarsch, sie will ganz einfach nicht schlafen. Aber sie möchte auch nicht aufbleiben!

In der Kinderkrippe schläft sie wie ein Engel, aber zu Hause ist es immer schwierig, sie dazu zu bringen, einen Mittagsschlaf zu machen. Sie ist zwar immer müde, wenn ich sie hinlege, und schläft letztendlich auch ein. Sie war schon immer klein für ihr Alter, ist aber ein fröhliches und aufgewecktes Kind.

Ich habe wirklich keine Ahnung, warum sie auf einmal so oft aufwacht – kann es mit Wachstumsschmerzen zusammenhängen?

PS: Sie hat noch nie die ganze Nacht durchgeschlafen – ist das normal, oder bin ich es, die etwas falsch gemacht hat?

Hallo, meine Liebe, ja, man kann wohl sagen, dass du etwas falsch gemacht hast – es ist ja eigentlich so vorgesehen, dass kleine Kinder nachts schlafen sollen, und sollten sie es als Säuglinge nicht allein schaffen, muss man ihnen den Unterschied zwischen Tag und Nacht beibringen und ihnen dabei helfen, zur Ruhe zu kommen. Der Fehler, den du gemacht hast – und noch machst –, liegt darin, dass du *ihr* die Verantwortung dafür überlässt, wann sie schlafen soll. Du nimmst ihr nicht die Entscheidung ab und leistest ihr somit keinen Beistand. In der Krippe schläft sie dagegen hervorragend – denn alle Kinder müssen dort zu einem festgelegten Zeitpunkt schlafen (vermute ich). Dort kann sie also nicht schlafen, wenn sie gerade meint, dass es ihr passt.

Wachstumsschmerzen wird sie kaum haben. Sie wartet bloß darauf, dass du die Führung übernimmst und für sie die Entscheidungen triffst: Wie funktioniert es hier eigentlich, Mama? Wie lauten die Spielregeln? Liebe Grüße!

Verschiedenes

»Lass die Mutterrolle zu Hause – zumindest hin und wieder mal!«

Mit einem Säugling auf Reisen?

Ich erwarte ein Kind (nicht geplant, aber nun doch mit Sehnsucht erwartet). Das Problem ist nur, dass mein Freund und ich vor einem Jahr eine dreiwöchige Reise in die Karibik geplant haben. Alles ist gebucht und bereit. Kann ein Baby im Alter von einem Monat eine Reise zu den karibischen Inseln mit Hotelaufenthalt und allem drum und dran aushalten? Es hört sich vielleicht wie eine sehr blöde Frage an, aber ich bin Erstlingsmutter. Ich danke dir im Voraus!

Hallo, meine Liebe. Herzlichen Glückwunsch zur kleinen Überraschung!
Wie ich verstehe, geht es um eine wirkliche Traumreise, und hier stoßen in der Tat zwei riesige Begebenheiten aufeinander. Du wirst sicherlich sauer auf mich werden, wenn ich sage, dass ihr hoffentlich eine Reiserücktrittsversicherung abgeschlossen habt! Das Problem ist nicht, ob ein Baby im Alter von einem Monat eine solche Reise wohlbehalten überstehen wird. Das würde vielleicht noch gehen, wenn das Kind gesund und normalgewichtig ist (obwohl man für eine so lange Reise meistens ein Mindestalter von sechs Wochen empfiehlt). Das Problem ist, dass das Kind jetzt noch gar nicht existiert. Du kannst z.B. nicht wissen, ob es zu einem späteren Termin auf die Welt kommen wird. Es kann sich um Wochen handeln. Du weißt auch nicht, ob es mit dem Stillen klappen wird. Denn das Stillen sollte absolut zuverlässig und gut funktionieren, bevor man sich auf eine Reise über mehrere Zeitzonen und in eine ganz andere Bakterienwelt begibt.

Auch wenn es traurig ist, möchte ich dich und den werdenden Vater darum bitten, die Reise zu verschieben! Ihr habt ja noch so viel Zeit vor euch. Und legt euch auch nicht endgültig auf einen anderen Reisetermin fest, bevor das Kind mindestens einen Monat alt ist. Liebe Grüße!

Ich muss meine Großfamilie verteidigen

Hallo, wir erwarten nun unser fünftes Kind und es wird vermutlich nicht das letzte sein. Wie du vielleicht verstehen wirst, führt dies zu gewaltiger Kritik und Einmischung aus unserer Umgebung. Besonders in der ersten Zeit nach der Geburt.

Eine Sache ist es ja, wenn man seine Meinung uns Eltern gegenüber äußert, aber es ist viel schlimmer, wenn unsere Kinder dabei sind und alles mitbekommen. Die Leute haben Mitleid mit uns, denn es muss ja sooo anstrengend sein … ansonsten bekommen wir noch zu hören, dass wir sehr unvernünftig handeln und dass die anderen hoffen, dass wir es uns bald besser überlegen und keine Kinder mehr in die Welt setzen. Unsere Verbindungen zu Ärzten und öffentlichen Einrichtungen, z. B. wenn es um die erforderlichen Impfungen geht, werden oft von ähnlichem Ärger überschattet. Es wirkt fast so, als würden sie mich am liebsten zwangssterilisieren, obwohl sie mir versichern, dass ich wirklich eine gute Mutter bin. Ja, ich könnte noch stundenlang darüber berichten, aber ich gehe davon aus, dass du sicherlich selber erfahren hast, was die Leute sich zu diesem Thema alles so ausmalen …

Was mir am meisten Sorgen bereitet, ist, dass meine Kinder diese Reaktionen miterleben müssen. Was kann ich als Mutter tun, damit meine Kinder nicht denken, dass sie ein großes Problem oder gar das Ergebnis unserer elterlichen Dummheit sind?

Ich verstehe diese selbstaufopfernde Märtyrerrolle vieler Frauen nicht. Und ich begreife nicht, warum man unbedingt mir in die Schuhe schieben will, dass alles so schrecklich anstrengend sei. Ich möchte auf keinen Fall, dass meine Kinder den Eindruck bekommen, dass sie eine Belastung sind, denn das sind sie nicht! Und auch nicht, dass wir Eltern ihnen (denen von ihnen, die schon auf der Welt sind) in irgendeiner Form Unrecht tun, indem wir so viele Kinder bekommen. Ich hoffe, du verstehst, was ich meine!

Ja, auch ich habe über die Jahre so viele blöde Kommentare zu hören bekommen, dass ich gar nicht mehr daran zurückdenken mag. Manchmal bin ich richtig wütend geworden, z. B. wenn die Leute fragten: WARUM hast du so viele Kinder? Es ist doch sicherlich, weil du total verrückt nach Sex bist, nicht wahr? Oder: Hast du noch nie von Verhütungsmitteln gehört? Und dazu kamen anonyme Briefe: Pfui Teufel, wie kann man dermaßen viele Kinder hintereinander werfen – und das auf Kosten der Steuerzahler!? Oder hinter meinem Rücken: Mein Gott, tun mir ihre Kinder aber Leid! Sie kann doch unmöglich Zeit für sie alle haben. Jedes Einzelne bräuchte doch ihre GANZE Aufmerksamkeit! Hin und wieder hat es mich so wütend gemacht, dass ich am liebsten in gleicher Münze zurückgegeben hätte: »Aber wie hältst du selbst es eigentlich aus, mit diesem Typen verheiratet zu sein? Weißt du nicht, dass es so etwas wie Scheidung gibt?« Leben und leben lassen – das sollte die goldene Regel sein.

Leider kannst du die Kritik nicht umgehen. Die Menschen fühlen sich von dem, was sie nicht verstehen, bedroht. Und in unserer Zeit, in unserer Kultur, ist es kein Verdienst, viele Kinder zu haben. Es gilt sogar als unpraktisch, auch nur ein einziges Kind zu bekommen. Die meisten Menschen sehnen sich nach ihnen und wünschen sich Kinder (und sind biologisch gesehen darauf vorprogrammiert), aber heutzutage kann man viel leichter einen Grund dafür anführen, dass man keine Kinder hat, als anderen klar machen, warum man viele Kinder hat. Kinder passen nicht in die persönliche Karriere- bzw. Finanzplanung hinein usw., usw. In anderen Kulturen genießt man großes Ansehen, wenn man eine große Kinderschar hat. Hätte ich beispielsweise in England gelebt und hätte mich dort um acht bis neun eigene Kinder gekümmert, hätte ich sicherlich längst eine Medaille bekommen … du musst also entweder emigrieren oder die Zähne zusammenbeißen und bessere Zeiten abwarten!

Denn sie werden kommen. Wenn die Kinder größer werden und einander haben, während du und der Vater auf ganz natürliche Weise allmählich aus ihrem Leben verschwinden, werden sie, und auch der Rest der Welt, einsehen, dass sie sich gegenseitig überaus gut tun. In einer großen Kinderschar entwickeln sich so viele wunderbare Eigenschaften, die nur Geschwister untereinander entwickeln und leben können. Aber das weißt du ja schon alles. Es gibt nur eben noch Menschen, die es weder wissen noch verstehen. Und sie können einem wirklich Leid tun.

Den Kindern gegenüber musst du einfach für die Lebensführung, die du gewählt hast, geradestehen und ihnen ein positives Gegengewicht zu all dem Blödsinn, den sie sich anhören müssen, sein. Dies erfordert keine ungewöhnlichen Maßnahmen – man muss ihnen nur erzählen, ganz spontan und egal wann: »Ich bin so froh, dass ich euch habe. Ich bin so reich. Kein Millionär kann reicher sein als ich, denn ich habe euch. Und euch kann man für kein Geld kaufen. Liebe ist nicht käuflich. Und Geschwister auch nicht. Genauso wenig wie eine Großfamilie oder das Glück …«

Sei stolz auf das Kind, das du erwartest, und auf die, die noch folgen mögen! Und erzähl den Stänkerern in deiner Umgebung – gerne während die Kinder dabei sind – Folgendes: »Was das Wichtige im Leben ist, entscheidet man ja selbst – und ich bin mir ziemlich sicher, dass du der Meinung bist, dass DEIN Leben, so wie du es lebst, für DICH überaus wichtig ist. So wie ich der Meinung bin, dass MEIN Leben für MICH wichtig ist – so wie ich es lebe. Ich denke, wir sollten uns dafür gegenseitigen Respekt zollen, oder? Oder findest du, dass ICH DIR sagen müsste, wie DU leben solltest? Ich glaube nicht, dass jemand auf die Idee kommen würde, diese Frage zu bejahen ...«

Ich wünsche dir viel Glück – und denk daran, dass die Liebe, die mannigfaltige, dich sowohl demütig wie auch stark macht – und schließlich wirst du so stark sein, dass keine Bosheiten, kein Neid oder Misstrauen dich mehr erreichen können. Und somit auch nicht deine Kinder. Liebe Grüße!

Wir leben in einer gefühlskalten Gesellschaft

Hallo, ich bin eine 25-jährige Frau mit einem vierjährigen Sohn. Nach einer nervenaufreibenden Scheidung lebe ich allein mit ihm. Vor einem Jahr habe ich dann meinen Traummann kennen gelernt, dachte ich. Nun bin ich schwanger, hatte mich aber dazu entschlossen, die Beziehung zu beenden, bevor ich wusste, dass ich schwanger bin. Es war überhaupt nicht geplant, aber mein Gefühl sagt mir, dass ein Kind bei mir immer willkommen sein wird.

Während meiner Schwangerschaft wird mir allmählich klar, in welcher gefühlskalten Welt wir hier leben, in der so ziemlich alle der Meinung sind, dass ich eine Idiotin bin, weil ich das Kind behalte. Es wird mir deutlich gemacht, dass ich als alleinerziehende Mutter überhaupt keine Rechte habe, und dann noch mit einem Versager von Exfreund als Vater ... Der reinste Terror, denn alle in meiner Umgebung überhäufen mich mit feinen, »logischen« Argumenten, dass man doch zu zweit sein sollte, also, zwei, die sich lieben, und was ich dem Kind schon zu bieten hätte usw.? Mir fallen keine zwingenden Argumente ein, aber ich fühle mit meinem ganzen Körper, dass eine Abtreibung sich nicht mit dem, was ich fühle, glaube und will, vereinbaren lässt. Ich glaube an mich selbst und bin der Meinung, dass ich eine Frau bin, die einem Kind die Liebe, die Anregungen und die Geborgenheit, die es braucht, geben kann, aber das zählt alles nicht, weil ich dem Kind keinen Vater bieten kann. Ich tue wirklich alles, was in meiner Macht steht, damit der Mann, der der Erzeuger meines Kindes ist, auch tatsächlich der Vater des Kindes wird, aber das zählt nicht.

Dass es überhaupt nicht geplant war, zählt auch nicht. Es gibt nichts, was zählt – außer einer Abtreibung. Ich bin schockiert. Ich schreibe hier, um zu erfahren, was andere – vor allem du, Anna – davon halten, um eventuell ein wenig Unterstützung zu bekommen. Bin ich eine blöde, hormonell gestörte, labile Gans – wie mein Ex mich beschrieben hat –, nur weil ich keine Abtreibung möchte? Ist es wirklich so, dass man es in dieser Welt allen anderen recht machen muss? Ich möchte noch hinzufügen, dass ich nicht religiös bin und auch kein Mitglied irgendeiner Sekte, was man mir auch gleich unterstellt hat. Ich respektiere einfach das Leben. Dieses Kind werde ich willkommen heißen, auch wenn die Umstände nicht optimal sind. Ich bin auch keine Gegnerin von Abtreibungen.

Wenn ich nicht so abgehärtet wäre, wie ich bin, würde ich an deiner Stelle fuchsteufelswild werden. Ich bin es so etwas von satt! Es ist ja vollkommen sinnlos, destruktiv und GEMEIN, dass Leute sich so verhalten. Aber es ist weiß Gott kein neues Phänomen in dieser unserer kinderfeindlichen, gefühlskalten Gesellschaft.

Ich werde dir einige Argumente in Form von Gegenfragen geben und denke, dass du sie gut gebrauchen kannst:

1. Kennst du eine, die abgetrieben hat – und es dann bereut hat? Kennst du dann vielleicht eine, die KEINE Abtreibung vorgenommen hat und DAS bereut hat?

Keine Frau, und ich sage wirklich KEINE, die ich jemals getroffen oder von der ich gehört habe, hat es bereut, ein Kind zu bekommen, das sie in den Augen anderer doch hätte abtreiben müssen. Dagegen bin ich über die Jahre auf schrecklich – und ich meine es wörtlich: schrecklich! – viele Frauen gestoßen, die es bitterlich bereut haben, abzutreiben, und die nun Jahr für Jahr dasitzen und nachrechnen, wie alt das Kind heute gewesen wäre, und überlegen, was aus ihm geworden wäre, was es in diesem Moment gemacht hätte ... wie das Leben ausgesehen hätte, jetzt, wo die Probleme, die einem DAMALS unlösbar vorkamen, nicht mehr vorhanden sind ...

2. Wie viele Kinder, meinst du, würden noch auf dieser Welt geboren werden, wenn sie nur geboren werden dürften, wenn sie genau ins vorgesehene Muster hineinpassen? Meinst du, dass es dich z.B. überhaupt geben würde? Bist du dir da ganz sicher?

3. Und zum werdenden Vater: Wirst du dann so nett sein und dem Kind, wenn es etwa 11 bis 12 Jahre alt ist, erklären, dass er oder sie rechtzeitig aus meiner Gebärmutter entfernt worden wäre und nie das Licht der Welt erblickt

hätte, wenn du hättest entscheiden dürfen? Oder möchtest du, dass ich auch DAS übernehme?

Nach außen hin musst du dich hart zeigen! Aber wenn du es mal nicht schaffst, standhaft zu bleiben, gibt es immer noch einen gemeinen Trick: Gib den Leuten einfach Recht! Lass deine Argumente weg! Gib ihnen zu verstehen, dass du dich wohl doch noch – nach allem was dagegenspricht – für eine Abtreibung entscheiden wirst, stimm ihnen in allem zu: »Ach, ja, ihr habt sicherlich Recht, ich kann dem kleinen Kind ja nicht das große Glück bieten – mit einem liebevollen Papa und einer kompletten Familie, was doch einem jeden Kind zustehen sollte. Es ist ja schon schlimm genug, dass mein kleiner Sohn, den ich schon habe, ohne das alles leben muss. Diesen Fehler werde ich auf keinen Fall ein zweites Mal begehen. Das wäre ja unverantwortlich! Ihr habt Recht. Ich werde noch mal ernsthaft darüber nachdenken!« Und dabei lässt du die Schwangerschaft in aller Ruhe ihren Lauf nehmen. Ich würde die Person gerne sehen, die dich auf offener Straße anhalten, auf deinen dicken Bauch zeigen und ausrufen würde: »Hoppla, was wird denn nun aus der Abtreibung?!« Wie deine Lage auch sein mag, niemand kann dich – egal wie gefühlskalt er oder sie auch sein mag – zu einer Abtreibung zwingen, wenn du sie nicht willst. Du hast sogar das Recht, noch im Krankenhaus zu widerrufen, wenn es so weit kommen sollte.

Meine Liebe, du machst nun wirklich nichts Falsches, wenn du das Leben, das du in dir trägst, respektierst! Es kann sein, dass die Leute ständig von geplanten Kindern sprechen, aber die allermeisten, wage ich mal zu behaupten, entstehen doch durch Zufall. Damit ist nicht gesagt, dass sie nicht gewünscht sind, aber geplant ist eine andere Sache … Und im Grunde genommen passen kleine Kinder ja eigentlich nie in das Lebensmuster der heutigen Gesellschaft hinein …

Ziehe deinen Ex an den Ohren (Achtung: Bildlich gesprochen!) – und bedank dich bestens für jeden weiteren Kommentar von seiner Seite! Eine hormonell gestörte, labile Gans – das war ja unverschämt! Und was war er dann selbst, als es geschehen ist? Ein testosterongestörter, schäbiger Jungbulle, der einen so niedrigen IQ besaß, dass er nicht begreifen konnte, was Kondomverantwortung bedeutet? Liebe Grüße.

Meine Mutter macht mir alles kaputt

Hallo! Ich habe ein kleines Problem. Es ist so, dass ich vor etwa einem Monat eine kleine Tochter bekam. Ich und meine Mutter sind nie gut miteinander klargekommen (um es nun mal so auszudrücken). Sie hat mich rausgeschmissen, als ich 17 war, und seitdem musste ich allein zurechtkommen. Nun, wo ich Familie und etwas mehr Stabilität in mein Leben gebracht habe, verhält sie sich richtig gemein zu mir. Sie erzählt mir, dass alle meine Geschwister viel lieber und besser und schöner sind als ich und dass ich nicht die Bohne wert bin. Sie schreibt im Internet, dass ich ihr verboten habe, ihre Enkeltochter zu sehen. Ich habe ihr aber nie verboten, unsere Tochter zu sehen. Aber jetzt – im Nachhinein – habe ich es verboten, denn ich möchte sie nicht mehr sehen, wenn sie so gemein zu mir ist.

Ich weiß nicht so richtig, was ich tun soll. Meine Mutter ist außerdem in den Wechseljahren, sagt sie selbst. Aber deswegen braucht sie sich doch nicht so aufzuführen, wie es ihr gerade passt, und anderen Leuten zu erzählen, dass ich ihr verboten hätte, die Kleine zu sehen. Sie tut alles, was in ihrer Macht steht, damit es mir schlecht geht und ich als schlechte Mutter dastehe. Vor einigen Jahren versuchte sie sich das Leben zu nehmen und jetzt nimmt sie Medikamente gegen Depressionen. Ich weiß nicht, was ich tun soll ... Warum versucht sie, mich und meine Familie so schlecht zu machen? Ich schaffe es einfach nicht, anderen gegenüber zu beweisen, dass ich nicht so bin, wie sie sagt. Ich und meine Familie leiden in der Tat sehr unter ihrem Verhalten. Liebe Anna, hilf uns, was können wir tun?

Du schreibst nicht, wie alt du bist, ich glaube aber herauszulesen, dass du eine ganz junge Mutter bist. Es ist bewunderungswürdig von dir, dass du es trotz der geringen elterlichen Unterstützung geschafft hast, dir eine eigene, kleine Familie aufzubauen – und anscheinend hast du es richtig gut hinbekommen. Sei stolz darauf! Und die herzlichsten Glückwünsche zur Geburt deiner kleinen Tochter!

Wenn man dein junges Alter in Betracht zieht, hast du dich wahrscheinlich noch nicht richtig von deiner Mutter gelöst (das passiert im günstigsten Fall, wenn man ungefähr 35 ist!), und du brauchst noch deine Mutter, was überhaupt nicht merkwürdig ist. Wenn ein kleines Kind geboren wird, möchte man gerne die Freude darüber mit der eigenen Mutter teilen, und man möchte, dass sie das kleine Kind an sich nimmt. Jedes Kind wird mit einem Zauberstab in der Hand geboren, und es kann selbst die schlechtesten Beziehungen mit Liebe und Leben aufblühen lassen und jedem eine neue Chance geben. Leider klappt es aber nicht immer. Nicht in jedem Fall wird ein Neugeborenes Berge versetzen können.

Und hier musst du deine Begrenzung akzeptieren. Du musst versuchen, erst einmal abzuwarten. Ich weiß, es ist schwierig, ungemein schwierig, aber für dich und für deine Familie musst du wohl doch einen Rückzieher machen und einsehen, dass du im Moment gar nichts tun kannst. Du musst – und solltest – deswegen deiner Mutter nicht verbieten, ihr Enkelkind zu sehen, aber du kannst versuchen, ihr in aller Ruhe Folgendes klar zu machen: »So geht es nicht weiter. Ich werde richtig unglücklich, wenn wir uns sehen, und ich möchte mich einfach über meine Tochter und ihren Vater – über das Leben, das ich jetzt führe – freuen können. Deshalb finde ich, dass wir uns eine Weile nicht mehr sehen sollten. Du kannst gerne die Kleine sehen, ich möchte mir aber deswegen nicht meine gute Laune verderben lassen. Ich möchte mir nicht anhören müssen, wie schlecht ich bin, und ich möchte auch nicht dastehen und dir Gemeinheiten ins Gesicht sagen, deshalb finde ich, dass wir uns erst mal nicht mehr treffen sollten. Tschüss.« Du kannst deiner Mutter dies auch in einem Brief sagen, falls es dir leichter fällt.

Deiner Mutter geht es anscheinend richtig schlecht und daran lässt sich nun mal nichts ändern. Das Bittere dabei ist aber, dass sie dich angreift, obwohl ... ich glaube, es geht hier nicht so sehr, oder überhaupt nicht, um dich. Sie hat dich hinausgeworfen und dich unterschätzt. Es ist ganz klar, dass sie dich vollkommen falsch eingeschätzt hat, da du ja mit deinem Leben ausgezeichnet zurechtkommst. Und außerdem hast du ihr ein Enkelkind geschenkt. Und das kann sie im Moment nicht annehmen, da sie dich doch von sich gewiesen hat. Vermutlich wird sie von Schuldgefühlen und Ähnlichem geplagt, und dagegen wehrt sich der Mensch im Allgemeinen so, dass er zum Angriff übergeht, wenn er es nicht mehr aushält. Mit ihrem Verhalten versucht sie, sich selbst und ihrer Umgebung einen überzeugenden Grund dafür zu geben, dass sie dich verstoßen hat. Aber es gelingt ihr nicht. Denn du machst dich ja richtig gut! Und wenn nun ihre Unterschätzung deiner Person in den Augen aller anderen nicht mehr als Berechtigung für ihr Verhalten ausreicht, versucht sie neue Schuld auf dich zu schieben: DU hast ihr verboten, ihr Enkelkind zu sehen. Und du, die doch weiß, dass es nicht stimmt, musst nun miterleben, wie die Welt ihren Behauptungen glaubt. Dagegen kannst du leider nichts tun. Du kannst die Menschen, die ihre Worte im Netz gelesen haben, oder die Leute, mit denen sie sich unterhält und bei denen sie sich beklagt, niemals aufspüren. DU MUSST SIE ABER NICHT BEI DIR ZU HAUSE WILLKOMMEN HEISSEN. In diese

Richtung möchte ich deine Gedanken lenken. Sie werden dir sowieso nie sehr nahe kommen, und wir müssen alle lernen, damit zu leben, dass es immer einige Leute geben wird, die eine ganz falsche Vorstellung von einem haben, ohne dass man irgendetwas dagegen zu tun vermag. Davon sind z.B. oft Leute betroffen, die irgendwie bekannt sind – so wie ich selbst.

Versuch, deine Familie, deinen Seelenfrieden und vor allem deine Lebensfreude zu schützen und zu bewahren, denn die sollte kein Mensch dir nehmen dürfen – auch nicht deine Mutter. Hoffentlich wird sie sich dir irgendwann einmal wieder zuwenden, nicht zuletzt um ihrer eigenen Freude willen. Liebe Grüße!

Ist es schlimm, kleine Kinder für die Nacht wegzugeben?

Ich habe überlegt, wie man sich verhalten sollte, wenn das Kind woanders (bei Oma oder Opa) übernachten soll. Emil hat zweimal bei meiner Mutter geschlafen (einmal mit sechs Wochen und einmal mit drei Monaten) und auch einmal bei meinem Vater (mit etwa zwei Monaten). Nun ist er fünf Monate alt, und ich überlege, wie wir es am besten machen. Wir wollen ihn nämlich morgen Abend zu meinem Vater bringen, und er soll dort schlafen, weil wir kostenlos(!) in ein Hotel eingeladen sind. Ich habe an das, was du im »KinderBuch« geschrieben hast, gedacht, dass man als Herdenmitglied auch mal Ausflüge unternimmt usw. Aber eigentlich machen wir ja alle einen Ausflug – oder sollten wir ihm vielleicht nicht sagen, dass wir dann auch weg sind? Wir regeln es immer so, dass er in seinem eigenen Gitterbett schlafen kann, auch wenn er woanders übernachtet. Ich denke, dass es ihm Geborgenheit gibt und dass er sich somit woanders wie zu Hause fühlt. Als er noch als kleiner Säugling bei anderen geschlafen hat, schien es ihn überhaupt nicht zu belasten, und ich dachte, es sei wohl, weil er noch so klein war. Aber nun wird er schon merken, dass wir nicht da sind.

Ist es schlimm, kleine Kinder in dieser Weise wegzugeben? Manchmal habe ich das Gefühl, dass ich gemein zu ihm bin, wenn ich es mache, obwohl ich weiß, dass er sicherlich keinen Schaden davontragen wird. Was meinst du? Liebe Grüße!

Hallo, meine Liebe. Hier besteht überhaupt keine Gefahr! Ich verstehe ja, dass das Weggeben dich ein wenig quält, aber dieses Gefühl solltest du für dich behalten. (Wir Mütter brauchen sehr viel Zeit, um uns ganz und gar von unseren Kindern abzunabeln – so etwa 30 Jahre …) Sei froh, dass er nachts auch woanders so schön schläft und dass es bei deinem Vater ist – zu ihm besteht ein unbewusstes (biologisches) Zusammengehörigkeitsgefühl! Behalte deine Bedenken für dich, und sieh es stattdessen als einen Vorteil für den kleinen Herrn Emil, dass es in der Tat andere Menschen um ihn gibt – andere Herden, zu denen er auch gehört, wenn auch nur gelegentlich. Reserveherden! Das ist gar nicht so schlecht. Ganz im Gegenteil! Er wird damit schon zurechtkommen – und dabei sowohl Freude wie auch Neugierde zeigen.

Natürlich könnt ihr sein eigenes Gitterbett immer mitschleppen, aber an Opas Stelle würde ich aus rein praktischen Gründen in ein neues Bett investieren. Nur ist es wichtig, dass ihr in Emils Beisein das Bett für gut befindet, den Schlafplatz an sich, und dazu noch Opa und das Haus – die Herde –, d.h., ihr zeigt eine Haltung der totalen Selbstverständlichkeit: Alles ist vollkommen in Ordnung und gehört einfach zur Weiterentwicklung der kleinen Babys dazu! Und außerdem war es ja unsere Idee! Eine gute Idee, oder? Wir finden sie genial!! Wenn ihr den Kleinen dann abholt, müsst ihr genau dieselbe positive Haltung zeigen, so als wäre alles nicht nur in Ordnung, sondern einfach SPITZE.

Genießt euren Ausflug – und ruft deinen Vater nicht an, er kann dich anrufen! (Keine Nachrichten sind gute Nachrichten.) Und worüber hast du mit deinem Mann gerne geredet, bevor Emil in euer Leben kam? Übe dich in solchen Gedankengängen – und sei du selbst! Lass die Mutterrolle zu Hause zurück! (Zumindest hin und wieder mal …) Liebe Grüße!

Sie hängt so an ihrem Kuscheltier

Meine Tochter ist acht Monate alt und hat noch einen Schnuller, aber nur zum Einschlafen und wenn sie mal nachts wach wird – und dann noch im Auto. Dazu hat sie noch ein kleines Kuscheltier, das ihr das Teuerste und Liebste auf der Welt ist. Sie kommt zwar auch ohne es aus, denn wenn ich mal gezwungen war, es zu waschen, hat sie ein ähnliches Ersatztier gehabt, aber mit ihm schläft sie nicht halb so gut. Wenn ihr Kuscheltier in ihrer Nähe ist, darf man es nicht wegnehmen, sonst dreht sie durch. Es ist zwar niedlich, wie sie daliegt und das Tier streichelt, sie ist ganz verrückt danach, aber was soll ich bloß tun, wenn es mal verloren gehen sollte? Ist es vielleicht nicht so gut, dass sie von dem Tier so richtig abhängig geworden ist? Es war ja eigentlich nicht Sinn der Sache, dass sie so besessen davon wird … Sollte sie das Kuscheltier behalten dürfen?

Hallo, meine Liebe. Ja, ich finde bestimmt, dass sie ihr Kuscheltier behalten soll. Es DARF eben nicht verloren gehen … Echte Tragödien spielen sich ab, wenn so etwas doch mal passiert, aber dabei zeigt sich auch, dass die Kinder dann in der Tat einen Ersatz für ihre Lieblinge finden können – es klappt am ehesten, wenn das Kind noch nicht so groß ist und wenn das neue Tier dem alten ähnelt. Nimm also lieber das Reservekuscheltier richtig in Gebrauch, neben dem Lieblingstier – dann kann man den Star auch mal für ein paar Tage zum Waschen wegnehmen, und das Reservetier bekommt die Chance, sich auch mal vorzuführen! Das Wiedersehen mit ihrem Liebling wird dein Mädchen später in vollen Zügen genießen, er war ja soo lange weg … Sollte es notwendig werden, kann man das Kuscheltier von seinem Thron herunterholen, wenn das Kind etwa fünf Jahre alt ist. Dann kann man die Abhängigkeit reduzieren, indem man an das enorm hohe Alter und die unendliche Weisheit des Kindes appelliert: JETZT bist du schon so groß, dass du dein Kuscheltier nicht mehr überallhin mitnehmen musst … und dann wird es zu Hause weggepackt (auf den Dachboden vielleicht … und schon hat das Kind die ganze Geschichte vergessen). Aber bis dahin schadet es überhaupt nicht. Ich möchte sogar behaupten, dass es von großem Nutzen ist, was wir Erwachsenen vielleicht nur teilweise begreifen … Kinder haben ja zu allen Zeiten ihre ganz eigenen Geborgenheits- und Liebessymbole gehabt, auch wenn es sich vielleicht nur um ein Stück Borke handelte, das wie eine Puppe aussah. Liebe Grüße!

Wie ein kleiner Aal

Hallo, Anna! Meine beiden Kinder, die acht Monate bzw. drei Jahre alt sind, waren schon immer sehr aktive Kinder. Mein ältestes Kind, nun etwas über drei Jahre, konnte sich im Alter von zwei Monaten bereits selbst umdrehen und war schon bald auf dem Weg über den Rand des Kinderwagens. Sie konnte sehr früh stehen, indem sie sich an Stühlen oder Tischen hochzog (mit neun Monaten), und landete immer wieder auf dem Hintern. Mein zweites Kind fing nicht ganz so früh damit an, aber im Moment ist es ganz unmöglich, sie zu wickeln und anzuziehen, sie windet sich wie ein kleiner Aal, und gelingt es einem, die Windel falsch herum zu befestigen, kann man sich schon glücklich schätzen. Und was dann passiert, wenn sie »groß« gemacht hat, darauf möchte ich nur ungern näher eingehen …

Ich habe Mobiles aufgehängt und ich singe ihr etwas vor. Was sie am ehesten dazu bringen kann, einen Moment ruhig liegen zu bleiben, ist, wenn ich sie am Bauch kitzle, bis sie sich kaputtlacht. Die Grenze ist aber erreicht, sobald es darum geht, die neue Windel zu befestigen, denn dann dreht sie sich blitzschnell um und will überhaupt nicht mehr still liegen. Es liegt nicht daran, dass ich zu langsam bzw. dusselig bin, viele andere haben auch schon versucht sie zu wickeln und haben aufgegeben, sie ist unmöglich, sagen sie. Ich habe schon überlegt, ob ich einen Gurt am Wickeltisch befestigen soll …

Beim Essen klappt es mit dem Stillsitzen ganz gut, denn wir schnallen sie im Hochstuhl fest. Aber man muss beim Füttern unheimlich schnell sein, sonst hat sie keine Lust mehr und will hinunter, um zu spielen. Meine älteste Tochter war auch sehr aktiv – aber doch nicht ganz so wild, und mit der Zeit ist sie ruhiger geworden. Bei ihr verschwand das Wickel-Problem, als wir zu den Windelhöschen wechselten.

Im Übrigen sind meine Mädchen ruhig und sehr liebevoll, aber wenn etwas Bestimmtes gemacht werden muss, kann die Jüngste sich regelrecht verknoten. Und ich finde es dann nur noch total anstrengend. Liebe Grüße und alles Gute für dich, Anna!

Hallo, du hast in der Tat zwei kleine Aale in der Reuse! Es hört sich nach ein paar lebendigen und fröhlichen Kindern an. Ich hatte selbst auch ein paar Wühlmäuse, und ich habe sie mit allen möglichen spannenden Sachen, an die ich sie sonst nicht herangelassen habe, bestochen oder abgelenkt (beispielsweise mit meinen Fingerringen, die ja leicht verschwinden konnten), oder was mir gerade so einfiel. Es hat funktioniert … Ansonsten finde ich die Idee mit dem Gurt gar nicht so schlecht – deine Kleine hat ja anscheinend nichts dagegen, festgeschnallt zu werden. Liebe Grüße!

Kann ich verreisen?

Hallo, Anna. Wir sind zu einer Feier eingeladen, die in einer anderen Stadt stattfindet, ein Hotelaufenthalt mit allem drum und dran steht auf dem Plan. Mein Vater wird sich um die großen Kinder kümmern, aber kann ich ihm mit gutem Gewissen auch unsere Jüngste überlassen? Sie ist erst zehn Monate alt und schläft nachts noch nicht durch. Abends bekommt sie eine Breimahlzeit. Ich muss hinzufügen, dass sie ein richtiges Mamakind ist. Sie wird wütend, wenn Papa mal versucht, sie zu füttern oder sie ins Bett zu bringen, und er darf auch nur ungern ihre Windel wechseln. Sollte ich lieber einen Babysitter für sie finden? Vielen Dank im Voraus – ich bin so froh, dass ich deine Website gefunden habe, man braucht ja doch mal Hilfe. Liebe Grüße!

 Wird die Kleine noch nachts gestillt? Es ist mir nicht ganz klar, wie euer Ablauf ist.
Wenn sie abends ihren Brei bekommt und in der Nacht nicht mehr gestillt wird, müsstest du sie anderen (also zum Beispiel deinem Vater) überlassen können. Wenn nur der-/diejenige, der/die auf sie aufpasst, das Knuffen mit der richtigen Technik (sie sollte sich dabei innerhalb von 2 Minuten beruhigen) hinbekommt und auch versteht, dass man sie auf keinen Fall hochnehmen sollte.

Ein Babysitter wäre auch eine Möglichkeit, aber da sie so abhängig von ihrer Mama ist, dass Papa kaum ihre Windel wechseln darf, ist es wahrscheinlich keine gute Idee, einen ihr ganz fremden Menschen hinzuzuziehen. (Aber vielleicht hast du ja schon einen Babysitter an der Hand, der/die der Kleinen vertraut ist?) Ich würde eher dazu raten, deinem Vater die Aufsicht zu überlassen – und ich würde ihm in der Tat auch hundertprozentig die Kleine anvertrauen. Ich würde (anscheinend) ohne Bedenken die Kleine nach einem soliden »Auf Wiedersehen« und fröhlichem Winken dort zurücklassen, und dann müsste Opa das Ruder übernehmen, mit Bestimmtheit und einer Haltung der Selbstverständlichkeit. Und egal, wie sehr sich das Kind darüber aufregt oder brüllt, würde ich nicht verraten, dass ich noch da bin (und in dem Moment ist es wahrscheinlich am besten, wenn du tatsächlich gehst). Kinder sind so schlau, und die Kleine würde ganz schnell kapieren, dass sie aber auch gar nichts erreicht, wenn sie Opa nicht akzeptiert – kein Essen, keine fröhlichen Lieder, keine trockene Windel. Dann würde sie nur daliegen und unzufrieden sein – und das würde doch gar keinen Spaß machen, oder? Und Mama würde ja deswegen nicht wieder zurückkommen. Viel Glück und viele liebe Grüße!

Wir dürfen ihre Zähne nicht putzen!

Unsere 14 Monate alte Tochter ist sehr schwierig, wenn es ums Zähneputzen geht. Sie weigert sich den Mund aufzumachen! Ich/Wir haben alles versucht, gleichzeitig selbst unsere Zähne zu putzen, ihren Mund vorsichtig aufzumachen usw. Aber alles ohne Erfolg. Hilfe!

Wie ihr selbst eingesehen habt, könnt ihr sie nicht dazu zwingen, den Mund aufzumachen, wenn sie es nicht will. Sorgt dafür, dass sie keine süßen Sachen isst und dass sie Wasser trinkt anstelle von Saft. Dann werden die Zähne trotzdem halten. Versucht es dann mit verschiedenen Zahnbürsten bzw. Zahnpasten. Stellt euch mit ihr zusammen ins Badezimmer und macht eine ganz große Sache aus EUREM Zähneputzen: Bietet euch gegenseitig verschiedene Zahnpasten an, redet laut und vergnügt darüber, welche ihr heute Abend bevorzugt, und wiederholt die ganze Geschichte (setzt am besten das Kind auf den Frisiertisch oder irgendwo sonst hin, von wo sie nicht abhauen kann) und fragt auch sie, welche Zahnpasta und welche Zahnbürste sie ausprobieren möchte. Verhaltet euch, als sei es das Vergnüglichste auf der ganzen Welt, dass sich alle zusammen die Zähne putzen. Ihr nehmt von ihr überhaupt keine besondere Notiz – außer wenn ihr sie direkt zum Mitmachen auffordert – und schon gar nicht, wenn sie protestieren sollte. Tut so, als würdet ihr es nicht bemerken. Redet nur weiter, laut und vergnügt, habt eine gemütliche Zeit zusammen bei der großen Show des Zähneputzens! Wenn ihr fertig seid, spült ihr euren Mund aus und versichert euch, dass ihr das gemeinsame Zähneputzen morgen unbedingt wiederholen müsst usw. (als würdet ihr euch wirklich auf die Wiederholung am nächsten Abend freuen). Fahrt so fort, bis sie Lust bekommt, es auch zu probieren, und ihre Zähne putzen möchte (und dann gilt es, weiter keine Notiz von ihr zu nehmen und nicht zuzuschauen). Irgendwann wird sie ihren Widerstand überwinden. Denn sie ist dazu »programmiert«, so zu leben wie ihr, wie die Erwachsenen, denn eines Tages wird auch sie erwachsen sein. Wenn ihre Verweigerung des Zähneputzens keine Waffe mehr darstellt, wird sich diese »vorprogrammierte« Lernbereitschaft schon zeigen. Liebe Grüße!

Kulturelle Unterschiede und das Spielen allein

Hallo! Ich habe einen 15 Monate alten Sohn, der (meistens) fröhlich ist und auch fröhliche Eltern hat – wir haben sozusagen eine ausgewogene Basis aus festen Zeiten und Routinen aufbauen können. Manchmal kann natürlich noch etwas schief laufen, aber das ist eher die Ausnahme. Gerade jetzt gibt es ein paar Sachen, zu denen ich gerne deine Meinung hören würde. Eine eher prinzipielle und dazu ein paar praktische Fragen:

Kulturelle Unterschiede: Wir leben zurzeit in einem anderen Land in Europa, sind seit einem Jahr hier und werden noch ein paar Jahre bleiben. Als mein Sohn die Sandkiste eroberte (mit etwa zehn Monaten), musste ich schon bald einsehen, dass sich die Kindererziehung hier sehr von der bei uns zu Hause unterscheidet (ich meine das jetzt ohne große Wertung, denn nichts ist ja weder ganz schwarz noch ganz weiß). Hier gilt das Prinzip, dass das stärkere/größere Kind sich dem schwächeren/kleineren Kind gegenüber frei entfalten kann, d.h., wenn ein größeres Kind ein kleineres haut, werden die Eltern des größeren Kindes nicht einschreiten, denn das kleinere Kind muss allein zurechtkommen oder seine Eltern müssen eingreifen. Die Eltern des größeren Kindes haben für das kleine Kind bzw. für seine Eltern höchstens ein Lächeln oder ein Kopfschütteln übrig.

Es ist schwierig für mich, damit umzugehen, weil ich Gerechtigkeit und gewisse moralische Prinzipien gewohnt bin (jedenfalls wenn die Eltern dabei sind). Man darf zum Beispiel keine anderen hauen (egal ob sie stärker oder schwächer sind), man darf ihnen auch nicht ihre Sachen wegnehmen (wie soll man sonst einem Kind beibringen, dass es nicht stehlen darf?). Und man sollte bei der Erziehung des eigenen Kindes aktiv sein und es nicht dem Kind überlassen, herauszufinden, wo die Grenzen der anderen Eltern sind.

Die gute Seite bei dieser andersartigen Erziehung ist allerdings, dass die Kinder zu freimütigen (oder ungestümen, rücksichtslosen) Individuen aufwachsen, die wissen, wie man allein zurechtkommt; während die schlechte Seite dieser Kultur ist, dass man in erster Linie an sich selbst denkt und dann erst an die Schwächeren. Schwache Menschen werden nicht wertgeschätzt, und man kann wohl kein Entgegenkommen erwarten, wenn man selbst kein selbstsicheres Auftreten vorweisen kann! Andererseits möchte ich mein kleines Menschenkind nicht dazu erziehen, so zu werden, auch wenn es somit in der heutigen, vom Konkurrenzkampf geprägten Gesellschaft besser zurechtkommen würde.

Was meinst du? Wie würdest du in folgenden Situationen reagieren:

Lisa, drei Jahre, wirft eimerweise Sand nach deinem Kind, der einjährigen

Malin. Beide Eltern sitzen daneben. Aber du weißt von vornherein, dass Lisas Eltern der Meinung sind, dass es an Malin liegt, zu protestieren und sich zu wehren.

Emil, ein Jahr, nimmt ständig Ida – auch ein Jahr – ihre Sachen weg, und es ist offensichtlich, dass Ida es nicht schafft, sich dagegen zu wehren.

Nun zu etwas ganz anderem, zum »Spielen allein«. Zeitweise hat es bei uns gut funktioniert (30–60 Minuten), ist aber immer wieder durch Reisen und Urlaubsgäste bei uns im Hause unterbrochen worden. Meine Frage ist, wie man es hinbekommt, wenn mehrere Kinder da sind und sie ein Zimmer teilen müssen. Wenn das eine Kind damit anfängt, laut in seinem Bett zu spielen, wird das andere Kind ja davon wach, und wenn beide gleichzeitig wach werden sollten, kann es dann überhaupt funktionieren, wenn z. B. das Dreijährige auf dem Fußboden spielt, während das Einjährige noch im Gitterbett beschäftigt ist? Was kann man machen, wenn es einfach kein weiteres Zimmer gibt, das man zum Spielen allein nutzen könnte? Vielen Dank im Voraus und viele liebe Grüße!

Hallo, meine Liebe. Ja, kulturelle Unterschiede werden spürbar, sobald man auch nur ein wenig auf Reisen geht, besonders, wenn man Kinder dabeihat.

Es ist unsere Aufgabe – als Erwachsene –, unsere Kinder nicht nur zu lieben und sie anzuleiten, sondern auch sie zu beschützen. Du wirst die Kultur, in der du gelandet bist, wohl nicht ändern können, nicht einmal, wenn es nur um das Spielen im Sandkasten geht, aber du kannst die Schwachen beschützen, über den Kopf der passiven Eltern, die nur zuschauen, hinweg. Als Mutter der kleinen, einjährigen Malin würde ich in liebenswürdiger, aber bestimmter Weise entscheiden (im Namen von Malin), dass das Spielen nun zu Ende ist; ich würde sie hochheben und ihr erzählen, dass wir nun dies und das machen wollen, und dann dürfte sie sich noch von der kleinen Terroristin, Lisa, die anderen Kindern wehtun darf, verabschieden. In dieser Weise würde ich (nach 100 Vorfällen) der kleinen Malin beibringen, dass es wohl in dieser Welt immer traurige Sachen und Probleme gibt und auch geben wird, aber dass man nicht zulassen sollte, dass sie den eigenen Seelenfrieden zerstören, sondern dass man ihnen liebenswürdig, aber mit Bestimmtheit den Rücken kehren kann – in ganz buchstäblicher Weise, wie es geschieht, wenn es sich um kleine Kinder dreht.

Dasselbe gilt für die kleine Ida: Ein einjähriges Kind kann man glücklicherweise für eine ganze Weile ablenken, aber nicht unendlich lange. BEVOR Ida traurig wird, würde ich das so genannte Spielen unterbrechen und sie »entführen«, immer noch mit einem liebenswürdigen Winken, wobei ich Ida gegenüber nicht mit einer Miene verraten würde, dass etwas nicht in Ordnung ist. Ida soll sich überhaupt nicht verteidigen müssen (*das* wäre falsch). Beim Spielen soll man spielen und keine Machtkämpfe austragen. Und Ida und Emil sind zu klein, um zusammen spielen zu können, wenn es darum geht, auf andere Rücksicht zu nehmen. Sie können nebeneinander spielen, und dabei wird Emil sich herzlich wenig darum kümmern, ob er Idas Sachen nimmt oder nicht. Erst nach erfolgreich überstandenem Trotzalter sind Kinder dazu im Stande, abzuwarten, Sachen zu teilen, Rücksicht zu nehmen usw.

Zu deiner 2. Frage: Nein, es geht nicht, ein Dreijähriges auf dem Fußboden und ein Einjähriges im Gitterbett daneben spielen zu lassen, wenn sie sich doch darauf konzentrieren sollen, *allein* zu spielen. Dann muss der Große sich woanders aufhalten, damit das kleine Kind in Ruhe allein spielen kann (ansonsten wäre das größere Kind ja viel interessanter als das Spielen für sich allein!). Es gibt verschiedene Möglichkeiten zur Lösung des Problems: Zwei Kinder können jeweils in ihrem eigenen Bett in einem Zimmer allein spielen – dazu muss man aber eine Abschirmung aufbauen, damit sie sich nicht sehen können. Größere Kinder können z.B. im Wohnzimmer an einem (niedrigen) Tisch, der dafür vorbereitet wird, allein spielen. Das kleine Kind kann allein spielen, während das größere frühstückt. Und schließlich können größere Kinder, die mit dem »Spielen allein« aufgewachsen sind, auch dann für sich spielen, wenn sich andere Menschen um sie herum aufhalten.

Die wärmsten Grüße – und viel Erfolg im Sandkasten und auch anderswo!

Wird er unter meiner erneuten Schwangerschaft leiden?

 Hallo! Mein Sohn wurde in der 28. Schwangerschaftswoche geboren, nachdem ich neun Wochen lang ununterbrochen das Bett hüten musste.

Heute ist er 18 Monate alt und ein gesunder und munterer kleiner Junge.

Nun ist es aber so, dass ich versuche, wieder schwanger zu werden, und deswegen Hormone einnehme. Und allmählich fangen die Gedanken an, darum zu kreisen, dass der Kleine vielleicht ganz schön darunter leiden wird, weil ich doch wahrscheinlich wieder für längere Zeit das Bett werde hüten müssen, falls ich wieder schwanger werde. Könnte er seelischen Schaden davontragen? Meine Eltern, die er täglich sieht, werden mir sehr viel helfen. Und auch mein

Freund wird mich – soweit es nur geht – unterstützen, obwohl er jetzt noch den ganzen Tag arbeiten muss. Wenn ich wieder schwanger werde, kann ich ja dem Kleinen auch nicht ständig hinterherlaufen.

Was kann ich tun, damit mein Kleiner im Falle einer erneuten Schwangerschaft so wenig wie möglich leiden muss? Vielen Dank im Voraus!

Ich gratuliere dir, meine Liebe, zu deinem kleinen, gesunden Jungen, der so früh auf die Welt kam, nachdem du wochenlang im Bett liegen musstest – das ist wunderbar. Ich freue mich sehr, wenn ich so etwas höre. Manchmal ist die Welt wunderschön.

Nun bist du ja noch nicht schwanger und machst dir dennoch schon Sorgen darüber … – das ist vollkommen menschlich. Aber ich glaube nicht, dass du so sorgenvoll sein musst. Es gibt Menschen um dich herum. Du stehst ja nicht allein da. Es macht wirklich keinen Spaß, ans Bett gebunden dazuliegen, außerstande, dem eigenen kleinen Kind eine helfende Hand zu reichen (ich habe es selbst erlebt, kann ich dir anvertrauen). Aber für das Kind selbst wird es kein Problem sein, wenn Mama im Bett liegen muss und gar nicht aufstehen kann. Kinder passen sich allem an, was für uns Erwachsene notwendig ist – in guter wie in schlechter Hinsicht, könnte man hinzufügen. Ich würde darauf schwören, dass er keinen seelischen Schaden davontragen wird! Das Wichtigste ist, dass es andere Menschen gibt, die sich um seine alltäglichen, praktischen und körperlichen Bedürfnisse kümmern. Liebe Grüße!

Er spricht so wenig

Hallo! Ich überlege, was eigentlich normal ist, wenn es um die Sprache eines 19 Monate alten Jungen geht. Mein kleiner Sohn kann nur »Mama«, »Papa«, »das« und »nöh« sagen – während andere Kinder in seinem Alter viel mehr Wörter können. Sie kennen schon verschiedene Namen und vieles mehr. Kann es daran liegen, dass wir Eltern zu wenig mit ihm sprechen? Können wir ihn in irgendeiner Weise zum Sprechen anregen oder sollen wir nur abwarten?

Ich finde, ihr sollt in aller Ruhe abwarten. Nicht alle kleinen Kinder finden das Sprechen so überaus wichtig! Sie fühlen sich ohnehin verstanden. Warum sollte man dann sprechen? Für andere Kinder ist die Sprache ein ganz besonderes Hobby. So, wie es auch kleine Kinder gibt, die von Musik ganz entzückt sind, während andere den Sinn der Musik nicht erfassen – oder erst viel später.

Nehmt es also mit Gelassenheit, und seht es als ein Kompliment an, dass euer Kleiner sich nicht dazu gezwungen fühlt, sich sprachlich ausdrücken zu müssen! Er fühlt sich verstanden und das ist etwas sehr, sehr Großes. Und dafür gebührt euch die Ehre! Liebe Grüße!

Waschen unter der Vorhaut?

 Hallo! Wann müssen wir damit anfangen, bei unserem kleinen Sohn die Vorhaut beim Waschen zurückzuschieben?

Hallo, meine Liebe. Darum habe ich mich eigentlich überhaupt nie gekümmert. Ich habe meine Söhne jeden Abend – ohne Ausnahme – gebadet. Als sie groß genug wurden, um in der Badewanne sitzen zu können, stellte sich heraus, dass ihr Interesse für ihr kleines Anhängsel automatisch zur erforderlichen Reinigung führte.

Bis dein Sohn sechs oder sieben Monate alt wird, solltest du die Vorhaut überhaupt nicht zurückschieben. Machst du es danach, sollte es mit der allergrößten Vorsicht geschehen. Es ist nicht sicher, dass die Vorhaut sich in dem Alter schon ausreichend gelöst hat. Liebe Grüße!

Weg mit dem Schnuller?

Hallo! Ich habe beschlossen, heute mit der Durchschlaf-Kur anzufangen, damit mein Kleiner endlich durchschlafen oder zumindest ohne nächtliche Mahlzeiten auskommen wird, also werden wir beide in der kommenden Nacht nicht viel Schlaf bekommen. Ich bin nun doch etwas nervös!

Du bist ja der Meinung, dass man bei der Gelegenheit den Schnuller wegwerfen sollte, und das möchte ich an und für sich auch, aber es ist so, dass er erst vor kurzem mit dem Schnullern angefangen hat (d.h. vor etwa einem Monat). Vorher gab es unendlich viel Quengelei, er war ständig irgendwie unglücklich – wollte nicht richtig trinken, wurde traurig, wenn dann die Milch aus der Brust sprudelte, und er hat sehr viel wieder ausgespuckt. So läuft es immer noch, wenn er nach dem Essen nicht seinen Schnuller bekommt. Und ich möchte nicht, dass es wieder so wird! Ich habe mir also überlegt, ob man seinen großen Saugbedarf nicht doch mit einem Schnuller befriedigen kann, während er noch wach ist – z.B. wenn er nach der Mahlzeit noch eine Zeit lang den Schnuller bekommt? Und dann eben nicht, wenn es Zeit zum Schlafen ist? Was meinst du? Oder vielleicht könnte man ihm den Schnuller geben, wenn er am Tage schlafen soll, aber nicht im Zusammenhang mit dem Nachtschlaf. Oder würden wir ihn – und auch uns selbst – nur durcheinander bringen?

 Hallo, meine Liebe! Das wird ja richtig spannend! Du darfst mir gerne berichten, wie es mit der Kur läuft!

Na, klar, du kannst ihn gerne tagsüber eine kleine Weile nach dem Trinken am Schnuller nuckeln lassen. Aber in dem Falle muss es wirklich in Zusammenhang mit der eben abgeschlossenen Mahlzeit passieren, sozusagen, um nachträglich noch den Saugbedarf zu decken und nicht im Hinblick auf die folgende Schlafphase (das/die Nickerchen, das/die er noch am Tage macht). Auf diese Weise wird er schnell begreifen, dass es nachts keinen Schnuller (und auch kein Essen!) gibt – nachts gibt es auch keinen Schnuller nach dem Essen, weil es ja keine Nachtmahlzeiten mehr gibt!

Nun hoffe ich, dass deine Nervosität von der Sorte ist, die man empfindet, bevor man einen Auftritt vor Publikum absolvieren muss – in diesen Fällen pflege ich zu sagen: Das nennen wir nicht Nervosität, sondern Konzentration. Viele liebe Grüße!

Sollen Homosexuelle adoptieren dürfen?

 Hallo. Ich habe ganz zufällig diese Website entdeckt, und es scheint mir, dass hier sehr viele interessante Fragen beantwortet werden.

Ich möchte nur fragen, was du, Anna, davon hältst, dass homosexuelle Paare Kinder adoptieren können? Selbst betrachte ich diese Frage aus eher subjektiver Perspektive, da ich selber Homo bin, aber ich finde es wichtig, dass diese Frage diskutiert wird. Ich möchte mir gern ein Bild davon machen, was andere davon halten und warum. Mir ist es unverständlich, wenn behauptet wird, dass Homosexuelle schlechtere Eltern sein sollten. Und wie ist es dann mit den Bisexuellen – eignen sie sich nicht genauso gut wie alle anderen als Eltern? Und warum sollten alleinerziehende Mütter oder Väter generell bessere Eltern sein als homosexuelle? Ich warte neugierig darauf, deine Meinung hierzu zu erfahren!

Sollen Homosexuelle adoptieren dürfen? (Kommentar)
Hallo! Vielleicht hast du ja Lust, auch meine Meinung zu hören – hier kommt sie: Ich glaube nicht, dass es einem Kind in einem Zuhause mit zwei gleichgeschlechtlichen Eltern schlechter geht – aber ich finde es wichtig, dass das Kind sowohl ein männliches wie auch ein weibliches Vorbild in seinem Leben bekommt. Das weibliche Vorbild könnte dann vielleicht genauso gut eine Bekannte sein, die zeitweise die Betreuung der Kinder übernimmt. Ein Kind braucht Liebe und Wärme. Einem Kind in einem alkoholisierten Zuhause geht es sicherlich schlechter als einem Kind in einem homosexuellen (nichtalkoholisierten) Zuhause. Ich werde oft für meine Meinung kritisiert, aber warum sollten Homosexuelle schlechtere Eltern sein als Heterosexuelle? Dagegen ist es mir schon klar, dass das Kind Gefahr läuft, gehänselt zu werden, weil es zwei Väter hat, aber in unserer heutigen Gesellschaft haben ja schon viele Kinder zwei Väter oder zwei Mütter, vier Omas usw. Ich möchte noch hinzufügen, dass ich selbst nicht homosexuell bin. *Ylva*

Hallo, mein Lieber. Ich für meinen Teil habe nie verstanden, was daran problematisch sein soll. Ich kann mir nur schwer vorstellen, dass es Leute gibt, die ernsthaft der Meinung sind, dass es Homosexuellen wegen ihrer sexuellen Neigung nicht erlaubt werden sollte, Kinder zu adoptieren. Glauben sie denn, dass die kleinen Kinder im Schlafzimmer dabei sein werden?
  Es verhält sich wohl eher so, wie Ylva sagt, dass das weibliche Vorbild, die Mutterfigur an sich, als unentbehrlich angesehen wird (genauso wie die Vaterfigur in einer lesbischen Elternschaft). Aber dieses Argument wird ja hinfällig, wenn man die Tatsache in Betracht zieht, dass Alleinstehende – jedenfalls Frauen – heutzutage das Recht haben, ein Kind zu adoptieren. Man geht also davon aus, dass alleinstehende Eltern Verwandte, Freunde und Bekannte vom anderen Geschlecht haben, die dem Kind als Vorbild bzw. Rollenmodell dienen können. Und homosexuelle Männer haben nach meiner Erfahrung in der Regel nicht wenige enge weibliche Freundschaften!
  Ich verstehe, wie gesagt, das ganze Problem nicht, da ich viele Jahre hindurch alleinerziehende Mutter gewesen bin und nach bestem Gewissen versucht habe, den Platz des Mannes/des Vaters selbst auszufüllen. Es war nicht immer leicht, aber es funktionierte. Es gibt in jedem von uns eine latente Seite des anderen Geschlechts, die sozusagen je nach Bedarf zum Vorschein kommt. Den Rest muss man von außen ergänzen, was alle alleinstehenden Eltern ja auch tun.
  Wenn ich also ein homosexueller Mann wäre und den Freund fürs Leben,

der mich liebte, finden würde – und er mit mir ein oder auch zwei Kinder (oder neun, wie ich sie bekam) adoptieren würde, die dann, umgeben von unserer Liebe, aufwachsen könnten, würde ich einem kleinen Kind genauso viel geben können wie jedes andere heterosexuelle Paar auch, das ein Kernfamilienleben führt. Liebe Grüße!

Zweiter Teil
Kinder von 2–6 Jahren

*»Das Kind wird nicht nur fordernd sein.
Es wird auch dein Freund werden,
ein selbstständiger kleiner Mensch,
der dich wirklich liebt – ohne Vorbehalte.
Das hört sich doch gut an – oder?«*

In diesem Teil liest du:

Seelische Entwicklung, Erziehung und Unterstützung   162
Wegwerf-Freude und grobes Verhalten   162
Drei Kinder kurz hintereinander   164
Wie streitet man sich?   167
Testet sie uns aus?   169
Zu Hause nicht immer am besten   171
Verhalte ich mich richtig? (Wutanfälle, Trotzalter)   172
Er macht uns bald wahnsinnig   175
Warum so Mama-anhänglich?   177
Weint im Schlaf   183
Wilder und grober großer Bruder   184
Dreijähriger im Trotzalter   189
Kann es Missbrauch sein?   191
Er möchte keine weiteren Kinder   194
Ich würde ihr so gern ein Geschwisterchen schenken   196
Fast wie Zwangsgedanken   196
Leistungsdruck   201
Hyperaktiv?   203
Sie spricht mit ihren Strümpfen   205
Angst vor Fliegen, Mücken und Wespen   208
Mein Selbstvertrauen schrumpft Stück für Stück   209
Aggressivität und Konzentrationsstörungen   213
Viel zu penibel   215
Wie ausgetauscht, wenn er bei seiner Mama ist   217

Schlaf und Schlafgewohnheiten   221
Schlafprobleme   221
Er will nur bei uns schlafen   223
Träume und Albträume   225
Ist es zu spät, die Routine zu ändern?   228
Unruhige Nächte   233

Essen und Essgewohnheiten   238
Ärger mit dem Essen   238
Sie isst so wenig   239
Er hat das Essen zu seiner Waffe gemacht   241

Sauberkeit und Toilettengewohnheiten   243
Sie will auf der Toilette nicht groß machen   243
Sie verkneift es sich   245
Sie nässt jede Nacht ein   247
Seit zwei Jahren trocken – und nun nässt er wieder ein   248
Probleme mit dem großen Geschäft   251

Verschiedenes 253
Geschwister bekommen 253
Wird er darunter leiden, dass ich verreise? 254
Übergibt sich oft 255
Er hat seine eigene Sprache 256
Elterngehalt, Unterhalt für Eltern 257
Tagesmutter oder Kindertagesstätte? 258
Unmöglich, ihre Fußnägel zu schneiden 259
Dreisprachige Familie 260
Alle Schnuller weg – außer einem! 261
Er besteht auf seinem Schnuller 262
Sie spricht Babysprache 264
Ich habe die vielen Anforderungen einfach satt 266
Ich möchte meinen Kindern Selbstvertrauen geben 268

Seelische Entwicklung, Erziehung und Unterstützung

»*Bedenke, dass es deine Aufgabe ist, deinem Kind zu erklären, wie man sich in dieser Welt verhält; dass du es liebst, ist nicht genug. Du bist sein Wegweiser.*«

Wegwerf-Freude und grobes Verhalten

Ich habe zwei Kinder, einen zweijährigen Jungen und ein fünf Monate altes Mädchen. Das Verhalten des Jungen hat sich in der Hinsicht verschlimmert, dass er immer öfter mit Sachen wirft. Sobald er auch nur auf den geringsten Widerstand stößt, wirft er das, was er gerade in Händen hält, sei es ein Glas, ein Spielzeug usw. Wir können ihm ja nicht alles aus dem Weg räumen. Er wirft meistens genau nach irgendeiner Beschäftigung mit den Sachen herum – egal ob es ein Spiel oder eine Mahlzeit gewesen ist.

Wir dachten, dieses Verhalten würde mit zunehmendem Alter verschwinden, aber es wird immer schlimmer! Wir haben mit allen Methoden versucht, es zu unterbinden, aber ohne Erfolg. Wir waren sowohl ruhig und erklärend wie auch zurechtweisend und wütend. Er hat sich auch schon so verhalten, bevor seine kleine Schwester auf die Welt kam.

Sobald er in die Nähe seines Schwesterchens kommt, haut er sie. Es gibt nichts in seiner Umgebung, was ihn zum Hauen inspirieren könnte – niemand, der ihm ein solches Verhalten vormacht. Wir sorgen dafür, dass er am Alltag seiner Schwester beteiligt wird. Am Anfang ist er immer sehr liebevoll und zärtlich zu ihr, aber es kippt dann immer wieder in Gewalt um.

Ja, er hat wirklich Freude am Werfen; so eine Art »Wegwerf-Freude« – ein schönes Wort für ein trauriges Hobby. Solchen Kindern muss man auf liebenswürdige, aber bestimmte Weise zeigen, wie man in dieser Welt mit den verschiedenen Sachen umgeht, anstatt einen Rückzieher zu machen und darauf zu warten, was das Kind von sich aus machen wird. Man muss das Kind also nicht nur darauf aufmerksam machen, dass dies oder jenes falsch ist, sondern ihm auch durch das eigene Verhalten zeigen, wie man es richtig macht. Das ist ungeheuer wichtig.

Ihr habt ja den Wunsch, dass er eigentlich alles – nicht nur Spielzeug – anfassen dürfen soll, und das ist auch lobenswert und richtig so. Deshalb muss er folglich in der Kunst unterrichtet werden, wie man auf korrekte Weise mit Gläsern, Büchern, Blumen in Vasen etc. umgeht. Was macht man z. B. mit einem Glas? Man füllt etwas hinein – lasst ihn das machen (mit einer Hand um die seine, zum Helfen bereit) –, und dann trinkt man, und danach wird das Glas abgewaschen (helft ihm dabei, vorsichtig und immer noch mit einer Hand um seine Hand gelegt), und dann trocknet man es ab (auch wieder zeigen), und schließlich stellt man das Glas zurück in den Schrank (gebt ihm evtl. einen Stuhl, damit er herankommt, oder hebt ihn hoch und haltet immer eine Hand zum Eingreifen bereit). Danach wird er für seine Arbeit gelobt: Guck mal, wie schön das Glas wieder ist, und nun steht es wieder sauber und trocken auf seinem Platz im Schrank! So soll es sein! Das hast du gut gemacht!

Diese kleine Lektion, die man an die meisten Situationen anpassen kann, muss natürlich einige Male wiederholt werden – mit genauso viel Freundlichkeit, als wäre es das erste Mal, aber letztendlich wird er sich schon selbst seine Gedanken machen, bevor er mit Sachen wirft – und sie kaputtmacht; denn jetzt hat er gelernt, aufzupassen und richtig mit ihnen umzugehen. Damit hat er eine persönliche Beziehung zu den Sachen aufgebaut und fühlt sich für sie verantwortlich.

Wirft er nicht nur aus purem Vergnügen, sondern als Reaktion auf irgendetwas (weil er wütend, beleidigt oder aufgeregt ist), muss er sofort gebremst werden – versucht, ihm den Gegenstand aus der Hand zu nehmen, bevor er werfen kann, und sagt: »NEIN, das darfst du nicht auf den Fußboden werfen, es kann kaputtgehen.« Gebt ihm dann stattdessen etwas, was man gerne wirft, irgendetwas, und erklärt ihm den Unterschied. »Bitte schön, das darfst du auf das Sofa raufwerfen – so doll, wie du nur kannst! Ach, nein, wirf jetzt noch mal, und richtig mit Kraft!« Oder wenn ihr draußen seid, kann er es mit einem Ball oder etwas anderem, was euch so einfällt, ausprobieren. Sichert euch vorher ab, dass nichts weiter passieren kann! Bei kleinen Kindern muss man immer vorausschauend sein. Bedenke, dass es deine Aufgabe – als Vater oder als Mutter – ist, deinem Kind beizubringen, wie man sich in dieser Welt verhält; dass du ihn liebst, ist nicht genug. Du bist sein Wegweiser, sein Leiter. Du repräsentierst die Gesellschaft, in der er leben wird. Wie muss man sich verhalten und wie darf man sich nicht verhalten? Zeig es ihm! Warte nicht darauf, dass er selbst zum richtigen Verhalten findet oder das falsche wieder von selbst ablegt, denn damit machst du die Sache für ihn bedeutend schwieriger. Kleine Kinder stellen ständig Fragen, und sie versuchen die Spielregeln zu erlernen, indem sie durch ihr Handeln Fragen stellen. Wörter kennen sie noch nicht so viele, ihre bewussten Gedankengänge müssen sich noch weiterentwickeln, aber Fragen stellen können sie schon sehr früh!

Der Kleine kann zu seiner Schwester also sehr liebevoll sein, aber er darf sie natürlich nicht hauen, wenn ihm danach ist – oder er gerade seine Kräfte testen möchte. Du unterstellst ihm ja auch gar keine bösen Absichten. Nichtsdestotrotz muss ihm sofort Einhalt geboten werden. Greif seine Hand mit deiner, rede mit ihm, so als wäre das, was gerade passiert ist – oder beinahe passiert wäre –, ein Unfall gewesen: »He, du darfst doch nicht hauen – du darfst deine kleine Schwester nicht hauen – du darfst sie stattdessen streicheln, so, ja, das ist besser, streichle sie ganz lieb. Guck, wie sie sich freut. Super!« Man haut nicht, man streichelt – so wird eine gute Handlung einer schlechten gegenübergestellt und Vorwürfe werden ganz und gar überflüssig. Es kann gut sein, dass er sie schon bald danach wieder haut – aber innerhalb kurzer Zeit wird er es sich selber merken: Streicheln darf man. So. Und als Eltern wird man ganz gerührt daneben stehen. Liebe Grüße!

Drei Kinder kurz hintereinander

Hallo, Anna. Ich habe zwei Söhne, der Große ist zwei Jahre und der Kleine acht Monate alt, und im kommenden August erwarte ich mein drittes Kind. Ich freue mich riesig darauf, aber gleichzeitig steigt in mir die Panik auf. Schafft man es, wenn man drei Kinder so kurz hintereinander bekommt? Es war nicht so geplant, ich habe die Pille genommen und auch noch voll gestillt, wurde aber trotzdem schwanger. Mein Freund ist nicht ganz so erfreut und hätte es wohl lieber gesehen, wenn ich abgetrieben hätte. Aber nun ist die Schwangerschaft so weit fortgeschritten, dass diese Lösung für mich nicht mehr in Frage kommt. Auf der anderen Seite möchte ich aber auch nichts gegen seinen Willen tun.

Dies alles bewirkt, dass ich immer öfter überlege, wie es nun werden wird, wenn man sich mehr oder weniger alleine um alles kümmern muss. Meine Verwandten und meine besten Freunde wohnen weiter weg und die Familie meines Freundes wird mir kaum eine große Stütze sein. Ich stehe also irgendwie allein auf weiter Flur.

Wie ich es im Moment sehe, wird es davon abhängen, wie meine Kinder reagieren werden, wenn das Neue noch dazukommt. Verstehst du, was ich meine? Der Große ist gerade ins Trotzalter gekommen und ist manchmal unausstehlich, der Kleine ist ein ruhiger Vertreter, den man kaum hört. Aber vielleicht ist es ja die Stille vor dem Sturm … Ich lebe in der Hoffnung, dass sie auf lange Sicht viel Freude aneinander haben und schon bald selbstständiger werden. Ich selbst bin nicht der Typ Mutter, die Brötchen backt und mit den Kleinen im Sandkasten spielt, ich wünsche mir eher, dass sie lernen mögen, sich allein zu beschäftigen und mit ihrer eigenen Kreativität zu experimentieren. Es gibt hier in der Gegend kein großes Netzwerk von Eltern mit Kleinkindern, und manchmal überlege ich, ob es nicht – besonders für den Großen – gut wäre, wenn er mehr Zeit mit Gleichaltrigen verbringen könnte. Ein Halbtagsplatz im Kindergarten wäre nicht schlecht, aber es sieht zurzeit in unserer Gemeinde nicht so rosig aus. Was meinst du … wird es einem zwei- bis dreijährigen Jungen gut tun, mit anderen Kindern zusammen zu sein? Oder bin ich zu egoistisch, wenn ich der Meinung bin, dass er eine Tagesstätte besuchen sollte?

Eine andere Sache, die mein Freund als ein Problem ansieht, liegt in der Benachteiligung des Ältesten, wenn das Baby da ist. Selbst versuche ich, so viel wie möglich mit meinen beiden Kindern zusammen zu sein – wenn der Kleine schläft, kümmere ich mich um den Großen und umgekehrt. Ich finde nicht, dass jemand im Nachteil ist. Mein Freund hat selbst mehrere Geschwister und hat vielleicht negative Erfahrungen gemacht, selbst bin ich Einzelkind und habe mir immer gewünscht, Geschwister zu haben.

Ja, wie du siehst, bin ich ziemlich ratlos. Ich brauche unbedingt einen Rat, der mir in dieser Sache weiterhelfen kann, bevor ich daran kaputtgehe. Hast du vielleicht ein paar allgemeine Ratschläge zum Umgang mit Kindern, die so kurz hintereinander geboren werden? Vielen Dank im Voraus.

Ja, meine Liebe, allgemeine Ratschläge können wir wohl alle gut gebrauchen … Die hätte ich auch gebraucht, als ich innerhalb von weniger als zwei Jahren drei Kinder bekam! Und wohlgemerkt: Ich hatte vorher schon zwei. Meine mittleren drei Kinder kamen wirklich sehr schnell hintereinander: eines am 11.07.1967, das nächste am 04.07.1968 – und das dritte am 27.05.1969. Und dann kam die Scheidung. Verwandte hatte ich nicht – es gab niemanden, der mich anrief, um sich zu erkundigen, wie es mir und den Kindern geht, um gar nicht erst von Besuchen zu reden … Aber es hat richtig gut funktioniert, obwohl ich oft so müde war, dass ich mich an die Wand lehnen musste, wenn ich morgens in die Küche torkelte, um Brei zu kochen. Im Nachhinein ist es eine Zeit, an die ich mit sehr viel Freude zurückdenke. Ich stand unzählige Male an der Tür zum Zimmer, in dem die drei zusammen spielten, und ich hatte Tränen in den Augen und dachte: Das Einzige, was ich machen muss, ist, dafür zu sorgen, dass sie ganz und sauber bleiben, dass sie ihr Essen bekommen, dass sie jeden Tag an die frische Luft kommen und dass sie abends vorm Schlafen geknuddelt und eingekuschelt werden. Um den Rest kümmern sie sich selbst. Und das taten sie wirklich. Diese drei haben noch heute – als Frauen bzw. als ein Herr im mittleren Alter – eine unglaubliche Nähe zueinander und einen Zusammenhalt, um die jeder, der ihnen nahe kommt, sie beneiden muss. Die praktischen Sachen habe ich wie am Fließband erledigt. Eine Zeit lang hatte ich also drei Kinder, die gewickelt werden mussten und ich habe sie mir in eine Reihe nebeneinander hingelegt. Und vormittags bekamen sie ihren Brei, sitzend in Reih und Glied … ich erinnere mich, dass ich sehr oft bei mir dachte, dass es viel anstrengender sei, nur ein Kind zu haben, das dann unterhalten und immer zu etwas angeregt werden müsste, denn auf diesem Gebiet kamen die drei ja nun allein zurecht.

Du bist unsicher, aber das gehört zur seelischen Vorbereitung einfach dazu, die du durchlebst, um ein Kind empfangen zu können – und zu wollen. Daran ist gar nichts falsch. Man kann nicht die Verantwortung für etwas übernehmen, wenn man sich nicht vorher damit auseinander gesetzt hat. Und ich glaube, dasselbe gilt für deinen Partner. Er wird nochmals Vater werden und schwankt im Moment zwischen Zweifeln und Erwartung. Auch er wird von der Natur darauf vorbereitet, und das ist gar nicht mal so schlecht – auch wenn es sich nicht immer angenehm anfühlt. Dass er dabei in richtiger Männermanier so weit geht, dass er eine endgültige Lösung des Problems vorschlägt, muss ja nichts anderes bedeuten, als dass er sich im Moment dagegen wehrt, was du ja auch machst – auf deine Art. Versuch eine Einstellung (die du auch ihm vermitteln kannst) zu finden, die in etwa so aussieht: »Wir müssen die Probleme der Reihe nach anpacken, wenn sie auftauchen, aber wir müssen uns auch über das, was wir in dieser Welt haben – und noch bekommen werden –, freuen!«

Euer Dreijähriger muss nicht unbedingt mit anderen Kindern zusammen sein, obwohl er sich sicherlich darüber freuen würde, denn er ist jetzt in einem Alter, in dem er MIT anderen spielen kann – nicht mehr nur daneben. (Wenn er vier wird, sollte es ihm auf jeden Fall ermöglicht und erlaubt werden, seine eigene Herde hin und wieder zu verlassen.) Hier müsst ihr herausbekommen, welche Möglichkeiten es in eurem Umfeld gibt. Drei Stunden einmal in der Woche würden noch völlig ausreichen, da er ja zu Hause Geschwister hat. Vielleicht kannst du mit anderen Eltern eine Abmachung treffen? Unter allen Umständen solltest du ihn zur Selbstständigkeit und Reife ermuntern, indem du ihn in Gebrauch nimmst, damit er jeden Tag – bei einer oder zwei Gelegenheiten – das Gefühl bekommt, dass er wirklich nützlich ist! Hierbei sollte es um etwas gehen, das für euch alle von Wichtigkeit ist und nicht nur um das Aufräumen seines eigenen Spielzeuges. Gib ihm Gelegenheit, sich so groß zu fühlen, wie er in der Tat schon ist, indem ihr ihn wirklich braucht (oder zumindest so tut, als ob), gebt ihm das Gefühl, dass ihr ohne seine Hilfe gar nicht zurechtkommen würdet. Wenn es kleinen Kindern erlaubt wird, Arbeiten zu erledigen, die über ihr eigene Beschäftigung hinausgehen, werden sie danach viel besser allein spielen können. Arbeiten UND Ausruhen – d.h. Freizeit, Urlaub, Spielen – sind der wahre Rhythmus des Menschen. Nicht nur Arbeit und nicht nur Ruhe! Ein Kind, das sich nützlich fühlt – nicht nur gefühlsmäßig, sondern auch praktisch und konkret –, wird sich selten missachtet fühlen. Man muss dabei gar nicht die Rolle der Brötchen backenden und spielenden Tante annehmen. Die Kinder bekommen das Spielen problemlos allein hin! Man tut ihnen einen großen Gefallen, wenn man sie hochnimmt und an der Welt der Erwachsenen teilhaben lässt, anstatt sich selbst in die Welt der Kinder hinunterzubegeben.

Viel Glück, und freut euch – zusammen – über das kleine, neue Leben. Und haltet an dem fest, was du selbst zum Ausdruck gebracht hast: Die drei Kinder werden ganz viel Freude aneinander haben – das ganze Leben hindurch. Wenn Gott mir eine besondere Gnade zuteil lassen würde, würde ich dafür sorgen, dass alle Kinder Geschwister bekämen. Liebe Grüße!

Wie streitet man sich?

Hallo, Anna! Ich möchte dich fragen, wie man sich streiten sollte, wenn Kinder dabei sind? Wir haben ein zweijähriges Kind. Es geht hier um den alltäglichen Kram: »Warum hast du dies oder jenes nicht gemacht?« – und nicht um herzzerreißende Auseinandersetzungen. Es sind keine wilden Streitereien, sondern eher hitzige Diskussionen. Nun zur Frage: Muss man sich zügeln und warten, bis das Kind im Bett ist, oder soll man die Sache lieber sofort aufs Tapet bringen? In beiden Fällen spürt das Kind ja, dass etwas nicht in Ordnung ist.

Hallo, meine Liebe. Beides geht. Wie du vielleicht weißt, kommt es in anderen Kulturen häufig vor, dass man sich mit Worten nicht zurückhält und dass Teller und Tassen oder anderes durch die Luft fliegen, während man heiß diskutiert – und mittendrin sitzen die Kinder und spielen ganz friedlich. Erst wenn die Wut gegen das KIND gerichtet wird, kommt die Verzweiflung über einen, so als wenn man mit der Post eine traurige Botschaft erhalten hat. Diskutieren, sich streiten, sich in die Wolle kriegen, wenn es um die kleinen Alltäglichkeiten geht, ist weder gefährlich noch falsch – und es ist nichts, was man vor den Kindern verstecken muss. Gefährlicher sind höchstens eure Sorgen, dass das Kind darunter leiden könnte und euer schlechtes Gewissen! Hier geht es eher darum, wie man diese Auseinandersetzungen handhabt und wie sie überwunden werden. Wie schließt ihr einen Streit ab? Was bringt ihr somit dem Kleinen bei? Verträgt man sich wieder, wenn man Streit hatte? Umarmt man sich? Lacht man wieder, wenn alles überstanden ist? Wird die Stimmung wieder munter, nachdem sie eher erdrückend war? DAS ist der größte Gefallen, den ihr eurem Kind tun könnt: dem Kind zu zeigen, dass man aufbrausen und schimpfen kann, wenn etwas schwierig oder bedenklich wird – aber alles wieder gut wird, die Welt geht davon nicht unter. Das Leben geht weiter – manchmal still und ruhig, und manchmal tobend und rau, ihr haltet aber immer zusammen, ihr seid eine Familie, ihr gebt wegen ein wenig Gegenwind nicht auf, und ihr reagiert nicht voreilig (d.h., ihr habt eure Wut und eure Unzufriedenheit unter Kontrolle und könnt die Angelegenheit auf eine gute Art und Weise beenden, wenn was auch immer geklärt ist). Die Art, wie man einen Streit beendet, ist, wie gesagt, äußerst wichtig. Die Luft muss wieder rein werden. Dann wird das Kind auch nicht darunter leiden, dass hin und wieder ein bisschen Wellengang entsteht – möchte ich mal behaupten!

Ihr solltet euch auch noch darin üben, in der Hitze des Gefechts – egal wie sauer oder aufgeregt ihr sein mögt – von einem Moment auf den anderen einen totalen Wechsel vollziehen zu können und dem Kind – falls es durch einen Blick oder mit Worten einzugreifen versucht – freundlich zu antworten, so als würde eure Einstellung zum Kind nichts mit dem Streit zu tun haben (was sie ja in der Tat auch nicht hat).

Das Üben könnt ihr leicht theatralisch gestalten! Fangt einen vor Wut kochenden Streit an, während ihr allein seid, und stellt euch dann vor, das Kind würde plötzlich auftauchen (eine/r von euch kann die Rolle des Kindes übernehmen). Und dann schaut ihr, wie ihr dann am besten weiterkommt! Es kann eine wohltuende, kleine Lektion für euch beide werden, könnte ich mir denken. Liebe Grüße!

Testet sie uns aus?

Hallo! Meine Tochter (die zur Hälfte spanisch ist) ist von Natur aus launisch und dazu noch ein kleiner Wutkopf. Sie ist zweieinhalb Jahre alt und hat wohl eine neue Trotzphase erreicht. Sie wurde mit einer Kolik geboren, die ein halbes Jahr lang anhielt.

Sie wirft mit Sachen und schreit und schreit, so dass wir es nicht mehr aushalten und ständig nachgeben – zumindest halbwegs. Dabei dreht es sich um ganz unterschiedliche Situationen: Dass sie sich nicht hinlegen will, dass sie nicht in ihrem eigenen Bett schlafen will, dass sie keine Windel umhaben will (sie hat angefangen, aufs Töpfchen zu gehen), dass sie vor dem Essen kein Eis bekommt usw. Das alles wühlt dieses kleine Mädchen dermaßen auf, und es ist sehr belastend, dann immer mit Großbuchstaben sprechen zu müssen oder sie in ihr Bett zu verfrachten, bis sie sich entschuldigen kann. Dabei geben wir nicht nach, eine Entschuldigung ist ein Muss! Ich glaube, dass sie uns austesten will, es hat sich aber zu einem immer währenden Problem entwickelt! Und nun bekomme ich schon richtig Angst vor dem so genannten Trotzalter (wenn sie drei wird). Wir planen noch ein zweites Kind. Meinst du, dass ein Geschwisterchen bewirken würde, dass sie noch mehr im Zentrum stehen möchte, oder wird es sie reifer machen und sie endlich zur Vernunft kommen lassen? Ich wäre für Tipps und Ratschläge sehr dankbar.

Testet sie uns aus? (Kommentar)
Ein so kleines Kind begreift noch gar nicht den Sinn des Wortes Entschuldigung. So wie sie – meiner Meinung nach – auch nicht versteht, warum sie sich entschuldigen muss! Und um weiterzumeckern, muss ich noch eine Sache in Frage stellen: Wie kann man ein nur zweieinhalbjähriges Kind launisch nennen? *Maggan*

Hallo, meine Liebe. Nun hat dich die Unterzeichnerin, Maggan, schon mit ihrem Kommentar ein Stück zurechtgewiesen, und ich muss mich ihr anschließen: Dein kleines Mädchen ist viel zu klein, um sich dafür entschuldigen zu müssen, dass es sie überhaupt gibt, denn sie versteht ja noch gar nicht, was sie falsch macht. Sie lebt und entwickelt sich so, wie es von der Natur aus vorgesehen ist, und wenn sich jemand entschuldigen müsste, dann wäre es der liebe Gott, der den Menschen so geschaffen hat, dass es notwendig ist,

Schwierigkeiten und Widerstand zu überstehen, um groß werden zu können. Ganz im Stillen wundere ich mich sowieso darüber, wie in aller Welt ihr sie dazu bringt, sich zu entschuldigen – aber anscheinend funktioniert es irgendwie, was zeigt, dass kleine Kinder wirklich alles lernen können, was man ihnen beibringen möchte. Dabei solltest du wissen, dass eine Entschuldigung für die Kleine nichts weiter ist als ein Ritual ... in etwa vergleichbar mit dem Zähneputzen oder dem Trinken von einem Glas Milch. Hier geht es überhaupt nicht um irgendwelche moralischen Aspekte!

Es ist offensichtlich, dass sie im Trotzalter ist. Jetzt schon. Bei kleinen Mädchen beginnt es oft im Alter von etwa zweieinhalb Jahren und dauert ungefähr ein Jahr lang, mit einer Pause von ein paar Monaten mittendrin. Das Trotzalter ist eine große Herausforderung – und dies auch für euch als Eltern. Aber es ist – finde ich – die spannendste Herausforderung, die es überhaupt gibt. Und sie lässt sich in den Griff bekommen, ohne das Kind dabei zu kränken, ohne mit ihm auf Kriegsfuß zu stehen, und ohne es mit Höllenplagen oder irgendwelchen »Konsequenzen« zu peinigen. Man sollte das Trotzalter als eine ungeheuer wichtige Entwicklungsphase ansehen, in der das kleine Kind zu einer sozialen Persönlichkeit wird – zu einem Kind, das Rücksicht nehmen und *mit* anderen Kindern spielen lernt. Also nicht nur neben (oder sogar auf) ihnen. Es ist ein großes Abenteuer und der erste Schritt auf dem mit Dornen bewachsenen Weg, der uns zu »Bürgern« macht; und an dessen Ende wir keine ausgestoßenen, sondern wohltuend notwendige und geschätzte Teilnehmer in einem sozialen Zusammenspiel sind – denn das ist es, woran wir alle teilnehmen sollen, um in dieser Welt richtig leben zu können. Für mich war es schon immer sehr faszinierend, dieses Abenteuer zu verfolgen und darauf reagieren zu können, um zu versuchen, das Kind dabei zu lenken.

Du hast nun eine leicht feindselige Einstellung zu deinem Kind, weil du die Kleine so siehst, als wäre sie gegen euch auf die Barrikaden gegangen – und das ist sie vielleicht, aber eigentlich ist sie im Clinch mit dem Leben an sich –, nicht um gemein, launisch oder »auf spanische«(!) Art aufbrausend zu sein, sondern um zu erkennen, wofür *ihr* steht. Sie braucht euch als liebevolle Wegweiser in einer verwirrenden Welt, in der ihr ihre eigene Unzulänglichkeit SEHR bewusst ist, was bei jedem Menschen ziemlich starke Gefühle der Ohnmacht hervorruft – egal in welchem Alter man sich befindet. Die Frage ist, ob ihr die Anforderungen und die Wünsche, die sie an euch stellt, erfüllen könnt? Mit der Einstellung, die ihr jetzt habt – dass ein kleines, zweieinhalbjähriges Kind sich euren Normen und eurem Verhaltenskodex aus eigenem Antrieb anpasst (oder damit auf die Welt gekommen sein muss?) –, sieht es, entschuldige meine Aufrichtigkeit, ein wenig schwarz aus. Man kann Kinder nicht dazu ermahnen oder mit Strafen dazu bringen, sich so zu benehmen, wie man es wünscht. Man kann nur klare Anweisungen geben, also zeigen und instruieren – in liebevoller Weise –, und sollte das Kind sich mal vollkommen unmöglich verhalten, kann man – wie ihr es auch tut – zur Verbannung greifen, aber die Verbannung muss dann die Konsequenz eines sozial unakzeptablen Verhaltens sein und niemals eine Strafe. Und man sollte auf gar keinen Fall auf einer wörtlichen Entschuldigung bestehen, denn das sind nur Worte – und die sind für kleine Kinder nicht greifbar.

Ein neues, kleines Familienmitglied würde das Verhalten des Mädchens ganz bestimmt positiv beeinflussen (vorausgesetzt ihr macht es richtig), aber du darfst nun nicht damit rechnen, dass ein Brüderchen oder Schwesterchen deine Tochter in einen Engel verwandeln wird. Es sind nicht die Kleinen in der Familie, die sich in ihrer Entwicklung zum reifen und erwachsenen Menschen gegenseitig stärken sollen. Das ist die Aufgabe der Eltern! Liebe Grüße!

Zu Hause nicht immer am besten

Hallo! Ich hatte ein Jahr lang Mutterschafts- und Erziehungsurlaub, und danach nahm der Vater anderthalb Jahre Erziehungsurlaub. Wir konnten es uns aber nicht leisten, mehr als zweieinhalb Jahre beim Kind zu Hause zu sein. Für das letzte halbe Jahr mussten wir ein Darlehen aufnehmen. Ich bewundere dich, Anna, und ich habe sehr viel Freude an »Das Kinder-Buch« und auch an dieser Website, aber: Offensichtlich bist du, wie mir scheint, partout gegen Kindertagesstätten. Ich verstehe auch, warum, aber ist es nicht ein bisschen zu kategorisch, zu behaupten, dass es den Kindern zu Hause bei Mama oder bei Papa immer besser geht? Ich glaube, dass es Einzelkindern gut tut, wenn sie täglich für ein paar Stunden in einer Kindertagesstätte sein können – jedenfalls ab einem Alter von etwa drei Jahren. Und wo findet man in der näheren Umgebung schon Kinder, die tagsüber zu Hause sind? Die meisten Eltern gehen heutzutage arbeiten und bringen ihre Kinder in Tagesstätten unter. Können die sozialen Begegnungen eines Kindes im Kindergarten nicht doch sehr wertvoll sein?

Hallo, meine Liebe. Es war super, dass ihr zweieinhalb Jahre bei dem Kleinen sein konntet – weil ihr eure Prioritäten so gesetzt hattet! Vermutlich habt ihr es aus demselben Grund wie ich gemacht. Ich bin gegen eine zu frühe Unterbringung in Tagesstätten, weil Kinder unter drei Jahren – als erste Priorität – ihr Zuhause und ihre Eltern, ihre Herde brauchen, damit sie in Bezug auf ihre Zugehörigkeit keinen Zweifel haben müssen.

Ich behaupte mal wie die Politiker, das mit den Kindertagesstätten »habe ich nie so gesagt«, also dass es Kindern zu Hause bei Mama oder Papa immer besser gehen würde! Wenn man beispielsweise ein vierjähriges Kind zu Hause »einsperren« würde – so dass es keine anderen Kinder kennen lernen und auch seinen Horizont nicht erweitern und nichts über seine Umwelt erfahren könnte –, würde es sicherlich am Ende einfach abhauen, mit Sack und Pack, wie ich es in »Das KinderBuch« beschrieben habe. Was ich im Sinn habe, sind die ersten drei Jahre. Zwei Erwachsene z. B., die sich verlieben, können jeweils aus ihren bestehenden Ehen ausbrechen, können auf teure Häuser und Autos verzichten, auf Prestige und Geld pfeifen, um zusammen in eine Zweizimmerwohnung in irgendeiner Vorstadt einzuziehen – nur damit sie zusammen sein können. Das nennt man Prioritäten setzen! Sollte ein kleines Kind keine solche Prioritätensetzung verdienen?

Verhalte ich mich richtig?

 Mehrere Male habe ich meine Tochter, die bald drei wird, in ihr Zimmer geschickt, wenn sie sich richtig schlecht benommen hat. Der Grund ist, dass es einfach keine andere Methode gibt (die ich kenne), um ihr Einhalt zu gebieten, wenn sie so wütend geworden ist, dass sie anfängt mit Sachen zu werfen, oder beißt oder haut usw. Und dieses Verhalten kann sie manchmal nur wegen Kleinigkeiten an den Tag legen. Ich bin der Meinung, dass es eine gute Lösung sein kann, sie aus der Situation herauszuholen und sie in ihr Zimmer zu verweisen, wenn die Lage so festgefahren ist, dass weder sie noch ich einen anderen Ausweg finden. Aber es ist in der Tat herzzerreißend, im Wohnzimmer zu sitzen und zu hören, wie sie dort drinnen weint und nach Mama ruft. In der Regel muss ich dann auch noch weinen … Es dauert nicht lange, dann gehe ich hinein, wir umarmen uns und reden darüber, wie die Auseinandersetzung zustande kam, was sie so wütend gemacht hat und warum sie in ihr Zimmer gehen musste. Und dann ist alles wieder gut.

Nun gibt es sicherlich viele, die meinen, es sei für ein armes, kleines, zweijähriges Mädchen falsch und erniedrigend, in ihr Zimmer verbannt zu werden. Aber wenn die Lage so ist, dass ich reagieren MUSS, weiß ich nicht, was ich sonst machen soll. Ist es schrecklich falsch von mir, so zu reagieren? Es wäre wunderbar, wenn ich einen Vorschlag bekomme, wie ich mich sonst verhalten könnte.

Es ist nie angenehm, wenn man zu dem, den man liebt, unangenehm sein muss, aber wenn es um Kinder geht, ist es nun mal ab und an notwendig. Besonders während des Trotzalters, in dem sich deine Tochter zurzeit befindet und in dem die Kinder den Widerstand und den deutlichen Bescheid der Eltern geradezu FORDERN (und es kann, wie gesagt, manchmal unangenehm sein, diesen zu vermitteln). Dass man sich richtig verhält, sieht man an der Reaktion des Kindes: Das kleine Kind muss mit Erleichterung reagieren, wenn das Trotzen vorübergegangen ist, weil du die Situation richtig gehandhabt hast. Ist das nicht der Fall, wird der Wutanfall sich weiter steigern, bis das Kind vor Wut und Ohnmachtgefühlen fast sein Bewusstsein verliert. Und dann hat man meiner Meinung nach sein Kind im Stich gelassen. Dann hat man die leitende, helfende Verantwortung nicht übernommen.

Du machst überhaupt nichts falsch, wenn du dein kleines Mädchen in ihr Zimmer verweist, ganz im Gegenteil! Die Erziehung, die ja gerade im Trotzalter ihren Anfang nimmt, hat das Ziel, den kleinen Kindern beizubringen, wie man mit anderen Menschen lebt und zu einem sozialen Wesen wird, wie man Rücksicht auf andere nimmt und nicht nur an sich selbst denkt. Verhält sich das Kind im sozialen Zusammenhang unakzeptabel, muss es sich woanders so verhalten – einsam und allein. Das ist die logische Konsequenz. Wenn man sich dann wieder nach den sozialen Spielregeln verhalten möchte – d.h., man unterlässt das Beißen, das Schreien, das Treten etc. –, dann darf man auch wieder mit den anderen zusammen sein.

Möglicherweise machst du im weiteren Umgang mit der Verbannung etwas falsch! Es ist nicht Sinn der Sache, dass du im Wohnzimmer sitzt und weinst, und es ist auch nicht Sinn der Sache, dass deine Tochter in ihrem Zimmer sitzt und weint.

Versuche die Dinge etwas nüchterner zu betrachten – du musst gar kein schlechtes Gewissen haben! Denk in Wendungen wie: So macht man es – so macht man es nicht. Denk an Menschen, die Auto fahren: Sie müssen sich nach den Verkehrsregeln richten. Tun sie das nicht, verlieren sie ihren Führerschein und dürfen nicht auf der Straße dabei sein. Sie werden von der Schar der Autofahrer verbannt. Wenn sie dann wieder korrekt fahren können und sich nach den Regeln richten, bekommen sie ihren Führerschein zurück und dürfen wieder am Straßenverkehr teilnehmen. Und du bist dabei, deinem Kind etwas sehr Ähnliches beizubringen.

Und es muss gefühlsmäßig gar nicht so belastend sein! Man muss nicht darüber weinen, dass eine Person vorübergehend ihren Führerschein verliert. Man kann stattdessen sein Vertrauen dareinsetzen, dass der/diejenige in Zukunft lernen wird, in nüchternem Zustand zu fahren, bei Rot anzuhalten, keine anderen Autos anzufahren oder was es auch sein mag. Wenn dein kleines Mädchen sich also im Straßenverkehr nicht korrekt verhält, kannst du ihr beruhigt, ja, in der Tat auf freundliche Weise, ihren Führerschein entziehen: Es tut mir Leid, meine Kleine, aber wenn du dich so und so verhältst, darfst du nicht dabei sein! Dann musst du allein bleiben, in deinem Zimmer. Das ist traurig, aber so ist es nun mal. Ich habe dir gesagt, dass du nicht mit Sachen werfen darfst, dass du nicht beißen und hauen darfst. Und nun hast du es gemacht, obwohl ich gesagt habe, dass man es nicht tun darf. Ich werfe nicht mit Sachen, ich beiße dich nicht und ich haue auch nicht. Das darfst du auch nicht. Aber willst du unbedingt schreien und beißen und hauen, dann musst du es für dich alleine in deinem Zimmer tun. Und du darfst erst wieder herauskommen, wenn du wieder lieb bist und damit aufhörst, mit Sachen zu werfen, und wenn du nicht mehr beißt und haust. Bis gleich!

Du solltest dabei entweder sehr ruhig und sachlich vorgehen oder auch richtig wütend werden. Aber auf keinen Fall traurig. Du musst dich nicht dafür entschuldigen, dass du ihr die Verkehrsregeln in dieser Welt beibringst. Ganz im Gegenteil! Du solltest dich kompetent fühlen, denn du machst es genau richtig! Und du erweist deinem Kind damit einen großen Dienst. Denn sie muss lernen, wie man sich in der Gemeinschaft mit anderen verhält. Verbanne sie, wenn sie Wutanfälle bekommt und sich schrecklich benimmt (aber nicht wenn sie traurig ist). Lass sie hinter ihrer Tür heulen und schreien. Aber sobald sie Luft holen muss und still wird, öffnest du sofort die Tür und fragst: »Bist du jetzt fertig?« »Möchtest du herauskommen?« Erneutes Geschrei hat zur Folge, dass du die Tür wieder zumachst. Aber weiche nicht von deinem Platz an der Tür, wiederhol deine Frage, sobald sie wieder still wird: »Bist du jetzt fertig?« »Möchtest du wieder mit mir mitkommen?« Und wenn sie dann schließlich mit dir mitgeht (sauer, wütend, aber nicht traurig), behandelst du sie, als wäre alles in bester Ordnung – was es ja auch wieder ist. Rede nicht darüber, warum sie wütend wurde oder warum du dies oder jenes gemacht hast oder warum dies oder das passierte usw. Hör damit auf, die Dinge zu psychologisieren! Beobachte stattdessen (etwas verdeckt) ihre Reaktion. War sie letztendlich erleichtert – dazu bereit, sich nach den Verkehrsregeln zu richten? Gut! Dann gibst du ihr den Führerschein wieder (d.h., du freust dich, bist gut gelaunt, zeigst beruhigt deine Anerkennung, verhältst dich wie sonst auch – ja, du verhältst dich wie alle anderen Menschen dort draußen im Straßenverkehr). Liebe Grüße!

Verhalte ich mich richtig?
(Fortsetzung)

Tausend Dank für deine umfassende Antwort. Ich kann dir gar nicht sagen, welche Erleichterung es für mich war, zu erfahren, dass ich mein kleines Mädchen nicht misshandle!

Außerdem war es schön, einige Tipps zu bekommen, wie ich es mit der Verbannung besser hinbekommen kann und dass ich nicht traurig sein und ein schlechtes Gewissen haben muss. Noch einmal tausend Dank für deine Antwort. Und viele liebe Grüße!

Er macht uns bald wahnsinnig

Ich habe einen dreijährigen Sohn, der sowohl mich wie auch meinen Mann bald wahnsinnig macht. Ich habe viel über das Trotzalter gelesen und kann bei ihm einiges wiedererkennen. Das Problem ist, dass unser Sohn richtiggehend danach sucht, um einen Wutanfall zu bekommen. Es kann bis zu zehn Mal am Tag vorkommen. Diese Anfälle äußern sich so: Er schreit wie verrückt und legt sich auf den Fußboden – und dann ist es einfach unmöglich, an ihn heranzukommen. Wir sind als Eltern sehr konsequent gewesen, unserem Sohn etwas abzuschlagen, wenn er einfach danach schreit. Er bekommt es nur, wenn er lieb danach fragt. Wie ich es sehe, hat er mit seinem Schreien eigentlich nie etwas erreicht. Er müsste doch diese Botschaft von unserer Seite begreifen können, oder nicht? Er verhält sich nun schon seit über einem halben Jahr so, und wir schaffen es bald nicht mehr, ruhig und pädagogisch korrekt zu bleiben. Beispielsweise kann der Tag ganz und gar schief laufen, wenn er morgens nicht selbst seinen Joghurt auf den Tisch stellen kann und jemand anderes es schon für ihn getan hat. Ich habe versucht, solche Probleme zu vermeiden, indem ich vorausschauend bin und ihn ständig frage, ob er dies oder jenes selbst machen möchte, aber dann habe ich das Gefühl, dass er allmählich die Führung übernimmt. Wir schleichen geradezu auf Zehenspitzen in unserem Zuhause umher, um unnötige Konflikte zu vermeiden. Bald können wir nicht mehr. Sollen wir die Hoffnung aufgeben und unsere Ablehnung seiner Forderungen in Großbuchstaben ausdrücken oder gibt es noch eine andere Lösung? Hilf uns, liebe Anna!

Hallo, meine Liebe. Ja, ihr werdet sicherlich mit Großbuchstaben reden müssen, aber deswegen braucht ihr doch noch lange nicht die Hoffnung verlieren. Dies ist nämlich die allererste Phase, in der die kleinen Kinder klaren Bescheid und auch Grenzen fordern – im Trotzalter. Ihr könnt euch jetzt schon darauf einstellen, dass noch zwei weitere Fegefeuer durchzustehen sind: bei der Krise des 6-Jährigen und im Alter von etwa 14 Jahren.

Ein kleines Trotzkind ist ja immer noch ein sehr kleines Kind. Es hat noch überhaupt keinen Erfahrungsschatz, auf den es zurückgreifen könnte. Der ganze Zirkus ist für ihn genauso erschreckend, wie er für euch anstrengend ist. Das Trotzalter ist – so wie auch die anderen beiden Phasen der Veränderung, die ich genannt habe – ungeheuer wichtig für die Entwicklung eines Kindes zum sozialen Menschen, der den Alltag mit anderen meistert. Im Endeffekt sind diese das Kind verändernden Krisenzeiten dazu da, um es mit Selbstständigkeit und Selbstwertgefühl zu rüsten, beides Voraussetzungen für ein wohl funktionierendes, soziales Leben, ohne das kein Mensch leben kann – zumindest nicht richtig, denn der Mensch ist nun mal ein Herdentier.

Ich brauche vielleicht gar nicht sagen, dass ihr mit seinem Trotzalter bisher – ganz offensichtlich seit einem halben Jahr – nicht ganz optimal umgegangen seid. Diese Phase ist überaus anstrengend, das ist schon klar, aber sie kann anders gehandhabt werden: liebevoller, ruhiger, ja sogar gemütlicher (wenn man sich selbst davon überzeugen kann, dass neue Herausforderungen in der Tat auch spannend sein können …), ganz anders, als ihr es bisher geschafft habt. Ihr müsst wirklich nicht auf Zehenspitzen umherschleichen, und ihr müsst auch nicht das Gefühl haben, dass die ganze Situation bald kaum noch zu ertragen ist. Ihr solltet das Gefühl haben, dass ihr die Situation unter Kontrolle habt. Ihr seid doch schon auf dem richtigen Weg mit euren Botschaften, aber in der Praxis müssen diese Botschaften in konkrete Anweisungen, d.h. Handlungen, umgesetzt werden. Ich bitte dich deshalb, lese und lerne und beobachte die Reaktion deines Kindes: Verhältst du dich bei einem Trotzanfall richtig, wird das Kind mit offensichtlicher Erleichterung reagieren. Alles andere ist falsch, wenn ich es ganz brutal ausdrücken darf.

Du hast ein ganz konkretes Beispiel genannt: Der Joghurt, der ihm den ganzen Tag verkorkst, weil schon jemand da war und ihn auf den Tisch gestellt hat. Dies ist eine einfache und auch klassische Situation. Es kommt beispielsweise immer wieder vor, dass man als Erwachsene/r dämlicherweise auf den Knopf im Fahrstuhl drückt, worauf das Kind, das einen begleitet, laut schreit: ICH wollte drücken!! – und zusammenbricht. Dann bringt man den Fahrstuhl wieder in die Ausgangsposition zurück, und wenn er dort still steht, sagt man: Würdest du so lieb sein und den Knopf drücken, bitte? Darauf ist alles wieder gut. Mit anderen Worten: Der Joghurt muss auf kürzestem Weg in den Kühlschrank zurück – und wir fangen von vorn an: freundlich und mit einem dicken Dankeschön hinterher! Komplizierter braucht das gar nicht sein. Wir dusseligen Erwachsenen bekommen von unseren kleinen Kindern immer wieder neue Chancen – und dafür sollten wir äußerst dankbar sein. Liebe Grüße!

Warum so Mama-anhänglich?

Nochmals hallo, Anna! Meine fast 3-jährige Tochter ist unheimlich Mama-anhänglich, und deshalb versuche ich, sie mehr ihrem Papa zu überlassen. Ich neige dazu, ein schlechtes Gewissen zu bekommen, weil er ihr dann mehr oder weniger aufgezwungen wird, aber es ist nicht immer so – manchmal ärgert mich ihr Verhalten auch, zum Beispiel wenn ich sehe, dass ihr Papa die Dinge genauso gut machen kann. Wenn sie z.B. Milch trinken möchte und danach fragt, während der Papa auch in der Küche ist. Holt er einen Becher und will Milch einschenken, protestiert sie: NEIN, Mama soll das machen! Er könnte es ja genauso gut machen, und ich müsste dann nicht in die Küche hasten ... In einer solchen Situation habe ich das Gefühl, dass sie uns um ihren kleinen Finger wickelt. Oder was meinst du?

Wir versuchen ab und an, dass der Papa solche Aufgaben übernimmt. Manchmal akzeptiert sie es und alles ist O.K. Aber wenn sie sich dann unmöglich verhält und fordert, dass ich das mache, wie soll ich mich deiner Meinung nach verhalten?

Sie hat sich schon immer so benommen, mehr oder weniger. Und man möchte ja gerne wissen, wann sie endlich damit aufhört. Wir erwarten nun noch ein Kind, und wie soll es bloß werden, wenn sie dermaßen auf mich fixiert ist. Hast du vielleicht ein paar Tipps, wie wir uns verhalten sollen, wenn das neue Baby da ist? Zu dem Zeitpunkt wird die Große dann schon drei sein.

Hallo, meine Liebe. Wenn dich dein kleines Fräulein ausnutzt und als Bedienstete betrachtet, musst du deine Ablehnung natürlich zeigen. Es ist nicht gut für sie, wenn ihr erlaubt wird, dich herumzukommandieren. Ich verstehe dich – man muss lernen, die verschiedenen Situationen richtig einzuordnen. Du sollst sie ja nicht ablehnen, wenn sie dich als Mutter wirklich braucht, aber du darfst nicht zulassen, dass sie mit dir umspringt, wie sie gerade Lust hat.

Was die Milch angeht, würde ich ganz plötzlich schreckliche Bauchschmerzen bekommen: Oh, nein, Mama muss ganz schnell zur Toilette! Ich komme gleich! Und dann würde ich eine Zeitung mitnehmen und schön lange darin lesen – oh, es tut mir Leid, ich konnte nicht so schnell wieder rauskommen …

In aller Ruhe musst du versuchen, ihr beizubringen, dass Mama nicht immer zu ihrer Verfügung stehen kann – und dann ist es doch sicherlich schön, auch einen Papa zu haben, manchmal! (Aber auch er darf nicht ständig zum Gebrauch bereitstehen!) Du kannst ihr vielleicht ein bisschen Theater vorspielen, wenn der Papa nicht da ist, und wie eine ungeheuer hilflose Mutter dastehen und murmeln: Ach, wenn Papa nach Hause kommt, kann er dir bei diesem oder jenem helfen … ach, wo BLEIBT denn nur der Papa? Wenn er zu Hause wäre, wäre alles so viel einfacher … ich brauche ihn so sehr, ohne ihn ist alles so schwierig! So etwas kann die Kleine zum Nachdenken anspornen! Und bedenke, dass kleine Kinder auf ganz natürliche Weise alles, was sie nie haben entbehren müssen, für selbstverständlich ansehen.

Und vergiss nicht: Deine Kleine muss sich nützlich fühlen! Beteilige sie – jeden Tag, und in dem Umfang, den sie gerade schafft, an Aufgaben, die zum Wohlergehen der ganzen Familie erledigt werden müssen. Es wird wie ein »Sesam, öffne dich!« funktionieren, und du wirst große Freude daran haben, besonders wenn das neue Baby da ist. Wenn du dich ausreichend hilflos verhältst, wirst du sie an deiner Arbeit beteiligen können, und das in einer Weise, bei der sie sich wunderbar nützlich und notwendig fühlen kann. In ihrer ganzen, anstrengenden Mama-Anhänglichkeit strebt sie nach *Zusammenarbeit*, meiner Meinung nach. Liebe Grüße!

Warum so Mama-anhänglich?
(Fortsetzung)

 Hallo, da bin ich wieder – und danke für deine Antwort! Vielleicht werde ich mich jetzt ein wenig wiederholen, aber ich habe noch ein paar kleine Fragen …

Die Situationen treten ja täglich viele, viele Male auf … und es ist auch in Ordnung, dass ich für sie da sein muss. Ich helfe ihr ja gerne, ab und zu, und dass sie ihren Papa nicht gebrauchen kann, wenn sie auf die Toilette muss, ist sicherlich ganz O.K. Aber warum muss ich auch alles andere für sie machen? Mama muss: sie anziehen, ihr das Brot schmieren, ein Video in den Recorder tun, ihre Windel wechseln, ihr die Milch bzw. den Saft einschenken usw. Und ich muss das Auto fahren und ihr beim Aussteigen aus dem Auto helfen etc.

Genauso ist es, wenn wir bei meiner Mutter zu Besuch sind, was sehr häufig vorkommt. MAMA MUSS DAS MACHEN!, bekomme ich laufend zu hören. Muss ich wirklich jedes Mal parieren?

Ich versuche oft, ihr zu erklären, dass Oma es genauso gut machen kann, oder auch Papa … aber in der Regel lässt sie nicht locker. Sie fängt schließlich an zu weinen, trampelt auf der Stelle und wird ganz verzweifelt. So scheint es mir jedenfalls. Oh, es ist so schwierig! Oft habe ich das Gefühl, dass sie mich nur noch an der Nase herumführt … Okay, es scheint, dass sie in der Tat möchte, dass ich alles für sie mache, aber so kann es ja nicht bis in alle Ewigkeit weitergehen.

Findest du, dass ich als Mutter immer noch ständig zu ihrer Verfügung stehen und alles für sie machen sollte – oder was?

Manchmal versuchen wir hart zu bleiben, und ab und zu funktioniert es auch – sollten wir vielleicht lieber damit weitermachen? Und wenn es nicht funktioniert und ich spüre, dass die Verzweiflung wieder näher rückt, soll ich dann trotz allem auf sie hören? Es wird wohl nicht so werden, dass sie merkt, dass sie mich in dieser Weise lenken kann, oder? Wie du verstehen wirst, mache ich mir um diese Sache sehr viele Gedanken – es ist ja andauernd ein Problem. Ich möchte doch alles richtig machen, ihretwegen. Nun hoffe ich, dass du meine Fragen wieder beantworten magst. Liebe Grüße!

Du tapferer Mensch! Du verhältst dich genauso wie ein kleines Kind: Du fragst immer weiter (auch wenn Kinder ihre Fragen meistens durch ihr Handeln zum Ausdruck bringen), bis du eine genaue Antwort (einen genauen Bescheid) bekommst … und das ist auch richtig so!

Offensichtlich möchtest du allem ein Ende setzen, nicht aus Prinzip oder weil du Angst hast, dass du dein Kind verwöhnst, oder zu mütterlich bist oder auf den Vater Rücksicht nimmst, sondern weil du – wie mir nun letztendlich klar geworden ist – der Meinung bist, dass die jetzige Lage DEINEM Kind nicht gut tut. Deine Tochter mag wirklich dabei sein, sich ihre ganz eigene Bedeutung – man könnte es auch Macht nennen – dadurch zu verschaffen, indem sie dich beherrscht, und das tut ihr ganz sicher nicht gut. Im Übrigen ist diese Form von Macht bei jedem, der sie ausübt, egal ob groß oder klein, übel und gefährlich, und für ein kleines Kind ist sie erst recht völlig untragbar. Und genau das fühlst du und willst es beenden. Deshalb wird es notwendig werden, schweres Geschütz aufzufahren!

Genau wie alle anderen Menschen auch, möchten die kleinen Kinder tief in ihrem Innern, dass andere Menschen das, was sie tun, auch wirklich deswegen machen, weil sie es wollen; weil sie daran glauben und dafür geradestehen können und nicht weil andere sagen, dass sie es tun müssen, oder weil sie sich opfern oder weil sie unwissend sind oder weil ihnen der Mut fehlt, sich durchzusetzen. Kinder haben ihre eigene Methode, um dieses Rückgrat geradezu hervorzuzwingen, weil sie es als Vorbild und gutes Beispiel für ihre eigene Identitätsbildung brauchen – als glaubwürdiges Gepäck für ihre lange Reise durch die vielen Entwicklungsphasen, die sie zum reifen Menschen und zum selbstständig denkenden Individuum machen. Das, was im Falle deines kleinen Mädchens sicherlich als ein liebevolles, ein wenig beunruhigendes oder ganz allgemein zugehörigkeitssuchendes Bedürfnis nach Bestätigung anfing, hat sich möglicherweise in einen an ein Ritual gebundenen Zwang verwandelt – auch für die Kleine selbst. Und das ist nicht gut. Denn wir lernen nicht, uns selbst und unsere Fähigkeiten zu beherrschen, indem wir *andere* Menschen beherrschen.

Hier möchte ich deshalb ganz radikal eine Kur vorschlagen, die ihr Selbstwertgefühl unter ganz anderen Bedingungen, als die jetzt geltenden, aufbauen soll. Daher habe ich dir empfohlen, sie systematisch und täglich nützlich sein zu lassen – bei all den kleinen Aufgaben, die sie übernehmen kann und möchte, nicht nur für sich selbst, sondern für euch alle – im Kampf um die gemeinsame Existenz. Denn die soziale Beteiligung muss die Grundlage für ein positives, dauerhaftes und sozial funktionierendes Selbstwertgefühl bilden. Darin liegt die positive Macht – denn so kann sie sich jeden Tag, auch wenn ihre Leistungen noch klein und ohne große Bedeutung sein mögen, sagen (bis es sich allmählich in ihrem Rückgrat einnistet): »Die anderen würden ohne mich schlechter zurechtkommen.« Dies kann nicht deutlich genug betont werden! Denn um ihr die eine Art von Macht wegzunehmen, musst du ihr eine andere, die »richtige« sozusagen, geben.

Deshalb solltest du meiner Meinung nach ab sofort ihr »Mama muss« konsequent ablehnen. Kein Mensch kann dich zu etwas zwingen, sie auch nicht. Und es braucht auch gar nicht besonders unangenehm sein. »Nein, das kann Mama gerade nicht, denn Mama muss die Tüten tragen«, kannst du beispielsweise sagen und dabei eine Tüte in jede Hand nehmen und gehen, worauf der Papa oder die Oma resolut das Kind übernehmen und ihr aus dem Auto helfen oder worum es nun gerade geht. (Bereite die andere Person darauf vor – sie muss sofort handeln, und das Kind darf keine Gelegenheit bekommen, zu protestieren!). Es können harte Kämpfe werden, wie du sicherlich verstehst, aber es müssen nicht sonderlich viele werden. Du musst ganz einfach lernen, NEIN zu sagen und die Führung zu übernehmen, und dasselbe gilt für die anderen in ihrer Umgebung. Schreit sie aus Protest, hört ihr es nicht. Man kann keinem Menschen verbieten, auf etwas zu reagieren, aber man muss nicht – und sollte auch nicht immer! – davon Notiz nehmen. Erst wenn sie ernsthaft und tief unglücklich wird, musst du dich natürlich darum kümmern, aber nicht, indem du auf ihr eventuelles »MUSS« reagierst – welches ab jetzt in eurer Familie zu den »schlimmen Wörtern« zählen sollte –, sondern weil du endlich selbst handeln möchtest. Jedes Mal, wenn du nun selbst das Wort MUSS in den Mund nimmst – »Nein, das muss Mama nicht, denn Mama muss diese Tasse abwaschen!« –, dann sollte es für dich mit einem »Möchte« gleichbedeutend sein. (Auch wenn du nicht gerade danach brennst, die Tasse abzuwaschen, musst du dein Ziel vor Augen haben: die Kleine von Riten und Machtspielen zu befreien und ihr stattdessen ein wahres und wohlbegründetes Selbstwertgefühl zu vermitteln – ein Selbstwertgefühl, das auf etwas Echterem und Haltbarerem baut.) Dass sie oft nachgibt, wenn ihr beharrlich seid, hängt damit zusammen, dass sie spürt, dass ihr etwas wollt und für etwas steht, und das bringt ihr die Erleichterung. Zusätzlich zur sozialen Beteiligung, bei der sie sich im Rahmen des Wohlergehens der ganzen Familie nützlich machen kann, auch, wenn ihre Hilfe noch so unbedeutend erscheinen mag (und für die du dich immer herzlich bedankst, so als hätte sie dich wirklich entlastet, als hättest du es ohne ihren Einsatz gar nicht geschafft), verfügst du noch über zwei weitere hilfreiche Techniken, die du systematisch einsetzen kannst:

1. Forderungen stellen und zwar in Form von neugierweckenden und aufmunternden Herausforderungen. »Ich glaube, das schaffst du schon alleine.« »KANNST du das? Zeig es Mama mal!« »Schaffst du das?« Macht sie es dann, klatschst du jubelnd in die Hände: »Du KANNST es ja«. Du hast es geschafft! Ich habe ja so ein tüchtiges Mädchen!« Macht sie es aber nicht, bedauerst du: »Ach, das ist aber schade! Dann können wir jetzt gar keine Milch trinken … oder Saft, oder Butterbrot essen, oder zu Oma gehen …« was auch gerade anliegt. Und bleib dabei konsequent, es passiert schon nichts Ernstes. Und bricht sie darauf in Tränen aus, dann lass es zu. Steh für das, was du gesagt hast, gerade, und mach dir gar keine Sorgen, denn in ihrer Reaktion testet sie bloß die Gültigkeit der Spielregeln. Und sie sollten deshalb ihre Gültigkeit behalten! Man kann sich eine Zeitung nehmen und darin ein bisschen lesen, während sie sich austobt, oder man ist anderweitig überaus beschäftigt und hört sie gar nicht! Dadurch lernt sie, sich auf eine andere – positivere und effektivere – Weise, Aufmerksamkeit zu verschaffen oder eine Zusammenarbeit zustande zu bringen.

2. Nutze jede Gelegenheit und sei fröhlich und WILLIG, in der wahren Bedeutung des Wortes, sobald sie ihr »MAMA MUSS« weglässt. Übernimm die Führung! Geh zu ihr, wenn sie nicht danach fragt, mache Sachen für sie, wenn sie es nicht – schreiend – verlangt, erfinde vorbeugende Maßnahmen, soweit es irgendwie möglich ist! Wenn sie beispielsweise ankündigt, dass sie auf die Toilette muss – denn das zeigt sie sicherlich, bevor sie »MAMA MUSS« schreit, oder? –, dann reagierst du umgehend mit deinem inneren »Ich möchte«. Und du sagst: »PAPA hilft dir!«, und machst dich unsichtbar, blitzschnell, worauf der Papa sie schnappt und sie auf die Toilette setzt und ihr dann den Rücken zukehrt. Eure gemeinsame Haltung ist die der totalen Selbstverständlichkeit. Sie muss eben mal! Und das schafft sie alleine (wenn nur jemand mit den Vorbereitungen hilft). Oder du hast das Gefühl, dass du ihr gerne helfen möchtest – BEVOR sie dich mit ihrem MUSS fordert! Dann stellst du die Sache auf den Kopf und zeigst deinen eigenen Willen: »Na, dann wollen wir mal zusehen, dass wir beide auf die Toilette kommen! Komm, beeil dich! Komm, wir laufen, schnell!« Und dann musst du natürlich auch pinkeln, sobald sie fertig ist …

Nun hoffe ich, dir einige wichtige Ratschläge gegeben zu haben (damit du mit deiner Fragerei aufhörst, du beharrliches »Kind«, ha-ha!). Viel Erfolg und ganz liebe Grüße!

Weint im Schlaf

Hallo, ich habe eine Tochter, die gut drei Jahre alt ist. Sie ist so süß, schlau und intelligent, glücklich und vollkommen normal. Das einzige Problem ist, dass sie fast ausschließlich im Schlaf ihren Trotz zeigt. Es fing an, als sie ein Jahr und zehn Monate alt war. Damals war ihre kleine Schwester gerade einen Monat alt und ich war mit den beiden zu Hause. Seitdem fängt sie (nun seit einem Jahr und vier Monaten) drei bis fünf Mal die Woche nachts im Schlaf an zu weinen und zu schreien, etwa eine bis drei Stunden, nachdem sie ins Bett gebracht wurde, was dann fünf bis fünfzehn Minuten dauern kann. Es spielt keine Rolle, ob sie im Bett, auf dem Schoß oder auf dem Fußboden liegt. Nach 10 Minuten ist es meistens schon wieder vorbei. Wir haben einen Zusammenhang zwischen ereignisreichen Tagen und stärkeren Anfällen festgestellt. Zeitweise ist das Muster sehr regelmäßig, z. B. fängt das Schreien nach 1 Std. und 45 Min. Schlaf an und dauert 7 Minuten, worauf sie tief seufzt und wieder einschläft. Aber manchmal kommen drei Anfälle an einem Abend, der letzte etwa um Mitternacht, und sie können bisweilen bis zu 30 Minuten dauern. Früher konnte sie sich morgens nicht mehr daran erinnern, aber jetzt weiß sie, dass sie nachts geweint hat. Sie scheint nun während der Anfälle auch wacher zu sein. Manchmal steht sie auf und geht Pipi machen, und gelegentlich beendet das den Anfall. Die längste Pause, die ganz ohne Anfälle verlief, betrug drei Wochen.

Unsere Tochter ist tagsüber ein Engel und hat sich nie vor Wut auf den Fußboden geworfen, obwohl sie im Alter von etwa drei Jahren lernte, »Ich will nicht« zu sagen. Wie können wir sie dazu bringen, sich im wachen Zustand abzureagieren – wie es andere Kinder tun? Oder ist alles O.K.? Wir erziehen sie mit ziemlich fester Hand, und ich habe versucht, sie dazu zu bringen, ihre Wut manchmal zu zeigen. Ist das gut? Hast du ein paar Tipps für mich?

Ich glaube nicht, dass du dir Sorgen machen musst. Nicht alle kleinen Kinder müssen tagsüber Wutanfälle bekommen. Deinem kleinen Mädchen geht es doch gut und sie hat die Situation unter Kontrolle. Stattdessen behandelt sie die Konflikte, die sie möglicherweise hat, nachts, im Traum, und es gibt nicht wenige Erwachsene, die es gleichermaßen tun. Auch wenn es traurig ist, egal ob sie sich im Nachhinein an das, was sie geträumt hat, erinnert oder nicht, gibt es nun mal nicht so schöne Sachen in dieser Welt, die einfach zum Leben dazugehören, und das ist ganz in Ordnung so. Wir wissen ja, welch eine große Rolle die Träume für den Menschen spielen. Sie funktionieren oft als eine Art Putzkolonne. Ich würde nicht versuchen, sie zu trösten, sie hochzunehmen oder sie auf den Arm zu nehmen, sondern sie, soweit es geht, in ihrem Bett beruhigen, sie zärtlich streicheln, küssen und knuddeln, damit sie spürt, dass sie nicht allein ist. Daran wird sie sich vermutlich auch nicht erinnern können, aber irgendwo im Reich der Träume wird es wohl doch ankommen – und ein Stück Geborgenheit bringen. Liebe Grüße!

Wilder und grober großer Bruder

Kannst du uns einen Rat geben, was wir bloß tun können? Wir haben zwei Jungs, der große ist drei Jahre und der kleine sechs Monate. Das Problem ist, was wir mit dem Großen machen sollen. Er ist eine wilde Hummel, hat eine herrliche Fantasie und ist überaus aktiv, aber leider ab und an ziemlich unvorsichtig und grob, und er ist ständig hinter seinem kleinen Bruder her. Na klar, er darf sich mit dem Kleinen beschäftigen, er ist ja immerhin sein Bruder, aber der Große wird meistens übermütig und packt ihn zu doll und der Ärger ist vorprogrammiert. Ich fühle mich so unglaublich müde, ich habe das Gefühl, dass ich nichts anderes mache, als ihn zu überwachen und mit ihm zu schimpfen. Manchmal erlebe ich, dass er mich testet, indem er bewusst etwas macht, von dem er ganz genau weiß, dass er es nicht darf, als ob er mich zum Reagieren provozieren möchte. Es ist total ermüdend, dass es immer so viel Ärger geben muss. Die ersten Male versuche ich, die Ruhe zu bewahren, aber irgendwann bin ich mit meiner Geduld einfach am Ende. (Hier muss ich noch hinzufügen, dass Geduld zurzeit nicht meine Stärke ist, der Kleine schläft nämlich schon seit seiner Geburt sehr unruhig und die Müdigkeit zehrt wahrhaftig an meiner Ausdauer.) Es belastet mich alles sehr und ich fühle mich im Moment wirklich wie eine Rabenmutter. Es ist schade, dass der Große fast ausschließlich negative Aufmerksamkeit bekommt, wobei er doch die positive so sehr braucht. Und allmählich scheint es mir, als mag er überhaupt nicht mehr auf mich hören, ich muss fuchsteufelswild werden, bevor er darauf reagiert (ist er total verwöhnt, oder woran kann das liegen?). Auch, wenn er mit anderen Kindern zusammen ist, ist er fast immer derjenige, mit dem geschimpft wird. Es kommt mir vor, als hört er auch nicht auf sie, wenn sie ihn bitten aufzuhören, z.B. wenn das Spielen sich zu einer Art Ringkampf entwickelt, oder Ähnliches. Was können wir tun? Es gefällt uns ja nun wirklich nicht, dass wir ständig mit ihm schimpfen müssen! Ein paar Monate bevor der Kleine geboren wurde, haben wir den Großen aus dem Kindergarten herausgenommen, und seitdem ist alles nur schlimmer geworden, er ist trotziger als vorher und scheint rastlos, weil er nicht so viele Kinder zum Spielen hat, wie er es sonst gewohnt war. Es gibt hier nicht viele andere Mütter, die mit ihren Kindern zu Hause sind, und in dem Block, in dem wir wohnen, gibt es kaum Kinder in seinem Alter, die hier draußen spielen. Ich habe überlegt, ob ich ihn wieder in den Kindergarten schicken soll, damit er die Chance bekommt, mit anderen Kindern zu spielen. Liebe Anna, kannst du mir ein paar Tipps geben, denn ich möchte so gerne, dass er das Gefühl wiedererlangt, dass er ein guter Junge ist – der er doch eigentlich ist! Aber ich möchte unbedingt, dass er begreift, dass er dieses gewaltsame Verhalten ablegen muss. Ich möchte auf keinen Fall, dass die anderen Kinder ihm deswegen den Rücken zukehren. Aber es ist so schwer, das Selbstwertgefühl des Kindes zu stärken, wenn man ständig mit ihm schimpfen muss! Ich bin wirklich hin und her gerissen. Ich möchte noch erwähnen, dass ich selbst als kleines Kind zum Problemkind der Familie ernannt wurde, ich weiß also ganz genau, wie es sich anfühlt. Liebe Grüße!

Hallo, meine Liebe. Du befindest dich wirklich in einer traurigen Lage, die keine/r von uns sich wünschen würde, einem Teufelskreis, in dem man schließlich feststeckt – wie in einem Schraubstock. Es ist deine Aufgabe, sowohl den Kleinen zu beschützen, damit er nicht leiden muss, als auch den Großen zu beschützen, damit er nicht aus der Gemeinschaft ausgestoßen wird, weder, wenn es um dich und seinen kleinen Bruder, noch, wenn es um seine Freunde geht. Aber leider ist er nicht der wohlwollende und wohl angepasste große – obwohl noch klein! – Bruder geworden, sondern ein sturer Störenfried. Das ist wirklich das Letzte, was man sich wünscht, wenn man wie du die Ambition hat, das Kind in seinem Selbstwertgefühl zu bestärken und ihm beizubringen, dass er so, wie er ist, gut ist.

Und, na klar, ist er das. Leider ist nicht alles, was er macht, so gut – was du ja selbst schon betonst: Es geht hier um sein *Verhalten* und nicht um *ihn*! Und er nimmt leider deine Zurechtweisungen nicht in ausreichendem Maße an. Was jetzt erforderlich wird, ist die Sprache des Handelns. Das unakzeptable Verhalten muss Konsequenzen haben, und diese müssen bewirken, dass dein Kind einsieht, dass man einen gewissen Preis bezahlen muss, um in dieser Welt mit von der Partie sein zu dürfen. Dies ist eine Einsicht, die man nicht mit Erklärungen oder Ermahnungen hervorrufen kann. Diese Botschaft muss man ihm überbringen, indem man danach handelt!

Manchmal denke ich, dass wir Erwachsenen eine solche Situation vielleicht besser verstehen würden, wenn wir uns vorstellten, dass es um einen Arbeitsplatz geht, an dem wir selbst arbeiten müssten. Wir würden also dies oder jenes tun, und der Chef würde brüllend angelaufen kommen und erklären, dass wir uns falsch verhalten und dass wir es *auf keinen Fall* so machen dürfen. Aber er würde uns nicht erklären, wie wir es stattdessen machten müssten. Er ginge offensichtlich davon aus, dass uns klar ist, worum es geht. Aber es ist uns überhaupt nicht klar. Wir haben diese Arbeit vorher noch nie gemacht.

Dein kleiner Junge hat noch nie einen kleinen Bruder gehabt. Er weiß nicht, wie man sich verhalten muss. Und er geht nicht mehr in den Kindergarten. Aber wie muss er sich verhalten, wenn er den ganzen Tag zu Hause verbringt? Welche Aufgaben hat er? Wie kann er seine Spielkameraden treffen, da er nicht mehr die Tage mit ihnen zusammen verbringt? Und wie muss er nun sein? Groß und ungestüm, denkt er, um zu zeigen, dass man auch das, von dem man gar keine Ahnung hat, schon schafft. Ein empfindlicherer, kleiner Junge wäre unter dieser Bürde vielleicht zusammengebrochen. Stärkere Kinder machen Krawall, um darauf aufmerksam zu machen, dass sie da sind – immer noch! Obwohl sie das Gefühl haben, nicht richtig dazuzugehören …

Als sein »Chef« musst du ihm erklären – eher in deinem Handeln als mit Worten –, was er nicht machen darf, aber auch, wie er sich stattdessen verhalten muss. Sonst kannst du nicht erwarten, dass er seiner Arbeit, seinem sozialen Leben, in einer akzeptablen Weise nachgeht, genauso wenig, wie wir in einem neuen Job zurechtkommen würden, wenn uns nicht gesagt werden würde, was wir falsch machten, während wir uns vorantasteten, ohne zu wissen, wie wir uns verhalten sollten, um es richtig zu machen. Dieses Problem wird von uns Eltern häufig übersehen: Wir glauben, dass die Kinder es in irgendeiner Weise selbst wissen und verstehen werden. Aber selbst ich bekomme am PC kaum irgendetwas hin, ohne auf den Spickzettel zu schauen, den mir meine Kinder zusammengestellt haben … Und wer beispielsweise macht mit der Methode »Versuch und Irrtum« den Führerschein?

Meine klare Empfehlung an euch lautet deshalb: Übernehmt die Führung! Dass er dich in den Wahnsinn treibt, um dich richtig wütend zu machen, bedeutet, dass du jetzt gezwungen bist, Farbe zu bekennen und ihm Einhalt zu gebieten! Und darauf reagiert er mit Erleichterung, stimmt's? Aber das ist schließlich auch keine Lösung. Lass ihn der große Bruder sein, der er in der Tat ist! Nutze seinen Beschützerinstinkt. Das kleine Baby ist zwar sein kleiner Bruder, aber deswegen noch lange kein Spielzeug. Er ist ein kleiner Mensch, der dies und jenes braucht. Nimm den großen Bruder in Gebrauch! Kannst du dem Kleinen helfen …? Überleg, was er für dich übernehmen kann (während du ihn selbstverständlich diskret überwachst): Der Kleine braucht sein Kissen. *Weißt du,* wo das Kissen sein könnte? Nun muss der Kleine gewickelt werden, mein Lieber, *kannst du* ihn mir zum Wickeltisch tragen (du zeigst ihm, wie er den Kleinen halten muss, sicher und fest, und folgst ihm mit einer stützenden Hand – immer noch ganz diskret). Such Gelegenheiten, bei denen du etwas nicht kannst, möchtest, schaffst, zeig und erzähl ihm, wie man es macht – und vergiss dabei nicht, ihn ständig zu fragen: Weißt du …? – und danach bedankst du dich im ganz großen Stil, im Sinne von: Das war gut (nicht lieb)! In dieser Weise erlaubst du ihm, sich nützlich und notwendig zu fühlen, und eine bessere »Medizin« gegen Krachmacherei gibt's nicht!

Versuch bis auf weiteres alle Ermahnungen beiseite zu packen, und denk eher in Begriffen wie 1. kleine »Unfälle«, 2. Instruktionen, 3. Lob (das man sich verdienen muss!). Wird er im Umgang mit dem Kleinen zu heftig, greifst du ein: Hoppla, das hat ihm wohl ein bisschen wehgetan, oh, er ist jetzt ganz traurig … das wolltest du ja gar nicht! Jetzt müssen wir unseren Kleinen streicheln! Lehnt der Große ab, greifst du seine Hand und lässt ihn seinen Bruder streicheln, während du zum Ausdruck bringst, wie gut du es findest, dass er es macht – so als wäre er selbst darauf gekommen: »So, ja! Siehst du, jetzt wird der Kleine wieder froh!« (Glaube mir, es wird nicht lange dauern, bis er von sich aus die Initiative zum Streicheln ergreift – denn tief im Innersten möchte kein Kind einem anderen wehtun.) Genauso, wenn er mit anderen Kindern zusammen ist: Greif sofort ein, wenn er übermütig wird oder wenn die anderen aufschreien. Nimm ihn kurz zur Seite – außer Hörweite –, halt ihn fest und setz dich in die Hocke, damit du auf seiner Augenhöhe bist. Gib ihm eine deutliche Warnung: Mein Lieber, es ist nicht Sinn der Sache, dass du deine Freunde haust (oder was er gerade macht), wenn ihr zusammen spielt. Entweder hörst du sofort damit auf und gehst hin und … (machst dies oder das – du erklärst ihm, was er stattdessen machen darf!) … oder wir müssen nach Hause gehen, und das wäre doch schade, oder? Dann musst du in deinem Zimmer allein herumsitzen, anstatt hier mit den anderen zu spielen. Aber wenn du jetzt hingehst und … (du wiederholst, was er darf!), DANN können wir noch eine Weile hier bleiben! Das wird doch Spaß machen, oder? Darauf lässt du ihn los und wartest ab, was passiert. Eine Erinnerung – in genau derselben Art wie die erste Zurechtweisung – kann er noch bekommen (aber nicht während andere Kinder oder Erwachsene zuhören, man sollte sich immer zurückziehen, wenn man mit dem Kind ein ernstes Wort sprechen muss!), aber beim dritten Mal ist die Party vorbei und er muss die Konsequenz seines unakzeptablen Verhaltens tragen. Dabei solltest du den anderen gegenüber das Gesicht wahren: Tschüss allerseits, wir müssen jetzt leider gehen, wir sehen uns dann sicherlich morgen wieder! – somit gängelst du nicht deinen Sohn, aber auf dem Nachhauseweg und zu Hause kannst du wieder einen härteren Ton anschlagen: Ja, dann musst du also in deinem Zimmer bleiben, denn du weißt sicherlich noch, was ich dir erklärt habe. Entweder spielt man, ohne die anderen zu hauen (oder was gerade vorgefallen ist), oder man muss für sich allein bleiben. Du gehst jetzt sofort in dein Zimmer. Tschüss. Mach bitte die Tür zu. Ich werde dir Bescheid sagen, wenn du wieder herauskommen darfst. Und wenn du der Meinung bist, dass er wieder herauskommen darf – was er mit Geschrei auf keinen Fall erreicht, in dem Falle müsste er noch etwas länger drinbleiben –, hast du zufälligerweise eine kleine Aufgabe für ihn, für die du dich nach getaner Arbeit bei ihm bedanken kannst. Dadurch bekommt er eine Chance, sein schlechtes Verhalten zu kompensieren.

Haut er seine Freunde, reicht es nicht aus, dass er sie danach streichelt, er muss sie richtig umarmen. Eine positive Berührung wiegt die negative wieder auf. Du nimmst also seine Hände und seine Arme und lässt ihn sein »Opfer« umarmen, egal ob er es möchte oder nicht, und er wird natürlich dafür gelobt. »SUPER! So macht man es. Genau so. Das hast du gut gemacht.« Und auch hierbei wird die Initiative zur Umarmung bald von ihm selbst ausgehen – Kinder möchten so gerne alles wieder gutmachen, sie haben nur noch nicht gelernt, wie. Ich hoffe, dass dies dich zu neuen Gedankengängen inspirieren kann und damit auch zur Übernahme der Führung, denn genau danach fragt und bettelt jedes einzelne Menschenkind auf der ganzen Welt.

Und noch etwas, meine Liebe: Auch bei den Nächten des kleinen Bruders solltest du unbedingt die Führung übernehmen! Seine Unruhe ist auch eine durch Handeln formulierte Frage: Wie funktioniert es eigentlich? Dieses Problem kannst du genauso gut gleichzeitig angehen, wenn du schon dabei bist! Leg ihn in einen geräumigen Kinderwagen, und wiege ihn mit kräftigen Zügen vor und zurück, in einem dunklen Raum und ohne etwas zu sagen – vor allem ohne Trösten (denn er muss dir nicht Leid tun, er hat ja alles bekommen, was er braucht – Essen, Beisammensein und erstklassige Pflege –, und das den ganzen Tag lang), bis er wieder weiterschläft (nach spätestens 20 Minuten.). Mit der richtigen Technik wirst du ihn innerhalb von ein paar Minuten zur Ruhe wiegen können. Hör mit dem Wiegen auf, sobald er still und ruhig liegt. Wieg weiter, sobald er wieder schreit, aber hör immer auf, bevor er eingeschlafen ist. Führ eine solche, beinharte Kur von drei bis vier Nächten durch, dann hast du Ruhe im Haus! Er ist groß genug, um 12 Stunden ohne Nahrung auszukommen. Nimm ihn nicht hoch, füttere ihn nicht, wiege ihn – und warte auf den Frieden. Er wird schon bald kommen! Liebe Grüße!

Dreijähriger im Trotzalter

Ich habe einen Sohn, drei Jahre und acht Monate alt, der überaus anstrengend ist. Er tritt um sich, schreit, haut und hört überhaupt nicht auf mich! Ich versuche, ruhig und gelassen mit ihm zu reden, aber es endet IMMER damit, dass ich ihn anschreie und ihn zu dem zwingen muss, was er machen soll, in die Badewanne gehen, sich anziehen, nicht mit »Draußen-Spielzeug« drinnen spielen usw. Er macht wegen jeder Kleinigkeit Ärger. Wenn ich versuche, ihn zum Zuhören zu bringen, läuft er entweder weg oder trampelt auf der Stelle herum und schreit das Wort NEIN, das er überaus häufig benutzt. Seit einem Jahr lebe ich mit seinem Stiefvater zusammen, und in seiner Gesellschaft (wenn ich nicht da bin) ist er ein richtiger Engel. Er macht dann genau das, wozu er aufgefordert wird – ohne Proteste. Wir sind oft allein hier, mein Sohn und ich, da mein Lebensgefährte einen eigenen Verlag hat und ununterbrochen arbeitet! Der Kleine war im Sommer ziemlich anstrengend, die Lage hat sich im Herbst etwas beruhigt, ist jetzt aber wieder schlimmer geworden. Ich habe mit meiner Oma, die selbst sechs Kinder großgezogen hat, telefoniert, und sie hat mich getröstet und gemeint, dass ich einfach abwarten muss, er würde sich im Alter von etwa sechs Jahren bessern. Geht es hier um das Trotzalter des Dreijährigen? Ich versuche Grenzen zu setzen usw., aber fühle mich manchmal wie eine große Verliererin. Ich würde mich riesig über ein paar Tipps/Ratschläge freuen. Grüße und Umarmungen von einer 26-jährigen Mutter, die gerne mehr Kinder haben möchte. Aber werde ich das überhaupt schaffen können?

Hallo, meine Liebe. Es scheint offensichtlich, dass dein Kleiner im Trotzalter ist. Das geht meistens über zwei Runden und kann insgesamt ein bis anderthalb Jahre dauern – im Herbst war er einigermaßen ruhig, wie du schreibst, aber jetzt ist der Kessel wieder am Dampfen. Und genau so ist der normale Verlauf des Trotzalters. Zwei Runden – und sie sind ungeheuer wichtig (wenn auch sehr belastend!) – mit einer Pause von ein paar Monaten dazwischen (sozusagen eine Verschnaufpause!). Nach dem Trotzalter erwartet ihn eine Zeit der Reife und der Fähigkeit zum Zusammenspiel, die deinem kleinen Jungen im Moment noch fehlen.

Man könnte das Trotzalter auch als die erste Pubertätsphase bezeichnen, also eine Zeit der Befreiung, die sich dann genau im Alter von sechs Jahren fortsetzt (und auch ziemlich SCHRECKLICH sein kann) und schließlich im Teenageralter abgeschlossen wird. Nun sollte man diese Phasen der Befreiung nicht ausschließlich als entsetzlich anstrengend betrachten, sondern stattdessen überlegen, was dahinter steckt. Nämlich dass sich das kleine Kind zu einem erwachsenen Menschen entwickeln soll – mit gesunder Urteilskraft, Verantwortungsgefühl, Einfühlsamkeit und mit der Fähigkeit zur Zusammenarbeit mit anderen. Dieser Prozess spielt sich leider unter nicht gerade rosigen Umständen – gleichsam unter Begleitung von romantischer Musik – ab, sondern ist mit ungeheuer viel Ärger, Jammern, Widerstand, entsetzlichem Protestieren usw. verbunden. Es gibt kaum jemanden, vielleicht niemanden unter uns, der solch lebensentscheidende Veränderungen mit einem seligen Lächeln im Gesicht durchlebt. Da müssen wir alle durch und es ist bestimmt nicht gerade lustig. Und für das Trotzkind ist es besonders schwierig. Das kleine Kind hat noch keinen Bezugsrahmen, hat eine solche Hölle noch nie erlebt, kennt keine Auswege und hat keine Ahnung, wie man sich verhalten muss, um sich selbst ein wenig Erleichterung zu verschaffen.

Ich verstehe, dass du hin und wieder an dir zweifelst, das lässt sich kaum vermeiden – aber es sollte dich nicht davon abhalten, noch mehr Kinder zu bekommen. Deine Zweifel werden wieder verschwinden – und vielleicht sind sie ja sogar notwendig. Denn du wirst mit den Schwierigkeiten, die ihr durchlebt, wachsen, weil du gezwungen bist, dir klar zu machen, was du selbst denkst, meinst, fühlst und willst – und weil du auch dafür geradestehen musst. Es ist nicht die schlechteste Lektion im Leben, die uns die kleinen Kinder in regelmäßigen Abständen aufzwingen!

Dass es zwischen deinem Freund und dem Kleinen so gut läuft, dafür solltest du einfach dankbar sein. Es bedeutet nicht, dass du etwas falsch machst, oder dass er es richtig macht. Es bedeutet nur, dass die Beziehung deines Sohnes zu seinem Stiefvater neutraler ist – außerdem ist er ein Mann, und dein kleiner Junge geht mit Siebenmeilenschritten der männlichen Identität entgegen (die Fortsetzung folgt im Alter von sechs Jahren und in der Pubertät). Zu dir hat er die innerlichste und gefühlsbetonere Beziehung. Deshalb bist du es, mehr als alle anderen, die seinen Ärger und seine Provokationen zu spüren bekommt. Es ist natürlich anstrengend, aber so ist es nun mal. Nur denen gegenüber, die uns am nächsten stehen, können wir unsere Schwierigkeiten und Höllenplagen offen darlegen. Du stehst ja auch nicht selbst im Bus beim Busfahrer und jammerst über deine schmerzenden Hühneraugen oder heulst deinem Chef oder deinen Arbeitskollegen vor, wie unglücklich dein Privatleben ist, oder? Nur den Menschen gegenüber, von denen wir wissen, dass sie uns lieben, zeigen wir offen all unsere Gefühle.

Kann es Missbrauch sein?

Hallo. Ich bin die Mutter von zwei wunderbaren, dreijährigen Zwillingsmädchen. Ich mache mir nun Sorgen um die beiden, vor allem aber um die eine, die in letzter Zeit häufig sich selbst mit allen möglichen Gegenständen – vom Teddy bis zum Stiefel – sexuell erregt. Es war ein großer Schock für mich, als ich sie in ihrem Zimmer dabei erwischte. Die Mädchen verbringen jedes zweite Wochenende bei ihrem Vater, und ich habe ihn gefragt, ob sie sich auch bei ihm so verhält, aber das tut sie nicht, sagt er. Die Mädchen haben übrigens ein sehr gutes Verhältnis zu ihrem Vater. Der Schock wurde noch größer, als ich eines Tages ins Zimmer kam und sah, wie das eine Mädchen eine Puppennuckelflasche in den Po des anderen Mädchens – die, die sich selbst erregt – steckte. Ich habe den Vater gefragt, ob er die Mädchen in der Obhut anderer lässt, wenn sie bei ihm sind, aber das hat er auch verneint. Ich kann noch hinzufügen, dass seine neue Frau einen 11-jährigen Sohn hat. Ich habe auch gefragt, ob der Junge eventuell irgendwelche Annäherungsversuche gegenüber den Mädchen übernommen habe, aber wieder lautete die Antwort: »Nein.«

Hier zu Hause schlafen die Mädchen zusammen in einem Zimmer und es funktioniert ohne Probleme. Ich überlege sehr, wie ich diese Sache handhaben sollte, und fühle mich komplett hilflos. Ich leide unter Angstattacken, was alles natürlich nur noch schlimmer macht. Ich weiß, dass es vollkommen normal ist, dass Kinder sich selbst erforschen – aber eben in Maßen, und meine Tochter macht es wirklich jeden Tag und zieht sich dabei ganz aus. Ich muss immer ein Auge auf sie haben.

Hallo, meine Liebe. Ich gehöre nicht zu denen, die immer sofort das Schlimmste vermuten, und Onanie bei Kleinkindern ist ja, wie du selbst schreibst, ein ganz natürliches Verhalten auf dem gewundenen Weg der

Erforschung des eigenen Körpers. Besonders die eigenen Körperfunktionen scheinen überaus interessant. Es ist sicherlich auch kein Geheimnis, dass gerade die Dreijährigen eine kolossale Schwäche für alles, was mit ihrem Geschlecht und mit Pipi und Aa zu tun hat, haben. Es kann für uns Erwachsene, milde ausgedrückt, ziemlich anstrengend sein.

Was ich hier aber am besorgniserregendsten finde, ist die fehlende Logik. Wenn der Vater ein so tolles Verhältnis zu ihr hat und wenn sie so viel Zeit – ein ganzes Wochenende am Stück – bei ihm verbringt und wenn sie (zu Hause bei dir) sich täglich nackig auszieht und sich selbst erregt, wie kann es dann sein, dass dieses Verhalten bei ihrem Vater überhaupt nicht zum Vorschein kommt? Wie kann er so sicher sein, dass sie es nicht macht, wenn sie bei ihm ist (oder war er überhaupt sicher?)? Und wie kann er so sicher sein, dass der Elfjährige nicht mit den Mädchen irgendwelche Doktorspiele veranstaltet? (Oder war er vielleicht nicht so sicher? Hat er mit dem Jungen darüber gesprochen? Oder seine Frau darum gebeten, es zu tun?) Wurde er nachdenklich, zeigte er sich besorgt, als du davon erzähltest, und schien er daran interessiert, die Sache zu klären? Oder hat er nur mit einem »Kann nicht sein!« abgewunken und dich mit dem Problem allein gelassen – dich, die der Meinung ist, dass es ein Problem ist?

Ein wenig misstrauisch werde ich ja doch. Die Tatsache, dass es um Gegenstände geht, die von außen eingeführt werden sollen, macht mich nur noch unruhiger. Natürlich können kleine Mädchen sich sehr wohl damit vergnügen, im Sitzen irgendwelche Perlen oder anderen Kleinkram in ihre Scheide zu stecken, aber dass sie ein spontanes Interesse daran zeigen sollten, dass ihnen etwas in den Po gesteckt wird – und es geht hier ja nicht mehr nur um ihre eigenen kleinen Finger –, habe ich jedenfalls noch nie erlebt.

Ich verstehe sehr wohl, dass es dich beunruhigt, besonders im Hinblick darauf, dass es dir sonst nicht so gut geht, und ich fühle wirklich mit dir. Es wäre schön, wenn man solche Sorgen umgehen könnte, bei denen man etwas unternehmen MUSS, obwohl man das Gefühl hat, es niemals hinzukriegen. Aber die kleinen Kinder zwingen einen nun mal dazu, egal ob man Lust dazu hat oder nicht. Und vielleicht sollten wir ihnen dafür auch dankbar sein. Denn es hindert uns in einer Krise daran, so tief ins Dunkle abzusinken, dass wir es vielleicht nicht mehr schaffen, wieder hochzukommen.

Versuch erst einmal eine starke Hemmschwelle bei deinen Mädchen aufzubauen: »Man darf NIEMALS irgendwelche Gegenstände in den Po stecken! Das ist GEFÄHRLICH!« Mehr brauchst du gar nicht sagen. Sie müssen nicht verstehen (das können sie sowieso nicht), warum es gefährlich ist, sondern nur dass es so IST! (So ungefähr wie im Straßenverkehr: Eine allgemeine Erklärung dahingehend, dass man überfahren werden könnte, zeigt bei ihnen keine Wirkung, aber dass die Straße GEFÄHRLICH ist, lernen sie, weil du sie daran hinderst, dort einfach hinüberzugehen.) Schau sie dabei ernsthaft an und nutze jede Gelegenheit, um es zu wiederholen: »NIEMALS irgendwelche Gegenstände in den Po stecken ...«, bis die Botschaft sich gefestigt hat. Erwischst du sie auf frischer Tat, musst du sofort eingreifen und sehr besorgt den Gegenstand entfernen (so als würden sie gerade auf die Straße rennen wollen) und ihnen wieder mit großer Bestimmtheit Bescheid geben. Du kannst es aber auch wie zufällig erwähnen, z. B. wenn du ihnen beim Anziehen hilfst oder sie nach dem Baden abtrocknest: »Man darf NIEMALS ... das weißt du doch, nicht wahr, mein kleiner Schatz, nicht ... Man darf NIEMALS ...« Wenn es dir gelingt, somit eine solide Hemmschwelle zu errichten, könnte es vielleicht dazu führen, dass sie ihr Leben lang Abneigungen gegen Analsex haben werden, aber na und – möchte ich fast sagen ... denn Sex darf in diesem frühen Alter in keiner Form vorkommen (auf welche Art auch immer – und egal und mit welchen Gegenständen –, es darf nicht sein, außer mit ihren eigenen, kleinen Fingern, und niemals mit den Fingern von anderen!).

Gefahr laufend, dass der Vater weniger edle Gefühle entwickeln könnte, würde ich an deiner Stelle all meine wenig vorhandenen, innerlichen Kräfte mobilisieren und ihm erklären, dass ich mich durch seine Aussagen nicht beruhigt fühle. Dass ich es merkwürdig fand, dass er keine Spuren dieses Verhaltens mitbekommen hat, wenn es bei dir doch so häufig vorkommt. Und dass die Tatsache, dass die Kleinen sich gegenseitig Gegenstände in den Po stecken, einfach die Grenze überschreitet. Und dann würde ich ihm erklären, was ich den Mädchen erzählt habe, um dem ein Ende zu setzen, damit die Kinder genau wissen, dass man NIEMALS ... usw. Und ich würde vorschlagen, dass ihr euch eine Zeit lang gemeinsam um die Kinder kümmert – oder dass sie ihren Vater nicht besuchen, bis die schlimmste Phase dieser sexuellen Forschungsphase überstanden ist. Und wenn beide Vorschläge in seinen Augen gleich unakzeptabel sind, würde ich ihm in die Augen schauen und ihn fragen, ob er es nicht auch besser findet, wenn ihr erst mal den weiteren Verlauf abwartet und den Kleinen die Zeit gebt, die sie nun mal brauchen – als ihn des schrecklichsten und unverzeihlichsten Verhaltens, das es überhaupt gibt, verdächtigen zu müssen. Und wenn er sich zu diesem Zeitpunkt dann schon verdächtigt fühlt, müsste er einen besseren Versuch als bisher starten, um mich zu beruhigen. Und dann ist da ja noch der Elfjährige …

Vielleicht hört sich dieser Vorschlag ziemlich verrückt an, weil du dem Vater voll und ganz darin vertraust, dass er seinen kleinen Töchtern niemals etwas antun würde, was auch nur im Geringsten sexuell angehaucht wäre. Vielleicht ist es dir lieber, erst einmal den Onaniespielchen und den körperlichen Untersuchungen, die den Einsatz von Gegenständen beinhalten, ein Ende zu bereiten – weil sie die Analfunktion des Kindes behindern oder gar schädigen können. Danach kannst du dich, wenn du dich immer noch beunruhigt fühlst, an einen Arzt wenden und ihn darum bitten – ohne jemandem etwas davon zu erzählen –, den After des Mädchens zu untersuchen. Eine solche Untersuchung müsste dir Klarheit verschaffen. Liebe Grüße!

Er möchte keine weiteren Kinder

Hallo, ich bin eine 32-jährige Frau, und lebe mit meinem Partner, der 15 Jahre älter ist als ich, zusammen. Wir haben eine wunderbare Tochter, die jetzt dreieinhalb ist, und nun ist es so, dass ich ihr gerne Geschwister geben möchte, aber mein Partner möchte keine weiteren Kinder. Wir haben keine Kinder aus früheren Beziehungen. Alle meine Freundinnen kriegen jetzt ihre zweiten Kinder, worunter ich ein bisschen leide, weil ich eigentlich auch noch ein Kind haben möchte. Was soll ich tun – soll er seinen Willen bekommen, oder sollte ich versuchen, meinen Willen durchzusetzen? Es ist schwierig, weil ich ihn in keinster Weise hintergehen möchte. Liebe Anna, hilf mir!

Hallo, meine Liebe. Deine Freundinnen sind in diesem Zusammenhang sicherlich nicht das Wichtigste (alle anderen bekommen, aber was ist mit mir …?), aber dein Wunsch, eurem kleinen Mädchen eine kleine Schwester oder einen kleinen Bruder zu schenken, ist meiner Meinung nach schwerwiegend und legitim!

Du erzählst nicht, aus welchen Gründen dein Partner keine weiteren Kinder haben möchte. Vielleicht fühlt er sich zu alt, vielleicht fürchtet er sich vor den damit verbundenen Kosten, vielleicht lehnt er den Gedanken an ein zweites Kind ab, weil er glaubt, dass er ihm nicht genügen wird, dass ein Kind vollkommen reicht …

Es ist für einen Mann vielleicht schwieriger als für eine Frau, sich etwas vorzustellen, was es noch gar nicht gibt – ich weiß es nicht. Aber meine Erfahrung mit Männern hat mir gezeigt, dass immer dann, wenn sie Problemen gegenüberstehen, sie diese auch lösen. Können sie aber Probleme ganz vermeiden, so ziehen sie diesen Weg vor! Sie arbeiten vorbeugend, damit die Probleme erst gar nicht entstehen … Man will sich nicht mehr aufbürden, als man schon hat.

Du solltest in dich hineinhorchen. Möchtest du deiner Tochter wirklich eine Schwester oder einen Bruder schenken – willst du es so sehr, dass du den Gedanken akzeptieren kannst, dass du deswegen deinen Partner verlieren könntest? Lehnt er dich in deinem Wunsch komplett ab, könnte ich mir nämlich ein solches Ende vorstellen. Du hast ja keine Garantie, dass er dich immer lieben wird – oder dass eure Beziehung für immer hält. Zwei Geschwister werden aber ihr Leben lang Geschwister bleiben.

Folg deiner eigenen, inneren Überzeugung! Die Stimme ist in dir, und du solltest auf sie hören und sie achten. Hältst du um deiner Tochter willen daran fest, dass du deine innige Sehnsucht realisieren willst, brauchst du auch kein Blatt mehr vor den Mund nehmen. Erzähl ihm, dass du keine präventiven Mittel mehr benutzen wirst. Und dann wird es kommen, wie es kommen muss. Steht dort vielleicht ein Kind und klopft an die Tür und möchte zu uns herein, dann werde ich es auf keinen Fall verhindern! Protestiert er beharrlich, dann erzähl ihm in aller Ruhe, dass er auch die Verantwortung tragen muss, wenn er eurer Tochter kein Geschwisterchen geben will. Die Verhütung ist damit seine Sache! Erklär ihm auch – ruhig und gelassen –, dass die Tatsache, dass er dich in diesem Punkt abweist und nicht nachgibt, dazu führen KANN, dass ihr euch trennen müsst und die Familie aufgelöst wird, da ihr in Bezug auf die Interessen eurer Tochter nicht mehr im Gleichschritt lebt. Wie ihr auch vorgehen mögt, werdet ihr – realistisch gesehen – ein Problem bekommen, das gelöst werden muss, und ihr werdet nicht vermeiden können, dafür einen gewissen Preis zahlen zu müssen.

Lass zu, dass er sich erst einmal mit dem Gedanken vertraut macht, setz ihn nicht unter Druck und fordere nicht sofort die Große Entscheidung von ihm. Lass die Sache reifen! Hoffentlich wird das Schicksal seinen Lauf nehmen, und er vergisst irgendwann die Sache mit den Kondomen …! Liebe Grüße!

Ich würde ihr so gern ein Geschwisterchen schenken

Hallo! Ich habe eine Tochter, die bald vier wird, und ich möchte ihr so gern ein Schwesterchen oder ein Brüderchen schenken, aber mein Freund möchte unter keinen Umständen noch ein Kind. Wir haben uns deswegen mehrmals gestritten, aber er will partout nicht, und ich überlege, wie es der Kleinen ergehen wird, wenn wir nicht mehr da sein sollten. Manchmal sagt meine Tochter, dass sie sich so allein fühlt, und das tut mir im Herzen weh.

Entschuldige, aber warum streiten? Warum nicht lieber ein wenig klassische *Weiberlist* einsetzen? Bekomm doch ein Kind! (Vorausgesetzt, er ist nicht ganz ins Zölibat geflüchtet. Oder ist er so verantwortungsvoll, dass er Kondome benutzt?) Meine Erfahrung hat gezeigt, dass Männer sich sehr gut anpassen können, egal was auch passiert, Hauptsache, es ist etwas, vor das sie ganz plötzlich gestellt werden nach dem Motto »Ach, nein, das Haus ist abgebrannt, ja, dann baue ich wohl lieber ein neues« oder »Hoppla, nun habe ich mir 17 Gören aufgehalst, dann sehe ich aber lieber zu, dass ich die Sache in den Griff bekomme …«. Echte Probleme tauchen dagegen auf, wenn sie eine Entscheidung im Voraus treffen müssen – kurz gesagt: Es fällt ihnen schwer, zu sagen: ICH WILL. Ich finde also, dass du in die höhere Macht vertrauen solltest – d.h., ihr ein wenig auf die Sprünge helfen! Liebe Grüße!

Fast wie Zwangsgedanken

Meine fast 4-jährige Tochter treibt mich bald in den Wahnsinn. Seit etwa einem halben Jahr (das Problem gab es vorher auch schon, ist aber schlimmer geworden), hat sie gewisse, fixe Ideen, wie ich sie nenne. Fast wie Zwangsgedanken. Sie macht unheimlich viel Ärger wegen einer Unterhose, die nicht korrekt sitzt, Handschuhen, die ein wenig zu locker sind, ihre Frisur ist auch laufend zu bemängeln, die Schuhe passen nicht, die Ärmel vom Pullover schauen nicht beide gleich viel unter den Jackenärmeln hervor usw. Wenn ich mich mehr als zweimal weigere, ihr bei irgendwelchen von diesen Sachen zu helfen, brüllt und schreit sie und zerrt an ihrer Kleidung herum, dass es mich fast wahnsinnig macht. Ich versuche Grenzen zu setzen, aber sobald wir eine Sache ausdiskutiert haben, fängt die nächste an. Ich weiß einfach nicht, was ich machen soll. Habe allmählich das Gefühl, dass wir immer mehr Ärger und Streit haben und umso weniger entspannte Zeiten miteinander verbringen. Wir haben täglich zehn bis 15 Auseinandersetzungen, von denen drei bis fünf mit Schreien oder Weinen enden. Ich versuche die Ruhe zu bewahren und konsequent und bestimmt zu reagieren, aber allmählich bin ich mit meiner Kraft und meiner Geduld am Ende. Was kann ich tun? Sie erwartet, dass ich ihr bei jeder ihrer fixen Ideen zur Verfügung stehe und alles mache, was sie verlangt. Wir reden auch darüber, dass der scharfe Ton, mit dem sie nach Hilfe verlangt, nicht angebracht ist; entweder benutzt sie einen Befehlston oder sie ist bettelnd süß: »Liebe, liebe Mama …« Was soll ich bloß machen? Ich habe »Das KinderBuch« gelesen, in dem ich zu anderen Themen viele gute Ratschläge gefunden habe, aber zu meinem Problem habe ich nichts finden können.

Hallo, meine Liebe. Das ist ja wirklich eine traurige Geschichte. Ich habe das Thema im »KinderBuch« behandelt – aber wohl nicht ausführlich genug, wie es scheint. Dort schlage ich vor, dass man die ganze Sache sozusagen auf den Kopf stellt und interessiert fragt: Und was gedenkst du dabei zu tun?

Du musst also sofort aufhören, ihr zu helfen und ihr zur Verfügung zu stehen, wenn sie sich so aufführt. (Es ist eine gute Regel, nie etwas für ein kleines Kind zu machen, was es selbst erledigen kann.) Du musst deine Rolle als Serviceangestellte ablegen und dich selbst stattdessen als Leiterin, Erzieherin und Wegweiser betrachten. Wahre Selbstständigkeit kommt niemals von außen. Sie kann nicht herbeigeredet werden. Deine kleine Tochter muss selbst mit ihren fixen Ideen kämpfen, und du hilfst ihr nicht, indem du sie darin unterstützt! (Was sie ja auch nicht gutheißt, denn sie weiß ganz genau, dass es falsch ist. Ansonsten würde sie mit Erleichterung reagieren, wenn du ihr hilfst.)

Bei ihrem nächsten Zusammenbruch kannst du passend ein erstauntes Gesicht machen, dich in die Hocke setzen und ihren Klagen lauschen, worauf du mit aufrichtigem Interesse fragst: »Und was gedenkst du dabei zu tun?« Die Folge ist wahrscheinlich ein erneuter Zusammenbruch, bei dem du genauso gut wie vorher zuhörst und – sobald sie einen Moment lang still ist – fragst: »Und was gedenkst du dabei zu tun?« (Es kann sich einige tausend Male wiederholen …) Falls und wenn sie fordert, dass du ihr unbedingt helfen musst, antwortest du, dass du das nicht willst, weil sie es schon allein schafft. Die Botschaft ist natürlich, dass man entweder selbst etwas tut, um etwas zu ändern, was einem nicht gefällt, oder eben gar nichts passiert.

Die ganze Zeit kannst – und solltest – du dabei vollkommen ruhig und kalkuliert freundlich bleiben! Wird es dir zu viel, lehnst du es ab, dich darum zu kümmern und gehst einfach weg, um dich mit anderen Sachen zu beschäftigen, nachdem du ihr die Spielregeln erklärt hast: »Du kannst es. Du schaffst es schon allein. Ich muss jetzt dies und jenes machen, und dann kannst du zu mir kommen und Bescheid sagen, wenn du meinst, dass du fertig bist, und dann können wir …« losgehen (oder was gerade auf dem Plan steht). Und wenn sie überhaupt nicht fertig wird, solltest du keine Scheu davor haben, das geplante Vorhaben ganz und gar vom Programm zu streichen und ihr in aller Ruhe zu erklären: O.K., dann bleiben wir heute zu Hause. Das macht gar nichts. Wir gehen dann ein anderes Mal dorthin, aber heute wird es jetzt nichts mehr. (Es ist mir schon klar, dass dies einige Schwierigkeiten mit sich bringen kann, aber es ist die Mühe wert – entweder ein bis zwei Male, bis sie die Lektion begriffen hat, oder unendlich lange!) Die Botschaft zielt darauf ab, dass alles seinen Preis hat. Einiges empfindet man vielleicht nicht als angenehm, aber weil man doch so gerne losgehen möchte, setzt man sich über diese kleinen Unannehmlichkeiten hinweg. Oder man setzt sich NICHT darüber hinweg, muss dann aber zu Hause bleiben oder auf etwas verzichten. That's life … Und nun darfst du dir wegen dieser Sache nicht etwas Außerplanmäßiges einfallen lassen. Ganz im Gegenteil, dein kleines Mädchen sollte sich ein wenig langweilen, auf sich selbst angewiesen sein, während du dies oder jenes machst und so tust, als wäre nichts los. Das ist der Preis, den sie für ihren Ärger bezahlen muss, das wird sie erst einmal begreifen müssen. Dann wird sie schon auf andere – bessere – Gedanken kommen. Und vielleicht wird sie die Kunst des Kompromisses erlernen und sich mit den unangenehmen Seiten des Lebens abfinden. Dazu wird sie später in ihrem Leben sowieso gezwungen sein.

Auf einer tieferen Ebene – wenn ich nun versuche, das Verhalten deines Mädchens zu erklären – verhält es sich so, dass es genau dann so überaus wichtig wird, wie man aussieht und wie man sich wohl fühlt, wenn man nichts zu tun hat, was für die anderen von Wichtigkeit wäre. Wenn die einzige Aufgabe, die man hat, darin besteht, glücklich und zufrieden zu sein. Deshalb schlage ich vor, dass du sie in Gebrauch nimmst. Die kleinste Kleinigkeit, die sie zum Wohlergehen anderer erledigen kann – und die sich nicht um ihre eigene Person, ihre Sachen, ihr Zimmer, ihr Bett etc. dreht –, wird ihr das Gefühl geben, dass sie gebraucht wird, dass sie im Kampf um die Existenz, der für euch alle gemeinsam gilt (oder gelten sollte), wichtig ist. Es erfordert so wenig. Sie kann beim Kochen helfen, das Wohnzimmer staubsaugen, den Müll rausbringen oder dir bei kleinen Erledigungen helfen. Es ist wichtig, dass du es als absolut notwendig darstellst: »Ach, das schaffe ich gar nicht alles, das wird wohl nicht klappen ... meinst du, dass du mir helfen KANNST und dies hier machen ...? Das wäre wunderbar, denn sonst schaffe ich das hier nicht!« Erklär ihr (ohne Zustimmung oder Protest abzuwarten) genau, wie sie es machen muss. Und wenn sie es gemacht hat, bedankst du dich für ihre Hilfe, so als hätte sie geradezu eure Existenz gerettet. Dein Lob sollte sich nicht etwa so anhören: »Ach, du bist aber lieb!«, sondern: »Ach, wie gut, dass alles nun doch geklappt hat, dank deiner Hilfe! Ohne dich hätte ich es nie geschafft.« Versuche, in deiner »Hilflosigkeit« überzeugend zu sein! Du wirst bei ihr einen Treffer damit landen, da bin ich mir ganz sicher. Nimm sie systematisch in Gebrauch, mindestens einmal am Tag. Das wird dazu führen, dass es nicht mehr so schrecklich wichtig ist, wie die Kleidung gerade sitzt. Liebe Grüße!

Fast wie Zwangsgedanken
(Fortsetzung)

Danke Anna, für deine konkreten und offensichtlich hervorragenden Ratschläge. Ich werde schon morgen früh damit anfangen. Die einzigen Situationen, in denen es vielleicht noch Schwierigkeiten geben könnte, sind die Sachen, die sie in der Tat noch nicht selbst erledigen kann, z. B. die Haarspangen wieder zu befestigen, wenn ihr die Haare ins Gesicht rutschen. In den Fällen – es sind ja die wenigsten – kann ich vielleicht so weitermachen wie bisher und ihr sagen, dass ich höchstens zweimal helfen werde. Erst ein Mal, und wenn das nicht gut genug ist, versuche ich es noch ein zweites Mal, das muss dann aber genug sein. Hört sich das O.K. an? Sie an Aufgaben zu beteiligen scheint mir genau richtig, ich habe einfach nicht daran gedacht. Sie fragt ja von sich aus schon danach (obwohl sie bisher nicht sehr viel machen durfte) – und darüber hinaus ist es für sie selbst ja so überaus wichtig, wie sie aussieht, wenn man bedenkt, dass sie erst vier Jahre alt ist. Deshalb denke ich schon, dass das, was du schreibst, funktionieren wird. Ich glaube, es wird richtig hart werden, denn sie ist ja wirklich immer am Meckern, wenn wir nicht nach ihrer Pfeife tanzen – und das den ganzen Tag lang, wenn es sein muss. Ihr Rekord liegt bei anderthalb Stunden Geschrei, weil sie nichts Passendes zum Anziehen finden konnte. Ich habe alles versucht: Drohungen, Umarmungen, Bedingungen, Erklärungen – und habe schließlich doch die Geduld verloren – hu! Nein, morgen werden wir also anfangen! Toll, dass ich so ohne weiteres eine Antwort von dir bekommen habe, ich habe mich riesig gefreut. Danke schön!

Danke für deine netten Worte – sie machen mich wirklich glücklich. Schön, dass du dich nun dazu angeregt fühlst, es mit neuen, frischen Initiativen zu versuchen.

Wenn du deine Taktik nun änderst, deine Ruhe bewahrst und so tust, als würdest du ihre jämmerlichen Anfälle gar nicht wahrnehmen, werden sie überhaupt keine Wirkung mehr zeigen, und da sie sicherlich ein schlaues Kerlchen ist, wird auch sie ihre Taktik ändern (es wird interessant sein, zu beobachten, wie sich alles entwickeln wird, hm!). Vielleicht wird sie dann eines Tages auch auf zivile Weise mit dir sprechen! Zurzeit finde ich aber, dass du überlegen solltest, die Verbannung einzuführen, um ihr – durch dein Handeln – deutlich zu zeigen, dass ihr Verhalten NICHT akzeptabel ist. Du bist immerhin noch die Stärkere und kannst sie in ihr Zimmer führen, die Tür zumachen und sie – wenn nötig – zuhalten. Sobald sie still ist, auch wenn es nur zum Luftholen ist, machst du die Tür auf und fragst liebevoll: Bist du jetzt fertig? Möchtest du jetzt herauskommen? Bei erneutem Geschrei machst du die Tür sofort wieder zu. Ist sie nur sauer oder wütend oder traurig, aber immerhin still, ist es ein Zeichen, dass sie für das Zugeständnis bereit ist, das notwendig ist, um in der Gemeinschaft bleiben zu können: nämlich mit dem Schreien aufzuhören.

Die Verbannung sollte selbstverständlich nicht sehr oft zum Einsatz kommen – auf keinen Fall willkürlich. Man versucht es immer erst mal mit einer Aussprache, die zu einem Ausweg führen könnte: Entweder machen wir es so und so, oder es wird so und so. Was meinst du? Man zeigt das, was man beim Kind erleben möchte – gesunden Menschenverstand und konstruktives Denken! Aber ein anderthalbstündiges Schreien würde ich niemals akzeptieren. Man kann einem kleinen Kind das Schreien zwar nicht verbieten, aber man kann sich weigern zuzuhören! Die Botschaft lautet hierbei: Wenn man unbedingt schreien muss, muss man es für sich allein tun. Wenn man mit den anderen zusammen sein möchte, darf man nicht schreien. Denn dann gehen einem die Leute aus dem Weg. Dann darf man nicht mehr dabei sein.

Ein anderer, effektiver Trick ist es, wenn du und dein Mann auch anfangen zu schreien – ohne das Kind dabei anzusehen. Beispielsweise bekommst du einen riesigen (theatralischen) Zusammenbruch, wirfst dich auf den Fußboden und schreist wie am Spieß, darauf zieht dein Mann das ganze Register, das du normalerweise dem Kind gegenüber einsetzt, aber jetzt in übertriebener Form: Er appelliert an dich, er bettelt, er droht ..., um schließlich selbst zusammenzubrechen, sich neben dich auf den Fußboden zu werfen und lauthals zu weinen. So etwas macht man natürlich mit einem Augenzwinkern, und hat die Kleine auch nur ein bisschen Sinn für Humor, wird sie lachen, dass die Tränen kullern. Es soll schon ganz realistisch sein, nur heftig übertrieben! Und ein wenig unheimlich sollte es auch sein (für das Kind).

Was das Zurechtmachen ihrer Haare betrifft, was sie allein noch nicht kann, hört sich deine Methode ausgezeichnet an. Gib ihr am besten eine Vorwarnung, übernimm die Führung und warte nicht darauf, dass sie zu dir kommt und um Hilfe bittet. Du sagst ihr also 15 bis 20 Minuten vorher: Wenn wir nachher deine Haare frisieren, werde ich es für dich machen – aber nur ein Mal, und wenn du nicht damit zufrieden bist, mache ich es noch ein zweites Mal. Aber danach ändern wir die Frisur nicht mehr, auch nicht, wenn du die Haare doch anders haben möchtest! Ein Mal können wir die Frisur ändern, aber nicht zwei Mal! Die erste Frisur können wir also noch ändern, aber die zweite nicht! Die zweite musst du dann so akzeptieren, wie sie ist, auch wenn die erste dann vielleicht doch schöner war. Das sollte sie dazu veranlassen, ihre Gedanken in neue Bahnen zu lenken. Dass man schon beim ersten Mal zufrieden sein kann, ist ihr wahrscheinlich noch nie eingefallen … Wenn es so weit ist, fragst du sie: Wollen wir jetzt deine Haare machen? Und weißt du noch, was ich vorhin gesagt habe? Lass sie es ruhig wiederholen! Liebe Grüße!

Leistungsdruck

Wir haben ein 4-jähriges Mädchen, deren Verhalten ziemlich anstrengend ist. Mein Freund und ich sitzen gerade und versuchen, eine gute Lösung des Problems zu finden. Ich habe es alles so satt, und die älteren Verwandten finden, dass sie verwöhnt ist (was sicherlich stimmt). Zusätzlich zu einem ziemlich anstrengenden Temperament zeigt sich bei unserer Tochter eine Art ernsthafte Angst vor schlechten Leistungen – sie kann und möchte schon lesen und schreiben, wird aber vollkommen hysterisch, wenn ihr ein Buchstabe nicht perfekt gelingt. Oft reißt sie dann ihre Zeichnungen in Stücke und schreit ganz untröstlich. Und das, obwohl wir sie so sehr ermuntern – vielleicht wirken zu viel Liebe und zu viel Lob einfach erdrückend?!

Man kann nicht erwarten, dass ein 4-jähriges Kind schon weiß, wie man sich in dieser Welt verhalten muss, wie man Probleme löst etc. – dagegen muss man über die Probleme reden, als wären sie das allererste Mal aufgetreten. In etwa so, wie bei einer ersten Fahrstunde eines Fahrschülers, der noch nie in einem Auto gesessen hat! Du und dein Freund müssen euch darin üben, eure Gedanken in eine andere Richtung zu lenken: So macht man nicht – SO macht man! Ihr gebt ihr ganz einfache Anweisungen – ohne Vorwürfe wie: »Das ist ja schlimm, wie du dich benimmst!«, oder Fragen wie: »Aber warum verhältst du dich bloß so?« So macht man das, wenn ein Buchstabe nicht so schön wird (verhaltet euch, als würde es euch auch ständig passieren): Man streicht den Buchstaben durch und schreibt einen neuen. Oder man nimmt ein neues Blatt Papier und fängt ganz von vorn an, wenn man die Zeit und die Lust dazu hat. Aber man reißt das Papier nicht kaputt und man wird nicht hysterisch ... und ihr macht es ihr vor! Schreibt etwas Fehlerhaftes – noch viel schlimmer und hässlicher, als sie es macht! Schimpft mit euch selbst und schreibt es wieder neu (mehrere Male) und versucht, die Situation ins Lustige zu wenden, damit sie darüber lachen kann. Dasselbe gilt für die Zeichnungen. Man reißt sie nicht kaputt. Man versucht es noch mal. Zufrieden wird man nie, aber das ist auch nicht Sinn der Sache (die Botschaft lautet: Das ist vollkommen normal), denn nur dadurch, dass man sich mit den Sachen, die nicht beim ersten Mal gelingen, beschäftigt, lernt man dazu. Ist die Kleine trotzdem untröstlich, zeigt man ihr, wie man damit umgeht: Man geht in sein Zimmer, beruhigt sich wieder und denkt an etwas ganz anderes, bis man wieder Lust bekommt, die Sache noch mal neu anzugehen. Man reißt dabei nichts kaputt und zerstört nichts. Hier muss sie also überhaupt nicht getröstet werden. Sie darf ja reagieren, wie sie möchte, aber wenn das überstanden ist, kann sie es noch einmal probieren – oder die Sache sollte ihr vollkommen egal sein, das ist nämlich auch in Ordnung. Allmählich lernt sie, in neuen Bahnen zu denken und wird ein »Ich will nicht« an die Stelle von »Ich kann nicht« setzen können.

Leistungsdruck ist für kleine Kinder nicht angenehmer als für uns Erwachsene. Man muss versuchen, die ganze Angelegenheit so weit wie möglich zu entdramatisieren, und auch hier ist die beste Medizin das Lachen! Und um das hervorzulocken, kann man sich immer selbst als ziemlich dusselig auf dem betroffenen Gebiet darstellen – und gerne noch so tun, als würde man einen Zusammenbruch erleiden, in sein Zimmer gehen und mit sich selbst schimpfen, und gleich danach wieder zurückkehren, um einen neuen Versuch zu starten. Mit ein wenig spielerischer Fantasie, bei der man sich selbst als hoffnungslosen Fall aufführt, kann man eine schwere Bürde von den Schultern des kleinen

Kindes nehmen! Liebe und Lob sind wunderbar, aber Kinder lassen sich nicht loben, wenn sie der Meinung sind, sie hätten es nicht verdient – d.h., wenn sie sich bei ihrer Leistung nicht anstrengen und Schwierigkeiten und Widerstand überwinden mussten. Es kann mit anderen Worten sehr wohl angebracht sein, Forderungen zu stellen, also Kinder herauszufordern. Ich brauche hier deine Hilfe, mein Schatz, KANNST du …? Erkläre, was gemacht werden muss und wie. Wenn sie dann gemacht hat, was ihr verlangt habt, spornt ihr sie mit einigen weiteren kleinen Forderungen an, damit sie sich richtig ins Zeug legen und auch einen gewissen Widerstand überwinden muss: »Das sieht ja super aus, Schätzchen, aber … das da hast du vergessen, und das da sollte eigentlich so sein, versuch doch mal, ob du es vielleicht noch BESSER hinkriegst, ja?« (Die Aufgaben, die sie bekommt, sollten also am besten in einer Art Zusammenarbeit mit euch erledigt werden und nicht als eine Beschäftigung für sie allein mit ihren eigenen Sachen angelegt sein.) Wenn sie sich dann ganz viel Mühe gemacht hat, muss sie gelobt werden – vorher nicht. Die Pointe ist, dass es erfreulich ist, tüchtig zu sein, und zwar ohne dabei Angst und Zwang zu empfinden.

Man könnte dieses Thema noch viel ausführlicher behandeln, aber ich schlage vor, dass ihr vorläufig ausprobiert, was ich vorgeschlagen habe – und außerdem damit fortfahrt, die Kleine jeden Tag ohne Ausnahme zum Lachen zu bringen, bis sie fast platzt – egal welche Methoden ihr dafür einsetzen müsst! Liebe Grüße!

Hyperaktiv?

Mein 4-jähriger Sohn ist meiner Meinung nach hyperaktiv. Er rennt einfach überall rum, er hört nicht auf uns und kann nicht still sitzen. Wenn ich mit ihm draußen bin, haut er immer wieder ab. Er kennt überhaupt keine Angst. Ich habe noch einen zweiten Sohn, er ist erst fünf Monate alt und für ihn habe ich kaum noch Zeit. Ich habe versucht, von Bekannten Hilfe zu bekommen, aber das bringt auch nichts. Er ist doch bloß im Trotzalter, sagt man mir, aber das ist er nun wahrlich schon seit langem.

Ja, er ist gewiss furchtlos, aber auch übermütig, in etwa so, wie ein Hund, der nicht erzogen worden ist und der in aller Ewigkeit ein Welpe bleiben kann. Euer kleiner Junge hört nicht auf euch, weil nichts passiert (außer dass ihr vermutlich jammert und stöhnt). Aus demselben Grund bleibt er auch nicht still sitzen. Er hat ganz einfach keinen Grund, sich nach euch zu richten, sondern fährt mit seinem Randalieren fort, wie es ihm gefällt. Und das ist sowohl anstrengend wie auch gefährlich, wie dir klar geworden ist – was würde beispielsweise passieren, wenn er auf die Straße rennt, und ihr ruft NEIN und STOPP! ... und ihm ist es total egal?

Viele Eltern glauben, dass sich ihre Kinder von selbst erziehen, und verhalten die Kleinen sich gewalttätig oder anstrengend, schieben sie die Schuld auf irgendeine Entwicklungsphase oder auf die Hyperaktivität oder verschiedene »Krankheiten« im Gehirn – und unternehmen gar nichts. Es ist wahr, dass kleine Kinder sich manchmal wie Wilde benehmen, genauso wie es wahr ist, dass Babys schreien, und man kann darüber psychologisieren, bis man grün wird. Übrig bleibt eigentlich nur, dass Kinder bei ihrer Geburt keine Ahnung haben, in welcher Welt sie hier gelandet sind und was für Bedingungen hier gelten. Nur wir Erwachsenen können es ihnen beibringen. Das Schreien eines Babys kann man, genauso wie auch das provozierende Verhalten größerer Kinder, als Fragen betrachten. Es ist unsere Aufgabe, diese Fragen zu beantworten. Und da Wörter in der Welt der kleinen Kinder meist keine große Wirkung zeigen, müssen wir die Fragen in der Regel mit unserem Handeln beantworten.

Offensichtlich seid ihr mit seinem Trotzalter zu lasch umgegangen, denn es sieht so aus, als befände er sich noch mittendrin. Aber man hat immer die Möglichkeit, von vorn anzufangen und es besser zu machen.

Ihr müsst die Führung übernehmen und nicht nur auf das Beste hoffen (aber eure Erwartungen sind euch schon derart in Fleisch und Blut übergegangen, dass ihr mehr oder weniger automatisch das Schlimmste erwartet ...). Ihr dürft auch nicht darauf vertrauen, dass er euch helfen wird, denn genau das wird nicht geschehen. Er wartet auf EURE Hilfe, auf EURE Anweisungen. Greift den Problemen vor. Erklärt z.B.: »Wir wollen gleich spazieren gehen. Die Bedingung ist aber, dass du die ganze Zeit neben mir gehst und dich am Kinderwagen festhältst. Nur wenn ich anhalte, kannst du fragen, ob du ein Stück laufen darfst, und wenn ich es erlaube, warte ich auf dich, und du kommst dann nach einer kurzen Runde wieder zu mir zurück, und wir gehen dann zusammen weiter, während du dich wieder am Wagen festhältst. Aber wenn du nicht neben mir gehst und dich am Wagen festhältst, sondern einfach abhaust und wegrennst, ohne mich vorher gefragt zu haben, dann können wir nicht draußen bleiben. Dann gehen wir wieder nach Hause und bleiben drinnen, und du kommst dann heute gar nicht mehr raus! Nun sag mir, ob du das verstanden hast. Erzähl mir, wie es ablaufen soll, wenn wir gleich rausgehen!« Dann hörst du aufmerksam zu, während er dir alles genau erklärt. Und erst dann geht ihr raus. Fällt er trotzdem noch in sein altes Verhaltensmuster zurück und haut ab, ist es wichtig, dass du ihn dir gleich schnappst und sofort mit ihm nach Hause gehst, egal wie schlecht es in deine sonstige Planung hineinpassen mag. Er muss nämlich lernen, dass sein Verhalten Konsequenzen nach sich zieht – in irgendeiner Weise. Nur so wird er lernen, auf euch zu hören. Versucht es – als kleiner Anfang! Liebe Grüße!

Sie spricht mit ihren Strümpfen

Hallo, ich habe eine 4-jährige Tochter. Sie setzt sich oft hin und spielt für sich allein, das ist auch gar nicht das Problem, aber wenn sie spielt, arbeitet der ganze Körper, d. h., Arme und Beine bewegen sich nach links und rechts, wenn sie sich selbst irgendwelche Märchen erzählt. Ist das unnormal? Die Erzieherinnen in ihrem Kindergarten finden es wohl etwas ungewöhnlich. Ist es richtig von mir, dann zu ihr zu gehen und sie zu unterbrechen? Ist es normal, mit seinen Strümpfen zu sprechen, während man mit Armen und Beinen herumfuchtelt? Haben andere vielleicht etwas Ähnliches erlebt? Was soll ich machen?

Sie spricht mit ihren Strümpfen (Kommentar)
Hallo! Ich denke, du musst dir gar keine Sorgen machen. Ich finde, es hört sich an, als hätte deine Tochter sehr viel Einfühlungsvermögen, was ich als eine positive Eigenschaft ansehe. Mein Sohn hat sich ähnlich verhalten, als er kleiner war (er ist jetzt sieben), und ich habe ihn nicht unterbrochen. Solange es den Kindern dabei gut geht, sollte man meiner Meinung nach zulassen, dass sie ihren Spielen nachgehen. Ich bin der Meinung, man sollte sich nicht zu sehr einmischen, denn das ist überhaupt nicht notwendig. Nun bin ich gespannt, wie Anna antworten wird, vielleicht habe ich mich ja bei meinem Sohn falsch verhalten. Viel Glück und liebe Grüße. *Lisa*

Hallo, meine Liebe. Warum um alles in der Welt musst du sie unterbrechen? Würde es dir besser gehen, wenn sie still dasitzen würde, in sich gekehrt mit den Händen auf dem Schoß? Das glaube ich nicht!
Lass die Pädagogen sich allein um ihre Sorgen kümmern, wenn sie nichts Besseres zu tun haben. Solange die kleinen Kinder in ihren Fantasiewelten –

die sie weitaus besser gestalten können als wir Erwachsenen (leider Gottes) – glücklich und guter Dinge sind, sollten wir meiner Meinung nach nur voller Respekt unseren Hut ziehen. Und sie beneiden! Und vielleicht versuchen, uns zurückzuerinnern …

Natürlich ist es vollkommen normal, mit den eigenen Strümpfen zu reden! Hättest du ebensolche Einwände gehabt, wenn sie mit ihren Puppen und Teddys sprechen würde? Die Strümpfe sind doch auch Teil ihrer Welt. Nicht alle Kinder haben ihre Strümpfe so gern!

Wenn du dir Sorgen machst, d.h., du hast einen Verdacht, dass etwas nicht in Ordnung ist, dann versuche dem Geschehen näher zu kommen, indem du deine Kleine dazu überredest, dich am Spiel – an ihrer Welt – zu beteiligen. Es ist meistens ganz leicht, du brauchst sie nur zu fragen: Tanzen deine Hände? Was ist das für ein Tanz? Wo tanzen sie gerade? Dürfen meine Hände mittanzen? Lehnt sie deine Einmischung ab, hört mit dem Spielen auf und zieht sich zurück, DANN ist etwas nicht in Ordnung! Dann ist ihr schon beigebracht worden, dass man nicht sein darf, wie man ist, dass man nicht so spielen darf, wie man gerade Lust hat, dass man sich nicht nach seiner inneren Freude richten darf, dass man nicht das fühlen sollte, was man fühlt, dass man nicht die Person sein darf, die man ist. Und dann solltest du wirklich deine Fühler zurückziehen und sie in Ruhe lassen – und einen neuen Kindergarten suchen. Liebe Grüße!

Sie spricht mit ihren Strümpfen
(Fortsetzung)

 Danke, Anna! Ich habe so gelacht über die wunderbare Antwort, die du mir gegeben hast! Ich werde den Erzieherinnen schon noch meine Krallen zeigen, danke! Und ich werde versuchen, deinen Rat zu befolgen, und mich ein wenig an ihrem Spiel beteiligen.

Ich freue mich so mit dir! Lachen und Erleichterung, das ist die beste Medizin überhaupt. Danke dir – und liebe Grüße!

Sie spricht mit ihren Strümpfen
(Fortsetzung)

Hallo, Anna! Ich möchte dir nur erzählen, dass deine Ratschläge in der Tat geholfen haben! Sie teilt nun ihre Fantasiewelt mit mir und es ist ein unbeschreiblich schönes Gefühl. Ihr Einfühlungsvermögen ist unglaublich – herrlich! Wir verkleiden uns zusammen, bauen Höhlen, segeln einmal um die Erde – in ihrem Bett usw. Es tut mir so gut – und sie ist glücklich.

Obwohl sie noch viel mit Armen und Beinen herumfuchtelt, hat sie das Tempo doch schon ein wenig gedrosselt. Ich bekam zufälligerweise mit, dass ihre Erzieherin sie darum gebeten hatte, eine Geschichte zu erzählen, OHNE so mit Armen und Beinen zu wedeln – mit anderen Worten, sie sollte sich auf die Geschichte an sich konzentrieren. Ich wusste nicht, wie ich darauf reagieren sollte, und habe nur irgendwie gemurmelt, dass sie sich doch nur in die Geschichte einlebt. Aber je mehr ich darüber nachdenke, umso mehr rege ich mich darüber auf … und nun überlege ich, ob es vielleicht damit zusammenhängt, dass sie grobmotorisch nicht so fit ist und dass sie deswegen so sehr gestikuliert? Was meinst du dazu?

Hallo, meine Liebe. Beim nächsten Elterngespräch im Kindergarten solltest du – meiner Meinung nach – die Erzieherinnen darum bitten, dir ganz ehrlich zu sagen, was sie von deiner Tochter halten. Und sie dürfen dabei nicht schummeln. Oder das eine Bein über das andere legen. Oder hüsteln, oder lächeln, oder lachen, oder die Augenbrauen zusammenziehen – sondern sich wirklich nur auf das konzentrieren, was sie dir sagen möchten …

Ich freue mich sehr, dass du nun so eifrig an der Fantasiewelt deiner Tochter teilnehmen kannst und darfst – nicht jedem langweiligen Erwachsenen wird das gegönnt. Genieß es also, solange es noch andauert – als 5-Jährige wird sie sicherlich vernünftiger werden (vielleicht wird sie sogar eines Tages Pädagogin …!). Vergiss alle Sorgen in Bezug auf Grobmotorik etc. Vertraue deiner eigenen, höchst persönlichen, mütterlichen, inneren Alarmzentrale. Wenn WIRKLICH etwas nicht in Ordnung ist, wird sie dich unweigerlich darauf aufmerksam machen.

Das Einzige, was ich dir noch vorschlagen könnte, hast du dir sicherlich schon selbst überlegt: Sie braucht viel Bewegung draußen, damit sie ihre Energie umsetzen und ihren kleinen Körper an diversen Geräten auf dem Spielplatz testen kann – und das bei jedem Wetter und jeden Tag! Denn dort geht es um die Grobmotorik. Und auf diesem Gebiet – freies Spielen im Freien unter den

Prämissen des Kindes – hinken die meisten Kindergärten weit hinterher. Aus den bekannten Gründen kann man den Kindern ja nicht auf großen, unüberschaubaren Flächen unter offenem Himmel freien Lauf lassen. Und was ist die Folge dieser traurigen Tatsache? Jede Menge pummelige und träge Kinder, die am liebsten drinnen herumhängen und nur noch vor dem Computer ein Minimum an Bewegung bekommen, die gar nicht mehr wissen, wie man draußen spielt. Liebe Grüße!

Angst vor Fliegen, Mücken und Wespen

Hallo! Ich bin die Oma von einem tollen kleinen Kerl von vier Jahren. Sehr aufgeweckt und tüchtig. Er ist mit fast allem sehr früh dran. Ist seit schon einem Jahr Experte am Computer (und dabei ist er erst vier Jahre und einen Monat alt). Er kann auch schon richtig lesen. Aber ein kleines Problem gibt es ja doch, denn er hat eine schreckliche Angst vor Fliegen, Mücken und Wespen – vor allem, was klein ist und fliegen kann. Das hat dazu geführt, dass er nur ungern nach draußen geht und oft ganz verzweifelt wird und weint, weil er Angst vor Fliegen hat. Im Kindergarten möchte er nur noch drinnen spielen usw. Was können wir dagegen tun? Es wird ja sicherlich irgendwann vorübergehen, aber was kann man bis dahin machen?

Hallo, meine Liebe! Was für ein herrliches Kind – so klug und aufgeweckt! Über so etwas freuen wir Omas uns sehr. In den Augen kleiner Kinder lauern überall unheimliche Gefahren, und das hängt sicherlich damit zusammen, dass sie bei ihrer Geburt instinktiv wissen, dass sie sich ununterbrochen in Lebensgefahr befinden – sie könnten ja nicht auf eigene Faust überleben und das wissen sie genau. Sie können sich nicht selbst ernähren, sich nicht selbst gegen Wind und Wetter schützen, sich nicht gegen wilde Tiere im Wald wehren und auch kein Zuhause aufbauen ... nichts können sie tun, um ihr eigenes Überleben zu sichern. Ihr Überleben ist zu hundert Prozent von der ständigen Anwesenheit, der Pflege und dem Schutz anderer Menschen abhängig. Die Angst könnte man also als Überlebensstrategie betrachten, auch wenn sie nichts unmittelbar einbringt, denn die kleinen Kinder sind in vielen Dingen eben machtlos.

Wir Erwachsenen sollten Kindern also durchaus zugestehen, dass es Gefahren gibt. Es bringt überhaupt nichts, zu sagen, dass kein Mörder unter dem Bett des Kindes liegt, dass Fliegen völlig ungefährlich sind, dass das Haus nicht brennen wird, der Hund nicht beißt usw. Aber wir müssen ihnen erklären, dass wir durchaus im Stande sind, diese Gefahren zu bewältigen! Wir lassen uns eben von nichts überrumpeln. Wir kennen die Gefahren, wir fürchten sie und respektieren sie, aber wir können sie überwinden. Denn wir sind die Stärkeren, die Schlaueren. Wir können vorausschauen und vorbeugen. Wir können uns absichern und beschützen. Wir können die Gefahren nicht aus der Welt schaffen, denn es gibt sie, und es wird sie immer geben, aber wir können ihnen in die Augen schauen und sie besiegen!

Mit dieser Einstellung lässt man das kleine Kind den Gefahren entgegentreten – unter dem Schutz des Erwachsenen natürlich. Es wird konstruktiv vorgegangen, indem man dem Kind eine Lösung zeigt, im Sinne eines »Wie-geht-man-mit-dieser-Gefahr-um?«. Man gibt beispielsweise zu, dass man selbst Wespen zum Beispiel total unangenehm findet (und zeigt dem Kind damit Verständnis und Mitgefühl, anstatt es abzuweisen) – und was kann man dann gegen diese Angst tun? Vielleicht hilft es, wenn man ein Glas mit süßem Saft auf den Tisch stellt. Gegen Fliegen hängt man vielleicht ein klebriges Band auf. Bei Mücken kann man eine große Sache daraus machen, das Kind mit zum Einkaufen zu nehmen, damit man zusammen eine richtig gute Lotion gegen Mücken kaufen kann. Oder man stellt eine Vase mit Tomatenstielen auf den Gartentisch – »Schau mal! Es kommen keine Mücken mehr.« Der Clou ist, dass man dem Kind klar macht, dass es Gefahren gibt, dass man aber etwas gegen sie tun kann. Und deshalb gibt es gar keinen Grund, so ängstlich zu sein.

Noch ein kleiner Trick in Sachen kleiner Ungeziefer: Versuch ein paar davon einzufangen, damit der Kleine sie beobachten kann – gerne bis zum Tod am klebrigen Fliegenband. Denn so kann er sich als »Herr der Fliegen« erleben!

Mein Selbstvertrauen schrumpft Stück für Stück

Hallo. Wir leben zurzeit (und noch ein paar Jahre) in einem anderen Land in Europa. Unsere Kinder, vier und sechs Jahre, gehen in einen Kindergarten, und wir waren einfach so glücklich, dass wir für sie zwei Plätze in einer so genannten Elterninitiative bekommen haben – es ist ein Kindergarten, in dem die Eltern sich beim Putzen, Waschen und anderen gemeinsamen Aktivitäten beteiligen. Bevor man in diesem Kindergarten aufgenommen wird, wird man (die ganze Familie) interviewt und von einer Elterngruppe für gut befunden. Der Kindergarten ist von 8 bis 16 Uhr geöffnet, und ich habe mich sofort erkundigt, ob die Kinder dann bis 16 Uhr bleiben müssen oder ob man selbst entscheiden kann, wann man sie abholt. Das könne ich selbst entscheiden, hieß es. Sehr gut. Ich hole die Kinder dann immer um 13 Uhr ab, aber nach einigen Monaten machte die Leiterin der Gruppe mich mehrmals darauf aufmerksam, dass es wohl besser wäre, wenn die Kinder länger bleiben würden. Das gefiel mir nicht besonders, da ich fünf Jahre mit ihnen zu Hause gewesen bin und immer der Auffassung war, dass Kinder ihre Eltern brauchen und dass es ihnen im Allgemeinen gut tut, wenn die Mutter die Möglichkeit hat, zu Hause zu bleiben. Außerdem spielen die Kinder im Kindergarten zwar zum Teil auch draußen, aber eben nicht regelmäßig.

Nach einer Weile habe ich an einem Elternabend die Sache angesprochen und gefragt, ob ich wirklich ein schlechtes Gewissen haben müsse, weil ich meine Kinder um 13 Uhr abhole. Der Leiter des Kindergartens wurde wütend und sagte (ziemlich barsch), dass es so viele Eltern gibt, die ihre Kinder übermäßig beschützen und ihre Kinder viel zu früh abholen und somit den Gruppenrhythmus stören, und das wäre doch unfair den anderen Kindern gegenüber! Ich war geschockt! Er überhäufte mich mit Schuldgefühlen, und ich wollte/konnte nun nicht mehr die Kinder um 13 Uhr abholen. Die Kinder spürten, dass ich sie nur noch ungern so früh abholte, und wollten von sich aus länger bleiben. Ich fing dann an, sie um 14 Uhr abzuholen, aber alles war irgendwie schon schief gelaufen. Ich hatte immer ein schlechtes Gewissen, wenn ich kam. Außerdem bleiben alle etwas größeren Kinder bis etwa 15 Uhr, und meine Kinder haben mich enttäuscht angeschaut, wenn ich kam. Die Situation wurde immer schwieriger. Ich wollte aber nicht nachgeben, ich wollte meinen Kindern zeigen, dass man sich nicht zu etwas drängen lassen soll, wenn man sich für etwas anderes entschieden hat. Kurz vor Weihnachten spitzte sich die Lage zu. Ich kam einige Tage schon um 13 Uhr, und meine Vierjährige schrie wie am Spieß, wenn ich auftauchte. Es war ein schreckliches Erlebnis. Außerdem war mir nicht klar, ob die Kinder auf meine Unsicherheit reagierten oder auf die Unzufriedenheit der Erzieherinnen – oder ob es wirklich falsch von mir war, sie früher abzuholen. Nach Weihnachten habe ich aufgegeben, und meine Kinder sind jetzt von 8.30 bis 15 Uhr dort, obwohl ich sie sehr wohl früher holen könnte. Außerdem sind die Gepflogenheiten in dem Kindergarten so, dass die Kinder sich danach oft noch gegenseitig besuchen, bis etwa 18 Uhr. Das dürfen die Kinder frei entscheiden, an der Garderobe, wenn man gerade auf dem Weg nach Hause ist. Und dort stehe ich dann mit einem Kind, das gerne mit zu uns kommen möchte, meine Kinder stimmen zu, obwohl sie müde sind, denn sie wollen das andere Kind nicht verletzen. Und ich sage auch ja, obwohl ich keine Lust habe – auch um nicht das Kind und seine Eltern zu verletzen, obwohl ich weiß, dass es falsch ist. Ich sollte doch als Vorbild dastehen und ihnen zeigen, wie ein erwachsener Mensch freundlich und gleichzeitig deutlich Grenzen setzen kann, aber ich reagiere dann selbst wie ein kleines, verschrecktes Mädchen, das Angst davor hat, isoliert zu werden, wenn ich Nein sage. Außerdem ist mein Eindruck, dass 18 Uhr für diese kleinen Kinder viel zu spät ist, was ich einmal auch versuchsweise angedeutet habe, aber ich traue mich nicht, es geradeheraus zu sagen, weil ich befürchte, dass meine Kinder dann ausgestoßen werden, mit der Einstellung: »Tja, wenn ihr damit nicht zufrieden seid, dann müsst ihr eben für euch allein bleiben.« Diese Haltung habe ich nämlich schon erlebt.

Was soll ich tun? Es ist eine Tatsache, dass die Kinder zuerst recht zufrieden damit waren, um 15 Uhr abgeholt zu werden. Sie hatten vorher vermutlich nie das Gefühl, dass sie auf etwas verzichten mussten, weil sie »zu früh« abgeholt wurden. Aber gerade nun, als ich dachte, dass es mit dem späten Abholen auch funktioniert, sagt mein Sohn häufiger – mit meinen Worten: »Es wird mir einfach zu viel! Ich möchte jede Woche einen freien Tag haben, so wie es früher war« (als wir noch nicht im Ausland lebten). Ist es denn wirklich so wichtig für ein Kind, dass es genauso lange im Kindergarten bleibt wie die anderen? Und was hältst du von den Spielverabredungen nach 15 Uhr? Habe ich irgendetwas missverstanden – ist es vielleicht doch wichtig für die Kinder, hin und wieder Freunde mit nach Hause zu bringen, die dann den ganzen Abend bei uns bleiben? Selbst stamme ich aus einer Familie, die sozial nicht so aktiv war. Ich erinnere mich daran, dass ich nie Freunde mit nach Hause bringen wollte und dass ich auch nie bei anderen spielte. Sind es meine eigenen unverarbeiteten Gefühle, die meine Urteilskraft komplett durcheinander bringen? Nach fünf Jahren zu Hause mit meinen Kindern hatte ich ein ganz gutes Vertrauen in meine Fähigkeiten als Mutter entwickelt. Und nun erlebe ich, wie dieses Selbstvertrauen Stück für Stück dahinschrumpft. Es fühlt sich an, als würde niemand in diesem Kindergarten mein Urteil oder meine Auffassung davon, was für meine Kinder das Beste ist, respektieren. Kannst du, Anna, mir ein paar gute Ratschläge geben? Sollten wir einen anderen Kindergarten suchen? Reagiere ich viel zu heftig? Überidealisiere ich die Mutter- bzw. Familienrolle und mache sie dadurch zu einem Ziel an sich? Ich wäre sehr dankbar für eine Antwort …

Nein, du reagierst nicht zu heftig und du überidealisierst auch nicht. Eher bekommst du gerade eine kleine Lektion fürs Leben erteilt, denke ich, in der Kunst und der Notwendigkeit, dich selbst zu respektieren. Für deine Überzeugung geradezustehen auch dann, wenn es dich etwas kostet, zu glauben, was du für richtig hältst. Diese Lektion solltest du meiner Meinung nach dankbar annehmen, anstatt dich davon quälen zu lassen!

Du hast dich in die Unsicherheit hineintreiben lassen. Diesen Fehler darfst du nicht wiederholen. Anstatt dich zu erkundigen, ob es eventuell möglich wäre, dass du die Kinder wieder etwas früher abholen könntest, solltest du – wie du es von Anfang an hättest machen müssen – im Kindergarten erklären, wie du es haben möchtest, du musst sie informieren, anstatt Fragen zu stellen, in etwa so: »Ab jetzt werden meine beiden Kinder täglich bis 14 Uhr hier bleiben, und nicht länger, und mittwochs kommen sie nicht, denn da haben wir etwas anderes vor. Ich gehe davon aus, dass das in Ordnung ist. Oder? ...« Damit überlässt du es den anderen, Ärger zu machen, falls es überhaupt Ärger geben muss. Es gibt nicht viele Menschen, die den Mut aufbringen, eine Frau, die ganz genau weiß, was sie will und auch dafür geradesteht, niederzumachen. Die Leute werden sicherlich in ihre Bärte murmeln, aber davon lässt sich eine große Seele nicht berühren. Das Gerede wird kaum deine eigenen Ohren erreichen, weil alle wissen, wo du deinen Standpunkt hast.

Vorher musst du aber darüber nachdenken, damit du ganz genau weißt, was du willst – und somit auch dafür geradestehen kannst! Zumindest den Kindern gegenüber ist es äußerst wichtig, dass es dir gelingt, ihnen zu vermitteln, dass du genau weißt, was du tust – auch außerhalb der eigenen vier Wände (innerhalb ist es ja unendlich viel einfacher!).

Natürlich müssen die beiden nicht rund um die Uhr von Spielkameraden umgeben sein, und man kann solche Verabredungen in einer freundlichen Weise umgehen: »Vielleicht morgen?« »Frag doch erst mal bei dir zu Hause nach, ob es O.K. ist!« »Heute passt es gerade nicht so gut.« – »Warum nicht?« – »Weil es heute einfach nicht so gut passt. Aber morgen, vielleicht!« Du bist überhaupt nicht zu weiteren Erklärungen oder Entschuldigungen verpflichtet. Und die anderen dürfen gerne in quälender Ungewissheit verharren in Bezug auf die spannenden Sachen, die du und deine Kinder bei euch zu Hause – unter euch – vorhabt. Solche Sachen gehen sie überhaupt nichts an!

Versuch also positiv und stark zu sein. Deine Unsicherheit muss mit Sicherheit, Stolz und Selbstrespekt bekämpft werden. Ein großer Teil dieser Angriffe dient ja dem Selbstschutz von Eltern (Kinder brauchen am besten 24 Stunden am Tag Freunde und anderweitige Beschäftigungen), die tief in ihrem Inneren ganz genau wissen, dass sie ihren Kindern, oder auch sich selbst, nichts Gutes tun, wenn sie erlauben, dass die Gesellschaft und die Wirtschaft entscheiden dürfen, dass die Familie – in praktischer und konkreter Hinsicht – nicht so wichtig sei, wie sie in der Tat ist. Kinder müssen heutzutage schon im Säuglingsalter lernen, dass weder ihre Eltern noch ihr Zuhause ihnen zur Verfügung stehen, wenn SIE sie tatsächlich brauchen und um sich haben möchten. Was sie ja sehr lange wollen. Das schlechte Gewissen der Eltern und ihre eigene Unzulänglichkeit – welche Mutter spürt nicht tief in ihrem Innersten, dass etwas grundlegend falsch ist, wenn sie für ihr kleines, einjähriges Kind, das nachweislich seine Mutter braucht und das sie auch gefühlsmäßig selbst so sehr braucht, nicht da sein kann? – treiben sie zu hysterischen Kompensationsversuchen: Alle möglichen Dinge und viele, viele Freunde sollen das verlorene Familienleben ersetzen. Und dagegen kann man ja auch gar nichts einwenden: Jeder von uns wählt seine eigenen Prioritäten im Leben und jeder sollte in seiner Wahl respektiert werden.

Du auch!

Dieser Kindergarten hat anscheinend ganz viele Vorteile, die du auch gerne nutzt, und so etwas sollte man zu schätzen wissen. Du bist mit anderen Worten zufrieden mit dem Inhalt – aber nicht mit der Form. Hier musst du deine eigene Entscheidung durchsetzen, und du wünscht dir ja nichts anderes, als dass es mit dem Abholen funktioniert. Aber hier wirst du von außen keine Hilfe bekommen, weil die »äußeren Formen«, die Lebensumstände der anderen Eltern andere sind und es wohl auch sein müssen.

Sei lieb zum kleinen ängstlichen Mädchen in dir. Kümmere dich um es und bring es mit Vorsicht dazu, dass es für seine Ansichten geradesteht! Krame das Selbstvertrauen und das Selbstwertgefühl der sicheren Mutter hervor und entscheide dich dafür, diese Eigenschaften zu wahren und zu stärken, damit du sie zum Schutz des kleinen, ängstlichen Mädchens einsetzen kannst! Liebe Grüße!

Aggressivität und Konzentrationsstörungen

 Hallo, Anna! Ich habe Probleme mit einem meiner Söhne. Er ist etwas über vier Jahre alt und heißt Leo.

In den ersten Monaten war Leo noch nicht so anstrengend, außer dass er partout nicht in seinem Bett schlafen wollte. Er wollte am liebsten bis zum Einschlafen herumgetragen werden. Nach einiger Zeit wurde spürbar, dass er ein gewaltiges Temperament hat. Er schlug uns ins Gesicht und brüllte los, wenn er nicht seinen Willen bekam. Ansonsten hat er alle Höhen und Tiefen der Entwicklung durchlebt. Leo findet es schwierig, sich auf Sachen zu konzentrieren, die er nicht lustig findet, aber wenn er beispielsweise mit Legos baut, kann er lange still sitzen, bis ihm irgendetwas doch nicht so richtig gelingen will. Er spielt immer mit älteren Jungs, sieben bis acht Jahre alt. Er hat Schwierigkeiten, sich nach Anweisungen zu richten, hat keine Geduld, ist sehr aggressiv und wirft mit Sachen, wenn wir ihm widersprechen. Andererseits schläft er immer lange und gut, und er hat auch keine Probleme mit der Motorik oder Ähnliches. Er isst sehr wenig und ist dünn. Im Kindergarten kommt er nicht so gut zurecht, weil es ihm schwer fällt, in größeren Gruppen zu funktionieren, er ist dort meistens richtig überdreht. Er kann nie still sitzen, sondern hüpft immer durch die Gegend wie ein Yo-Yo. Keine Probleme mit dem Sehen bzw. Hören. Ist hier etwas nicht in Ordnung? Bitte antworte schnell, liebe Anna, wir sind hier schon am Verzweifeln.

Hallo, meine Liebe. Ich würde mich sehr hüten, bei einem kleinen 4-Jährigen nach Fehlern zu suchen – ich würde sie eher bei mir selbst und bei der heutigen Gesellschaft suchen, in der man heutzutage allmählich fast jedes zehnte(!) Kind als verhaltensauffällig abstempeln möchte … es ist wohl eher die Psychiatrie, die sich etwas auffällig verhält, würde ich behaupten. Und das nicht mal so wenig. Es steckt so unheimlich viel Geld im Markt mit der Seele. Allein diese Tatsache ist Grund genug, das eigene Misstrauen zu bewahren. Es sind unsere Kinder, ihr Wohlbefinden und ihre Zukunft, die auf dem Spiel stehen – und demgegenüber geht es um viel Geld (zumindest in den Taschen der Arzneimittelproduzenten)!

Ich empfehle dir hiermit, ein umfassenderes Verständnis für Leo aufzubringen. Mir scheint, dass es euch nicht so gut gelungen ist, mit dem Trotzalter von Leo umzugehen. Man hat immer die Chance, später das gutzumachen, was man früher versäumt hat! So großzügig sind unsere kleinen Kinder! Und vielleicht sollte ich noch hinzufügen: Ich glaube nicht, dass mit Leo etwas nicht stimmt. Ganz im Gegenteil. Ich glaube, ihr habt in ihm ein richtiges, kleines Energiebündel, das sich hin und wieder über das aufregt, was er (noch) nicht kann. Kleine Kinder leben oft in einer Mischung aus Stress und Ohnmacht, bei der die meisten Erwachsenen zusammenklappen würden. Liebe Grüße!

Viel zu penibel

Hallo! Mein Freund und ich haben zwei Söhne von fünf und zwei Jahren. In letzter Zeit ist der Fünfjährige bei einigen Sachen übertrieben gründlich geworden: Er wäscht sich ständig seine Hände, er muss mindestens einmal pro Stunde Pipi machen, auch wenn es nur ein paar Tropfen sind. Wenn er groß macht, kann er bis zu einer halben Stunde auf dem Thron sitzen, und wenn er sich anzieht, ist er übertrieben penibel. Die Strümpfe etc. müssen ganz genau sitzen, ohne Knicke und Falten. Wenn er hier Freunde zu Besuch hat und sie nach draußen wollen, ist er immer derjenige, der zuletzt fertig angezogen ist (ziemlich deutlich der Letzte!), denn seine Schnürsenkel müssen genau gleich lang sein, usw. Als Eltern finden wir es sehr anstrengend, meine Reaktion ist meistens, dass ich genervt bin und finde, er benimmt sich einfach lächerlich. Wie sollte man damit umgehen? Er ist im Übrigen ein sehr sozialer und fröhlicher Junge mit vielen Freunden und viel Energie, aber wir machen uns nun doch Sorgen wegen seiner fixen Ideen. Hast du ein paar gute Ratschläge für uns?

Hallo, meine Liebe. Ja, das ist nun wirklich nicht mehr lustig – und außerdem verschwindet ja viel Zeit in den mehr als perfekt sitzenden Strümpfen – aber deine Irritation und dein Genervtsein bringen euch, wie du schon gemerkt hast, nicht weiter. Und hier musst du wohl die Vorwürfe ein wenig gegen dich selbst richten. Denn du kannst schließlich die Wahl treffen und die Sache auch von der positiven Seite aus betrachten: Er ist eben sehr gründlich. Er zeigt, dass er etwas kann. Er ist ehrgeizig. Er gibt sich mit nichts weniger als dem Besten zufrieden. Er ist ein großer und tüchtiger Junge, der weiß, wie die Dinge funktionieren, und er macht sie noch besser, noch präziser … Ist er dann nicht noch tüchtiger? Das ist er auf jeden Fall in seinen eigenen Augen.

Das Alter des Fünfjährigen ist das absolut harmonischste der ganzen Kindheit. Dazu kommt noch, dass sein kleiner Bruder ihn darin begleiten müsste, denn er befindet sich gerade in der Harmoniephase des Zweijährigen (die Stille vor dem Sturm). Diesen beiden Entwicklungsphasen, die ich *beherrschend* nenne (die dritte davon kommt im Alter von zehn Jahren), ist gemeinsam, dass die Kinder ganz und gar davon überzeugt sind, dass sie alles können. Zumindest alles, was man in dieser Welt so können und auch wissen muss. Der Fünfjährige macht deshalb aus Prinzip nur das, was er kann. Also kann er doch alles, was er macht. Ergo: Er kann alles! Und in diesem Muster ist er hängen geblieben, wie du bemerkt hast. Es geht ihm aber gar nicht schlecht dabei! Ganz im Gegenteil. Bei jedem einzelnen Händewaschen steigert er sein Selbstwertgefühl gleichermaßen …

Aber – und hier geht es um ein ganz großes ABER – wenn der Zweijährige in seiner Phase des Strahlemannes und der Fünfjährige in seiner Blütezeit nicht im Geringsten nützlich sein dürfen im Kampf um die Existenz, d.h. in der richtigen Welt (beim Kochen, Putzen, bei allem, bei dem man FÜR ANDERE etwas tut – und nicht nur für sich selbst), wenn die Kinder mit anderen Worten nicht spüren dürfen, dass sie gebraucht werden, dass sie in konkreter Weise für das Wohlergehen der Gemeinschaft nützlich sind, dann neigen sie dazu, eine Reihe von Ritualen zu entwickeln, die ihnen selbst und auch anderen zeigen sollen, dass sie etwas wissen und können – dass sie alles perfekt unter Kontrolle haben und wenigstens in ihrer eigenen, kleinen Welt gebraucht werden. Der Zweijährige zum Beispiel schafft sich gerne Rituale in Verbindung mit dem Zubettgehen, und sie können mehrere Stunden in Anspruch nehmen: Dasselbe Märchen muss 117 Mal gelesen werden, Mama muss immer genau an derselben Stelle sitzen, das Kissen muss in einer ganz bestimmten Weise zurechtgelegt werden, das Kuscheltier natürlich auch … usw. Der Fünfjährige kann sich genauso wie der Kleine verhalten (nur um ein Vielfaches extremer), um sich groß und tüchtig und kompetent und gut zu fühlen, was den anderen doch ziemlich nützlich erscheinen müsste …

Die Lösung heißt also: Soziale Beteiligung. Nimm deinen großen Jungen in Gebrauch! Frag ihn: Meinst du, DU kannst …? – es wird Wunder wirken. Denn, na klar, kann er! Und sei bitte nicht empfindlich, wenn er dann doch Fehler macht, denn es ist unheimlich schwer, Fehler einzugestehen, wenn man selbst der Meinung ist, man sei perfekt: Schau, wie schön sauber die Abwaschschüssel geworden ist! Die Zahnbürste ist ja ganz abgenutzt, du hast ja wirklich ganz schön viel Kraft investiert! Super! Und weißt du was, nächstes Mal darfst du meinen Schwamm (oder Lappen oder Bürste) benutzen, damit geht es AUCH richtig gut. Denn die Zahnbürste ist ja eigentlich zum Zähneputzen da … So freut man sich mit dem Kind, anstatt tief zu seufzen, weil das Kind nicht begriffen hat, dass man die Abwaschschüssel nicht mit einer Zahnbürste schrubben sollte … Es mag sich auf den ersten Blick etwas eigentümlich anhören, aber versuch es mal – es lohnt sich wirklich!

Systematisiere seine Aufgaben! Mach eine kleine Wochenliste und führe ihn in sie ein. Suche eine oder zwei kleine Aufgaben, die er täglich erledigen muss, sie dürfen gerne ein bisschen anstrengend sein und auch etwas Zeit in Anspruch nehmen (du kannst es in etwa mit der Zeit vergleichen, die er für seine Rituale aufbringt). Lob ihn, und zwar aus der Perspektive, dass sein Einsatz gut und praktisch gewesen ist, dass er euch ein Stück Arbeit abgenommen hat – aber erwähn dabei bloß nicht, dass es lieb von ihm war. Viel Glück damit – und viele liebe Grüße!

Wie ausgetauscht, wenn er bei seiner Mama ist

Hallo, Anna! Seit einem Jahr wohne ich mit meinem Freund zusammen, und seitdem haben wir seinen Sohn zeitweise bei uns: einen fünfjährigen Jungen, der ein Drittel seiner Zeit bei uns und sonst bei seiner Mutter lebt. In beiden Fällen besucht er denselben Kindergarten und es funktioniert ohne Probleme.

Wenn er bei uns wohnt, verhält er sich wie die meisten Fünfjährigen. Wir versuchen darauf zu achten, dass die Regeln, die wir eingeführt haben, auch eingehalten werden (wenn nicht, wird er normalerweise in sein Zimmer verbannt und es hat fast immer eine ausgezeichnete Wirkung). Aber wenn er bei seiner Mama ist, verwandelt sich der Junge in einen richtigen Rabauken. Er brüllt und schreit, wenn ihm etwas nicht passt, er schmeißt mit Schimpfwörtern um sich – nicht nur seiner Mutter, sondern auch eventuellen Gästen gegenüber und er nennt sie bei ganz gemeinen Namen; es gibt mehrere Beispiele, die ich hier aber nicht wörtlich nennen möchte.

Die Verwandlung vollzieht sich meistens schon auf dem Weg dorthin, kurz bevor wir bei seiner Mutter ankommen, man kann direkt spüren, wie stur und abweisend er wird.

Die Frage ist nun, warum er sich so verhält – was ist der Grund für diese Verwandlung? Es scheint mir sehr merkwürdig. Der einzige Grund, den ich mir vorstellen könnte, ist, dass seine Mutter ihm gegenüber nicht streng genug ist. Und wo mag er sich eigentlich am wohlsten fühlen, bei uns – oder bei ihr? Oder spielt der Ort dabei gar keine Rolle?

Hallo, meine Liebe. Entschuldige, dass ich dir jetzt erst antworte. Manchmal läuft einem die Zeit einfach davon. Genau wie bei den kleinen Kindern, wollte ich gerade sagen …

Es muss ein unangenehmes Gefühl für euch sein, einen kleinen Jungen abzugeben, der sich wohl fühlt und gut funktioniert und der sich dann – schon im Auto auf dem Weg zu seiner Mutter – in einen kleinen Lümmel verwandelt. Und das lässt sich wohl nicht so leicht ändern.

Natürlich geht es ihm bei euch besser, denn dort kennt er so einigermaßen die Spielregeln und kann sich in diesem Wissen gemütlich zurücklehnen. Bei seiner Mutter provoziert er, erniedrigt er sie und macht jede Menge Ärger, um festzustellen, wo sie steht und wofür sie steht. Es gibt sicherlich tausend Gründe dafür, warum sie es nicht schafft, ihm klaren Bescheid – oder überhaupt einen Bescheid – zu geben, den er selbstverständlich nicht akzeptieren kann (und was dann zu wiederholten Enttäuschungen und neuen Aggressionen führt).

Ich glaube aber nicht, dass er wegen dieser Verhältnisse einen dauernden Schaden davontragen wird. Aber er tut mir ein bisschen Leid. Es sollte für die Kinder nicht notwendig werden, in dieser Art ihre Fragen stellen zu müssen. Sie brauchen Antworten, liebevolle Anweisung, ruhige Konsequenzen und kontrollierte Erwachsene um sich herum – Erwachsene, die in aller Selbstverständlichkeit die Verantwortung übernehmen können, ohne das Kind zu kränken (somit braucht das Kind seinerseits nicht kränkend zu werden). Kinder lernen aber blitzschnell, was an einem Ort gilt, und was am anderen. Deshalb bekommt er durch die doch ziemlich langen Aufenthalte bei euch ein sehr gutes Gegengewicht. Er lernt noch ein anderes Bild kennen.

Was ich vor mir sehe, ist eine unglückliche Mutter, die nicht die Kraft hat, ihren Sohn in einer guten Weise zu behandeln – und wahrscheinlich auch nicht sich selbst.

Liebe Grüße!

Wie ausgetauscht, wenn er bei seiner Mama ist
(Fortsetzung)

Hallo, hier kommt eine Fortsetzung meiner früheren Anfrage. Die Mutter des Jungen will sich an eine Erziehungsberatungsstelle wenden, weil er sich bei ihr so schlecht benimmt (er verhält sich anscheinend nur bei ihr so, wenn man danach geht, was sie so erzählt), aber sie sagt auch, dass sie nicht daran glaubt, dass es bei uns so gut funktioniert.

Mein Freund hat sie dazu überredet, dass wir den Jungen genau halbe-halbe haben sollten, und das haben wir einmal ausprobiert. Aber dann rief die Mutter an und meinte, das würde sie nicht mehr mitmachen, weil der Junge sich dann noch schlechter benehmen würde, wenn er bei ihr ist, und das könnte sie einfach nicht ertragen. Wir sind natürlich der Meinung, dass man es eine Zeit lang durchziehen müsste, bevor man einen Unterschied feststellen kann, aber sie weigert sich total, auf uns zu hören.

Mein Freund sagt dann immer, dass man daran denken muss, was für den Jungen am besten sei, aber sie ist offensichtlich zu sehr damit beschäftigt, wie sie sich selbst fühlt, wenn er nicht mehr so viel bei ihr ist.

Sie hört überhaupt nicht zu, was mein Freund ihr erklärt, und macht alles so, wie sie es will. Mein Freund hat das Gefühl, dass die Mutter alle wichtigen Entscheidungen allein trifft und dass er machtlos ist. Auch ich bin frustriert, und mache mir um den Jungen wirklich Sorgen.

Seine Mutter behauptet, dass er sich bei ihr geborgener fühlt und deshalb dort seine Frustrationen herauslassen kann. Was meinst du, Anna?

Die Mutter mag insofern Recht haben, dass er bei ihr etwas abreagiert, denn das ist ja offensichtlich der Fall. Es hängt aber wohl kaum damit zusammen, dass er sich bei ihr so geborgen fühlt. Eher ist es wohl so, dass er versucht, sie dazu zu provozieren, endlich die Führung zu übernehmen, ihren Standpunkt zu zeigen, für etwas geradezustehen. Und die Kraft DAZU bekommt er bei euch, denn dort kann er die ganze Zeit beobachten, wie es sein kann und auch sein sollte, und das bringt ihm eine große Erleichterung, ja, ein Stück Geborgenheit. Es kann ihn dazu bringen, sich bei seiner Mutter noch heftiger aufzuspielen, um möglichst auch dort diese Erleichterung und dieselben klaren Anweisungen zu bekommen. Er kann also in seinen Provokationen immer stärker werden, je ruhiger und einfacher er es bei euch hat!

Das Schlimmste ist, dass es vielleicht gar keine Rolle spielt, wie gut er sich bei euch verhält, denn es hat keine ansteckende Wirkung auf sein Verhalten seiner Mutter gegenüber. Auch wenn es vielleicht manchmal so aussehen mag, kann man überhaupt nicht davon ausgehen, dass sein Verhalten sich auch bei ihr zu Hause bessern wird. Denn sein Verhältnis zu seiner Mutter ist ein ganz anderes als das zu seinem Vater und zu dir. Die Probleme, die sie mit ihm hat, werden weiterexistieren, bis SIE die Kraft findet, sie zu lösen. Und in dieser Hinsicht kann eine Beratung vielleicht hilfreich sein – für sie, aber kaum für das Kind.

Ich verstehe sehr wohl, dass ihr euch machtlos fühlt. Es ist ja wirklich eine traurige Situation! Vielleicht gelingt es deinem Freund ja doch noch, die Mutter des Jungen dazu zu überreden, es wenigstens für eine *begrenzte* Zeit mit der halbe-halbe Zeitaufteilung zu versuchen – andersherum erscheint die Verabredung offensichtlich zu langfristig, und niemand muss für sich eine Niederlage empfinden oder sich in seinem Prestige verletzt fühlen, oder etwas in der Art. Man muss daran festhalten, dass es vor allem darum geht, die Interessen des Kindes zu wahren und dass die Eltern es zumindest für eine vorher abgesprochene Zeit hinkriegen, vor dem Kind als Einheit aufzutreten. Man müsste versuchen, die ganze Sache zu entdramatisieren, und, anstatt sich gegenseitig anzuschreien und anzuklagen, ein Übereinkommen von praktischem und neutralem Charakter treffen. Zeitlich begrenzt und offen, wie gesagt – vielleicht ein halbes Jahr, erst einmal.

Der Vater des Jungen kann zumindest so viel tun: Er kann seinen Ton und seine Einstellung der Mutter gegenüber ändern und sachlicher und praktischer mit ihr verhandeln. Man muss ja nun nicht ALLES, was das Kind betrifft, teilen, vor allem nicht, wenn man als Eltern getrennt lebt.

Und ihr müsst versuchen, in dem, was ich euch letztes Mal geschrieben habe, eure Ruhe zu finden. Ihr gebt ihm eine befreiende, entlastende und gute Alternative. Dank euch hat er die Kraft, sich mit seiner Mutter anzulegen, um bei ihr mehr Sicherheit und Ruhe, ja, ganz einfach ein leichteres Zusammenleben zu erreichen. Er wird nicht nachgeben, bevor sie für die Person, die sie ist, für das Leben, das sie lebt, für das, was sie will, und das, woran sie glaubt, und das, wofür sie kämpfen will, geradestehen kann. Es ist an sich keine schlechte Schule des Lebens und meiner Meinung nach müsst ihr euch keine Sorgen machen. Er wird es schon schaffen. Und er leidet keine Not! Kinder können viel mehr durchstehen, als man meint. Ansonsten wäre die Welt in der Tat voller menschlicher Wracks …

Zeigt ihm Vertrauen, wenn ihr ihn bei seiner Mutter abgebt! Er darf nicht das Gefühl haben, dass ihr gegen sie seid – oder gegen ihn, wenn er bei ihr ist. Ihr müsst ihn darin unterstützen, wenn er zu ihr geht. Ihr müsst – ganz felsenfest – dem Jungen den Eindruck vermitteln, dass alles in bester Ordnung ist. Ansonsten macht ihr es ihm unfairerweise schwer. Liebe Grüße!

Schlaf und Schlafgewohnheiten

»Alles, was Kinder betrifft, ist einfacher, als man denkt, wenn man nur ein Ziel vor Augen hat.«

Schlafprobleme

Ich habe einen zweijährigen Sohn, der mit dem Schlafen einige Schwierigkeiten hat. Er schläft schon immer in seinem eigenen Bett und ist abends immer allein eingeschlafen, um in der Regel die ganze Nacht durchzuschlafen, aber nun sind Probleme entstanden, und wir wissen nicht recht, was wir tun können. Vor vier Monaten bekam er einen kleinen Bruder, aber in unseren Augen gibt es da keine Schwierigkeiten. Außerdem gehen wir davon aus, dass er wohl ins Trotzalter kommt.

Aber nun zum Schlaf: Tagsüber weigert er sich ganz und gar, zu schlafen. Muss er schlafen, geschieht es meistens im Auto oder mal im Kinderwagen, aber in der Regel macht er keinen Mittagsschlaf. Normalerweise wird er um etwa 20 Uhr ins Bett gebracht. Er hat ein normales Bett, also kein Gitterbett. Die abendliche Routine durchzuführen und »gute Nacht« zu sagen funktioniert deshalb nicht. Er steht dann ganz schnell wieder auf und kommt zu uns gelaufen. Wir bringen ihn darauf in sein Bett zurück, sagen »gute Nacht« und gehen – zwei Sekunden später ist er wieder da. Manchmal fängt er an zu weinen, wenn wir aus seinem Zimmer gehen. Wir kämpfen nun seit langem jeden Abend mindestens eine Stunde, aber alles umsonst. Letztendlich sitzen wir an seinem Bett und singen oder sitzen einfach da, bis er einschläft, aber das schafft man ja auch nicht auf Dauer. Außerdem wird er nun auch nachts manchmal wach und kommt uns holen, damit wir an seinem Bett sitzen und singen oder er ruft uns zu sich. Das hat er früher nie gemacht. Wir wissen nicht recht, was wir tun sollen, und brauchen deshalb deinen Rat und deine Hilfe. Wie lange wird es dauern, bis er lernt, wieder allein einzuschlafen? Warum sind diese Probleme entstanden? Wir sind für jeden Ratschlag dankbar.

Hallo, meine Liebe. Vielleicht hängen die neu entstandenen Probleme damit zusammen, dass er plötzlich größer sein sollte, als er sich eigentlich fühlte. Zum einen wurde sein kleiner Bruder geboren, da wurde er ja per Definition schon groß, zum anderen bekam er ein neues Bett, aus dem er blitzschnell herausspringen kann und in dem er körperlich das Gefühl hat, dass er es nicht ausfüllt – nicht groß genug ist. (Ich behalte für gewöhnlich das Gitterbett, solange es nur geht. Bis ins kleinste Detail habe ich versucht, die Welt klein sein zu lassen, bevor sie groß wurde!). Selbst ein kleines Kind kann sich in seinem Bett besonders geborgen fühlen. Nun hat er ein neues, und vielleicht fühlt er sich darin einfach nicht wohl! Es könnte jedenfalls sein (ihr könntet also zum Gitterbett zurückkehren und ihm erzählen, dass das große Bett kaputt ist und sich auf dem Dachboden erstmal erholt – oder ihr bleibt bei dem neuen, großen Bett) – unter allen Umständen aber müsst ihr die Nächte wieder in den Griff bekommen, nicht nur seinetwegen. Ich denke aber, dass er einfach übermüdet ist. Es wäre gut, wenn ihr trotz allem am Mittagsschlaf festhaltet, man könnte eine Runde mit dem Kinderwagen um die Zeit einplanen, damit er zumindest still liegt und sich ausruht – und vielleicht schläft. Eventuell könntet ihr ihn auch abends ein bisschen früher ins Bett bringen? Übermüdete Kinder landen leicht in einem Teufelskreis und schlafen immer schlechter, genauso wie gestresste Erwachsene.

Macht ihn für die Nacht fertig und singt für ihn, aber nicht, wenn er schon im Bett liegt. Denn so verbindet er das Bett mit dem Gesang, und deshalb schreit er, dass ihr kommen und singen sollt; singt stattdessen auf der Couch! Im Bett muss er LACHEN und fröhlich sein, wenn ihr ihn schlafen legt! Setzt euch dann vor der Tür hin, in seinem Blickfeld, und lest etwas oder unterhaltet euch, irgendwas, das nichts mit ihm zu tun hat. Es gilt nämlich sofort einzugreifen, bevor er es auch nur schafft, aus dem Bett zu hüpfen, und ihn schnellstens wieder hinzulegen, während ihr eine zu diesem Zweck vorbereitete Gute-Nacht-Leier vorsagt: »Hoppla, mein Kleiner, gute Nacht, gute Nacht, mein Liebling!« Oder was euch gerade gefällt (es muss aber immer wieder die gleichbleibende Leier sein). Wieder hinaus, zurück auf dem Stuhl vor der Tür, fahrt ihr mit eurer Beschäftigung fort, mit einem Auge und einem Ohr auf den Jungen gerichtet, aber ohne dass er etwas merkt. Sobald er einen neuen Versuch startet, das Bett zu verlassen, wiederholt ihr die Leier laut und bestimmt – mit einer Haltung der totalen Selbstverständlichkeit. Nachts wird geschlafen, Punkt, aus! Wenn notwendig legt ihr ihn wieder zurecht, sehr schnell und ohne Trost (er muss euch gar nicht Leid tun, er braucht nur einen klaren Bescheid, damit er sich entspannen und sich geborgen fühlen, d.h. schlafen kann), und wiederholt die Leier auf dem Weg hinaus. Setzt euch wieder hin, usw. Und hört damit auf, ihm nachts etwas vorzusingen – denn nachts geschieht überhaupt gar nichts (er wird auch nicht umhergetragen, gefüttert, getröstet oder unterhalten), denn er muss verstehen lernen, dass nachts nichts los ist. Nichts, außer dass man schläft. Und sollte man mal aufwachen, kann man das Problem selbst lösen, indem man weiterschläft. Das ist die Botschaft. Es wird ein paar Nächte dauern, ihm diese Botschaft zu vermitteln, aber die Mühe wird sich lohnen – sowohl euretwegen wie auch seinetwegen. Ihr müsst nur konsequent bleiben und die Gute-Nacht-Leier einüben, bis sie euch in Fleisch und Blut übergegangen ist. Es wird sich sozusagen zu einem bedingten Reflex entwickeln: Er hört die Leier – und legt sich wieder hin. Und dann könnt ihr die Leier auch von eurem Bett aus vorsagen, ohne dass ihr aufstehen müsst, wenn er mal eine Erinnerung braucht, dass es noch Nacht ist, und dass man nachts einfach nur schläft. Liebe Grüße!

Er will nur bei uns schlafen

Hallo! Wir haben einen tollen kleinen Jungen von etwas über zwei Jahren. Seit er drei Monate alt war, hat er in seinem eigenen Zimmer geschlafen, und es hat super funktioniert, bis zum letzten Herbst – zu dem Zeitpunkt, als er sich an seine Tagesmutter gewöhnen sollte (dort ist er nun drei Tage die Woche, die anderen Tage ist er zu Hause bei mir). Er fing dann auch an, viel zu träumen (vermuten wir), er wachte auf und war traurig, ängstlich oder aufgeregt. Wir nahmen an, dass es zum Teil mit seinem Alter zusammenhing (ich habe gehört, dass Kinder in dem Alter viel träumen), und zum Teil mit seinem neuen Alltag bei der Tagesmutter, wo er übrigens sehr gut zurechtkommt. Er wurde erst wieder ruhig, als wir ihn hochnahmen und ihn umarmten, damit er uns spüren konnte – aber da keine/r von uns Lust hatte, ihn wieder in sein Bett zurückzubringen, erlaubten wir ihm, bei uns weiterzuschlafen, wenn er nachts wach wurde. Es war vielleicht auch eine Art Kompensation dafür, dass wir tagsüber nicht mehr die ganze Zeit mit ihm zusammen sein konnten. Und da er nicht selbst aus seinem Bett klettern mag (er hat ein Kinderbett mit leicht erhöhten Seitenteilen), waren wir gezwungen, ihn jede Nacht zu uns zu holen, und das wurde allmählich unhaltbar. Seit einigen Monaten machen wir es nun so, dass wir ihn zu uns ins Bett holen, bevor er wach wird – d.h., bevor wir uns schlafen legen. Es funktioniert an und für sich gut – er schläft abends problemlos in seinem Bett alleine ein, wir haben den Abend und auch unser Bett für uns, bis wir schlafen wollen, und wenn er nachts bei uns im Bett wach wird, schläft er wieder weiter, ohne uns aufzuwecken. Aber wir überlegen nun doch, ob es das ganze Leben lang so weitergehen soll? Hat er sich so sehr daran gewöhnt, bei uns zu schlafen, dass er sich nicht traut, allein zu schlafen? Wir haben einige Stichproben gemacht, und ihn nicht zu uns herübergeholt, aber dann wacht er immer auf und ist traurig – und möchte in Mamas und Papas Bett schlafen. Und mitten in der Nacht bringen wir es nicht übers Herz, ihn abzuweisen ... Im kommenden Herbst wird er ein Geschwisterchen bekommen, wenn alles gut verläuft, und wir haben uns gedacht, dass es keine gute Idee ist, ihm in diesem Zusammenhang die rote Karte zu zeigen – aber die Frage bleibt bestehen: Sollten wir es schon vorher regeln, und in dem Falle: Wie? Oder können wir uns darauf verlassen, dass es weiterhin so funktioniert wie jetzt – und dass wir auf jeden Fall bis Weihnachten eine glückliche Großfamilie in einem Bett sein können? Als er klein war und ich ihn nachts gestillt habe, fand ich es am besten, aufzustehen und ihn woanders – nicht im Schlafzimmer – zu stillen, aber man kann ja nicht wissen, ob es mit dem nächsten Baby auch so sein wird ...

Ansonsten funktioniert es zurzeit ja eigentlich gut, alle sind zufrieden, aber auf lange Sicht ist es wohl nicht optimal. Im Moment haben wir den Eindruck, dass er ins Trotzalter kommt, und dann werden wohl sowieso alle möglichen Konflikte entstehen. Wir haben deswegen keine große Lust, auch noch nachts Ärger mit ihm zu bekommen.

 Hallo, meine Liebe. Ja sicher, die Gefahr besteht, dass es für den Rest des Lebens so weitergehen wird, wenn ihr es nicht ändert – der Kleine wird es wohl nicht für euch tun.

Ihr seid euch ja schon über die Vor- und Nachteile der Sache klar geworden, und auf dieser Basis solltet ihr eine Entscheidung treffen, nach der ihr entsprechende Konsequenzen einführt und auch durchzieht. Zwar kann sich herausstellen, dass ihr auch zu viert eine glückliche Großfamilie in einem Bett sein werdet, und wenn alle fröhlich und zufrieden sind, gibt es ja keinen Grund, die Situation zu verändern. Ihr müsst euch nur ein Bett anschaffen, das ungefähr so groß wie eine Turnhalle ist. Und die Kinder können dann – gleichzeitig – in ein anderes Zimmer umziehen, wenn die Zeit dafür reif ist. Aber ihr könntet ja auch – wenn ihr die Sache genau durchdenkt – zu dem Schluss kommen, dass ihr den kleinen, bald großen Bruder nicht mehr in eurem Bett haben wollt, und in dem Falle müsstet ihr jetzt handeln, also rechtzeitig, bevor das kleine Neue kommt. Solltet ihr euch dafür entscheiden, müsst ihr die Mühen einer kleinen Kur von einigen Nächten auf euch nehmen. Da führt kein Weg dran vorbei. Denn ihr habt ja (mit eurem Handeln) zum Ausdruck gebracht, dass es für ihn irgendwie gefährlich ist, die ganze Nacht hindurch in seinem eigenen, kleinen Bett zu schlafen. Er muss irgendwie gerettet werden – vor was auch immer: seinen bösen Träumen, seiner inneren Unruhe oder einfach nur vor einer ganz normalen Wachphase, die wir alle jede Nacht erleben (ohne dass wir uns im Nachhinein daran erinnern können). Deshalb müsst ihr mit ihm trainieren, damit er sich wieder daran erinnert, dass er in seinem eigenen Bett super durchschlafen und sich dabei richtig wohl und geborgen fühlen kann.

Seid froh, dass er nicht allein aus dem Bett kommt! Geht sofort zu ihm, wenn er aufwacht, und erzählt ihm beruhigend und liebevoll, dass er in seinem EIGENEN Bett schlafen muss. Und dass es schön wird – »Gute Nacht, gute Nacht, schlaf schön, bis morgen Früh!« Proteste und/oder erneutes Aufwachen, die von verzweifelten Ausbrüchen begleitet werden, handhabt ihr in derselben Weise, wie eine alte, knisternde (aber freundliche) Schallplatte – OHNE nachzugeben. Sollte er es doch schaffen, aus seinem Bett zu klettern, um zu euch zu laufen, gilt es, ihn zu schnappen, bevor er bei euch im Bett angekommen ist, und ihn freundlich, aber bestimmt in sein Bett zurückzugeleiten. Dort wird er schnell ins Bett gekuschelt, unter Begleitung der Gute-Nacht-Leier, und kurz gestreichelt. Es ist wichtig, dass der/diejenige von euch, der/die dieses kleine Programm durchführt (wechselt euch ab!) NICHT beim kleinsten Widerstand nachgibt und ihn hochnimmt. Denn damit würde er erneut einen widersprüchlichen Bescheid bekommen und weder ein noch aus wissen. Und das kann ein jedes Kind unglücklich machen.

Aber wie gesagt: Ihr müsst euch die Sache durch den Kopf gehen lassen, und ihr müsst eine Entscheidung treffen, für die ihr geradestehen könnt. Liebe Grüße!

Träume und Albträume

Ist es normal, dass ein Kind im Alter von zwei Jahren Albträume hat? Und spielen sie irgendeine Rolle? Unser Sohn hat plötzlich eine Wolfsphobie bekommen – und wir haben keine Ahnung, woher! Wir haben keine Märchen über Wölfe vorgelesen, und wir haben keinen Fernseher … Nun versuchen wir der Sache den Stachel zu ziehen, indem wir Geschichten über freundliche oder dusselige Wölfe, die sich von Kindern herumkommandieren lassen, vorlesen, und indem wir ihm erklären, dass der Wolf ganz tief im Wald wohnt, und dass er nicht in die Häuser hineinkommen oder Treppen steigen kann – und dass wir sowieso niemals erlauben würden, dass so ein schrecklicher Wolf in seine Nähe kommen würde … Gehören solche Phobien in dieser Altersstufe einfach dazu? Er scheint keine panische Angst zu haben (außer manchmal nachts), es geht ihm wohl mehr darum, dass er sicherstellen möchte, dass kein Wolf kommen und ihn fressen kann – besonders wenn er irgendetwas falsch gemacht hat, hingefallen ist, etwas fallen gelassen hat, etc., ohne dass wir eine große Sache daraus gemacht hätten. Wir überlegen, wie wir es mit seiner Unruhe und gleichzeitig mit seinem Gefühl der Geborgenheit wieder auf die Reihe bekommen, wie können wir ihn beruhigen und gleichzeitig die Gefahr ernst nehmen? Denn für ihn ist sie ja sehr real.

Hallo. Nach meinen Erfahrungen sind Albträume bei kleinen Kindern ganz normal, gerade wenn es ihnen richtig gut geht; wenn die Tage hell und fröhlich und gut waren, haben die Kinder oft richtig unheimliche Träume, während sie nach harten, turbulenten Tagen wie kleine Engel schlafen können. Es scheint mir wahrhaftig so, dass sich der Mensch seine Ration an Elend sucht … (und für mich sieht es nicht so aus, als sei das vom Alter abhängig).

Natürlich sollte man das Kind trösten und beruhigen – aber ohne eine große Sache daraus zu machen. Das Wichtigste ist, dass man in seiner Haltung dem Kind vermittelt, dass es leider nun mal so ist, dass auch, wenn es traurig und ungemütlich ist, alle Menschen hin und wieder Albträume haben und dass es nicht gefährlich ist; denn es kommt ja wieder ein neuer Tag, und dann ist alles wieder gut, und so geht es uns allen, egal wie schlimm es einem vorkommen mag, wenn man gerade aus einem bösen Traum erwacht ist. Einem erschrockenen, beunruhigten oder traurigen Kind gegenüber muss man immer daran denken, dass man das Kind beruhigen soll – und ihm nicht durch die eigene Beunruhigung noch mehr Angst machen! Denn diese elterliche Sorge ist für ein kleines Kind viel schlimmer als alles andere, weil sie ganz und gar davon abhängig sind, dass wir Erwachsene, als Eltern, genau wissen, wie man sich in dieser Welt verhalten muss. Letztendlich ist es ja eine Frage des Überlebens. Kleine Kinder sind nicht dazu imstande, allein zurechtzukommen. Und das wissen sie.

Hier geht es auch um die Angst vor verschiedenen Gefahren, die hinter der nächsten Ecke lauern könnten, es ist das Wissen um die eigene Hilflosigkeit. Und vergiss nicht: Der Mensch IST in der Tat ein verletzliches Wesen! Er kann beispielsweise nur wenige Stunden bei starker Kälte überleben, er hat keine scharfen Krallen oder andere eigene Waffen zur Verteidigung gegen wilde Tiere, er kann nicht einmal Wasser speichern, um davon ein paar Tage zu überleben. Und dieses Gefühl wird selbstverständlich verstärkt, wenn dein kleiner Junge nicht einmal die einfachsten Sachen schafft. In seinen Augen ist er dann besonders gefährdet und zack, kommt der Wolf und holt ihn! Der Wolf ist wohl bei kleinen Kindern irgendwie fest einprogrammiert – als uralte, archetypische Gefahr. Obwohl der Kleine noch nie von Wölfen gehört oder gar welche gesehen hat, weiß er instinktiv, dass gerade sie eine Gefahr darstellen. Der Wolf hat seinen Platz in den alten Volksmärchen und Sagen, und man kann nicht sicher sein, wer zuerst da war, das Huhn oder das Ei, wenn du verstehst, was ich meine. (Wie kann es z.B. sein, dass Neugeborene eine Heidenangst vor dem Fallen haben, obwohl sie nachweislich noch nie gefallen sind? Weil sie wissen, dass ein Fall – von einem Baum oder vom festen Griff im Fell der Mutter – tödlich sein würde, oder? Genauso übrigens, wie alle Neugeborene deutlich unruhig werden, wenn man sie zu locker und zu vorsichtig anpackt.)

Unter allen Umständen könnt ihr nicht viel mehr machen, als das, was ihr schon tut. Ihr verneint nicht die Gefahr (es gibt den Wolf!), ihr macht das Kind nicht lächerlich (pah, es gibt doch gar keinen Wolf, du kleiner Dummkopf, du brauchst überhaupt keine Angst haben!) – ihr respektiert seine Unruhe und seine Angst, und versucht gleichzeitig, sie zu lindern. Ich kann euch nur ein paar Tipps im selben Stil geben: Versucht, einige richtig gruselige Märchen über den Wolf zu finden! In denen die Gefahr deutlich erkennbar wird (wobei das Kind, der Held, schließlich gewinnt). Rotkäppchen ist ein gutes Beispiel. Lest es mit deutlicher Verängstigung vor. Das kommt beim Kind an! Denn tief in seinem Innersten weiß euer Sohn ganz genau, dass der Wolf weder lieb noch dusselig ist. Ein solches Bild vom Wolf zu präsentieren ist so, als würde man dessen Existenz verneinen. Nehmt seine Angst ernst, auch in eurem Handeln. Teilt sie mit ihm und macht etwas dagegen! Ihr wisst ja sehr wohl, wozu ein Wolf imstande ist. Und auch der Bär. Und der Löwe usw. Zeigt ihm, dass ihr euch abgesichert habt, aus eurem Wissen über gewisse Gefahren – verarbeitet es mit eurem Sohn zusammen! Erzählt von allem, wovor ihr Angst habt: »Wir möchten am liebsten hier in Schweden leben, denn hier gibt es auf jeden Fall keine Löwen, und sie können ja nicht über das Meer hierher schwimmen. Das ist doch gut, finden wir. Und wir wollten genau hier wohnen, weil hier zumindest keine Bären sind. Bären leben nämlich nur dort, wo es tiefe, große Wälder gibt, und die gibt es hier nicht. Aber es gibt andere Sachen, vor denen man sich in Acht nehmen muss. Es kann Feuer im Haus ausbrechen, wenn man nicht vorsichtig ist, aber das haben wir soundso geregelt, damit unser Haus nicht brennt …« Und wenn der Wolf wieder zum Gesprächsthema wird, müsst ihr auf die große und schwere Tür zeigen, für die ihr gesorgt habt (auch wenn sie von anderen eingebaut wurde), damit keine hungrigen Wölfe dort hindurchkommen können – ja, und dann habt ihr noch das TELEFON, damit man die Polizei anrufen kann, sie würden dann kommen und den Wolf einfangen, wenn er draußen ums Haus herumlaufen und nach etwas Essbarem suchen würde, etc. – nennt gerne jede Menge Details! Die Botschaft lautet natürlich, dass ihr wisst, wie man sich schützen kann, soweit es irgendwie möglich ist, und dass ihr an ALLES gedacht habt. Dies schließt nicht die Gefahren komplett aus, zeigt aber, dass sie kontrollierbar sind. Euer kleiner Junge wird sich erst einmal beruhigt fühlen, und das ist auch gut so. (Nächstes Jahr wird er vielleicht Angst haben, dass ein Mörder unter seinem Bett liegt – und dann gilt es, dorthin zu krabbeln, mit einer Taschenlampe in der Hand, und sich ganz cool zu verhalten: »Hallo, du Mörder, bist du da? Nein, da ist echt kein Mörder unter dem Bett, dort war es ganz leer!«) Im Großen und Ganzen kann nur die eigene Erfahrung eurem Jungen beibringen, dass er nicht in ständiger Angst um sein Leben herumlaufen muss. Diese Angst ist die Kehrseite des Überlebensinstinktes, und sie wird nie ganz verschwinden – und das soll sie auch nicht, solange uns unser Leben lieb ist. Außerdem – eine schöne, kleine Therapie ist immer noch das gute und gesunde Lachen, bis er fast platzt! Selbst die bösesten Trolle zerbersten im Sonnenschein (was aber nicht verhindert, dass es sie im Dunkeln gibt). Liebe Grüße!

Ist es zu spät, die Routine zu ändern?

Hallo, Anna! Wir haben eine zweijährige Tochter. Hier ein paar Hintergrundinformationen: Sie hat als Baby sehr viel geschrien und wollte immer in unserer Nähe sein. Das ganze erste Jahr wurde sie jede Nacht bis zu zehn Mal wach und wollte gestillt werden. Die Situation besserte sich, als ich mit dem Stillen aufhörte, aber sie schlief weiterhin bei uns, oder korrekter ausgedrückt: bei mir, denn der Papa hat sich ins Gästezimmer verzogen. Sie ist immer noch sehr Mama-anhänglich und möchte immer in meiner Nähe sein.

Wenn es ums Spielen geht, ist der Papa gut genug, ansonsten nur ich. Wir reagieren jetzt schon mal ein bisschen härter, denn nun ist sie schon so groß, finden wir, dass sie das meiste verstehen kann … Wir sagen ihr, dass Papa genauso gut ist, auch wenn es ums Wickeln, das Naseputzen etc. geht. Und es klappt eigentlich ganz gut.

Sie ins Bett zu bringen und nachts bei ihr zu sein ist aber immer noch ausschließlich meine Aufgabe. Es ist ziemlich anstrengend, denn sie will die ganze Zeit ganz eng bei mir liegen. Wir lesen in der Regel ein Märchen und dann mache ich das Licht aus. Danach muss ich ihr den Rücken kraulen, und sie versucht dabei immer, ihre Hände und ihre Füße zwischen mich und die Matratze zu stecken, ein ziemliches Gewühle, und ich sage ihr, dass sie damit aufhören soll; sie hört dann auch eine kleine Weile auf, aber nach kurzer Zeit legt sie wieder los. Wenn ich sie dann abweise, fängt sie an zu weinen, und es dauert somit unheimlich lange, bis sie endlich einschläft. Deshalb gebe ich oft nach, damit sie beim Einschlafen nicht so lange braucht. Wird sie nachts wach – es kann drei bis vier Mal in einer Nacht (aber nicht immer) vorkommen –, kriecht sie ganz nah an mich heran, und ich muss sie wieder kraulen und dann geht es mit den Füßen wieder los. Ich habe es allmählich so satt!

Ich habe in einem anderen Beitrag gelesen, was du zum Thema Schlafen im eigenen Zimmer geschrieben hast und dass man das Kind nur kurz in sein Bett kuscheln soll, um dann das Zimmer zu verlassen, ist das richtig so? Wird es auch bei uns funktionieren können, da sie es ja gewohnt ist, so dicht bei mir zu sein? Vielleicht könnte man es schrittweise angehen? Ich habe Angst, dass sie sich nicht mehr geborgen fühlen wird, wenn ich ihr plötzlich meine Nähe verweigere.

Ich habe überlegt, dass es O.K. sein müsste, wenn ich sie ins Bett bringe und mich dann vielleicht neben das Bett setze und ihre Hand halte oder so. Wenn sie dann nachts zu uns herüberkommen möchte, ist das in Ordnung, wenn ich sie nur nicht ständig kraulen muss.

Tagsüber ist sie in der Kinderkrippe und hat dort keine Probleme mit dem Schlafen, sie legt sich selbst hin, wird kurz über den Rücken gestreichelt und schon schläft sie! Hier zu Hause schläft sie an den Wochenenden immer in meinen Armen, und ich wäre wirklich dankbar, wenn es ausreichen würde, bei ihr auf der Bettkante zu sitzen, bis sie einschläft. Aber ich denke fast, dass das ganz ausgeschlossen ist, weil sie schon seit so langer Zeit an die jetzige Situation gewöhnt ist. Meinst du, dass es zu spät ist, ihre Schlafroutine zu ändern? Ich hoffe wirklich, dass du mir ein paar gute Tipps geben kannst.

Liebe Grüße!

Alles, was Kinder betrifft, ist einfacher, als man denkt, wenn man nur ein Ziel vor Augen hat. Das ist die Voraussetzung. Denn das Kind wird die Probleme nicht für dich lösen! Das Kind glaubt nämlich, dass du weißt, was du tust, und somit wird alles so bleiben bis in alle Ewigkeit, wenn du nicht …

Du bist im Moment noch unsicher und weißt nicht genau, was du willst. Deshalb hat es vielleicht gar keinen Sinn, wenn ich dir jetzt erkläre, wie du es regeln könntest. Du musst dich zu allererst selbst entscheiden, und ich weiß, es ist leichter gesagt als getan. Aber es ist notwendig.

Wie es im Moment aussieht, stellst du dir vor, dass man die FORM beibehalten – d.h., dass sie weiterhin bei dir im Bett schlafen kann, aber den INHALT verändern kann – d.h., dass sie mit dem nervigen Gewusel mit Händen und Füßen aufhört, um erst gar nicht vom Kraulen zu sprechen … Aber das ist eine »Tulpenrose«, und eine solche gibt es einfach nicht. Wir Erwachsenen sollen und müssen die Form festlegen! Beim Inhalt jedoch sollten wir den Kindern die freie Entscheidung gewähren. Du kannst deinem Kind beispielsweise ein neues Spielzeug schenken (die Form, die Voraussetzungen), aber du kannst nicht entscheiden, wie es damit spielt. Darf sie also in deinem Bett liegen, musst du dich wohl mit den dazugehörigen Ritualen abfinden. Du kannst selbstverständlich erklären: Nein, ich habe keine Lust, deinen Rücken zu kraulen, nur, ihre Reaktion kannst du dir ja schon ausmalen … Wenn sie dagegen in ihrem eigenen Bett schläft, muss sie selbst das Problem mit dem Kraulen und den anderen Sachen lösen, in ihrer eigenen Weise – und ohne deine Hilfe. Und das ist gar nicht mal so schlecht.

Dass sie in der Tagesstätte so schön schläft, hängt sicherlich damit zusammen, dass dort niemand ihr besonders nahe ist, d.h., es liegt niemand neben ihr.

Diese körperliche Nähe kann auf andere Orte als das Bett verlegt werden! Und körperliche Nähe ist nicht unweigerlich dasselbe wie Geborgenheit. Dass sie nicht ohne dich schlafen kann, deutet eher auf eine massive Unsicherheit hin – ist dir das mal in den Sinn gekommen? Und glaubst du, tief in deinem Innersten, dass es für sie leicht sein wird, zu erfahren und zu begreifen, warum ihr Papa aus dem Schlafzimmer ausziehen musste?

Du musst nun deine wahren Gefühle durchforsten und erst einmal herausfinden, was du eigentlich möchtest! Und es gibt nichts, was zu spät wäre. Die Veränderungen, die ihr durchgeführt habt – z.B., dass Papa auch dies und jenes kann –, waren doch von Erfolg gekrönt. Kleine Kinder reagieren mit Erleichterung auf Erwachsene, die in ihrem Handeln Entscheidungen treffen, die *im Interesse des Kindes* sind. Denn dort liegt der Hund begraben. Es ist keine Frage, dass eurem kleinen Mädchen am besten damit gedient wäre, ungestört zu schlafen – ohne nachts wach zu werden und mit dir herumwühlen zu müssen – hinzu käme noch, dass ihr Papa seinen Schlafplatz zurückerhalten würde. Eine solche Veränderung ist nicht hart. Sie würde ihr gut tun und sie wäre zu ihrem Besten. Aber denk nun erst mal darüber nach! Liebe Grüße!

Ist es zu spät, die Routine zu ändern?
(Fortsetzung)

Hallo, da bin ich wieder! Danke für deine schnelle Antwort. Du hast vollkommen Recht in allem, was du schreibst! Ja, ich bin unsicher und habe solche Angst, ihr wehzutun. Und du hast sicherlich Recht damit, dass ich ihr gar keinen Gefallen tue, indem ich diesen Zustand beibehalte. Eigentlich möchte ich ja auch, dass sie in ihrem eigenen Bett schlafen gelegt wird und am besten dort die ganze Nacht durchschläft! Am liebsten würde ich sie ins Bett legen, ein Märchen vorlesen, das Licht ausmachen und dann gehen – und ihr das Einschlafen selbst überlassen (das macht sie ja auch im Kindergarten). Ja, wir müssen uns dafür entscheiden, dass JETZT etwas geschehen muss, und deshalb darfst du uns gerne erzählen, wie du meinst, dass wir am besten vorgehen! Und nochmals vielen Dank!

Danke auch – ich freue mich so, dass du meine Antwort positiv aufgenommen hast. Eine Sache kann ja immer von (mindestens) zwei Seiten betrachtet werden ... Fang damit an, dass du ihr in aller Ruhe und mit Freude in deiner Stimme erklärst, dass sie ab morgen – oder ab Montag ... (gib ihr ein wenig Zeit, um sich an den Gedanken zu gewöhnen) in ihrem eigenen Bett schlafen soll und dass Papa in SEINEM Bett im Schlafzimmer schlafen soll und dass alles so toll werden wird, weil sie nun kein kleines Baby mehr ist, sondern ein großes Mädchen, das schon allein schlafen kann, genau wie in der Kindertagesstätte, und du wirst ihr eine Geschichte vorlesen – auf der Couch, und danach muss sie allen Menschen und den Teddys usw. »gute

Nacht« sagen – und dann darf sie in ihrem eigenen Bett schlafen, und ihr dürft ab morgen/ab Montag alle in euren eigenen Betten schlafen und es wird einfach superschön! Es darf kein Zögern in deiner Stimme zu vernehmen sein, und du musst auch nicht ihre Zustimmung abwarten, sondern ihr einfach diese neue Regelung mitteilen, so als würdest du ihr erzählen, dass ihr am Samstag zu McDonalds gehen werdet und du erwarten würdest, dass sie losjubelt. Fische nicht nach einer Bestätigung von ihrer Seite, sondern rede dann über etwas anderes und lass die Botschaft erst einmal sacken.

Wenn der besagte Abend dann kommt, muss Papa wieder ins Schlafzimmer umziehen. Lass die Kleine dabei behilflich sein! Wo ist sein Pyjama? Wo ist sein Kissen und wie sieht es noch mal aus? Kannst du es für ihn schön zurechtlegen? Und seine Puschen (oder was er gerne anzieht)? Lob sie für ihre große Hilfsbereitschaft. Danach richtet ihr euer gemeinsames Augenmerk auf ihr Bett. Wie sieht es denn da aus? Und was braucht sie noch? Alle Sorgen sind wie weggepustet, hier geht es um ein ganz großes Abenteuer! Dann wird sie für die Nacht fertig gemacht – mit allem, was dazugehört! Aber lest die Geschichte im Wohnzimmer auf der Couch. Das Bett soll ab sofort nur noch mit Schlafen in Verbindung gebracht werden – und nicht mit Mama! Nach der Geschichte wird »gute Nacht« gesagt und eine große Runde geknuddelt, und wenn die Kleine nochmals zum Lachen gebracht werden kann, ist alles einfach super! (Kinder sollen, meiner Meinung nach, abends vorm Zubettgehen nicht in ihren Aktivitäten heruntergefahren werden, sondern noch richtig Spaß haben; das Beste ist, wenn sie nochmals richtig lachen, bis sie fast am Platzen sind – auch wenn man sie dafür durchkitzeln muss. Denn so wird das Einschlafen viel gemütlicher.) Kuschelt sie mit einer Haltung der Selbstverständlichkeit in ihr Bett, lüftet das Zimmer, macht das Licht aus, streichelt ihr über die Wange, oder was dir gerade einfällt, aber bleib nicht länger als drei Minuten bei ihr! Während du unverzüglich das Zimmer verlässt, kannst du ein paar Male ihre Gute-Nacht-Leier wiederholen: »Gute Nacht, schlaf schön, bis morgen Früh!« – und außerhalb der angelehnten Tür sollten noch Licht und Geräusche wahrnehmbar sein.

Deine Haltung, deine ruhige und fröhliche Entschlossenheit ist das A und O bei dieser Sache. Du bist es – oder ihr seid es – die, die Führung übernehmen müsst, und dabei musst du gar nicht unfreundlich werden, sondern deutlich, positiv und konsequent, mit den Interessen des Kindes vor Augen.

Kommt sie nachts angeschlichen, in dem Glauben, dass sie bei dir schlafen darf, gilt es schnell wach zu werden und sie in ihr Bett zurückzugeleiten, wobei du sie freundlich, aber bestimmt, an die Spielregeln erinnerst: Du und ich, wir sehen uns morgen Früh, mein Schatz, aber jetzt musst du in deinem Bett schlafen, das habe ich dir ja erklärt. Gute Nacht, und schlaf jetzt richtig schön!

Betrachte eventuelle Proteste von ihrer Seite nicht als ein Zeichen, dass sie unglücklich ist, sondern als Fragen: Was hat hier jetzt Gültigkeit? Meint ihr es wirklich ernst? Wisst ihr, was ihr tut? Und deine/eure Antwort muss ein klares JA sein – in deinem/eurem Handeln. Ihr wiederholt diese Botschaft, bis sie der Meinung ist, dass sie einen klaren Bescheid bekommen hat. Und DAS – das kann ich dir sagen – ist dann echte Geborgenheit! Liebe Grüße!

Unruhige Nächte

Hallo, Anna! Wir haben drei Kinder, das mittlere ist ein Mädchen, das gerade vier Jahre alt geworden ist. Sie war schon immer unser kleiner Sonnenschein, aber in letzter Zeit haben wir ziemlich viel Ärger mit ihr gehabt. Sie schläft nachts sehr schlecht und liegt dann da und schreit und tritt gegen das Ende ihres Bettes. Es dauert meistens die ganze Nacht an. Sie teilt das Zimmer mit dem ältesten Kind, und es hat problemlos funktioniert, bis dieser Ärger anfing. Es scheint, als wenn sie träumt, aber nur selten gelingt es uns, Kontakt mit ihr zu bekommen, egal was wir versuchen. Sie kann aufrecht in ihrem Bett sitzen und schreien und schreien, ohne dass man sie dazu bringen kann, damit aufzuhören. In einigen Fällen haben wir sie in unseren Partyraum verfrachtet, und dort hat sie dann die Nacht mit mir zusammen verbracht, weil die übrigen Familienmitglieder bei dem Lärm sonst keinen Schlaf bekommen hätten. Die Lage ist unhaltbar geworden.

Sie hat auch angefangen, beim Essen Ärger zu machen. Die Kleine hat immer gut und gerne gegessen, aber nun hat sie sich in den Kopf gesetzt, dass sie sich am Essen verschlucken und daran sterben könnte! Entweder isst sie gar nichts, oder sie schafft es, das Essen wieder hochzuwürgen, während wir noch essen. Und dann verlangt sie, dass wir sie sofort ins Krankenhaus bringen müssen. Sie macht sich zurzeit offensichtlich sehr viele Gedanken um den Tod, vor allem um ihren eigenen.

Vor ungefähr einem Jahr bekam sie ein Geschwisterchen und sie zeigt sich ziemlich eifersüchtig. Es haben auch einige große Veränderungen im Kindergarten stattgefunden. All das kann wohl ihr Verhalten beeinflussen, aber was können wir tun? HILFE! Viele Grüße von einer sehr müden Mutter von drei Kindern!

Hallo, meine Liebe. Dein kleines Mädchen ist offensichtlich aus dem Gleichgewicht geraten. Für kleine Kinder kann solche Unsicherheit zu Todesangst führen, die auf schlimmste Weise zum Ausdruck kommen kann. Aus irgendeinem Grund fühlt sie sich sowohl bedeutungslos wie auch machtlos. Und eine Methode, um euch das mitzuteilen, ist das Erkämpfen eurer Aufmerksamkeit, und das tun kleine Kinder ja manchmal auf eine sehr drastische Weise – besonders wenn sie das Gefühl haben, dass sie nicht ausreichend viel Aufmerksamkeit bekommen, während sie sich nett verhalten. Ist das Liebsein weniger erträglich, als wenn sie für Furore sorgen, werden sie Letzteres wählen. Aber es bringt ihnen nur begrenzt Zufriedenheit. Denn es ist ja nicht die Macht über die Mama und/oder die Familie, die sie sich in Wirklichkeit wünschen. Sie wünschen sich Aufmerksamkeit, um von Bedeutung zu sein, um die Liebe in Form von Lob und Freude zu erleben und sich dabei wertvoll zu fühlen – auch in ihren eigenen Augen (und dasselbe kann man ja von uns Erwachsenen sagen).

Ich muss gerade an kindliche Selbstmordkandidaten denken, die dastehen und schreien: Da ihr mich sowieso alle hasst, kann ich genauso gut sterben! Wart nur ab, wie sehr sich alle freuen werden, denn genau das wünschen sie sich doch! Für ein kleines Kind wird der Selbstmord nur sehr selten als »Ausweg« in Betracht gezogen, aber hinter der Angst vor dem Tod KANN sich bei einem kleinen Vierjährigen ein ähnliches Gefühl verbergen: Wäre ich bloß nie geboren worden – das wäre für alle viel besser gewesen, ich bin doch sowieso nur eine Belastung! Und dann sorgt man selbst dafür, dass man den anderen nachweislich nur noch Ärger bringt.

Es ist schwierig für mich, dir einen Rat zu geben, weil ich einfach zu wenig weiß – besonders darüber, was ihr tut und was ihr nicht tut (außer dass du sie in den Partyraum verfrachtest, wenn es ihr mal wieder gelungen ist, das ganze Haus aufzuwecken), ich weiß einfach nicht, wie eure Familie funktioniert. Aber im Großen und Ganzen wirkt es auf mich so, als würde sie buchstäblich nach Aufmerksamkeit schreien. Wahrscheinlich das Beste wäre, wenn ihr ihr das Gefühl gebt, NOTWENDIG zu sein (nicht nur auf der Ebene der Gefühle), d.h., eine Funktion zu haben, in der man im Kampf um die Existenz aller Familienmitglieder nützlich sein kann. Wer behaupten kann, dass die anderen ohne ihn schlechter zurechtkommen, fällt nicht so ohne weiteres in das schwarze Loch, sich sinnlos zu fühlen. In unserer Kultur verweisen wir die Kinder in der Regel in eine rein gefühlsmäßige Gemeinschaft, aber im Zeitalter von Scheidungen und mannigfachen Veränderungen, die auch die Familie betreffen, bilden die Gefühle keine stabile Basis, mit den Augen der Kinder betrachtet.

Deshalb möchte ich dir vorschlagen, dass du sie mit Nachdruck und systematisch in Gebrauch nimmst. Auch wenn es augenscheinlich nur um Kleinigkeiten geht – dass ihr zusammen einkauft, kocht, putzt oder die Wäsche macht –, du musst methodisch vorgehen: Du musst ihr den Eindruck vermitteln, dass du es ohne sie gar nicht schaffen würdest, ganz in Wirklichkeit – ganz praktisch und konkret! »Kleine Maus, ich schaffe das hier nicht allein, es geht nicht, du musst mir helfen! Meinst du, dass du DAS machen kannst? Dann versuche ich dies hier hinzubekommen, wenn du nur DAS machen kannst …?« usw. Tu so, als wärst du vollkommen hilflos – und sei dabei überzeugend! Stell ihr ruhig Fragen, beratschlage dich mit ihr. »Wie findest du, dass wir …?« »Was hältst du davon, wenn wir …?« »Hast du eine Idee, wie wir …?« Als würdest du dich mit einer von dir sehr geschätzten und kompetenten Freundin besprechen.

Vielleicht hast du, ohne weiter darüber nachzudenken, diese triste und allwissende Rolle des Erwachsenen angenommen, bei der man immer alles besser weiß, alles schneller allein schafft, die Einzige ist, die weiß, wo alles hingehört, und somit automatisch alles richtig macht – und nie auf die Idee kommt, die Fähigkeiten des kleinen Kindes herauszufordern und sie zu nutzen. Verhält es sich tatsächlich so, könnte das die Erklärung für die traurigen Provokationen deiner Tochter sein. Denn durch dieses Verhalten erlangt sie immer wieder einen ihrer bedrückenden Siege: Sie erreicht eine Situation, in der du überfordert bist und keine Ahnung hast, was du machen sollst – in der du, kurz gesagt, genauso hilflos erscheinst, wie sie sich fühlt. Aber es ist, wie gesagt, keine Freude mit diesem Triumph verbunden, er bringt ihr im Grunde genommen gar nichts.

Die meisten kleinen Kinder wissen genau, wie sie ihre Eltern auf die Palme bringen, d.h., wie sie ihre Eltern dazu bringen, alles stehen und liegen zu lassen, um die Aufmerksamkeit auf das Kind zu richten: 1. Man schläft nicht. 2. Man isst nicht. 3. Man wird krank, und meint, dass man sterben müsse – und muss folglich ins Krankenhaus gebracht werden. Als Eltern sollte man dem Kind zeigen und beibringen, dass es andere Wege gibt, Aufmerksamkeit zu bekommen, z.B. wenn das Kind fröhlich ist, Hilfsbereitschaft zeigt, vergnügt mitmacht, nachts gut schläft, ordentlich isst, frisch und munter ist, liebevoll mit Geschwistern umgeht und das Seine tut, um die ganze Familie zu unterstützen … Leider betrachtet man dies allzu oft als etwas Selbstverständliches, und das Kind fühlt sich somit in dieser Welt überflüssig – wie eine Hausfrau aus den 50ern, die nie einen Blumenstrauß von ihrem Mann bekam und deren Arbeit nur bemerkt wurde, wenn sie mal nicht erledigt war. Und genau dort kannst du Gegenwehr leisten – aktiv, sowohl in Worten wie auch in deinem Handeln!

Je mehr du sie davon überzeugen kannst, dass gerade sie für dich und für die ganze Familie unentbehrlich ist – und das nicht nur auf der gefühlsmäßigen Ebene –, und je mehr du deine Wertschätzung und deine Freude über das, was sie macht und was sie ist, zeigen kannst und je mehr gemütliche, fröhliche und positive Sachen du ihr erzählst und ihr dazu auch Fragen stellst, über die du dann richtige *Gespräche* mit ihr führst –, umso mehr erleichterst du ihr den Zugang zu all den positiven Dingen des Erwachsenenlebens, das sie eines Tages führen wird. Und je positiver du sie in ihrer neuen Rolle als große Schwester betrachten kannst und je strahlender du die täglichen Momente, die ihr zusammen erlebt, gestalten kannst und je wichtiger das alles für dich ist – auch mit ihren Augen gesehen –, umso weniger Grund hat sie, sich neue Provokationen einfallen zu lassen – sowohl was die Nächte als auch was das Essen betrifft.

Und genauso freundlich und lieb und fröhlich und konstruktiv – oder eben auch mal hilflos und dann aber auffordernd und aufmunternd und aufmerksam –, wie ich mich in deiner Situation tagsüber zeigen würde, genauso vollkommen desinteressiert würde ich mich gegenüber ihren »Szenen« verhalten, die sie veranstaltet, und mich weigern, auf mehr als ein einfaches und konkretes Ultimatum einzugehen, bei dem das Kind für sich selbst entscheiden muss: Entweder isst du, oder du isst nicht – das darfst du selbst entscheiden. Wenn du vorhast, dich zu übergeben oder nach einem Krankenwagen zu schreien, musst du es woanders machen. Aber bleibst du hier am Tisch sitzen, musst du essen, so wie wir es alle tun, oder du lässt es sein, dann kannst du jetzt aufstehen und dich fürs Essen bedanken. Denn ich möchte jetzt in aller Ruhe essen! Woraufhin ich mich dann umgehend an die anderen wenden würde: Könntest du mir bitte die Kartoffeln reichen? Danke! – und dabei fröhlich sein und dich mit ihnen über dies und jenes unterhalten, ohne die Kleine auch nur eines Blickes zu würdigen (und sie würde dann sicherlich – wenn auch widerstrebend – anfangen zu essen).

Abends würde ich sie VOR DEM ZUBETTGEHEN über die Spielregeln aufklären. (Das kann man auch vor den Mahlzeiten machen.) Heute Nacht möchte ich von dir keinen Ton hören – es wird nicht gegen das Bett getreten, und es wird nicht geschrien. Du musst mucksmäuschenstill sein, damit DU schlafen kannst und damit ICH schlafen kann und damit wir alle schlafen können. Und wenn du absolut nicht still sein kannst, musst du in den Partyraum hinuntergehen, wenn es dir besser gefällt. Denn wir anderen möchten in Ruhe schlafen. Aber ich habe nicht vor, mit dir dort unten zu schlafen, denn ich möchte in meinem eigenen Bett schlafen. Und morgen können wir dann über alles reden, aber jetzt ist es nachts, und nachts muss RUHE herrschen.

Dies würde ich ihr unter vier Augen erklären (um sie nicht zu verletzen oder zu erniedrigen), aber mit großer Bestimmtheit, und schließlich würde ich mich vergewissern, dass sie alles verstanden hat: Hast du das jetzt verstanden? Was passiert, wenn du doch gegen das Bett trittst oder anfängst zu schreien? Und sie müsste dann antworten dürfen: »Dann muss ich allein im Partyraum schlafen …« Und ich kann mir vorstellen, dass die Kleine beim Antworten ziemlich kleinlaut sein wird. Und wenn sie darauf bestehen würde, doch wieder mit ihrem Ärger anzufangen – um zu testen, ob du für das Gesagte auch geradestehen kannst – würde ich sie (nachdem ich sichergestellt hätte, dass sie auch wirklich richtig wach ist) ohne viel Trara an die Hand nehmen, sie in den Partyraum führen und sie dort hinlegen, ohne größere Zärtlichkeiten – aber ihr trotz allem im neutralen Tonfall eine kleine Hintertür auflassen: Wenn du nicht mehr hier alleine liegen magst, kennst du ja den Weg zurück in dein eigenes Bett. Darauf würde ich die Tür zumachen. (Und selbstverständlich davor stehen bleiben und abwarten, was passiert – ohne dass sie es irgendwie mitbekommt.)

ABER – lass es mich wiederholen – die beinharte Autorität, die man in Situationen wie dieser zeigt, führt zu gar nichts, sondern kann sich stattdessen in eine übles Drama verwandeln – wenn sie nicht von einer großen Menge an liebevoll und positiv interessiertem Umgang mit dem Kind in anderen Zusammenhängen aufgewogen wird, so dass das Kind sich in jedem wachen Augenblick des Tages gesehen, gebraucht und geschätzt fühlt! Viele liebe Grüße!

Essen und Essgewohnheiten

*»Bedenkt doch, dass es kein kleines Kind
auf dieser Welt gibt,
das freiwillig hungert.«*

Ärger mit dem Essen

 Hallo, Anna! Hast du ein paar Tipps für ein Elternpaar, das es allmählich satt hat, ein zweijähriges Mädchen zu füttern?
Sie ist so lieb, einfach und neugierig. Aber wenn es Essenszeit wird, fängt der Ärger an. Sie weigert sich zu essen, wenn es ihr nicht gleichzeitig total viel Spaß macht. Das bedeutet, dass wir gezwungen sind, bei jeder Mahlzeit mit Wasserfarben zu malen, mit Eiswürfeln zu spielen usw. Wenn wir versuchen, sie dazu zu bringen, selbst zu essen, endet es fast immer damit, dass sie nur noch mit dem Essen spielt, und am Ende liegt das meiste dann auf dem Fußboden. Mein Mann und ich wechseln uns beim Füttern immer ab, ansonsten würden wir es gar nicht mehr aushalten.

Sie ist in keinster Weise unterernährt, so viel isst sie dann doch noch. Aber sie verlangt uns Eltern dabei ganz schön viel ab.

Sie geht auch in die Kinderkrippe, und dort isst sie selbstständig – und gar nicht mal schlecht, sagen die Erzieherinnen.

Was können wir tun, um diesen Teufelskreis zu durchbrechen?

Ja, meine Liebe, das ist ja ein richtiger Zirkus, was die Kleine da veranstaltet! Ich verstehe sehr gut, dass ihr erschöpft seid, schon bevor ihr euch an den Tisch setzt! Eure Tochter hat gelernt, dass es immer eine große Show gibt, wenn gegessen wird (zumindest zu Hause) – 100% Unterhaltung. Und die Idee stammt sicherlich nicht von ihr, ihr könnt also getrost die Schuld auf euch nehmen!

Jetzt müsst ihr die Initiative übernehmen und eine neue Regelung einführen. Zuerst solltet ihr mal die Aufmerksamkeit auf die Uhr richten – es müssen mindestens drei, besser dreieinhalb Stunden zwischen den Mahlzeiten vergehen. Alle kleine Leckereien zwischendurch werden sofort untersagt – ALLES, außer Wasser! Wenn sich die nächste Mahlzeit nähert, veranstaltet ihr die ganz große Show mit Wasserfarben und Eiswürfeln(?!) und verschiedenen anderen schönen Sachen – im Wohnzimmer, oder an einem anderen Ort, aber NICHT am Esstisch. Dann verkündet ihr, dass es Zeit zum Essen ist, und geht an den Esstisch. Seht fröhlich aus, unterhaltet euch darüber, wie doll Hunger ihr habt, und wie schön es wird, ENDLICH etwas zu essen. Redet ohne Ende – ohne das Kind dabei anzuschauen. Setzt sie auf ihren Stuhl und gebt ihr eine ganz kleine Portion. Wirklich minimal! Und sagt: Guten Appetit! Und bedenkt, dass für euer Kind eine halbe Bockwurst und eine halbe Kartoffel zusammen mit fünf Erbsen einer Erwachsenenportion entspricht, die aus zwei ganzen Würstchen, zwei Kartoffeln und einem schönen Haufen Erbsen besteht. Füttert sie nicht – unternehmt nichts anderes, als selbst zu essen. Währenddessen seufzt und prustet ihr vor lauter Wohlbehagen, gerne wild übertrieben, unterhaltet euch weiter und schaut euch dabei an. Wird die Kleine trotzig (sie ist vermutlich auf dem Weg ins Trotzalter) und stellt alles Mögliche an, um eure Aufmerksamkeit auf sich zu lenken, müsst ihr so lange wie nur möglich vermeiden, sie überhaupt wahrzunehmen. Wenn ihr dann, nachdem ihr euch mit Blicken verständigt habt, meint, dass es nun reicht – fragt eine/r von euch freundlich: »Bist du schon fertig? Hat es dir geschmeckt?« – (auch wenn sie keinen einzigen Bissen gegessen hat); ihr wartet nicht ihre Antwort ab, sondern hebt sie ohne Zögern von ihrem Stuhl herunter, und dann bedankt sie sich fürs Essen, d. h., ihr bedankt euch in ihrem Namen. Nehmt die kleine Hand und sagt: »Danke fürs Essen!« Und dann esst ihr weiter, als wäre nichts passiert, und redet und redet und schaut ab und zu mal auf die Uhr!

Es wird sicherlich ein paar Mal einen richtigen Zirkus geben, bevor sie anfängt, anständig zu essen – d. h., bis sie euch getestet hat: Steht ihr dafür gerade? GILT diese neue Regelung wirklich? Ist es DIES, nach dem man sich nun richten muss? Diese Art von Fragen wird sie euch – durch ihr Verhalten – stellen. Und eure Antwort lautet natürlich: JA – auch in eurem Verhalten. Liebe Grüße!

Sie isst so wenig

Hallo, Anna! Ich habe eine Tochter, die gut zwei Jahre alt ist. Sie hat nie besonders viel gegessen, hat aber immer ihr Normalgewicht der Altersgruppe entsprechend gehalten. Es scheint mir, dass ich fast gar nichts mehr in sie hineinbekomme. Wir waren deswegen auch schon beim Arzt, er hat aber nichts feststellen können. Wir sollten darauf vier Tage lang aufschreiben, was sie alles isst und trinkt. Und es waren nur etwa 70% von dem, was sie eigentlich essen müsste. Sie wiegt 10,5 kg und ist 85 cm groß.

In der Kindertagesstätte isst sie besser als zu Hause, aber nicht immer. Wenn wir beispielsweise Spaghetti mit Hackfleischsauce kochen, isst sie ungefähr drei Teelöffel Sauce und zehn Spaghettis ... (echt wenig, oder?). Neulich habe ich Hamburger gemacht, die mochte sie gar nicht und hat stattdessen dann nur fünf bis sechs Pommes gegessen. Suppe mag sie generell nicht – und auch keine Aufläufe, wie z.B. Lasagne. Sie mag auch keinen Milchbrei. Joghurt mag sie – aber höchstens 50 ml. Ich habe alle möglichen Gerichte ausprobiert, aber keinen Erfolg damit gehabt. Es scheint hoffnungslos! Was können wir tun, damit sie mehr isst?

Hallo, es ist wirklich traurig mit kleinen Kindern, die nicht essen mögen. Und es ist nur menschlich, wenn man dabei fast durchdreht – um gar nicht von den Sorgen zu sprechen, die man sich macht.

Nun warst du schon beim Arzt und konntest feststellen, dass mit deiner Tochter alles in Ordnung ist, auch wenn sie weniger isst, als sie den Durchschnittsempfehlungen entsprechend müsste. Und du solltest dankbar dafür sein, dass sie gesund ist.

Ihr seid offensichtlich in einen Teufelskreis geraten. Und wenn man mit kleinen Kindern nicht weiterkommt, sondern in einem Muster, das nicht funktioniert, hängen bleibt, muss man sich eine ganz neue Strategie zurechtlegen. Deine kleine Tochter ist außerdem auf dem Weg ins Trotzalter, und das macht eine neue Strategie nur umso erforderlicher, möchte ich behaupten!

Hört auf, irgendwelche Gerichte zu kochen, von denen sie eventuell drei Löffel voll (oder auch nur einen) isst. Koche ganz normales Essen, und sorg dafür, dass ihr mehr als zwei Leute am Tisch seid. Gib ihr dann eine lächerlich kleine Portion, ja, ich meine wirklich eine grotesk kleine Menge! Und hört dann auf, sie in den Mittelpunkt zu stellen. Genieß dein eigenes Essen, nimm noch eine Portion, und unterhalte dich mit demjenigen, der noch am Tisch sitzt, gern darüber, wie wahnsinnig lecker es schmeckt und welchen Riesenhunger ihr habt. »Was hast du denn heute schon alles gegessen? Ich habe dies und das gegessen ... Und es war SO lecker! Aber das hier ist ja auch total SUPER lecker!« usw. Würdige die Kleine keines Blickes. Anschließend macht ihr eine große Nummer daraus, wie satt und zufrieden ihr nach dem schönen Essen seid, und fangt an, den Tisch abzudecken. Hat sie ihre klitzekleine Portion nicht angerührt, tut ihr so, als würdet ihr es nicht bemerken, und bedankt euch in ihrem Namen fürs Essen. Nehmt ihre Hand und sagt: Danke fürs Essen, danke, danke! Und was hast du jetzt vor? Kannst du mir vielleicht noch beim Abwaschen helfen?

Fahrt bei jeder Mahlzeit in dieser Weise fort. Kinder sind nicht dumm. Wenn keiner sich darum schert, ob man etwas isst oder nicht, kann man ja genauso gut etwas in sich hineinstopfen, wenn die Chance sich bietet. Die einzige Person, die darunter leidet, dass man nichts isst, ist man ja selbst.

Bedenkt noch, dass es kein kleines Kind auf dieser Welt gibt, das freiwillig hungert! Liebe Grüße.

Er hat das Essen zu seiner Waffe gemacht

Hallo! Ich würde gerne deine Meinung hören – es geht um meinen großen Jungen, der gerade vier Jahre alt geworden ist. Er lebt nur noch von seinem Charme, würde ich mal behaupten. Ich weiß nicht, ob ich sein Trotzalter falsch angepackt habe oder was los ist, es scheint mir aber, dass er sich in seinen eigenen Ideen, darüber, was er macht oder haben möchte, verfängt, und dann läuft alles schief! Ich habe den Eindruck, dass es allmählich wieder besser wird, und mache mir nicht wahnsinnig große Sorgen, fühle mich nur manchmal ziemlich fertig mit der Welt. Ansonsten ist er fröhlich und fit und hilfsbereit, er kümmert sich um dies und jenes, er erklärt vieles – in einer ganz erwachsenen Art: Man darf am Tisch nicht rülpsen, wenn wir gerade gegessen haben, und man darf nicht auf dem Tisch sitzen.

Alles schön und gut, nur wenn es ums Essen geht, ist es leider in seinen Händen zur Waffe geworden! Irgendwas ist schief gelaufen! Seit ungefähr einem Jahr isst er unglaublich wenig, sitzt nur da und stochert im Essen herum und rümpft die Nase. Wir haben schon seit einiger Zeit daran festgehalten, dass man isst, bis man satt ist, und dabei keine große Diskussionen führt! Seine große Schwester ist auch nach dieser Methode erzogen worden und da hat es keine Probleme gegeben! Aber nachdem er nun seit Monaten nur im Essen herumstochert, fordern wir ihn öfters auf: Iss doch noch ein bisschen – du kannst es doch wenigstens probieren, usw. Manchmal fragt er jetzt, bevor er überhaupt etwas isst, was das ist – um dann zu behaupten: Ich hasse Hähnchen! Und meine Antwort lautet darauf in etwa so: O.K., dann kannst du ja auch gar nichts essen. Und das versteht er im Endeffekt so, dass er gar nicht mehr zu den Mahlzeiten zu erscheinen braucht!

Ich versuche ihn zu ignorieren, wenn wir am Essenstisch sitzen, und zu vermeiden, darauf Wert zu legen, wie viel er isst, aber es fällt mir schwer. Ich lege nur ganz kleine Portionen auf seinen Teller, damit er ein gutes Gefühl fürs Aufessen bekommt, aber ich überlege, ob ich noch mehr tun muss? Es ist wirklich schön, dass du dir die Mühe machst, auf alles zu antworten! Liebe Grüße!

Hallo. Bringe dem Kleinen bei, dass man nicht »Mag ich nicht« oder »hassen« sagt, sondern: »Das ist schön, danke!« Also: Du musst Forderungen an ihn stellen. (Er spielt hier schon den Gernegroß, und dem solltest du ein Ende bereiten.) Wenn er fragt, was es zum Essen gibt, und es ihm nicht recht ist, dann frag ihn, was ER stattdessen kochen möchte. Was solltet ihr, seiner Meinung nach, essen? Hör dir die Antwort interessiert an. Und tue so, als wäre es eine Selbstverständlichkeit, dass er nun SEIN Essen kocht, also das, welches dem Geschmack des Gnädigsten entspricht. »Also, bitte schön, was möchte mein Sohn?« Natürlich kochst du das Essen. Aber du stellst auch Forderungen! Wer sich beklagt, muss selber etwas leisten! SELBER! Das muss deine Botschaft sein. Ansonsten sollte man den Mund halten, nicht herummeckern und einfach nur – verflixt noch mal – dankbar sein. Und serviere ihm das Essen nicht. Er ist groß genug, um selbst seinen Teller aufzufüllen. Vergiss ihn, lass ihn dort sitzen mit seinem leeren Teller! Und schau ihn dann erstaunt an: »Willst du etwas essen? Ja, aber dann nimm dir doch etwas!« Er muss an den Mahlzeiten teilnehmen, no matter what! Dagegen kannst du ihn nicht zum Essen zwingen, du kannst ihn nur dazu zwingen, mit am Tisch zu sitzen – rein körperlich, wenn es notwendig werden sollte: Wir sitzen alle zusammen am Essenstisch. So ist das nun mal. Das tun alle Menschen und darüber wird nicht diskutiert. Du bleibst sitzen, bis wir fertig gegessen haben. Nach der Mahlzeit – egal ob er nun gegessen hat oder nicht – muss er sich fürs Essen bedanken, das du ja in seinem Namen gemacht hast, und erst danach darf er gehen. Wohlgemerkt erst, wenn der Tisch abgeräumt ist und er mitgeholfen hat. Liebe Grüße!

Sauberkeit und Toilettengewohnheiten

*»Es ist immer schwierig, wenn Erwartungen, positive wie negative,
an körperliche Funktionen geknüpft werden. Lasst den Kindern Zeit.«*

Sie will auf der Toilette nicht groß machen

Unsere Tochter, die drei Jahre alt ist, will nicht auf der Toilette groß machen. Sie hat seit dem letzten Sommer keine Windel mehr getragen und geht selbst Pipi machen, wenn sie muss. Aber wenn sie groß machen muss, fragt sie nach einer Windel – und möchte es in aller Ruhe dort hineinmachen, im Stehen. Es hat nur einmal auf der Toilette geklappt, aber das möchte sie nicht nochmal so machen. Wir haben versucht, uns gar nicht einzumischen, haben ihr erzählt, dass man auf die Toilette gehen muss, und wir haben versucht, sie zu bestechen, und vieles mehr ... aber umsonst. Was können wir tun? Sollen wir sie wieder Windeln tragen lassen, das ganze Gerede von der Toilette vergessen und darauf hoffen, dass das Problem sich mit der Zeit von selbst lösen wird? (Es ist schwierig, gar keinen Druck auf sie auszuüben.) Vielen Dank im Voraus!

Sie will auf der Toilette nicht groß machen (Kommentar)
Hallo! Ich habe mit meinem Jungen, der im Oktober drei wurde, genau dasselbe Problem gehabt. Er hat seit dem Sommer keine Windel mehr getragen, außer wenn er groß machen musste! Wir versuchten es mit Bestechungen, Drohungen, Erklärungen, aber nichts half ... bis er eines Tages einfach auf die Toilette ging und es machte.
Haltet durch, eines schönen Tages wird sie es schon hinbekommen.
Mona

Hallo, meine Liebe. Du hast von Mona ja schon eine richtig schöne Aufmunterung bekommen, und genauso, wie sie es schreibt, läuft es oft ab. Denn der Mensch ist von Natur aus ein reinliches Wesen. Fällt es dir schwer, einfach abzuwarten und gar nicht darüber zu reden, kannst du in folgender Weise ein wenig aktiv werden: Erzähl deinem Mädchen bei einer Gelegenheit, die gar nichts mit Toilettenbesuchen zu tun hat, und vertraulich unter vier Augen (setz dich eventuell in die Hocke und verlass dich auf ihre neugierige Aufmerksamkeit!), dass es JETZT, ab morgen Früh keine Windeln mehr im Haus geben wird. (Ich hoffe nur, dass sie keine kleineren Geschwister hat!), denn jetzt ist sie nämlich so GROSS geworden, dass sie keine Windel mehr braucht. »Und denk mal, wie praktisch und gut das ist, denn Windeln sind so teuer und so umständlich. Aber sie sind ja auch nur für kleine Babys. Jetzt werden wir gar keine Windeln mehr im Haus haben! TOLL, dass Mama so ein großes Mädchen hat ...«, und dann ein Küsschen und eine Umarmung. Danach stehst du auf – und plötzlich fällt dir ganz zufällig die Geschichte mit dem Großmachen ein, und du nimmst sie an die Hand und führst sie zur Toilette – »Schau mal, ich habe einen kleinen Schemel für dich besorgt, den kannst du so hier hinstellen, damit du auf der Toilette besser sitzen kannst, und es gibt auch noch ein Töpfchen, das wohnt DORT, falls du lieber dort sitzen möchtest, wenn du groß machen musst, und das Toilettenpapier ist genau hier! Super, nicht!? Und dann kippt man danach einfach alles in die Toilette hinein!« Und in dem Moment verschwindest du, bevor sie irgendwelche Einwände hervorbringen kann – rede über etwas ganz anderes, gerne mit dir selbst: »Ach nein, jetzt muss ich aber lieber ...« Vermeide das Thema weiter zu erwähnen, auch nicht, wenn sie dann wirklich groß gemacht hat (außer wenn sie es selbst anspricht, weil sie darüber reden möchte).

Ich glaube, das wird ausreichend sein. Dass sie hinter verschlossener Tür in aller Ruhe ihr großes Geschäft machen möchte, musst du natürlich respektieren. Liebe Grüße!

Sie will auf der Toilette nicht groß machen
(Fortsetzung)

Sie hat eine kleine Schwester, die ein halbes Jahr alt ist – wir haben also Windeln im Haus. Nachts trägt die ältere übrigens meistens noch eine Windel, weil sie abends immer sehr viel Milchbrei isst und es sonst häufig zu kleineren Unfällen kommt. Ich habe jetzt überlegt, ob ich die Nachtwindel weglassen sollte? Wir haben versucht, wozu du uns geraten hattest, aber sie wurde richtig hysterisch und hat sich mehrere Tage lang geweigert, ihr großes Geschäft zu machen, bis wir die Windeln wieder hervorgeholt haben. Sollen wir hart sein und die Windeln ganz und gar weglassen?

Nein, solange es Windeln im Haus gibt, wird sie diese Alternative nicht »einfach vergessen« können. Das wäre genauso problematisch, als würde man einem größeren Kind den Schnuller wegnehmen, während das Baby im Haus immer noch einen Schnuller haben dürfte. Außerdem habt ihr es ja versucht, was ich empfohlen hatte, womit die positive Herausforderung, wie das Ermuntern und das Anspornen (weil sie jetzt so GROSS ist, usw.) wegfällt. Da ist der Wurm drin – und es ist meine feste Überzeugung, dass es am besten ist, wenn du die Kleine das Problem in ihrem ganz eigenen Tempo lösen lässt.

Warte mindestens drei Monate ab, bevor du die Nachtwindel weglässt, damit sie Zeit hat, all das problembehaftete Gerede über Windeln zu vergessen. Und in dieser Zeit sollten die Pipi-Aa-Geschichten nicht mit einem Wort erwähnt werden! Ich verstehe sehr wohl, dass es schwierig sein mag, sich da herauszuhalten, aber das musst du jetzt wirklich versuchen. Es ist immer schwierig, wenn Erwartungen – positive wie negative – an die körperlichen Funktionen eines Kindes geknüpft werden. Lasst den Kindern Zeit. Der ganze Mechanismus kann ins Stocken geraten, was ja auch passiert ist, als ihr die Windeln wieder hervorkramen musstet, nachdem sie sich geweigert hatte, ihr großes Geschäft zu erledigen. Das war schon eine ziemlich heikle Situation! Lasst sie also in Ruhe, gib ihr eine Frist von drei Monaten, und sorgt dafür, dass ihr den Schaden, der schon entstanden ist, wieder gutmacht – mit eurer Schweigsamkeit und freundlichem Respekt diesem Thema gegenüber. Liebe Grüße!

Sie verkneift es sich

Unsere Tochter ist vier Jahre alt und geht seit etwa einem Jahr auf die Toilette, wenn sie Pipi machen muss. Aber wenn sie Aa machen muss, braucht sie noch eine Windel. Wir haben versucht, sie dazu zu überreden, auch dann auf die Toilette zu gehen, und haben sie z.B. mit Belohnungen gelockt, aber es hat nicht funktioniert. Wenn sie auf der Toilette sitzt und spürt, dass sie groß machen muss, verkneift sie es sich und dann klappt es natürlich nicht. Wir haben sie nicht unter Druck gesetzt, fühlen uns aber nicht unbedingt motiviert, mit den Windeln weiterzumachen. Kann es mit Eifersucht ihrem anderthalb Jahre alten Bruder gegenüber zusammenhängen? Wir wären für eine Antwort sehr dankbar.

Hallo, meiner Meinung nach könnt ihr jeden Gedanken in Bezug auf Belohnung und eventuelle Eifersucht getrost vergessen. Versucht, die Sache als eine reine Körperfunktion zu betrachten, ohne sie mit negativen oder positiven Erwartungen in Verbindung zu bringen – mit anderen Worten: null Erwartungshaltung! Nehmt stattdessen eine Haltung völliger Selbstverständlichkeit ein. Dazu gehört, dass ihr ihr zu verstehen gibt, dass diese Sache ihre Zeit braucht und dass es manchmal etwas mühevoll sein kann, sein großes Geschäft zu erledigen. Man muss dazu in Ruhe gelassen werden und vielleicht eine Zeitschrift zum Durchblättern oder ein paar schöne Gedanken mit auf den Weg bekommen, wenn man sich auf den Thron begibt. Und dann darf es eben so lange dauern, wie es nun mal dauert! Hütet euch auch, die Sache im Nachhinein zu kommentieren – lasst sie selbst darüber reden, wenn sie es möchte, wenn nicht, solltet auch ihr das Thema meiden. Es KANN wirklich seine Zeit dauern, bis kleine Kinder ein entspanntes Verhältnis zu ihren Ausscheidungsfunktionen bekommen – sie kommen schnell auf die Idee, dass mit dem, was man mit großer Mühe aus dem Körper in die Toilette plumpsen lassen soll, etwas Ekeliges verbunden ist.

Führ ein fröhliches und vertrauliches Gespräch mit ihr – unter vier Augen. Erzähl ihr, dass sie doch nun schon sooo groß ist, dass sie keine Windel mehr braucht, dass nur der kleine Bruder eine braucht, weil er noch so klein ist, und nicht auf die Toilette gehen kann. Aber SIE kann es, weil sie schon sooo groß ist. Zeig ihr dann, was euch eingefallen ist, damit sie es leichter hat, wenn sie auf die Toilette muss – einen kleinen Schemel, vielleicht einen Kinder-Toilettenaufsatz, ein Töpfchen, wenn sie lieber mal auf so etwas sitzen möchte … und plaudert gemütlich über die Farbe des Toilettenpapiers, das Händewaschen, und dass es hier ja noch ihr persönliches und sehr hübsches kleines Handtuch gibt … Und erzähle ihr, dass man natürlich die Tür zumacht und vielleicht doch etwas zum Lesen mitnimmt, falls es etwas länger dauern sollte, denn es kann ja auch mal ganz schön lange dauern – der Ton muss vertraulich und positiv sein. Verzichte gänzlich, etwas von ihr zu erwarten, nimm ihr, wovor sie sich fürchten könnte, indem du die Sache als etwas vollkommen Natürliches darstellst, und sagt ihr auch, dass es für Kleine wie auch für Große manchmal etwas mühevoll sein kann, den Darm zu entleeren (aber immer noch ganz natürlich!). Und lass sie dann in Ruhe. Liebe Grüße!

Sie nässt jede Nacht ein

Ich habe eine Tochter, die jetzt im Sommer vier wird. Sie ist seit fast einem Jahr tagsüber trocken und nachts seit etwas mehr als einem halben Jahr. Aber die letzten vier Wochen hat sie fast jede Nacht eingenässt. Ihr Schlafanzug ist fast jeden Morgen patschnass gewesen! Die letzten Nächte ist sie immerhin davon wach geworden und zu uns gekommen, und wir haben dann ihr Bett neu bezogen usw. Was können wir tun? Ich fühle mich versucht, wieder die Windeln einzuführen, um das fast tägliche Waschen von Bettlaken und Frotteeunterlagen zu vermeiden. Wir sind nie wütend auf sie geworden, weil sie Pipi ins Bett gemacht hat, sondern haben sie nur daran erinnert, dass man in die Toilette pinkeln muss und dass sie uns rufen kann, wenn sie nachts nicht alleine auf die Toilette gehen mag.

Hallo, meine Liebe. Ich verstehe sehr wohl, dass du wieder zu den Windeln greifen möchtest, weil es viel einfacher wäre – aber es ist in der Tat keine gute Idee. Wenn man schon die Windel abgeschafft hat, sollte man es dabei belassen. Das Risiko ist groß, dass die Kontrollmechanismen – die noch nicht ganz zuverlässig sind – ganz aus dem Ruder geraten.

Versucht, durchzuhalten. Ermahnt oder beratet sie NICHT, wenn das Unglück schon passiert ist, gebt ihr stattdessen vorbeugende Anweisungen, wenn ihr sie ins Bett bringt: »Du weißt ja, dass man auf der Toilette Pipi macht und nicht im Bett. Du musst auf der Toilette Pipi machen.« Es wird sich wie eine alte, verkratzte (aber liebenswürdige) Schallplatte anhören, deren Refrain sich allmählich einen Weg in die innere Kontrollzentrale der Kleinen bahnen wird! Gebt ihr auch die Möglichkeit, selbst mit der Problematik umzugehen: Sie kann z.B. selbst ein Handtuch auf den nassen Fleck in ihrem Bett legen, ihr braucht dann erst am nächsten Morgen das Bett neu beziehen. Legt ein paar Handtücher bereit, und erzählt ihr, dass sie die auf ihr Bettlaken legen kann, WENN es im Bett nass werden sollte, auch wenn sie ja eigentlich weiß, dass man in die Toilette Pipi macht und nicht ins Bett … Und dann kann sie selbst erst einmal ein Handtuch darüber legen. Ihr könnt eventuell auch ein Töpfchen in ihr Zimmer stellen und eine Rolle Toilettenpapier daneben legen etc., wenn es so ist, dass sie nachts nicht so gerne ins Badezimmer geht. Eine kleine

Nachtlampe wäre sicherlich auch nicht schlecht – und offene Türen, damit es für sie einfacher ist, nachts den Weg zu finden. Das Töpfchen kann wie gesagt als nächtliches Zubehör eingeführt werden – in dem Falle sollte man ihr klar machen, dass nachts nur der Topf benutzt wird, damit man sie nicht vor eine mühevolle Wahl stellt.

Auch wenn ihr der Kleinen nie irgendwelche Vorwürfe macht, weiß sie ganz genau, dass man nicht ins Bett macht. Außerdem ist der Mensch ein reinliches Wesen. Jedes Mal, wenn sie euch aufweckt, weil sie eure Hilfe braucht, muss sie folglich eine Niederlage einräumen. Deshalb ist es am besten, wenn sie es irgendwie schaffen kann, das Problem allein zu bewältigen. Dies kombiniert mit der »Schallplattentechnik« sollte das Problem schon bald beheben können. Du solltest aber noch wissen, dass Rückfälle dieser Art – selbst nach relativ langer Zeit – vollkommen normal und gar nicht selten sind! Liebe Grüße!

Seit zwei Jahren trocken – und nun nässt er wieder ein

Mein Sohn, der bald fünf Jahre alt wird, ist seit zwei Jahren trocken, d.h., er sagt Bescheid oder geht alleine zur Toilette. Aber nun weiß ich nicht, was mit ihm los ist. Seit einer Weile pinkelt er wieder in die Hose. Es fing vor etwa zwei Monaten damit an, dass er es nicht mehr rechtzeitig bis zur Toilette schaffte, worum wir keinerlei Aufhebens gemacht haben. Aber nun kann seine Hose mehrmals am Tag nass werden. Er macht sich nicht die Mühe, rechtzeitig auf die Toilette zu gehen, sondern lässt es einfach laufen. Es kann bis zu sechs Mal am Tag vorkommen! Ich frage ihn, warum er das macht, ob er nicht spürt, dass er bald Pipi machen muss? Er sagt Nein, er spüre nichts. In dieser Zeit hat er noch Scharlach gehabt. Wir dachten, dass es vielleicht eine Folgeerscheinung der Krankheit oder eine Harnröhreninfektion sein könnte. Deshalb sind mein Freund und ich mit ihm zum Arzt gefahren, aber die Urinprobe zeigte nichts Unnormales. Der Arzt fragte uns, ob wir einen Todesfall in der Familie gehabt hätten oder ob etwas ähnlich Drastisches geschehen wäre, was eine Erklärung dafür sein könnte, dass er wieder in die Hose macht. Das Einzige, was mir dazu einfällt, ist meine Depression, die ich vor zwei Jahren hatte, als ich näheren Kontakt zu fast allen in der Familie vermied. Kann das jetzt noch eine Rolle spielen?

Wenn ich ihn frage, warum es passiert, warum er sich nicht bemüht, rechtzeitig zur Toilette zu gehen (er ist nachts immer noch trocken), will er nicht darüber reden. Ich versuche, keine große Sache daraus zu machen, aber nachdem man sieben Mal an einem Tag Pipi aufgewischt und nasse Klamotten in die Waschmaschine gestopft hat, wird man ja schließlich doch ein bisschen ärgerlich.

Im Übrigen ist er ein fröhlicher Junge, finde ich.

Oft nässt er ein, wenn er am PC sitzt und in ein Spiel oder etwas anderes vertieft ist. In der Regel ist er immer sehr beschäftigt, wenn es passiert. Aber früher hat es ihn ja nicht daran gehindert, auf die Toilette zu gehen, wenn es notwendig war.

Was kann ich tun?

Hallo. Es ist nicht ganz ausgeschlossen, dass deine Depression, bei der du dich vor fast der kompletten Familie abgeschottet hast, eine Rolle spielt. Kinder mobilisieren (wie Erwachsene auch) ihre Kräfte und werden stark, wenn es im Familienleben Schwierigkeiten gibt, aber wenn die Gefahr vorüber ist, kommen die Reaktionen: »Aber was ist mit MIR? Wer kümmert sich um MICH?« Dein kleiner Junge sorgt ja in der Tat dafür, dass du dich um ihn kümmerst, jetzt wo du wieder die Kraft dazu hast. Er beschäftigt dich bis zu sieben Male am Tag mit etwas ganz Konkretem und etwas, das deine ganze Aufmerksamkeit erfordert. Ich könnte mir vorstellen, dass das seine Art ist, auf deine mentale Abwesenheit von damals zu reagieren, die er seinerzeit nicht begreifen konnte, bei der er sich aber fremd und einsam vorkam. Und nun versucht er die Sache wieder geradezubiegen – indem er sich selbst (und auch dich!) davon überzeugt, dass er DA IST, und dass er dich braucht und deshalb (regressiv) babyhaft und hilflos ist.

Dass er nicht darüber reden möchte, hängt damit zusammen, dass er nicht gerade stolz auf seine Methode ist, deine Aufmerksamkeit zu erlangen. Der Mensch ist ein reinliches Wesen. Er weiß sehr wohl, dass es falsch ist, sich voll zu pinkeln, aber es funktioniert unweigerlich! Es beschäftigt dich, bringt dich dazu, deine Aufmerksamkeit auf ihn zu lenken – und dir außerdem noch Sorgen zu machen, so dass du und dein Freund sogar mit ihm zum Arzt fahren (und nun schreibst du mir, könnte man noch hinzufügen).

Obwohl ich finde, dass man den Kindern die Zeit, die sie zum Reagieren brauchen, lassen sollte, darf man dabei nicht den Fehler begehen und die Reaktion sich festsetzen lassen. Als Eltern sollte man auf solche Verhaltensmuster sehr aufmerksam sein. Es besteht immer die Gefahr, dass kleine Kinder in etwas stecken bleiben, was einmal notwendig war und eine Funktion hatte, die aber jetzt nicht mehr gegeben ist. Gewohnheit, Bequemlichkeit und auch Faulheit spielen dann eine Rolle. Deshalb gilt es mit dem zu brechen, was zu einem festgefahrenen Muster geworden ist, nachdem es vielleicht zuerst einmal eine mental notwendige Reaktion war.

Sicherlich spürt er, wann er auf die Toilette muss – sonst würde er nachts nicht trocken bleiben können. Mein Vorschlag ist deshalb, dass du damit aufhörst, ihn zu befragen (er kann dir sowieso keine Erklärung geben) und stattdessen anfängst, Forderungen an ihn zu stellen. Er KANN ja, und sollte er tatsächlich verzweifelt unglücklich sein, was er, nach dem, was du schreibst, offensichtlich aber nicht (länger) ist, dann muss er versuchen, diese Gefühle in einer anderen Weise zum Ausdruck zu bringen als durch Einnässen. So ist das nun mal. Du kannst versuchen, ihn dazu zu ermuntern, indem du dich hin und wieder mit ihm darüber unterhältst – d.h., du FRAGST ihn, was in seinem Kopf so vorgeht, wie seine Tage sind, was er erlebt … und ihm zuhörst. Es ist wichtig, dass du ihm in regelmäßigen Abständen deine fröhliche und freundliche Aufmerksamkeit schenkst – OHNE dass es irgendetwas mit dem Einnässen zu tun hat! Am allerbesten, indem du ihn in Gebrauch nimmst. Ihr könnt zusammen kochen, zusammen putzen, zusammen einkaufen … Während ihr zusammen arbeitet, kannst du ihn nach seinem Rat fragen, damit er sich groß und wichtig fühlt – als jemand, dem man gerne zuhört – und mit aufrichtigem Interesse deinerseits. So etwas wirkt Wunder bei kleinen Kindern (genau wie bei großen Menschen, würde ich mal behaupten).

Wenn ihr dann eine fruchtbare und konstruktive Basis der Zusammenarbeit aufgebaut habt, kannst du ihm freundlich, aber bestimmt (und unter vier Augen) erklären, dass es mit dem Einnässen ein Ende haben muss: »Du KANNST ja auf die Toilette gehen und das musst du ab jetzt auch tun. Ich möchte nicht, dass du weiterhin in die Hose pinkelst. Du bist jetzt ein großer Junge, und du kannst das mit dem Pipimachen auf der Toilette erledigen, so wie wir anderen auch. Geh also bitte auf die Toilette, wenn du mal musst, und mach nicht mehr in die Hose!« Diese Erklärung kann schon ausreichen. Deine »Ansprache« sollte aber unter den Bedingungen stattfinden, die ich genannt habe.

Wenn nun keine Besserung eintritt, d.h., wenn es mehr bedarf, um ihn aus dem Muster, in dem er es sich leider bequem gemacht hat, herauszuholen, musst du ganz sachlich und ohne Vorwürfe vorgehen: »Ach, das hat ja nicht so gut geklappt, du kannst anscheinend gar nicht spüren, wann du Pipi machen musst. Dann müssen wir es so machen …« Und du erklärst ihm dann, wo er seine nassen Hosen hintun muss und wie er sie einmal am Tag in die Waschmaschine legen muss, wie er die Maschine bedient und wie er die Wäsche wieder herausholt, wenn die Maschine fertig ist, wie er die Wäsche aufhängt und wie er die Sachen wieder anziehen kann, wenn sie trocken sind. Du weist ihn mit anderen Worten genauestens in die ganze, mühevolle Prozedur ein (und gibst ihm einen Schemel, auf dem er dabei stehen kann – wenn es nötig sein sollte). Auf diese Weise klärst du ihn über die Konsequenzen auf, die seine – mit Verlaub – männliche Faulheit hat! Liebe Grüße!

Probleme mit dem großen Geschäft

Hallo, Anna! Ich habe eine fünfjährige Tochter, die beim großen Geschäft Schwierigkeiten hat – und das schon, seit ich im Alter von zweieinhalb Jahren die Windel wegließ. Sie hatte harten Stuhlgang und saß oft hüpfend auf der Toilette – ohne zu pressen. Als sie vier war, gingen wir mit ihr zum Arzt, und jetzt bekommt sie jeden Morgen 30 ml Laktulos. Es hat gut funktioniert, bis wir vor etwa einem Monat damit anfangen sollten, die Dosis zu reduzieren. Sie bekam einen Rückfall – und öfters wieder Aa in die Hose. Deshalb bekommt sie nun wieder die alte Dosis, aber ohne den erwünschten Erfolg. Hast du ein paar Tipps für uns, oder geht es hier darum, einfach durchzuhalten?

Probleme mit dem großen Geschäft (Kommentar)
Hallo! Ich hatte ähnliche Probleme mit meiner Tochter, als ich die Windel wegließ. Ich gab ihr nur dann eine, wenn sie groß machen musste, und habe keine große Sache daraus gemacht. Sie war damals zwei Jahre und ein paar Monate. Nach kurzer Zeit fand sie es zu mühsam, in die Windel zu machen, und außerdem drückte es wohl ziemlich, da ich nur noch ganz kleine Windeln für sie kaufte (um Geld zu sparen), und sie fand es somit einfacher, auf die Toilette zu gehen. Deine Tochter ist ja schon etwas älter, und es wird deshalb vielleicht bei ihr nicht funktionieren, aber eventuell haben ja noch andere, die dies lesen, weitere Vorschläge.

Später hatte meine Tochter auch harten Stuhlgang, aber das regelte ich, indem ich Butter unter ihr Essen mischte und auf ihr Brot schmierte, das funktioniert wie ein Schmiermittel! Ich hoffe, dass es dir hilft. *Karin*

Hallo, meine Liebe. Zu deinen Sorgen um deine kleine Tochter kann ich leider nicht viel sagen. Ich weiß nicht einmal, was »Laktulos« ist. Irgendetwas hat sich anscheinend quer gelegt, als die Kleine die Windel loswurde, und so etwas kommt vor – ziemlich viele Kinder sind irgendwie nicht dazu bereit, ihren Stuhl loszulassen. Sie können sich so verhalten, als müssten sie dabei einen Körperteil abgeben … sie haben das Gefühl, dass irgendetwas nicht in Ordnung ist. Die meisten kleinen Kinder haben ja in der Tat nie gesehen, wie ein erwachsener Mensch sein großes Geschäft macht oder wie der Stuhl aussieht, bevor sie ihren eigenen Stuhl in der Windel wahrnehmen, er wird ja immer sofort weggemacht. Das, was dem Kind neu ist, sieht es nicht sofort als etwas ganz Natürliches (obwohl wir der Meinung sind, dass es so sein müsste). Es kann im Endeffekt sowohl erschreckend sein wie auch verdrängt werden – buchstäblich genommen.

Ich gehe davon aus, dass du es mit lösenden bzw. beruhigenden Lebensmitteln, wie Pflaumen, Dickmilch, Milchbrei, Honigmilch, versucht hast. Eine starke, seelische Hilfe wäre es natürlich, wenn du so tun könntest, als wäre alles in bester Ordnung (und ist es das nicht, wird es schon bald so sein, sollte die Botschaft an dich selbst lauten – und die solltest du versuchen, mit Überzeugung deiner Tochter zu vermitteln!). Denn damit gibst du ihr nach und nach die Gewissheit, dass es tatsächlich so ist. Es tut mir Leid, dass ich dir keine bessere Hilfe anbieten kann. Liebe Grüße!

Verschiedenes

»Wörter sind in der Welt der kleinen Kinder oft nicht so wichtig, es gibt so viele andere Sprachen. Das Allerwichtigste ist, dass sie sich verstanden fühlen.«

Geschwister bekommen

 Liebe Anna! Wir haben eine süße Tochter, die vor kurzem zwei Jahre alt wurde. Ich erlebe sie als ruhig und geborgen – und mit ihrem Leben zufrieden (im Moment). Das Einzige, was uns ein bisschen Schwierigkeiten macht, ist, dass sie sich viel mehr zu Mama als zu Papa hingezogen fühlt.

Es ist so, dass wir im Mai noch ein Kind erwarten, und Molly, so heißt unsere Tochter, wird dann knapp zweieinhalb sein. Ich wünsche ihr, dass der Übergang vom Einzelkind zur großen Schwester so reibungslos wie möglich verlaufen wird. Hast du diesbezüglich ein paar Tipps? Ich denke daran, wie ich sie mental am besten darauf vorbereiten kann, aber auch an ganz praktische Sachen, wie die Tatsache, dass das Baby ihr Gitterbett bekommen soll – und dass wir dann noch einen Kinderwagen brauchen werden. Vielen Dank im Voraus.

Ich gratuliere zum kleinen Neuen, das unterwegs ist! Das wird für die kleine Molly ein ganz großes Erlebnis werden.
Jetzt während deiner Schwangerschaft solltest du, meiner Meinung nach, keine große Sache daraus machen, dass ein kleines, neues Kind unterwegs ist, sondern es zur natürlichsten Sache der Welt machen, so als bekämen die Menschen alle Stund' lang Kinder – genauso, als würde man neue Schuhe kaufen oder Essen kochen. Nicht die geringste Spur von Sorge sollte spürbar sein (also NICHT: »Wie soll das bloß gehen?« »Was ist, wenn sie eifersüchtig wird?« »Du musst auf jeden Fall versuchen, das kleine Neue wenigstens ein kleines bisschen lieb zu haben ...« usw.).

Gehe ein Bündnis mit Molly ein, wenn es um die praktischen Sachen geht, z. B., wenn ihr den neuen Kinderwagen aussucht. Frag sie, was sie meint, diskutiere die Details mit ihr, tue so, als würde dir sehr viel daran liegen, ihre Meinung zu erfahren und dich danach zu richten! Das Baby sollte zu eurem gemeinsamen Anliegen werden, nicht nur deines (und Papas) sein. Das ist wichtig.

Das Gitterbett sollte Molly meiner Meinung nach behalten dürfen! Sie kann es gut noch ein paar Jahre benutzen. Die Welt ist voller Eltern, die aufs Tiefste bereuen, das Gitterbett viel zu früh abgeschafft zu haben. Die Reue meldet sich meistens dann, wenn das Kind ins Trotzalter kommt, wenn nicht schon vorher … Viel Glück und Liebe Grüße!

Wird er darunter leiden, dass ich verreise?

Hallo! Ich habe einen kleinen, wunderbaren Jungen, der gut zwei Jahre alt ist. In zwei Wochen werde ich zum ersten Mal von ihm getrennt sein – eine Woche lang. Er wird zu Hause bei seinem Papa (meinem Mann) und seinem Halbbruder bleiben. Er liebt seinen Vater und verbringt genauso viel Zeit mit ihm wie mit mir. Ich weiß, dass es ihm gut gehen wird und dass ich mir keine Sorgen machen muss. Trotzdem zieht sich bei mir alles zusammen beim Gedanken ans Verreisen, und ich überlege, ob er darunter leiden wird – auf längere Sicht? Vielleicht liegt das Problem ausschließlich bei mir – und ich möchte auf keinen Fall, dass er meine Unruhe spürt! Was kann ich tun, um mich selbst zu beruhigen, denn ich weiß ja, dass er bei seinem Papa und seinem Bruder gut aufgehoben ist? Hast du ein paar Tipps für mich?

Hallo. Es bestehen kaum Zweifel, dass das Problem bei dir liegt. Ich habe noch acht Kinder, von denen fünf nun schon im mittleren Alter sind, und ich habe wirklich immer vor Augen gehabt, dass sie, so gut es irgendwie geht, OHNE ihre Mama zurechtkommen sollten. Meine Aufgabe war es, sie in bester Weise darauf vorzubereiten. Aber ich muss mich wahrhaftig immer noch bändigen, damit ich sie nicht jeden Tag anrufe – oder mir Sorgen mache – oder mich einmische. Mit großer Mühe habe ich gelernt, dass keine Nachrichten gute Nachrichten sind, damals, als sie auf eigene Faust in die Welt hinauszogen …

Du musst versuchen, dich selbst mit kleinen, einfachen und vorbereitenden Experimenten zu beruhigen. Erzähl deinem Jungen – während Papa und/oder Bruder da sind –, dass du ein bisschen spazieren gehen wirst, zieh deinen Mantel an und verabschiede dich richtig von ihm, so dass er wirklich versteht, dass du weggehst, wink ihm zu und mach die Tür hinter dir zu. Du kannst dich dann hinstellen und ganz geheim an der Tür horchen. Lass so viel Zeit vergehen, wie du gerade aushältst – und komm dann wieder hinein und mach eine ganz große Sache aus eurem Wiedersehen! Wiederhol es jedes Mal, wenn die Unruhe überhand nimmt, und lass deine Abwesenheit jeweils etwas länger dauern. Dann wirst du mit eigenen Augen sehen, dass er nicht besonders unglücklich wird, weil er weiß, dass du zurückkommst. Es kann sogar vorkommen, dass du ihn mit großen Buchstaben darauf aufmerksam machen musst, dass du wieder da bist! So gut wird er ohne dich zurechtkommen, wenn er nur von netten und lieben Menschen umgeben ist. Kinder suchen solche Leute auf, die für sie zugänglich sind, dort, wo sie sich rein physisch aufhalten. Und trotzdem hat seine Geborgenheit ihre Wurzeln in dir. Sie wird nicht davon bedroht, dass du eine Woche oder auch zwei weg bist, auch nicht in seinem Alter!

Genieß deine Reise – denn dein Sohn wird immer, solange du lebst, an deiner Seite sein, wenn auch mal unsichtbar – egal wie alt er ist, und egal, ob er eines schönen Tages von Zuhause ausgezogen ist! Und wenn du zu Hause anrufen willst, dann mach es abends, wenn er schon im Bett ist. Du wirst erfahren, dass alles prima läuft. Aber frag nicht, ob du mit ihm reden kannst – das funktioniert nicht, wenn du nicht körperlich vor ihm stehst. Entspann dich also ohne ihn – genauso wie er sich auch ohne dich entspannen kann. Zeig ihm dieses Vertrauen! Liebe Grüße!

Übergibt sich oft

Hallo! Mein Sohn ist zweieinhalb Jahre alt, und muss sich oft übergeben, was mich ziemlich beunruhigt. Hat er bloß ein bisschen Schleim im Hals, muss er husten und schon landet das Essen wieder auf dem Fußboden! Außerdem kommt es vor, wenn er richtig aufdreht, also z.B., wenn er wütend wird oder etwas wilder spielt – dann fängt er plötzlich an zu husten und muss sich übergeben. Hast du vielleicht eine Idee, woher das kommt?

Was du hier schilderst, ist nichts Ungewöhnliches, aber man macht sich ja trotz allem seine Sorgen, wenn es so häufig vorkommt. Warst du noch nicht mit ihm beim Arzt, solltest du hingehen, um eine körperliche Ursache auszuschließen.

Starke Gefühlsäußerungen – wenn er richtig aufdreht, wie du schreibst – können bei kleinen Kindern diverse Reaktionen auslösen: Sie übergeben sich, fallen fast in Ohnmacht, machen in die Hose (wenn sie keine Windel mehr anhaben). Die innere Maschinerie, die Verdauung inklusive, gerät leicht aus dem Gleichgewicht. Es muss überhaupt nichts Krankhaftes vorliegen, obwohl ich (wenn ich seine Verdauung wäre) es vorziehen würde, wenn der Kleine sich etwa eine Stunde nach dem Essen ruhig verhält … aber das wird wohl kaum machbar sein!?

Schleim führt bei kleinen Kindern oft zum Erbrechen, und in solchen Fällen muss ich immer an die Katze denken – sie frisst ganz viel Gras, um die unverdaulichen Haare ihrer Beute wieder loszuwerden. Wenn dein Sohn größer wird, wird er den Schleim anders bewältigen können – und sein Husten wird nicht mehr so heftig sein! Liebe Grüße!

Er hat seine eigene Sprache

Hallo, Anna! Unser Sohn ist zweieinhalb Jahre, spricht aber nur etwa 15 Wörter, ansonsten hat er eine ganz eigene Sprache. Wir verstehen ihn, aber sonst versteht ihn kein Mensch. Eine Bekannte sagte mir, dass es vollkommen normal sei – stimmt das?

Hallo, meine Liebe. Unter der Oberfläche hat euer kleiner Sohn schon jetzt eine Menge guter Sprachkenntnisse auf Lager, darüber brauchst du dir keine Sorgen zu machen. Du wirst schon sehen (hören!), wie sie eines Tages aufblühen werden. Wörter sind in der Welt der kleinen Kinder oft nicht so wichtig. Es gibt so viele andere Sprachen! Das Allerwichtigste ist, dass er sich verstanden fühlt – mit seinen wenigen Worten und vor allem als Person.

Einer meiner Jungs sprach im Alter von drei Jahren überhaupt noch nicht. Und er hatte sogar fünf ältere Geschwister, die ihn dazu hätten anregen müssen, sollte man meinen. Als er gerade drei geworden war, passten Freunde von mir auf ihn auf, während ich für zwei Wochen verreiste. Als ich zurückkehrte, sprach er wie ein Wasserfall! Er hatte ganz einfach eingesehen, dass es notwendig war, ihre Sprache zu benutzen, um von diesen Menschen, die er nicht kannte, verstanden zu werden. Und ich habe mich riesig gefreut! Besonders da die halbe Welt schon hinter mir her war, weil sie der Meinung waren, dass etwas mit der Sprache des Kleinen überhaupt nicht hinhauen würde. Bei der ganzen Geschichte ist leider noch ein Haken: Als wir wieder zu Hause waren, hörte er mit dem Sprechen wieder auf, aber keine Sorge … Liebe Grüße!

Elterngehalt, Unterhalt für Eltern?

  Hallo, Anna! Was hältst du von einem eventuellen (staatlichen) Elterngehalt für Eltern, die beim Kind zu Hause sind?

Hallo, was du hier erwähnst, würde ich lieber ein »Kompensationseinkommen« nennen. Auch kein schönes Wort, aber immerhin besser als »Unterhalt«. Was kompensiert werden müsste, sollte einerseits das durch das Kind weggefallene Einkommen vom Arbeitsmarkt sein, aber man sollte doch um Himmels willen auch dafür belohnt werden – und das in reichlichem Maße –, dass man der Gesellschaft jede Menge Kosten erspart, indem man auf ihre kostenreichen Kinderbetreuungsangebote verzichtet. Ich habe mal ausgerechnet, dass ich dem Staat 1,8 Millionen Kronen erspart habe, indem ich meine Kinder NICHT in Kindergärten bzw. Freizeiteinrichtungen gegeben habe. Das ist doch ein Haufen Geld! (Und das war noch vor 21 bis 39 Jahren, als meine Kinder geboren wurden, dann kann man sich ja vorstellen, welche Unsummen es heutzutage wären.) Urlaubsgeld und Rentenversicherungsbeiträge müssten auch noch abgedeckt werden.

Wenn nur ein paar unserer Gesellschaftswissenschaftler und Politiker auf die Idee kommen würden, sich hinzusetzen und auszurechnen, wie groß der wirtschaftliche Vorteil dieser Hausfrauen und Hausmänner in der Tat für die große Gesellschaftsmaschinerie ist – und wenn sie dann noch das Kompensationseinkommen einführen würden, um diese Tätigkeiten zu wahren und zu retten, hätten wir sicherlich keine Probleme mehr mit rückläufigen Geburtenraten, über die heutzutage so gejammert wird (es ist doch kein Wunder …!). Aber ich mache mir da keine Illusionen. Neudenken lässt sich nur schwer buchstabieren, und es ist noch schwieriger, neue Gedanken in die Tat umzusetzen – egal wie einleuchtend sie jedem, der das Geschehen noch mit frischen Augen betrachten kann, erscheinen mögen! Viele liebe Grüße!

Elterngehalt, Unterhalt für Eltern?
(Fortsetzung)

Ich danke dir für deine Antwort. Ich stimme dir zu. Es gäbe übrigens noch eine ganze Reihe weiterer positiver Nebenwirkungen, wenn mehr Erwachsene zu Hause bei den Kindern bleiben würden. Man kann nur hoffen, dass die nächste Generation schlauer wird. Ich habe mir zu diesem Thema viele Gedanken gemacht und auch viel darüber geschrieben, aber ich denke, es ist besser, wenn ich hier einfach Schluss mache, denn sonst würde der Text kilometerlang werden.

Ja, lass uns hoffen, dass die nächste Generation schlauer wird. Ich freue mich, dass du den Mut hast, dafür zu kämpfen! Wir leben ja wirklich in einer verkehrten Welt, wenn Müttern oder Vätern, die versuchen, ihr Leben MIT ihren Kindern zu gestalten, Erklärungen abverlangt werden und sie sich dafür noch verteidigen müssen, als wäre es ein Verbrechen …

Tagesmutter oder Kindertagesstätte?

Hallo! Ich möchte mich nur ein wenig in die Diskussion über Kindertagesstätten einmischen. Ich habe insofern Glück gehabt, dass ich für meinen Sohn einen Platz in einem richtig guten Kindergarten (in dem ich selbst arbeite) bekommen habe. Es ist ein ganz kleiner Kindergarten auf dem Dorf, ganz anders als die Großstadtkindergärten. Bei uns dürfen die Kinder aktiv mithelfen. Wir decken zusammen den Tisch, backen Brötchen, pflanzen im Frühjahr Blumen, schaufeln im Winter Schnee, bringen alte Sachen zum Recyclinghof – und vieles mehr. Selbstverständlich haben sie auch Zeit zum Spielen und können es sich auch einfach mal gemütlich machen. Aber gerade, dass sie gebraucht werden, wie du schreibst, können die meisten Kinder in unserem Kindergarten täglich erleben. Man sollte vielleicht doch nicht alle Kindertagesstätten über einen Kamm scheren.

Ich kann dir darin zustimmen, dass für ganz kleine Kinder eine Tagesmutter sicherlich besser ist. Hier im Ort gibt es aber keine Tagesmütter und auch in den Nachbarorten werden es immer weniger, man hat also leider nicht die große Wahl. Aber alles in allem fühlen mein Kind und ich uns in unserem kleinen Kindergarten pudelwohl.

Danke, meine Liebe, für deinen herrlichen Beitrag! Ich bin überzeugt, dass euer Kindergarten so funktioniert, wie man es sich nur wünschen kann. Meine allgemeinen Einwände betreffen ausschließlich die kleinen Kinder, besonders im Alter von etwa einem Jahr. Sie sind einfach zu klein, um die meiste Zeit ihrer wachen Stunden außerhalb ihres Zuhauses zu verbringen … Liebe Grüße!

Unmöglich, ihre Fußnägel zu schneiden

Hast du eine Ahnung, wie man an zwei kleinen und kitzeligen Kinderfüßen die Fußnägel schneiden kann? Meine dreijährige Tochter mag es überhaupt nicht haben, andererseits möchte sie schon, dass die Nägel geschnitten werden. Aber wenn es dann losgeht, wird nichts daraus! Ich habe es versucht, während sie geschlafen hat, aber sie wacht sofort auf, obwohl sie sonst nicht so leicht wach zu kriegen ist! Einige seltene Male hat es geklappt, als sie es auch selbst wollte, aber nun ist irgendwie der Wurm drin. Ab und an versucht sie es selbst, fängt dann aber auch irgendwann an, herumzustrampeln. Jetzt sind die Nägel richtig lang – sie krümmen sich schon nach innen. Es ist vielleicht ein lächerlich kleines Problem, aber was kann ich tun? Liebe Grüße!

Hallo. Hier sind keine Probleme zu klein! Nicht einmal ein Zeh.
Ich schlage vor, dass du aus dieser Geschichte eine kleine Zeremonie machst. Verkünde, was gleich geschehen wird – erwartungsvoll und fröhlich. Mach ihr ein schönes, schäumendes Fußbad, und lass sie eine gute Weile sitzen, damit Füße und Fußnägel weich werden. Sie kann vielleicht währenddessen eine Kindersendung im Fernsehen schauen. Wasche noch die Füße und trockne sie gut ab. Dann legst du einen Fuß auf ein Handtuch auf deinen Schoß und schneidest die weichen Fußnägel, während du den Fuß mit einem festen Griff hältst. Verwende eine scharfe, nach oben gebogene Nagelschere! Erzähl ihr dabei, dass du alles danach schön eincremen wirst und dass es mindestens genauso gut wird, wie die Fußpflege, für die die feinen Damen immer sehr viel Geld bezahlen … Kitzelt es ganz schrecklich, dann lach mit ihr zusammen, aber lass den Fuß nicht los! Schneid zu Ende, und mach mit ihr ab, wann die Nägel das nächste Mal geschnitten werden müssen. »Aber wer schneidet nun meine langen Nägel?«, kannst du sie fragen – so machst du die ganze Sache zu einer Routine, die bei jedem Menschen gleich ist, und traust du dich, kannst du deinem kleinen Mädchen erlauben, es bei dir zu versuchen … Viel Glück und liebe Grüße!

Dreisprachige Familie

Mein Freund kommt aus Griechenland und ich spreche kein Griechisch, deshalb sprechen wir untereinander Englisch. Es sind also drei Sprachen, mit denen unsere drei Kinder umgehen müssen. Unsere Älteste ist fünf Jahre alt und sie macht es richtig gut. Sie ist in Griechenland geboren, vielleicht liegt ihr das Mehrsprachige deshalb so gut, dabei macht sie es übrigens genauso wie wir … wir mischen die Sprachen. Fehlt uns ein Wort auf Englisch, dann sagen wir es eben auf Griechisch bzw. Schwedisch. Unsere zweite Tochter ist jetzt drei und spricht nur Schwedisch. Sie will weder Griechisch noch Englisch sprechen, ja, überhaupt, sie mag mit ihrem Vater am liebsten gar nicht sprechen. Dazu muss ich noch sagen, dass er die ganze Zeit fast nur am Arbeiten ist und keine Zeit für Sprachlektionen hat. Das Jüngste ist erst ein Jahr und somit gibt es da noch keine Probleme. Ich weiß nicht, was ich mit der Dreijährigen machen soll, damit sie ihren Vater akzeptiert und mit ihm zusammen sein mag. Wenn ich hinausgehe, schreit sie, bis ich wieder zurückkomme. Ein paar Male hat sie dann NO! geschrien, und deshalb denke ich, dass sie mehr Englisch kann, als sie uns zeigt.

Meine Frage ist: Kann ICH damit anfangen, die Sprachen mit ihr zu üben? Sollte ich damit anfangen, Englisch mit ihr zu sprechen, wenn wir tagsüber zu Hause sind, damit sie ein natürlicheres Gefühl dafür bekommt, auf Englisch zu antworten? Würde ihr Schwedisch darunter leiden? Ich glaube, dass es an der Sprache liegt, dass sie keine innigere Beziehung zu ihrem Vater aufbaut, sie versteht ihn nicht und wird deshalb wütend auf ihn. Er sollte natürlich mehr Zeit für sie haben, aber es bringt ihn auch nicht weiter, wenn sie sich querstellt und nichts mit ihm zu tun haben will. Und außerdem hat er nur sehr wenig Freizeit. Deshalb überlege ich, was ich tun kann?

Hallo, meine Liebe. Ich finde eigentlich, dass du gar nicht so viel tun solltest. Und vor allem solltest du dir keine Sorgen machen!
Deine kleine Dreijährige ist im Trotzalter und kann alle möglichen Gründe haben, um sich in den verschiedensten Situationen querzustellen. Die Zeiten werden noch kommen, in denen sie sich mehr ihrem Vater zuwendet. Ich glaube gar nicht, dass sie wütend auf ihn wird, weil sie ihn nicht versteht – sie wird schon eine ganze Menge verstehen können. Ich glaube eher, dass es damit zusammenhängt, dass er so viel weg ist. Er muss versuchen, mehr Zeit für sie zu finden, und die ganze Idee mit den Sprachlektionen ganz und gar vergessen und sich stattdessen liebevoll und in aller Ruhe mit ihr unterhalten – über alles

und nichts, und in welcher Sprache auch immer. Es gibt so unendlich viele Sprachen – die Sprache der Wörter ist nur eine davon.

Außerdem ist sie noch so klein. Es gibt viele Dreijährige, die noch gar nicht sprechen. Was nicht bedeutet, dass sie nichts verstehen. Dass du anfangen solltest, mit ihr Englisch zu sprechen, ist meiner Meinung nach keine gute Idee! Sie weiß sehr wohl, dass es nicht deine Muttersprache ist. Es würde ihr genauso merkwürdig vorkommen, als würdest du dir einen falschen Bart ankleben und im Clownsanzug herumlaufen.

Deine Tochter wird sowohl das Griechische wie auch das Englische nebenher lernen – solange ihr der Kleinen die Sprachen zur Verfügung stellt, ohne irgendwelche Gegenleistungen von ihr zu erwarten, sozusagen als Beweis, dass sie auch wirklich etwas lernt. Eines schönen Tages wird sie euch zeigen, was sie alles gelernt hat – und ihr werdet staunen! Kinder unter zehn Jahren, die sich eine oder mehrere Sprachen zusätzlich zur Muttersprache aneignen, werden übrigens alle diese Sprachen ohne Akzent sprechen können.

Stell also keine großen Forderungen an sie! Das Allerwichtigste für so ein kleines Kind ist, dass es sich verstanden fühlt! Und Verständnis kann man in vielen Sprachen zeigen – auch ohne Worte. Und auch, wenn man taubstumm ist. Es gibt unendlich viele Beispiele dafür.

Eure Fünfjährige macht es richtig toll, schreibst du. Ich glaube nicht, dass es von großer Bedeutung ist, wo sie geboren wurde. Sie ist eben älter. Es würde mich sehr wundern, wenn nicht auch deine kleine Dreijährige es genauso gut machen wird, wenn SIE fünf Jahre alt ist!

Und bis dahin kann sich auch in ihrer Beziehung zu ihrem Vater vieles ändern. Kinder im Trotzalter neigen dazu, die halbe – oder gar die ganze – Welt abzulehnen … Sei also froh, dass du selbst so gut klarkommst! Und denk an die klugen Worte: ALLES ZU SEINER ZEIT! Liebe Grüße!

Alle Schnuller weg – außer einem!

Unsere dreieinhalb Jahre alte Tochter war vor etwa drei Monaten beim Zahnarzt, wo man ihr sagte, dass sie jetzt ein großes Mädchen sei. Und deshalb würden alle ihre Schnuller an die Schanzen-Katze nach Stockholm geschickt – und das haben wir dann auch gleich als Erstes gemacht, als wir wieder zu Hause waren! Allerdings habe ich für alle Fälle einen einzigen Schnuller aufbewahrt ... denn sie kann wirklich SEHR trotzig werden. Einige Wochen ging alles gut, aber dann wurde sie krank und wimmerte und wollte einen Schnuller, aber ich habe Nein gesagt. Eines Nachts, als ich zur Arbeit war, hat mein Freund es nicht mehr ausgehalten und den Schnuller hervorgekramt, was wohl keine gute Lösung war. Denn nun ist alles noch schwieriger geworden, und sie verlangt nach dem Schnuller, sobald wir nach Hause kommen. Manchmal weigere ich mich, ihn ihr zu geben, aber dann sucht sie ihn überall und macht ein riesiges Theater, bis sie ihn bekommt – es macht mich wahnsinnig!

Was muss ich tun? Muss ich knallhart sein und ihn wegschmeißen und ihre Wutausbrüche aushalten ... oder geht es irgendwie auch anders? Hilfe!

Hallo, meine Liebe. Ach so, da hast du für alle Fälle einen Schnuller noch behalten – weil sie so trotzig ist, wie du schreibst. Und dann hat dein Freund ihn gefunden – in diesem kleinen »Für-alle-Fälle-Fall«. Somit habt ihr sie beide, die eine indirekt, der andere direkt, darauf aufmerksam gemacht, dass es den Schnuller noch gibt. Genauso wenig, wie ihr ihn vergessen habt, kann sie ihn vergessen ... Deshalb – ja, schmeiß ihn weg, aus dem Haus damit, aus euren Gedanken und aus ihren! Lass sie am Wegwerfen teilhaben – seid fröhlich dabei, aber knallhart: »Du bist jetzt ein GROSSES Mädchen und du brauchst keinen Schnuller mehr. Schnuller sind für Babys. Du bist jetzt ein GROSSES Mädchen und deshalb sagen wir auf Nimmerwiedersehen Schnuller! Jetzt gibt es hier keine Schnuller mehr, und das ist auch GUT so, denn du bist jetzt ein großes Mädchen, du bist kein Baby.«

Sie ist noch im Trotzalter, und du kannst mir glauben, sie wird schon etwas anderes als den Schnuller finden, über das sie Wutanfälle bekommen kann ... Liebe Grüße!

Er besteht auf seinem Schnuller

Hallo! Wir haben einen vierjährigen Sohn, der nicht auf seinen Schnuller verzichten will. Hast du ein paar Tipps, was man da tun könnte? Vielen Dank im Voraus.

Hallo, danke für deine warmen Worte – ich habe mich sehr darüber gefreut!
Führe ein kleines ernsthaftes und interessantes Gespräch mit deinem Sohn. Erzähl ihm, dass er schon unglaublich GROSS geworden ist und so tüchtig – liste die ganzen schwierigen Sachen auf, die er schon kann – z. B. sich alleine anziehen, bei diesem und jenem helfen, dies und das holen, Verschiedenes in Ordnung bringen – er braucht gar keinen Schnuller mehr, und eigentlich sind Schnuller nur etwas für Babys und er ist auf keinen Fall ein Baby. »Am DONNERSTAG (oder welcher Tag du möchtest, es sollten aber noch ein paar Tage bis dahin sein, damit er sich an den Gedanken gewöhnen kann) – dann bist du schon BALD fünf Jahre alt – dann werden wir dem Schnuller auf Nimmerwiedersehen sagen, denn den brauchst du ja nicht mehr!« Vergewissere dich, dass er die Botschaft verstanden hat: »Was werden wir also am Donnerstag machen? Ja, hm, da werden wir deinem Schnuller auf Nimmerwiedersehen sagen, weil du ihn ja nicht mehr brauchst.« Wiederhol es, bis du sicher bist, dass er es verstanden hat. Gib ihm keine weiteren Erklärungen, und flehe ihn auf keinen Fall an. Hier geht es voll und ganz um deine Initiative, und die musst du jetzt ohne Zittern in der Stimme übernehmen.

Wenn dann der Donnerstag – oder der Tag, für den du dich entschieden hast – kommt, musst du dich so verhalten, als würde euch ein großes Abenteuer erwarten. »JETZT wollen wir dem Schnuller auf Nimmerwiedersehen sagen – und vielen Dank! Es ist ja unglaublich, jetzt bist du schon so groß geworden! Mamas großer Junge!« Und dann suchst du alle Schnuller zusammen, und sagst in seinem Namen auf Nimmerwiedersehen, und dann verschwinden sie – lösen sich sozusagen in Luft auf, worauf du fröhlich und wie selbstverständlich anfängst, von etwas ganz anderem zu sprechen – oder dich anderweitig zu beschäftigen (später in einem unbeobachteten Moment kannst du die Schnuller dann *für immer* entsorgen). Und wenn er irgendwann jammert und nach dem Schnuller verlangt, schaust du ihn ganz erstaunt an: »Aber der Schnuller ist doch weg. Du bist jetzt so ein großer Junge. Du brauchst keinen Schnuller mehr!« Und dann redest du schnell über ganz andere Sachen weiter – unberührt und gut gelaunt. Dies ist eigentlich gar kein Problem, es gilt nur, wie immer, genau zu wissen, was man will, und es durchzuziehen – ohne zu erwarten, dass das Kind diese Aufgabe auf sich nimmt. Wenn du nur die Führung übernimmst, wird das Kind sich dir anpassen und es mit Erleichterung tun, glaub mir! Liebe Grüße!

Sie spricht Babysprache

Hallo, Anna! Ich habe ein Problem und bräuchte deine Hilfe!
Es ist so, dass mein Freund eine fünfjährige Tochter hat – ein ganz süßes Mädchen – und sie lebte vier Jahre allein mit ihm, bis ich bei ihnen eingezogen bin.

Allmählich muss ich doch darauf reagieren, dass sie immer noch Babysprache spricht – auch wenn Besuch da ist, z.B. die Eltern meines Freundes, aber auch bei anderen. Mein Freund und ich bitten sie nun schon mal, ordentlich zu sprechen. Ich verstehe nicht, warum sie das macht. Liegt es daran, dass sie möchte, dass alle sie ganz klein und niedlich finden … oder ist sie vielleicht unsicher? Auch im Kindergarten wurde das Thema schon angesprochen. Was kann man tun – muss man sie immer wieder darauf hinweisen?

Es gibt auch noch große Probleme mit ihrer Sauberkeit, egal ob sie groß oder klein muss. Sie schafft es nicht rechtzeitig bis zur Toilette und macht dann Pipi / Aa in die Hose. Dagegen klappt es nachts richtig gut (was mich eigentlich wundert!). Sie macht nicht den Eindruck, als würde sie sich schämen, wenn sie in die Hose macht, sie holt sich dann eben eine saubere und dann ist alles wieder in Ordnung! Was können wir tun, um ihr Verhalten zu verändern? Muss man etwas Bestimmtes sagen bzw. tun? Das viele Wäschewaschen wird mir allmählich zu viel. Ich finde, sie ist nun so groß, dass sie es spüren müsste, wenn sie muss!

Ich wäre dir für gute Ratschläge und Tipps sehr dankbar. Liebe Grüße!

Hallo, meine Liebe. Es kann sich sehr wohl so verhalten, wie du es angedeutet hast: Alle sollen meinen, sie sei noch so klein und so niedlich – und mehr als das, ein wenig hilflos und ein bisschen fordernd – eben ein Baby. Sie hat fast ihr ganzes Leben mit ihrem Vater allein gelebt. Und nun gibt es auf einmal eine Familie, die ihr auch noch in ihrer gegenseitigen Zugehörigkeit komplett erscheinen muss. Wenn wir Erwachsenen uns verlieben und heiraten und/oder zusammenziehen, dauert es in der Regel nicht lange, bis wir mit dem Gedanken an ein gemeinsames, kleines Kind spielen. In entsprechender Weise geht die Kleine nun der Vorstellung von einer gemeinsamen Familie nach – einer neuen Familie mit einer sehr gegenwärtigen, nicht zufälligen, sondern *richtigen* Mama. Und damit du ihre Mutter werden kannst, muss sie ja dein kleines, neues Kind sein. Das Baby von dir und ihrem Papa! Zumindest nach außen hin (anderen gegenüber). Es ist ihre Art, ihre neugeborene Zugehörigkeit zu markieren.

An deiner Stelle würde ich mir gar keine Sorgen machen, denn es ist ja nur etwas Vorübergehendes. (Das kannst du auch ihren Erzieherinnen im Kindergarten erzählen.) Außerdem würde die Kleine jegliche Kritik (Zurechtweisungen, Abstandnehmen) in etwa so interpretieren: NEIN, du gehörst eigentlich gar nicht dazu, du bist Papas Mädchen und nichts anderes, diese Familie ist gar nicht deine VON ANFANG AN und deshalb ist sie es auch jetzt nicht. Ich würde es also vorziehen, wenn du an ihren Vorstellungen – ja, Fantasien könnte man sie auch nennen (und damit meine ich die positive und schöne Bedeutung des Wortes) – teilnimmst. Ich würde mich als Baby-Mama richtig ins Zeug legen, wenn sich die Möglichkeit dazu ganz spontan bietet, sie auf den Schoß nehmen, ihr über den Kopf streicheln und vielleicht sogar eine Nuckelflasche mit Saft hervorzaubern, und so tun als würde es Babynahrung sein, und danach müsste die Kleine noch über meiner Schulter ein Bäuerchen machen, und dann müsste sie gewickelt werden, ins Bettchen gelegt werden und mit ihrem Teddy schön schmusen – alles, was dazugehört, mit viel Wärme und einer guten Portion Humor. So würde ich das Kind zum Lachen bringen und einfach Spaß haben (und gleichzeitig wenigstens für eine Weile ihre Babysprache loswerden), aber was noch wichtiger ist: Sie würde ganz buchstäblich betrachtet in ihrer neuen Familie aufgenommen. Ich würde sie, mit anderen Worten, wie mein eigenes Kind annehmen – in meinem Handeln – mein Baby!

Ich glaube, es kann zwischen ihrer Babysprache und ihrer noch mangelnden Sauberkeit ein Zusammenhang bestehen. Kleine Babys brauchen sich ja nicht um so etwas kümmern – sie werden gewaschen und gepflegt. Dass diese Unfälle nachts nicht vorkommen, zeigt, dass ihre Darm- und Blasenfunktionen, inklusive ihrer Alarmfunktion, einwandfrei funktionieren und dass sie tagsüber auch ohne weiteres damit klarkommen würde. Aber das tut sie nun mal nicht, was natürlich ärgerlich ist, auch wenn sie das mit dem Umziehen selbst regelt (und sei froh darüber!). Ich schlage vor, dass du mit dem »Baby-Spielen« anfängst, wenn du selbst das Gefühl bekommst, dass du es mit ausreichend viel Zuneigung machen kannst. Danach, nach einer richtig gelungenen Vorstellung (vielleicht schon nach der ersten?) nimmst du sie beiseite, setzt dich in die Hocke, damit ihr ungefähr gleich hoch seid, hältst Augenkontakt und sagst etwas in dieser Art: »Es gibt etwas, worum ich dich bitten möchte. Es ist ein großes Geheimnis, niemand darf etwas davon wissen, nur du und ich. Ich möchte gerne, dass du auf die Toilette gehst, anstatt in die Hose zu machen! Meine süße, kleine Maus! Darüber würde ich mich so sehr freuen!« Und du küsst sie auf die Wange, lächelst und sagst fast flüsternd: »Kannst du vielleicht zu mir kommen und es mir erzählen, wenn du es gemacht hast? Kein anderer darf es hören. Du brauchst mich auch nur an die Hand nehmen, dann weiß ich, dass ich mit dir kommen muss!«

Dann stehst du auf – und gehst. Sie muss die Botschaft nämlich erst verdauen, du solltest also keine Versprechen, Proteste oder Kommentare abwarten. Pass auf, was passiert – nämlich genau das, was du möchtest. Und du lobst sie, nicht, weil sie tüchtig war, sondern weil es GUT ist, richtig gut, weil dann nicht mehr so viel Wäsche anfällt, die Kacka verteilt sich nicht im ganzen Wäschekorb, euch bleibt ganz viel Arbeit erspart, und indem du positiv und detailliert darüber redest, wirst du ihr Verantwortungsgefühl aufbauen. Es muss um das Praktische, um die Vorteile gehen, und nicht darum, dass sie lieb ist. Denn die Geschichte des »In-die-Hose-Machens« muss von ihrer reichen, inneren Gefühlswelt abgetrennt werden – am besten sofort! Liebe Grüße!

Ich habe die vielen Anforderungen einfach satt

Mir geht es ziemlich dreckig, weil in unserer Gesellschaft dermaßen viele Anforderungen an uns gestellt werden! Man muss arbeiten, die Kinder hüten, eine gute Mutter sein, eine gute Liebhaberin, sauber machen, backen, den Garten in Schuss halten (wenn man ein Haus hat, was ja fast eine Voraussetzung ist, um als einigermaßen erfolgreich zu gelten), und das Haus muss natürlich in jeder Hinsicht tipptopp sein. Dann sollte man noch einen Haufen Wertpapiere besitzen und jede Menge Geld haben und einen niegelnagelneuen Volvo V70 fahren! Ich finde es unmöglich, und diese ganzen Anforderungen, die ich nicht erfüllen kann, machen mich echt krank.

Und manchmal weine ich, weil ich mir wünsche, dass meine Kinder ein wenig besser als der Durchschnitt leben sollten und ich es leider nicht schaffe! Und auch die Kinder stellen schon ihre Forderungen an uns, kauf dies und kauf das, alle anderen haben es doch auch usw. Gibt es noch Menschen, denen es so ergeht wie mir? Oder führen alle Familien ein glückliches Leben mit sehr viel Stress, sehr viel Geld und der großen Lebenslust? Ich komme mir einfach wie eine Versagerin vor!

Hallo, meine Liebe. Ich glaube bestimmt nicht, dass es den Familien der heutigen Zeit besonders gut geht, wo doch sogar die Kinder immer häufiger unter Stress leiden und das, was man früher Kindheit nannte, sich mehr oder weniger in Luft auflöst. Nein, du stehst mit den Gefühlen, die du hier zum Ausdruck bringst, bestimmt nicht alleine da. Die Anforderungen sind einfach grotesk.

Das kann ich natürlich leicht behaupten, denn die Einzige, die das Leben, in dem von allen möglichen verschiedenen Seiten an einem gezerrt wird und in dem man sich ständig unzulänglich, verbraucht und mutlos vorkommt, ändern kann, bist ja nun mal du selbst. Es wird keiner von außen kommen, dich an die Hand nehmen und sagen: »Diesen Weg musst du gehen, das ist der richtige für dich!« Keiner wird dich führen. Man steht ganz alleine da. Man hat im Grunde genommen nur eine einzige Stimme, auf die man in dieser Welt hören sollte, und das ist die eigene, innere Überzeugung. Und diese Stimme ist weiß Gott sowohl eingeschüchtert als auch überfordert von all diesen Anforderungen! Aber es gibt sie noch. Tief im Herzen. Vielleicht hört man sie nur noch flüstern, aber sie ist da.

Für mich selbst kam der Wendepunkt nach meiner ersten Scheidung. Ich stand mit zwei kleinen Kindern alleine da, und ein Platz in der Tagesstätte war damals (in den 60ern) nur ein Wunschtraum. Die Alternative bestand darin, jemanden dafür zu bezahlen, dass er oder sie die Kinder bei uns zu Hause beaufsichtige. Um das zu ermöglichen, hätte ich – die keine Ausbildung hatte – einen Job finden müssen, der wiederum so gut bezahlt hätte sein müssen, dass ich die Kinderaufsicht, das Haus und das Auto, das ich in dem Falle ja gebraucht hätte, davon hätte bezahlen können. All die anderen Kosten hier mal beiseite gelassen. Es war ein unmögliches Unterfangen, und es stand im krassen Kontrast zur für mich einzigen Lebensnotwendigkeit: mit meinen Kindern zusammenzuleben! Warum sollte es jemand anderes – gegen Bezahlung – übernehmen, während ich auf das, wofür ich in der Tat lebte, verzichten sollte?! Ich habe deshalb ganz neue Prioritäten gesetzt. Ich habe ein kleines, baufälliges Häuschen auf dem Lande gemietet (dafür reichte gerade das Kindergeld), wir aßen und lebten so günstig wie möglich (dafür reichten die Unterhaltszahlungen vom Vater) und haben auf die allgemein gültigen Ambitionen verzichtet. Wir hatten weder Telefon noch warmes Wasser und auch keine Toilette im Haus, kein Auto und keinen Fernseher. Aber wir hatten einander. Und jedes Kind hatte sein eigenes Kätzchen ... Und ich bekam nie zu hören: »Aber alle anderen haben doch!« – denn die anderen hatten nicht das, was wir hatten. Diese Zeit wurde die beste in unserem ganzen Leben, wage ich zu behaupten. Und was die Leute davon hielten und dachten – tja, das wird auf einmal spürbar uninteressant, wenn man die gegebenen Anforderungen zurücksetzt und sein eigenes Leben vorzieht! Liebe Grüße!

Ich möchte meinen Kindern Selbstvertrauen geben

Hallo, Anna! Eine schwierige Frage. Wie gibt man Kindern Selbstvertrauen? Gerade wenn man nicht selbst ein wandelndes Beispiel an Selbstvertrauen ist und auch nicht vor Selbstsicherheit strahlt? Ich möchte meinen Kindern so gerne dieses Geschenk machen, anstatt sie an meiner eigenen Unsicherheit teilhaben zu lassen.
Vielen Dank im Voraus für deine Antwort!

Hallo, das ist ja wirklich eine Frage, die es in sich hat. Eine Antwort würde einen halben Roman in Anspruch nehmen, und den kann ich dir auf der Grundlage der spärlichen Angaben, die du mir machst, nicht geben … Ich möchte nur Folgendes sagen: Wenn ein Mensch – groß oder klein – ein gutes Stück Selbstvertrauen aufbauen soll, ist es erforderlich, dass er oder sie tief im Herzen weiß, dass er/sie gebraucht wird; praktisch und konkret. Dieses Gefühl muss bis ins Mark eingeprägt werden: »Die anderen würden ohne mich schlechter zurechtkommen – egal, ob sie mich lieben oder nicht.« Man muss ganz einfach den eigenen Wert erfahren. Das erfordert, dass man als Eltern die Kinder in Gebrauch nimmt, auch wenn es um einen noch so kleinen und kurzen Einsatz geht, und dass man ihnen dadurch das Gefühl vermittelt, dass sie im Kampf um die Existenz unentbehrlich sind.

Die eigene Unsicherheit sollte man möglichst beiseite schieben – und nur hervorkramen, wenn man allein ist. Und das kann auch dir gelingen. Das Wichtigste ist, beides – die eigene Unsicherheit, die man für und mit sich selbst empfindet, und den Spaß, mit den Kindern zu sein – deutlich zu trennen. Kinder müssen Freude, Frieden und Ermunterungen erleben, sie sollten nie die Bürde der Kritik, die man unaufhörlich gegen sich selbst richtet, und die Unsicherheit, die man fühlt, zu spüren bekommen. Liebe Grüße!

Ich möchte meinen Kindern Selbstvertrauen geben
(Fortsetzung)

Ich habe deine Antwort über Selbstvertrauen gelesen. Danach werde ich mich richten. Ich habe nämlich selbst kein großes Selbstvertrauen und habe eine Heidenangst, dass mein Kind genauso werden könnte. Aber ich habe noch eine Frage: Was macht man, wenn man nicht den Mut aufbringen kann, um mit dem Kind Blödsinn zu machen, Spaß zu haben, mit ihm zu spielen und zu singen, wenn andere dabei zuschauen? Wenn es z.B. vorkommen sollte, dass wir im Kindergarten an einem Spiel teilnehmen müssten, würde ich sofort einen Rückzieher machen. Was dann? Wird mein Kind automatisch schüchtern, wenn ich mich nicht traue, mich daran zu beteiligen? Ich habe überlegt, ob es eine gute Idee wäre, dem Kind zu erklären, dass die Menschen verschieden sind, dass einige etwas mit viel Freude tun, während andere lieber nicht mitmachen. Und ihm zu erklären, dass wir alle – unseren Unterschieden zum Trotz – gleichwertig sind. Was soll ich machen, Anna?

Na klar kannst du ihm erklären, dass einige dies mögen und andere das und dass es vollkommen O.K. so ist. Es ist sowohl wichtig als auch notwendig, dass Kinder erfahren, dass es in dieser Welt verschiedene Sprachen – in jeder Hinsicht – gibt. Dass des Einzelnen Menschenwert nicht davon abhängt, was er TUT, sondern davon, was er IST.

Auf der anderen Seite ist es für Kinder nicht einfach, solch abstrakte Argumentationen zu begreifen, jedenfalls nicht, bevor sie über die Fähigkeit zum abstrakten Denken verfügen – was in Wirklichkeit erst der Fall ist, wenn sie das Teenageralter erreichen! An deiner Stelle würde ich also die Sache ein wenig konkreter angehen: »Nein, Mama kann an dem Spiel nicht teilnehmen, weil Mama Schmerzen am Fuß hat, verstehst du! Aber DU sollst tanzen, denn du KANNST es!« In dieser Weise gibst du dem Kind eine greifbare Erklärung und gleichzeitig vermeidest du, dass deine eigene, kleine Schüchternheit auf das Kind übergreift. Man erwähnt also mit keinem Wort, dass man sich nicht traut oder dass man nicht will. Man kann ganz einfach nicht, bewahre! – aber das KIND kann! Liebe Grüße.

Dritter Teil
Kinder ab 6 Jahre

*»Kleine Kinder leben, um zu lernen.
Sie wissen nicht alles von selbst. Wie sollten sie auch?
Kinder befinden sich ununterbrochen in der Schule des Lebens,
egal, wo auf der Erde sie gelandet sind. Wir können nicht verlangen,
dass sie sofort alles können und wissen und richtig machen.
Wir müssen ihnen helfen, indem wir ihnen das Leben leichter machen –
ein Leben, das schon kompliziert genug ist (auch für uns Erwachsene).
Wir müssen die Führung übernehmen und ihnen helfen.«*

In diesem Teil liest du:

Seelische Entwicklung, Erziehung und Unterstützung 273
Vom Engel zum Monster   273
Sie will die Kontrolle haben   275
Empfindlich und einfühlsam   278
Er will nicht bei der Tagesmutter bleiben   280
Sie kann sich nur schwer entscheiden   282
Sauer und wütend, wenn er abgeholt wird   283
Wir wollen nur sein Bestes, aber es läuft schief   287
Reizbar und aggressiv   290
Er meckert nur noch   293
Er schimpft über seine Freunde   299
Ewige Geschwisterstreitigkeiten   301
Ich erreiche meinen Sohn nicht   304
Alterbedingtes Verhalten oder Entwicklungsstörungen?   312
Schreiend und dominierend   315
Wie können wir unserem mürrischen Zwölfjährigen helfen?   317
Mein Sohn hat die Führung übernommen   319

Fragen zur körperlichen Entwicklung   323
Bauchschmerzen   323
Nägelkauen   324
Nächtliches Einnässen   325
Das Einnässen hört nicht auf   326
Sie macht jeden Tag in die Hose   330
Ist Krafttraining schädlich?   333

Schlaf und Schlafgewohnheiten   334
Er kommt nachts angeschlichen   334
Plötzliche Einschlafprobleme   335
Fühlen sich die Kinder nicht geborgen?   338

Verschiedenes   341
Mit den Kindern spielen   341
Er ist von seinem Kuscheltier total abhängig   343
Tipps zu besseren Essgewohnheiten   345
Wie die kleinen Kinder entstehen   349
Kinder und Spiritualität   352
Wie schafft man das?   353

Seelische Entwicklung, Erziehung und Unterstützung

*»Vieles wird vorübergehen –
zum Glück, oder auch leider,
wie man vielleicht hinzufügen sollte.«*

Vom Engel zum Monster

Hallo, Anna! Nachdem ich viel Freude an und großen Nutzen von deinen Ratschlägen und Methoden in »Das KinderBuch« gehabt habe, wende ich mich nun direkt an dich, weil ich nicht weiß, was ich mit meiner sechsjährigen Tochter machen soll – sie hat sich direkt vom fünfjährigen Engel in ein sechsjähriges Monster verwandelt. Sie hat ein schrecklich großes Maul und benimmt sich unmöglich. Sie schreit »Dummkopf« und »blöde Kuh« nach mir, und dabei spielt es keine Rolle, WAS ich mache. Es nutzt nichts, die Ruhe zu bewahren, und genauso wenig hilft es, wenn ich total wütend werde und sie in ihr Zimmer schicke. Was soll ich bloß machen? Ihre Ausbrüche ignorieren oder härter durchgreifen? Ich muss noch hinzufügen, dass ihr Vater, bei dem sie jedes zweite Wochenende verbringt, sie gar nicht so erlebt. Vielen Dank im Voraus, liebe Anna.

Danke! Du weißt sicherlich, dass gerade das Alter von sechs Jahren das schwierigste der ganzen Kindheit ist und dass das Kind einem plötzlich wie ausgewechselt vorkommt (das gilt natürlich nicht für jedes Kind, aber für die meisten).

Unter allen Umständen: DOCH, es würde helfen, wenn du die Ruhe bewahren kannst. Und es hilft auch, wenn du (in kontrollierter Weise) wütend auf sie wirst. Und dass sie den Raum verlassen muss. Es ist aber leider so, dass das, was du machst, nicht gleich ein für alle Mal Wirkung zeigt, sondern dass du die Maßnahme sieben bis acht Mal am Tag wiederholen musst. Man kann diesem Schlamassel leider nicht entgehen. Aber man kann während seiner Dauer etwas gegen ihn tun und im Übrigen abwarten, denn er geht tatsächlich wieder vorüber. Es ist nie angenehm, wenn man auf das Kind wütend werden muss, aber hin und wieder ist es ungeheuer wichtig. Wenn man sich gewählt ausdrücken möchte, kann man es auch »Grenzen setzen« nennen. Und das, wissen wir alle, kann nun mal notwendig werden.

Wenn sie dich mit diesem oder jenem beschimpft, kannst du also getrost so stinksauer werden, wie es dir passt (es ist notwendig, dass du wütend wirst, damit sie dir auch glaubt). Mit sehr großen Buchstaben erklärst du ihr: »So sprichst DU nicht mit mir. ICH spreche auch nicht so mit dir. Geh sofort in dein Zimmer, und komm nicht wieder zurück, bevor du anständig mit mir sprechen kannst!« Und wenn sie nicht alleine gehen will, begleitest du sie. Schieben, Festhalten oder Tragen ist keine Gewalt und es kann mit dem Schlagen von Kindern überhaupt nicht verglichen werden. Es bedeutet eben, dass du mit deinem Handeln NEIN sagst. Und du tust es ja nicht nur um deinetwillen; du tust es, um ihr eine Grenze zu setzen und ihr zu zeigen, wo genau sie verläuft. So spricht man nicht mit anderen Menschen (auch nicht draußen in der Gesellschaft). Behandelt man Menschen wie Dreck, in Worten wie auch im Handeln, wird es damit enden, dass keiner mit einem zusammen sein möchte. Das ist die Konsequenz, die du ihr mit ihrer Verbannung zeigst, und dabei repräsentierst du die Gesellschaft und gibst ihr etwas so Wichtiges wie soziale Erziehung. Das ist sehr wohl erlaubt – und es lohnt sich, das zu bedenken!

Es ist ja schön für den Papa, dass sie sich ihm gegenüber nicht so verhält – aber merkwürdig finde ich es nicht. Denn er ist ja ein Mann. Sie ist ein Mädchen, und du bist eine Mutter und eine Frau. Die Krise des Sechsjährigen kann an und für sich als ein Vorgeschmack auf den Aufruhr betrachtet werden, wie er sich in der Pubertät abspielt. Sie identifiziert sich jetzt schon in hohem Maße mit dir als Modell für das, was sie als Erwachsene selbst werden wird, und in ihren Bestrebungen nach Selbstständigkeit und eigener Identität (wohlgemerkt noch als Vorgeschmack) muss sie sich natürlich total gegen dich auflehnen, denn sie will ja sie selbst bleiben. Aber wie gesagt: Es geht vorüber, es kommen neue Entwicklungsphasen, in denen du aufatmen kannst – ihre Freunde und die Schule werden in ihrem Leben immer mehr an Bedeutung gewinnen. Halte also durch. Mach weiter so, wie du es jetzt machst, und warte auf bessere Zeiten! Du wirst dein Kleinkind dann zwar nicht wieder zurückbekommen, aber deine Tochter wird sich dir wieder zuwenden. Liebe Grüße!

Sie will die Kontrolle haben

Meine Tochter ist bald sechs Jahre, und ich überlege, ob ich nicht mit ein paar Situationen besser umgehen könnte. Als die Kleine ein Jahr alt war, musste sie ziemlich darunter leiden, dass wir Eltern uns trennten und die »Alle-zwei-Wochen-Regelung« einführten. Das bekam ihr, wie ich recht bald merkte, wenn sie bei mir war, natürlich gar nicht gut. Seit sie anderthalb Jahre war, hat sie schreckliche Wutausbrüche. Die letzten beiden Jahre wohnt sie nun nur bei mir, besucht aber noch ihren Vater. Dadurch ist sie wesentlich ruhiger geworden, und das ist in jedweder Hinsicht deutlich spürbar. Sie bekommt aber immer noch ihre Wutausbrüche, nur längst nicht mehr so häufig. Es geht darum, dass sie alles vollkommen unter Kontrolle haben möchte, und gibt es ein klitzekleines Detail, das nicht so ist, wie sie es sich gedacht hatte, kann sie fuchsteufelswild werden. Ich kenne mein Kind und spüre genau den Unterschied zwischen der normalen Wut und diesen Anfällen. Geht es mal wieder um einen Ausbruch, weil sie alles kontrollieren möchte, sage ich Nein, Nein, und immer wieder Nein. Auch wenn ich manchmal denke, dass ein Ja vielleicht O.K. wäre, bin ich in diesen Fällen beinhart. Das macht sie unheimlich traurig, aber danach kommt sie wieder von ihrer Stimmung los und wir können darüber reden. Bin ich zu hart? Es ist mir manchmal peinlich, wenn wir mit anderen Leuten zusammen sind, und das Kind schreit wie am Spieß, und ich stehe nur da und sage NEIN. Schick mir doch bitte ein paar schlaue Tipps – und DANKE, dass es dich gibt!

Hallo und vielen Dank auch! Es freut mich, dass dein Mädchen schon etwas ruhiger geworden ist. (Ich bin übrigens keine Anhängerin der »Alle-zwei-Wochen-Regelung« für kleine Kinder – es KANN gut gehen, aber man fordert in sehr hohem Maße die Schwierigkeiten heraus, die sich aus dem ständigen Wechsel ergeben! Ich kann mich nur darüber wundern, dass dieselben Erwachsenen, die sich selbst kaum damit abfinden würden, jede Woche von einer Herde zur anderen hin- und herwechseln zu müssen und gleichzeitig versuchen, sich an beiden Orten gleichermaßen zu Hause zu fühlen, ohne jeden Zweifel von ihren kleinen Kindern erwarten, dass sie es schaffen, ja, dass sie sich dabei sogar wohl fühlen. Kleine Kinder sind trotz allem aus demselben Stoff wie wir gemacht!) Ihr Leben ist nun stabiler geworden, und sie weiß, wo sie hingehört, aber es hat auf der anderen Seite auch zu einer Reihe von Reaktionen auf das Geschehene geführt. Ich verstehe, dass sie ihrer Wut immer seltener freien Lauf lassen muss, aber so etwas braucht eben seine Zeit. Eines Tages werden ihre »Anfälle« ganz abklingen, weil es für sie nie notwendig war, diese Gefühle zu unterdrücken oder gar zu verdrängen.

Nun befindet sie sich außerdem noch in der Krise der Sechsjährigen, was die Sache natürlich nicht leichter macht. Es ist eine der schwierigsten Entwicklungsphasen der ganzen Kindheit. Die harmonischste kleine Prinzessin kann sich von einem Tag zum anderen in ein Monster verwandeln, das man entsprechend erstaunt betrachtet: Kann das ein und dasselbe Kind sein?! Es scheint mir, dass du sehr gut mit ihren Ausbrüchen umgehst, ich glaube nicht, dass du zu hart bist. Dass sie unheimlich traurig wird, würde ich in zweierlei Hinsicht deuten wollen – ENTWEDER bricht sie in Tränen aus, weil sie sich so verzweifelt erleichtert fühlt, nachdem sie ihre innere Verspannung loswurde, und sie möchte dann von dir getröstet werden, um im Nachhinein wieder ruhig und fröhlich zu sein. Wenn dies der Fall ist, bist du ihr mit deiner Reaktion eine gute Stütze, und es ist – wie ich es sehe – der einzige (und beste) Weg, obwohl er manchmal hart sein kann. ODER sie weint, weil sie in einer Weise unglücklich ist, die besagt, dass sie sich von keinem Menschen auf der ganzen Welt verstanden fühlt und so einsam ist, wie es ein Mensch nur sein kann. In dem Fall sucht sie nicht deine Nähe, sondern weist dich ab, zieht sich zurück und schweigt, sie empfindet es wie einen Rückzug, nicht wie eine Erleichterung, und möchte weder mit dir reden, noch mit dir zusammen sein. Und DAS ist natürlich nicht gut! Dann hat man das Vertrauen des Kindes verloren und muss versuchen es wiederzugewinnen.

Nein, es ist nicht schön, wenn das eigene Kind vor allen Leuten schreit wie am Spieß und man das Gefühl hat, die anderen würden einen gleich wegen Kindesmisshandlung anzeigen. Hierbei muss man versuchen, auch an die Integrität des Kindes zu denken, und versuchen, das kleine Monster davor zu schützen, in den Augen der anderen als hoffnungsloser Fall dazustehen. Keine/r von uns hat bei unseren weniger vorteilhaften Auftritten gerne Zeugen … Und Kinder wissen ganz genau, wann sie sich ungünstig verhalten. Darauf sind auch sie nicht stolz.

In der Regel vertraue ich in solchen Situationen auf meine körperliche Überlegenheit und trage, schiebe oder zerre das Kind aus dem Rampenlicht heraus, an einen Ort, an dem wir uns unter vier Augen unterhalten können, vielleicht auf die Straße hinaus, wo uns kaum jemand kennt, oder in einen anderen Raum oder zur Toilette, wo man die Tür hinter sich zumachen kann. Auf dem Weg dorthin mache ich den anderen – Kindern wie Erwachsenen – gegenüber gute Miene zum bösen Spiel. Und wenn wir dann unter uns sind, sorge ich dafür, beharrlich Augenkontakt zum Kind zu behalten, wobei ich ihm mit Nachdruck ein paar Sachen klarstelle. Darauf folgt ein Ultimatum, bei dem das Kind eine Wahl treffen kann (zumindest sollte es ihm so vorkommen): Entweder hörst du auf mit diesem oder jenem oder wir gehen sofort nach Hause. Diese letzte Alternative habe ich hin und wieder durchziehen müssen, auch wenn es mir gänzlich ungelegen kam – und je ungelegener, umso effektiver waren die Lektionen, hat sich herausgestellt. Eine einzige konsequente Handlung dieser Art war in der Regel ausreichend, danach hat meistens eine Erinnerung daran genügt. Das Kind hat festgestellt, dass man für das, was man sagt, auch geradesteht.

Kleine Kinder haben Sinn für Humor – Gott sei Dank, denn es ist überaus wichtig für ihre verschiedenen, revolutionierenden Entwicklungsphasen, dass sie wirklich zwischendurch auch Grund zum Lachen haben, am besten so sehr, dass sie fast platzen, und mindestens einmal am Tag ... das vergisst man leicht als gestresste Eltern; dabei braucht es so wenig, um ein Kind zum Lachen zu bringen, und es tut ihnen so fantastisch gut – so wie uns Erwachsenen auch. Ja, es ist meiner Meinung nach lebenswichtig für Kinder, die es aus dem einen oder anderen Grund schwer mit (vor allem) sich selbst haben. Vergiss also nicht, mit ihr Blödsinn zu machen! Ein richtig guter Trick in diesem Zusammenhang ist es, sie in der Kunst, einen Wutanfall zu bekommen, zu unterrichten. Das lieben alle Kinder (besonders die Sechsjährigen). Mit einem Schalk im Auge führt man eine Szene mitten auf einer freien Fußbodenfläche vor: Man legt sich auf den Bauch und bittet das Kind, dasselbe zu tun. Dann fängt man an theatralisch mit den Fäusten auf den Fußboden zu hämmern, gleichzeitig strampelt man mit den Beinen und jammert lauthals. Man unterbricht dann ganz plötzlich für einen Moment und bittet das Kind, es auch zu machen. Es muss richtig dazu animiert werden, sich wirklich ins Zeug zu legen und ordentlich zu jammern – gerade das JAMMERN muss der Kern des Zusammenbruchs sein, sehr wichtig! Hinterher wird das Kind gelobt, wenn es die Rolle richtig schön laut, wütend, verzweifelt und wild übertrieben gespielt hat: »Ausgezeichnet, hervorragend! Jetzt weißt du, wie man es macht, wenn man zusammenbricht!«

Das ist Therapie höchster Klasse. Man gibt dem Kind eine Ausdrucksmöglichkeit – eine Methode, mit der es die Wut und die Ohnmacht, die über es hereinbrechen und die für das Kind selbst sehr erschreckend sein können, bewältigen kann. Außerdem zeigt man, dass Wutausbrüche an sich nichts Gefährliches oder Falsches sind. Sie können am Ende sogar richtig zum Lachen sein! Und man befreit das Kind vom nagenden Gefühl, das immer unter der Oberfläche eines Ausbruchs lauert: Ist etwas mit mir nicht in Ordnung? Warum verhalte ich mich so schrecklich? Du zeigst deinem Kind, dass auch du zusammenbrechen kannst – es ist dir überhaupt nicht fremd. Ganz im Gegenteil: Du weißt, wie man mit der eigenen Wut umgeht, sie bringt dich nicht aus dem Gleichgewicht. Dies ist eine große und befreiende Einsicht für das Kind, das somit allmählich daran glauben mag, dass ihm seine eigene Wut kein Feind ist.

Ich kann es nicht lassen, dir noch von einem Brief zu erzählen, den ich von einer Freundin bekam, kurz nachdem sie mich mit ihrer sechsjährigen Tochter besucht hatte. Der Kleinen hatte ich einfach so aus Spaß eine Lektion in der Kunst, wie man einen Wutanfall bekommt, erteilt: »Heute hatte meine Kleine Besuch von ihrer besten Freundin, und als ich sagte, sie müsse ihre Sachen nach Gebrauch wegräumen, kam sie mit einem überaus unzufriedenen Ausdruck im Gesicht und geballten Fäusten anmarschiert, und ich fragte sie: ›Was ist los? Wirst du jetzt einen Wutanfall bekommen?‹ Darauf nahm sie ihre Freundin an die Hand und sagte: Komm mit, ich zeig dir was. Dann sind sie ins Wohnzimmer gegangen und sind beide zusammengebrochen … Es war so herrlich, sie zu hören, und auch die Freundin brüllte richtig los (sie ist sonst vom Typ her sehr still). Dann kamen sie wieder zu mir und fragten, ob ich es gehört hätte, und ich antwortete: ›Ja, das hat sich richtig toll angehört!‹ Als ich sie dann darauf aufmerksam machte, dass auch Papas Bett noch gemacht werden müsste, gingen sie beide wieder ins Wohnzimmer, hatten noch einen richtig schönen Wutanfall und machten danach in Nullkommanix das Bett.« Liebe Grüße!

Empfindlich und einfühlsam

Hallo, Anna! Ich habe mir über die Sechsjährigen einige Gedanken gemacht. Das Problem ist, dass meine Tochter immer, wie ich finde, übertrieben empfindlich und einfühlsam gewesen ist. Nun ist es so weit gekommen, dass sie Krokodilstränen darüber weinen kann, dass ich mal sterben muss, wenn ich alt werde. Es gab auch eine Phase, in der sie mindestens einmal täglich sagte: »Mama, ich möchte sterben, dies ist kein schönes Leben.« Ich habe selbstverständlich gefragt, warum – vielleicht sollte ich noch hinzufügen, dass wir seit fünf Jahren miteinander alleine sind. Sie sieht zwar ihren Vater, aber nicht so häufig, wie sie gerne möchte, denn er ist nach London gezogen. Ich habe nie schlecht über ihn gesprochen, während sie dabei war. Ich meine, dass sie – wenn sie älter wird – selbst herausfinden soll, was für ein Mensch er ist. Wie soll man mit dieser Todessehnsucht und mit ihrem großen (was eigentlich ja nur gut ist), empfindsamen Herzen umgehen? Ich weine mich oft in den Schlaf, weil sie so traurig ist. Danke für deine tolle Website, mach immer weiter so!

Danke für deine freundlichen Worte! Das Alter von sechs Jahren ist nicht gerade lustig. Dasselbe Kind, das als Fünfjährige noch so lieb und harmonisch war, kann sich in eine wahre Furie verwandeln, mehr oder weniger unmöglich in möblierten Zimmern zu halten. Ich möchte dir keine Angst machen, aber sei darauf gefasst – und genieße das kleine, empfindliche und emphatische Mädchen, das deine Tochter jetzt ist! Vieles wird vorübergehen – zum Glück, oder auch leider, wie man vielleicht hinzufügen sollte.

Ich würde ein so kleines Kind mit Todesgedanken nicht fragen, warum es so denkt. Eine solche Frage kann kein Kind beantworten. Aber der Tod beschäftigt alle Kinder mehr oder weniger, schon ab einem Alter von vier Jahren, wenn sie allmählich verstehen, dass alles seine Zeit hat – auch das Leben. Zu sagen, dass man sterben möchte, weil das Leben nicht lebenswert sei, kann eine Art Gedankenspiel darstellen: Würdest du traurig werden, wenn ich stürbe? Findest du, dass dieses Leben schön ist? Soll ich mit meinem Leben glücklich und zufrieden sein, oder sollte ich eher ängstlich und unglücklich umherwandeln? Kannst du mir helfen, diese Gedanken loszuwerden, weil ich nicht mag, wenn sie in meinem Kopf umherschwirren, ich weiß nicht, was ich damit anfangen soll! Weißt du es vielleicht?

Dass sie ihre Frage (»Mama, ich möchte sterben«) so oft und so viele Male wiederholt, bedeutet, dass sie keine zufriedenstellende Antwort bekommen hat.

Ich würde ihr sehr nüchtern erzählen: Nein, nein, mein Liebling, du wirst nicht sterben, das werde ich nie zulassen, denn du bist mein kleines Kind, und du sollst leben und wachsen und groß werden und ganz viel Spaß haben, und mit dem Sterben wollen wir hier überhaupt nichts zu tun haben, Schluss damit! Danach würde ich mein Äußerstes tun, um das Kind zum Lachen zu bringen – die meisten bösen Trolle lösen sich nämlich im Sonnenschein auf.

Hinter der ganzen Sache verbirgt sich natürlich die Angst vor dem Tod, was aber nicht dasselbe ist wie Todessehnsucht! Kinder verstehen, dass der Mensch gegen den Tod nicht sehr viel tun kann. Vielleicht kann die Mutter nicht einmal ihr Kind beschützen? Es geht darum, dem Kind zu zeigen, dass man es in der Tat kann. Hier wird niemand sterben, solange ich das Sagen habe! Und das habe ich!

Du hilfst ihr nicht, indem du selbst traurig wirst – auch nicht, wenn du es in deinem stillen Herzen vor ihr verbirgst. Du musst dich mit Freude und Fröhlichkeit wappnen, als Gegengewicht zu ihrer düsteren Traurigkeit. Sorg dafür, dass sie jeden Tag richtig schön lacht, auch wenn du sie nur durch Kitzeln dazu bringen kannst! Lass dir etwas Lustiges einfallen – komische Videofilme, schaut euch Clowns an, egal was – Hauptsache, es bringt sie zum Lachen. Mach es regelmäßig! Gegen die Dunkelheit hilft nur das Licht.

Es ist gut, dass du ihren Umgang mit ihrem Vater ganz loyal zulässt. Hervorragend. Sie wird früh genug ihre eigene Meinung bilden, ganz unabhängig von deiner. Liebe Grüße!

Er will nicht bei der Tagesmutter bleiben

Hallo! Bei uns ist ein Problem entstanden, das allmählich immer größer wird. Mein Lebenspartner hat ein Kind, einen sechsjährigen Jungen, der teilweise bei uns lebt. Das Problem ist, dass er sich plötzlich weigert, bei seiner Tagesmutter zu bleiben. Die Folge ist, dass er sehr viel weint und dass beide Elternteile traurig darüber sind. Es kommt meistens in den Wochen vor, in denen er bei seiner Mutter ist und sie ihn bei der Tagesmutter abgibt. Ein paar Mal (in der Tat nur zwei) ist es auch bei uns passiert, wenn wir ihn abgeben wollten, aber es ging schnell wieder vorbei, als wir jeweils eine kurze Weile mit ihm dort geblieben sind. Heute hat sich die Lage zugespitzt, der Junge weigerte sich total und stand nur da und weinte (diese Woche ist er bei seiner Mutter). Er will nicht bei der Tagesmutter bleiben, obwohl sie sich schon seit vier Jahren kennen und sonst ein gutes Verhältnis zueinander haben. Zu dieser ganzen Geschichte gehört noch, dass es seiner Mutter zurzeit nicht so gut geht, sie hat auf ihrer Arbeit sehr viel zu tun und außerdem ein schlechtes Gewissen, weil sie nicht so oft mit dem Jungen zusammen sein kann, wie sie es eigentlich möchte. Selbst finde ich es sehr schwierig – wir haben nicht so große Probleme mit ihm wie seine Mutter, und doch finde ich, dass etwas geschehen muss, ich weiß nur nicht was. Vielen Dank im Voraus.

Hallo, meine Liebe. Jetzt landen wir hier ja schon bei der dritten und vierten Person in seiner Beziehungskette – bei der Mutter und der Tagesmutter des Jungen, und das gehört eigentlich nicht mehr zum Bereich der Probleme, die ich in meinen Antworten erörtern will, denn hier fehlt ja der direkte Kontakt. Ich versuche mich einzugrenzen und nur Menschen zu beraten, die als Fragesteller direkten Umgang mit dem Kind haben und somit auch etwas bewegen können. So musst du dich als »Patchworkmutter«, und dein Partner als Vater des Jungen, damit begnügen, es dem Jungen leichter zu machen, wenn er bei EUCH ist, denn da trefft IHR die Entscheidungen und sonst keiner. Ihr könnt nicht mehr tun, als die Probleme zu lösen, für die ihr zuständig seid und auf die ihr einwirken könnt, und das ist auch gut so!

Es tut weh, wenn das eigene Kind sich nicht wohl fühlt und nicht dort sein mag, wo er – den Entscheidungen der Erwachsenen zufolge – sein soll. Besonders wenn man weiß, dass ihm jemand anderes, der sich um das Kind kümmert, nicht die nötige Geborgenheit, Freude und Ruhe geben kann (oder will).

So können seine Proteste gegen die Tagesmutter in Wirklichkeit gegen seine Mutter gerichtet sein, die es nicht schafft, die Tagesmutter zu unterstützen, da es ihr nicht gut geht und sie auch noch ein schlechtes Gewissen hat, weil sie sich nicht so sehr um den Jungen kümmern kann. Das alles löst bei ihm natürlich jede Menge verzweifelte und verwirrte Fragen aus, die sich in Protesten und Untröstlichkeit manifestieren. Aber genau gesagt könnt ihr nicht viel daran ändern – wie Leid es euch auch tut – an der Misere seiner Mutter und eventuell auch im Umgang mit seiner Tagesmutter. Das müssen die beiden jeweils selbst in den Griff bekommen. Was ihr für ihn tun könnt und was für ihn am allerwichtigsten ist, ist genau das, was ihr schon tut: Ihr seid für ihn da – wie eine Oase inmitten der Verwirrung, als eine feste und zuverlässige Basis.

Ihr *seht* den Jungen, ihr seid engagiert und nehmt euren Ausgangspunkt bei seinen Interessen – wie ihr es beispielsweise bei der Tagesmutter macht. Geht man richtig mit dem Kind um – d. h., schafft man es, ihm Geborgenheit und Vertrauen zu vermitteln und am besten auch noch Freude –, wird das Kind mit Erleichterung reagieren. Lasst euch immer davon leiten! Akzeptiert eure Begrenzung, aber denkt gleichzeitig an eure enormen Möglichkeiten – in eurer kleinen Familie, wenn er bei euch ist. Viele liebe Grüße!

Sie kann sich nur schwer entscheiden

Hallo! Ich habe eine fast siebenjährige Tochter, die sich nur sehr schwer entscheiden kann. Es ist ein großes Problem für sie selbst. Wenn wir am Tisch sitzen und malen, kann sie sich nicht entscheiden, welche Farbe sie nehmen soll, und wenn wir sie beim Eismann bitten, für sich selbst ein Eis auszusuchen, ist sie ganz durcheinander usw. Sie weiß auch nicht, wann sie satt ist. Sie ist selbstsicher und hat Selbstvertrauen, was auch bestätigt wird, wenn wir Elterngespräche in der Schule haben. Ich bin der Meinung, dass sie in einem geborgenen Umfeld aufwächst – mit Mama, Papa und zwei Geschwistern (sie ist die Mittlere). Ich habe versucht, Literatur zu diesem Thema zu finden, aber ohne Erfolg. Woher kommt es? Wie können wir ihr helfen, oder wird es irgendwann von selbst vorübergehen?

Hallo, ich weiß eigentlich gar nicht, woher ein siebenjähriges Mädchen über alle Dinge Bescheid wissen sollte. Die Welt ist voller Möglichkeiten und Alternativen. Gerade in dem Alter, in dem sich deine Tochter befindet, fängt man an, diese Unendlichkeit zu erahnen, und sie ist tückisch – die Fragen stolpern sozusagen übereinander. Sie ist noch nicht fertig mit sich, entwickelt sich ja immer noch weiter. Sie weiß nicht alles. Und ganz besonders weiß sie nicht, was sie von alledem halten soll. Sie ist immer noch vollauf damit beschäftigt, zu lernen, wie dies und jenes sein sollte, und wer kann das schon – auf Anhieb – beantworten? Du kannst sie vielleicht ab und zu aus ihrer Bedrängnis befreien, indem du für sie wählst: Mmm! »Das Eis sieht doch besonders lecker aus! Wollen wir das nehmen? Ja, das machen wir!« Es wird bestimmt eine Erleichterung für sie sein.

Kleine Kinder leben, um zu lernen. Sie wissen nicht alles von selbst. Wie sollten sie auch? Dieses kleine Kind hätte ja eigentlich genauso gut in der Sahara landen können – oder in einem Iglu – und hätte dann ganz andere Normen,

Regeln und Verhaltensmuster lernen müssen. Kinder befinden sich ununterbrochen in der Schule des Lebens, egal, wo auf der Erde sie gelandet sind. Wir können nicht verlangen, dass sie sofort alles können und wissen und richtig machen. Wir müssen ihnen helfen, indem wir ihnen das Leben leichter machen – ein Leben, das schon kompliziert genug ist (auch für uns Erwachsene). Übernimm die Führung und hilf ihr! Vielleicht hilft es dir, eine neue Perspektive in die ganze Sache zu bringen, wenn du dir vorstellst, dass sie ein Adoptivkind aus einer ganz anderen Kultur ist, das jetzt bei dir aufwachsen soll …? Versuch, sie mit ganz anderen Augen zu sehen! Du solltest mehr erklären, zeigen, vorschlagen – und ein bisschen weniger fordern! Liebe Grüße!

Sauer und wütend, wenn er abgeholt wird

Hallo, Anna! Ich schreibe dir, weil ich einen Rat brauche. Es ist schön, jemanden im Internet zu haben, an den man sich immer wenden kann! Mein Sohn ist sieben Jahre alt, und er hat schon seit Ewigkeiten eine nervige Angewohnheit. Jedes Mal, wenn ich oder mein Freund ihn von der Schule oder vom Hort abholen, wird er sauer. Es ist schon länger so. Er sagt jedes Mal, dass wir ungelegen kommen, er spielt gerade so schön! Manchmal ignoriert er uns ganz und gar, andere Male sagt er bloß: »Nein, ich will nicht mit nach Hause!« Wenn es nur gelegentlich vorkäme, würde ich mich gar nicht darum kümmern, aber es wird nun doch belastend. Im Übrigen ist er ein harmonischer und fröhlicher kleiner Typ, sehr liebevoll und zärtlich. Das Abholen dauert nun mindestens 20 Minuten. Letztens war er ganz unmöglich, und ich wurde richtig wütend auf ihn. Ich legte seine Sachen vor seinen Garderobenplatz und sagte, dass ich jetzt nicht länger auf ihn warten würde. Und wenn er weiterhin so sauer sein würde, dann würde ich es mir nicht mehr mit ansehen und gehen. Was ich auch tat (wir leben in einer kleinen Stadt, in der die Schule mit dem Fahrrad gut zu erreichen ist). Ich ging also hinaus, nahm mein Fahrrad und fuhr los, ganz langsam, einfach weg. Ich hörte, wie mein Sohn hinausgelaufen kam, jämmerlich weinend. Da setzte er sich auf sein Fahrrad und weinte auf dem ganzen Nachhauseweg. Zu Hause angekommen, nahm ich ihn auf meinen Schoß und fragte ihn, ob ihm klar wäre, warum ich so wütend geworden war, und dann habe ich es ihm erklärt. Ich sagte ihm auch, dass ich es nicht mehr hinnehmen werde, wenn er sich so verhält, und er versprach ab sofort ohne Ärger mit nach Hause zu gehen. Heute wurde er von meinem Freund abgeholt, und sie hatten es eilig, weil er gleich danach zum Schwimmunterricht musste. Mein Sohn verhielt sich wie immer, er war sauer und unmöglich. Mein Freund erklärte ihm, dass er sofort mitkommen müsse, denn sonst würde es mit dem Schwimmen nicht mehr klappen und sie bräuchten erst gar nicht hinzufahren. Aber mein Sohn blieb bei seiner üblen Laune und hat den Ärger sogar noch in die Länge gezogen. Trotzdem sind die beiden danach zum Schwimmen gefahren, was meiner Meinung nach ein Fehler war! Ich bin nämlich der Meinung, dass er die Spielregeln kennt und somit auch die Konsequenzen tragen müsste, d. h., er hätte nicht mehr zum Schwimmen gekonnt. Was meinst du? Und wie könnten wir ihm beibringen, dass wir nicht mehr jeden Nachmittag an der Schule auf ihn warten?

Hallo. Ja, dein Freund hat in der Tat einen kleinen Fehler gemacht – er hätte dem Jungen ein Ultimatum stellen müssen: »Entweder kommst du, bevor ich bis FÜNF gezählt habe, oder es gibt heute kein Schwimmen! Ich fange jetzt an zu zählen!« Und hätte der Junge sich trotzdem nicht beeilt, hätte er gesagt: »Es tut mir Leid, heute fahren wir dann nicht zum Schwimmen. Das ist aber schade!« Der Junge hätte sich wahrscheinlich beim nächsten Mal beeilt. Aber es ist verständlich, dass dein Freund so tat, wie er tat; es wäre ja nicht gerade lustig gewesen, die Tränen und das Zähneknirschen des Jungen in Kauf nehmen zu müssen, wenn das Schwimmen ausgefallen wäre … Doch wäre dieser Ärger vorzuziehen, da er sich wahrscheinlich nicht (sehr viele Male) wiederholen würde. Der Junge hätte gelernt, dass das, was man tut – oder nicht tut –, Konsequenzen nach sich zieht.

Er ist im Verwöhntwerden hängen geblieben. Wie so viele andere kleine Kinder heutzutage betrachtet er die Erwachsenen als Serviceeinrichtungen und verhält sich wie ein feines, altes englisches Fräulein, das von ihrem Butler gestört wird: »Oh, doch nicht jetzt, James … sehen Sie denn nicht, dass ich gerade meinen Tee trinke?« – »Aber das Haus brennt, gnädiges Fräulein!« – »Das ist aber schade! Es geht mich aber überhaupt nichts an! Denn ich trinke jetzt meinen Tee!«

Wenn man es mit freundlichen Augen sieht – und das sollte man –, kann man das Verhalten des Jungen betrachten, als würde er Fragen stellen: Was passiert, wenn man sich nicht so verhält, wie es von einem erwartet wird? Was geschieht, wenn man sauer und wütend wird und den Erwachsenen Steine in den Weg legt? Ja, sie werden sicherlich wütend werden. Aber werden sie auch aufhören, mich zu mögen? Werden sie mich verlassen? (Deshalb wurde er so traurig, als du wegfuhrst – ohne ihn.) So kann man herausbekommen, welches Verhalten falsch ist – aber was ist richtig, und warum?

Hier muss man als Eltern des Kindes eine genaue Trennlinie zwischen dem Verhalten und der Person selbst ziehen. Er muss noch lernen, dass man meinen, denken, wollen und fühlen kann, was man will, dass man sich aber nicht so verhalten kann, wie man will, wenn andere darunter leiden müssen (und auf längere Sicht verschlechtert oder verhindert es außerdem das Zusammensein mit anderen, von dem jeder Mensch in hohem Maße abhängig ist). Kleine Kinder werden nicht mit sozialen Kompetenzen, die automatisch zu einem akzeptablen Verhalten führen, geboren. Deshalb stellen sie Fragen, und ihre Fragen werden meistens in Feststellungen oder Behauptungen zum Ausdruck kommen: »Ich muss zuerst das hier fertig machen!«, anstatt: »Darf ich das hier noch fertig machen?« Hier gilt es, so zu antworten, als wäre eine Frage gestellt worden: »Nein, du kannst nicht erst dies oder das machen … es tut mir Leid. Das musst du später machen – oder morgen. Jetzt gehen wir.« Und du und dein Freund seid ja immer noch stärker als der Junge. Ich würde ihn mir resolut schnappen und gehen! Ruhig und gefasst, um ihm zu zeigen, wie man geht, wenn man abgeholt wird – man geht mit dem, der einen abholt, zusammen los.

Da kleine Kinder nicht von vornherein sehr viel wissen, muss man ihnen rechtzeitig erklären, worum es geht: »Wenn ich dich abholen komme, komme ich, um dich abzuholen! Und du musst dann mitkommen. Sofort. All das Lustige, was du gerade machst, musst du dann am nächsten Tag weitermachen. Das gilt für uns alle. Ich mag vielleicht nicht um 18 Uhr kochen, aber das muss ich eben, wenn wir um 19 Uhr essen wollen. Vielleicht mache ich gerade etwas, das mir total Spaß macht, aber wenn ich einfach damit weitermache, müssen die anderen auf ihr Essen warten, wenn es überhaupt noch Essen gibt. Und darüber würden sie sich bestimmt nicht freuen. Ich muss also das, was ich gerade mache, verschieben, egal, wie lustig es sein mag, und nach dem Essen oder irgendwann morgen damit weitermachen. So ist es nun mal.«

Alles wird mit der Betonung »mit anderen in einer guten Weise zusammenleben« hervorgebracht – und du und dein Freund repräsentiert in der Tat diese anderen, seine Umwelt und unsere Gesellschaft.

Wenn ein Kind protestiert – in seinem Handeln – und versucht, die Abmachungen zu umgehen, braucht es eine Warnung in Form einer klaren Wahl. Man muss deswegen ihm gegenüber nicht ekelig werden, sondern kontrolliert wütend, damit ihm klar wird, dass man es ernst meint. »Entweder kommst du sofort mit – und ich meine wirklich SOFORT – oder ich hole dich gar nicht ab, dann gehe ich, denn ich habe anderes zu tun. Dann musst du allein nach Hause gehen.« Wie das gehen soll, fragst du dich? Es ist eher unwahrscheinlich, dass das Kind sagen wird: »Dann gehe ich eben allein nach Hause« – aber wenn es passiert, muss es auch dafür geradestehen (in dem Falle würde ich gehen, aber nicht verschwinden; ich würde ihm außerhalb seines Sichtfeldes folgen und den ganzen Weg ein Auge auf ihn haben). Danach muss man die Geschichte weiterverfolgen, indem man ihn fragt, wie es seiner Meinung nach morgen ablaufen sollte. Möchte er allein nach Hause gehen, oder möchte er abgeholt werden? Und nun kennt er die Spielregeln, nicht wahr? Man muss sofort mitkommen! Verlange eine Antwort von ihm, für die er geradestehen kann. Dann wird er auch die Verantwortung dafür übernehmen.

Hat er einen guten Sinn für Humor – den haben die meisten kleinen Kinder –, dann könnt ihr, du und dein Freund, zu Hause ein kleines Schauspiel (oder mehrere) vorführen. Dein Freund kommt beispielsweise an und möchte dich knuddeln, während du gerade am Abwaschen bist. Du schimpfst ganz gewaltig mit ihm und benutzt dabei die Wortwahl deines Sohnes. Du möchtest auf keinen Fall geknuddelt werden, du bist doch gerade am Abwaschen, und es ist gerade sooo schön, und warum kommt er denn gerade jetzt, du warst gerade dabei, die große Schüssel abzuwaschen, warum kommt er denn gerade dann, wenn es am allerschönsten ist etc. Wenn ihr daraus eine lustige, wild übertriebene und lieb gemeinte Show machen könnt – ohne sarkastisch zu werden, aber trotzdem deutlich an den Jungen gerichtet –, sollte er daraus die eine oder andere Lehre ziehen können! Jedes Kind würde eine solche neue und frische Perspektive begrüßen. Liebe Grüße!

Sauer und wütend, wenn er abgeholt wird
(Fortsetzung)

Hallo, Anna! Danke für deine schnelle Antwort. Dein Vergleich mit dem englischen Adelsfräulein hat genau ins Schwarze getroffen, ich habe mich vor Lachen gekrümmt. Denn genau so ist es ja! Leider verhält es sich so, dass ich ihn mir nicht schnappen und mit ihm unterm Arm einfach gehen kann, denn er ist ziemlich groß – er hat wohl einiges von seinem gigantischen Vater mitbekommen. Aber dann muss Letztgenannter ihn eben eine Zeit lang abholen. Ich habe mit dem Jungen darüber gesprochen und habe mir viel Mühe bei der Unterscheidung zwischen seiner Person und seinem Verhalten gegeben. Trotzdem habe ich doch noch denselben Fehler wie mein Freund gemacht: Die Konsequenzen sind weggefallen, weil – wie du sagst – seine Tränen und sein Zähneknirschen mir wehtun. Ich muss konsequenter werden. Wenn ich etwas sage, muss ich dementsprechend handeln. Er hat einen tollen Sinn für Humor, mein Kleiner, und ein wenig Theater – wie du es beschreibst – wird ihn sicherlich sowohl zum Lachen wie auch zum Nachdenken bringen. Er ist ja ein schlaues Kerlchen.

Danke für deine schöne Website. Alles Gute!

Danke, meine Liebe – das waren herrliche Worte von dir! Wenn seine Tränen und sein Zähneknirschen dein Herz zerreißen, musst du bedenken, dass eine richtige und logische – und im Grunde genommen liebevolle – Konsequenz in letzter Instanz eine Erleichterung für das Kind bedeutet (und im Endeffekt ja auch für den Erwachsenen). Gibt es aber keine (angemessene) Konsequenz, werden sowohl die Kinder wie auch wir Erwachsenen ins Unendliche weiterprovozieren, um sie heraufzubeschwören. Wir geben nicht nach, bevor wir herausgefunden haben, was Gültigkeit hat. Liebe Grüße – und danke noch mal!

Wir wollen nur sein Bestes, aber es läuft schief

Hallo, Anna. Ich bin eine etwas besorgte Mutter. Wir haben zwei Kinder, einen siebenjährigen Jungen und ein Mädchen, das bald sechs wird. Die größten Sorgen mache ich mir um den Jungen. Er ist ein zärtliches Kind mit einer großen Sensibilität und Tiefe, die er in der Regel auf lustige und spannende Weise zum Ausdruck bringt. Nun hat sich da aber was verschoben: Er ist traurig, besorgt und kann nicht still sein. Er hat eine panische Angst vor der Dunkelheit entwickelt und versucht ständig, uns um seinen kleinen Finger zu wickeln. Wir sind mehrere Male umgezogen, ohne uns irgendwo richtig wohl zu fühlen. Er hat, seit er fünf war, ein paar Male den Kindergarten/die Schule wechseln müssen, beim zweiten Umzug haben wir ein Haus gewählt, das dem vorigen sehr ähnlich war. Wir dachten, solange wir zusammenhalten, sein Vater und ich, und sich die Kinder geborgen fühlen, kann nichts passieren. Aber im letzten Sommer waren wir ziemlich unter Druck, wir wohnten alle vier zusammen auf nur 15 Quadratmetern, während wir auf Haussuche waren, und die Beziehung zwischen dem Vater der Kinder und mir litt so sehr darunter, dass wir uns schließlich trennten – von Freitag bis zum darauf folgenden Mittwoch, dann haben wir es nicht mehr ausgehalten, voneinander getrennt zu sein …

Ich weiß, dass auch die Kinder darunter gelitten haben, aber wir haben versucht, offen zu sein, und mit ihnen darüber geredet. Wir haben ihnen sogar in vollem Ernst eine Entschuldigung dafür gegeben, dass wir ihnen das angetan haben. Der Junge hat außerdem Asthma und Allergien, und beides ist schlimmer geworden. Er muss jetzt durch eine ganze Reihe von Tests, macht Atemübungen, seine Lunge wurde geröntgt usw. Ich WEISS, dass er darunter leidet. Auch die Schule ist zu einer echten Belastung geworden. Es gibt dort nichts mehr, was ihm Spaß macht. Er kann im Unterricht nicht still bleiben und auch nicht zuhören usw. Er leidet unter dem Leistungsdruck und zerstört alle Zeichnungen, die nicht perfekt sind. Zu Hause behauptet er, dass er in der Schule keine Freunde hat, aber ich WEISS, dass es nicht stimmt, weil ich dort arbeite.

Die Sache ist die, dass ich ein schreckliches Temperament habe und mit Wut reagiere, wenn ich Angst bekomme und die Kontrolle über die Situation verliere. Das weiß ich ja, aber ich weiß nicht, WIE ich oder wir versuchen können, dieses Muster zu brechen. Die kleine Schwester macht es ihm auch nicht gerade leichter, denn sie kann schon lesen, ist überaus tüchtig und hat ihren Bruder voll im Griff. Es hört sich vielleicht nicht gerade problematisch an, aber wir WOLLEN eine Linie finden, um einen Weg aus dieser misslichen Lage zu finden. Liebe ist das A und O in unserer Familie – Umarmungen, Kuscheln, Wärme … aber anscheinend reicht es nicht aus. Der Junge rutscht uns allmählich zwischen den Händen weg. Hast du ein paar gute Ratschläge für uns? (Übrigens: Manchmal schlägt er sich auch selbst. Ist das ein Ausdruck dafür, dass er Angst hat?) Er kommt jede Nacht zu uns herüber, aber das stört uns nicht, noch nicht. Wir wollen nur sein Bestes, aber es läuft irgendwie schief. Manchmal werde ich richtig wütend auf ihn, weil es mir einfach ZU VIEL wird. Hinterher tut es mir Leid, und ich versuche, ihm zu erklären, dass er nicht der Grund für meine Wut ist und dass ich nur möchte, dass er mit all seinen Dummheiten aufhört … Was kann ich bloß tun?

Genauso wenig wie wir Erwachsenen leben auch die Kinder von Gefühlen allein. Liebe, Zärtlichkeit und Wärme sind wunderbar und notwendig, aber wie du selbst sagst: Es reicht nicht. Als Mensch – ob groß oder klein – muss man auch noch das Gefühl haben, dass man gebraucht wird. Nicht nur gefühlsmäßig, sondern auch praktisch, faktisch und ganz konkret. Sonst besteht die Gefahr, dass man von der Sinnlosigkeit übermannt wird, und es kann einem richtig schwer fallen, daran zu glauben, dass man von jemandem geliebt wird (da man in seinen eigenen Augen ja nichts wert ist – daher auch die verschiedenen Formen der Selbstbestrafung usw.).

Eure Kinder haben wahrhaftig eine unruhige Zeit miterleben müssen, und die Unsicherheit, die im Kielwasser hinterherschwimmt, ist nur verständlich. Es bedeutet nicht, dass sich dieses Gefühl der Unsicherheit für immer bei euch eingenistet hat oder dass man sie als ewige Entschuldigung nehmen darf. Die Kinder sind dazu programmiert, sich weiterzuentwickeln. Wir machen es ihnen leichter, wenn es uns gelingt, ihnen das genaue Gegenteil dieser elterlichen Unsicherheit zu vermitteln, nämlich Sicherheit. Es können vor unseren Fenstern Bomben fallen, die Erde kann unter unseren Füßen beben, aber es ist nicht gefährlich, so etwas geschieht, wir werden es schon schaffen! Alles wird gut werden! So in etwa muss die Botschaft lauten – im Handeln wie auch in der inneren Einstellung. Unsere eigene, erwachsene Unsicherheit, Verwirrung und Angst sind in der Tat das Beängstigendste für die kleinen Kinder.

Reduziere also deine Entschuldigungen und deine Erklärungen und übe dich im Kontrollieren deiner Wut, damit sie sich nicht gegen IHN richtet, zumindest, wenn nicht er es ist, auf den du wütend bist. Andernfalls müsstest du deine Wut auf ihn zugeben und solltest die Dinge nicht durcheinander bringen, indem du einen Rückzieher machst! Schraub deine Gefühle und deine Unruhe etwas zurück zugunsten der praktischen und konkreten Seiten eures Zusammenseins. Nimm den Kleinen in Gebrauch! Gib ihm das Gefühl, dass er nützlich und notwendig ist, jeden Tag – ohne Ausnahme, zu einer festgelegten Zeit, und bedanke dich im Nachhinein bei ihm für seine Unterstützung, d. h. für seine wirkliche Hilfe. »Ich brauche deine Hilfe!« – das ist, was du ihm vermittelst. Kannst du ihn davon überzeugen, wirst du mit Hilfe seines täglichen Einsatzes eine ganze Menge Probleme loswerden, das verspreche ich dir.

Im Moment mag er sich selbst nicht gerade gerne (»Ich habe keine Freunde!«), und sein eigenes Verhalten gefällt ihm auch nicht (zur Strafe haut er sich selbst). Kinder haben, wie wir Erwachsenen auch, Zeiten, in denen sie sich selbst auf dem Markt zum Billigpreis verkaufen würden, wenn es möglich wäre (und wenn es überhaupt einen Käufer geben würde, ha-ha!). In einer solchen Phase tut es gut, zu wissen, dass man zumindest gebraucht wird (die anderen würden ohne mich schlechter zurechtkommen – egal, ob sie mich lieben oder nicht!) und dass die Umgebung im Übrigen gelassen auf bessere Zeiten wartet. Denn sie werden kommen. Man sollte sich also davor hüten, ein Kind als dies oder jenes abzustempeln. Alles wird sich ändern – alles muss sich ändern. Die Entwicklung ist von Natur aus vorgegeben.

Gebiete dem Destruktiven Einhalt: »Nein, du darfst dich selbst nicht hauen. Du bist mein Junge, und ich liebe dich und niemand darf meinen Jungen hauen!« Greif seine Hände und halte ihn vom Hauen ab. Bring ihn dazu, sich zu entspannen – am besten noch zum Lachen. »Du darfst dich stattdessen küssen. Oder du darfst auch mich küssen. Oder ich darf dich küssen …« Verwandle das Böse in ein kleines Spiel! Er darf auch keine Sachen zerreißen oder kaputtmachen. »Untersteh dich, diese schönen Zeichnungen, die du gemacht hast, zu zerreißen! Stell dir vor, es würde jemand kommen und einfach deine Zeichnungen kaputtreißen, dann würde ich aber fuchsteufelswild werden!« (Zeig ihm gerne in übertriebener Form, wie du dich verhalten würdest!) »Vielen Dank, das ist meine Zeichnung!« Zeig es ihm, nimm die Zeichnung an dich, so als wäre sie in deinen Augen etwas besonders Wertvolles. Denn dann wird sie es auch in seinen Augen werden – mit der Zeit. Und so weiter. Betrachte das Ganze mit einem Hauch von Humor, anstelle von Besorgnis, schlechtem Gewissen, ängstlichen Erklärungen und Entschuldigungen! DAS kann die neue Linie sein, die du suchst. Und ich weiß, wie gut diese Methode bei kleinen Trauerklößen wirkt. Liebe Grüße!

Reizbar und aggressiv

Wir haben vier herrliche Kinder, die im kommenden Frühling jeweils acht, sechs, vier und zwei Jahre alt werden. Unserem ältesten Sohn, dem Achtjährigen, geht es nicht so gut. Er ist ein intellektuelles Kind (wenn man es so sagen kann?), er hat sehr früh lesen und schreiben gelernt, er zeichnet sehr viel, weiß unheimlich viel über seine Umwelt, wenn man sein Alter in Betracht zieht – und ist wohl in der Tat ein bisschen altklug. Er war schon immer sehr verantwortungsbewusst, vielleicht sogar zu sehr, er möchte gerne derjenige sein, der alles regelt. Ich habe mir überlegt, dass es wohl leicht dazu kommen kann, wenn man so viele kleinere Geschwister hat. In letzter Zeit (seit etwa einem Jahr) ist er empfindlicher, genervter und aggressiver geworden. Seine Gefühlslage ist unberechenbar und für uns alle eine ziemliche Belastung, was sicherlich dazu führt, dass er umso mehr Schuldgefühle bekommt und somit alles nur noch schlimmer wird. Er wird schrecklich wütend, wenn man ihm sagt, dass er ins Bett muss, dass er seine Hausaufgaben machen soll usw. Manchmal flippt er richtig aus, wenn er gerade erst zur Tür hereingekommen ist, und das kommt vor, obwohl er eine schöne Zeit hatte – ich meine, es scheint nicht so, als wäre in der Schule oder auch anderswo etwas nicht in Ordnung. Er ist in seiner Klasse offenbar beliebt. Ab und an wirkt er in meinen Augen deprimiert. Er sagt, dass er in allem schlecht ist, dass er nichts kann, dass keiner ihn mag, keiner ihn liebt usw. Es tut richtig weh, wenn er so etwas sagt. Ich bin keine perfekte Mutter, aber ich habe mich immer sehr bemüht, meinen Kindern meine Liebe zu zeigen – und dasselbe gilt für meinen Mann. Wir versuchen, miteinander viel Spaß zu haben, es ist aber auf Grund der Launen des großen Jungen immer schwieriger geworden. Z.B. sagt er mir, dass er sich selbst umbringen will oder dass er seine Schwester umbringen wird. Und dann ist er plötzlich wieder der liebste Junge der Welt, und die Leute sagen, dass sie noch nie ein Kind gesehen haben, das sich so sehr um seine Geschwister kümmert. Ich bin verzweifelt. Manchmal steigt das Gefühl in mir auf, dass ich ihn – obwohl ich ihn unendlich liebe – nur sehr schwer mögen kann. Ich ertrage seine drei bis vier Wutausbrüche pro Tag nicht länger und er eigentlich auch nicht.

Hallo, mir scheint, dass dein Achtjähriger mit Siebenmeilenstiefeln auf dem Weg zum Neunjährigen ist. Was du beschreibst, ist typisch für die revolutionierende Phase, die die Kinder in diesem Alter durchleben – bis zur souveränen Harmonie des Zehnjährigen. Dein Junge hat sicherlich im Verhältnis zu seinen Geschwistern in großem Maße die Rolle des Verantwortung Tragenden übernommen – und das ist an und für sich gar nicht falsch. Aber es kann natürlich zu viel des Guten werden. Dann kommen eben die Todesgedanken, er kann mit Selbstmord drohen oder eben damit, dass er seine Geschwister umbringen wird.

In solchen Situationen solltest du meiner Meinung nach mit sehr viel Wut reagieren, auch wenn du dich nicht im Geringsten wütend fühlst, sondern verrückt vor Sorge. Führ ihn irgendwohin, wo ihr euch unter vier Augen unterhalten könnt (damit seine Geschwister nichts davon mitbekommen), und erklär ihm mit ganz großen Buchstaben, dass du so etwas nie wieder aus seinem Mund hören willst. »Wie würdest du es denn finden, wenn ich dir sagen würde, dass ich sterben wolle? Oder wenn ich dir sagen würde, dass ich eines deiner Geschwister umbringen würde? Du hörst sofort damit auf, so etwas zu sagen!« Sei bestimmt. Jammer nicht, und zeig kein Mitleid. Weise ihm stattdessen den Weg: Das macht/sagt man nicht. SO macht/sagt man!

Nimm ihn in Gebrauch, jeden Tag ein bisschen (ohne Geschwister). Appelliere an seinen Willen zur Zusammenarbeit, und tue so, als würdest du ohne ihn überhaupt nicht zurechtkommen, hier und jetzt, bei einem akuten Problem ... In dieser Weise kann er mit dir zusammen gleichzeitig Respekt einflößend groß und befreiend klein sein. Wenn ihr eine Weile ernsthaft zusammen gearbeitet habt – z.B. beim Mittagessenkochen –, kann er zu sich selbst sagen: Die anderen würden ohne mich schlechter zurechtkommen. Das ist für jeden – ob groß oder klein – gut zu wissen, ganz besonders, wenn er darüber hinaus noch hinzufügen kann: Egal, ob sie mich lieben oder nicht.

Lass seine Wutausbrüche zu, er sollte sie aber für sich allein – in einem anderen Raum – bewältigen! Übernimm die Führung, und mach keinen Rückzieher! »Du darfst auf die ganze Welt rasend und wütend sein, aber dann musst du in dein Zimmer gehen. Du kannst herauskommen, wenn du wieder mit uns anderen zusammen sein möchtest und dich normal benehmen kannst, danke. Bis gleich!« Man muss nicht besonders wütend oder genervt auftreten, sondern im Handeln sehr bestimmt sein!

Du musst ihm und den dunkleren Seiten, die er in sich trägt, Widerstand leisten. Hör mit dem Trösten auf, und leg erst einmal deinen ewigen (aber verständlichen) Anspruch, ihn zu verstehen, beiseite! Betrachte die Sache stattdessen so, dass er lernen muss, was man machen darf – und was nicht, egal, was er in dem Moment denken, glauben oder fühlen mag. Bleibst du standhaft und bist du sachlich freundlich, aber gleichzeitig sehr bestimmt, wird er mit Erleichterung reagieren. Dann kannst du besseren Zeiten entgegensehen!

Versuch ihm deine Liebe zu zeigen, indem du ihn zum Lachen bringst! Das Lachen wird ihm gut tun. Es soll ihm noch erlaubt werden, klein zu sein – frei von Verantwortung. Bring ihn also zum Lachen, am besten täglich, wenn es geht! Liebe Grüße!

Er meckert nur noch

Hallo, Anna! Ich würde mich riesig freuen, wenn du mir ein paar Ratschläge geben könntest, wie ich mich meinem Sohn, bald acht Jahre, gegenüber verhalten soll. Wir haben in (fast) ALLEM verschiedene Meinungen, und egal was ich ihm sage, meckert er nur herum. Haben achtjährige Kinder wirklich ein so schlechtes Erinnerungsvermögen, wie es bei meinem Sohn anscheinend der Fall ist? Wenn ich ihn darum bitte, irgendwelche Sachen liegen zu lassen, kümmert er sich überhaupt nicht darum (scheint es mir), und zu seiner Verteidigung sagt er dann immer: »Oh, ich habe vergessen, dass ich das nicht nehmen darf.« Dies kommt mehrmals täglich vor.

Ich habe versucht, mit ihm darüber zu reden, damit wir eine Lösung finden, die uns beiden richtig erscheint, aber mir wurde schnell klar, dass es keine gute Idee war. In letzter Zeit habe ich mich selbst dabei erwischt, rein sprachlich auf dem Niveau meines Sohnes zu landen; ich schimpfe und meckere herum (und schäme mich ein wenig). Aber ich kann es einfach nicht lassen.

Ich vermisse es, lustige und spannende Sachen mit ihm zu machen, aber ich schaffe es nicht, weil wir ständig Krach haben. Es fühlt sich für mich so an, als würde ich ihn belohnen, wenn ich nett zu ihm bin. Vielleicht sehe ich das falsch – aber so empfinde ich jedenfalls im Moment.

Sein neuster Einfall ist, dass er tun und machen kann, was ihm gefällt! Wir haben eine Diskussion darüber geführt, was man machen darf und was nicht. Ich sagte dabei, dass man sich nicht darum kümmern muss, was die Eltern sagen, dann aber auch selbst die Konsequenzen tragen muss. Ich dachte, es wäre eine kluge Erklärung – aber nein, da habe ich mich gründlich geirrt. Nun muss ich mir den ganzen Tag lang anhören, dass er machen darf, was er will!

Heute hatte er z. B. versprochen, sein Zimmer aufzuräumen. Und es gab wieder jede Menge Ärger. Er wollte einen vollen Müllbeutel zuknoten und sagte mit essigsauer Stimme: »Das kann ich nicht, Mama!« (Er kann es aber sehr wohl.) Ich sagte, natürlich kannst du das, du musst dir dabei nur vorstellen, dass du deine Schuhe zubinden willst. Es endete damit, dass er in seinem Zimmer saß und heulte, dass ich ihm beim Zubinden helfen müsse. Und dann haben wir beide wieder richtig aufgedreht.

Die Konsequenz war, dass er nicht mit seinem Freund spielen konnte, was er eigentlich vorhatte, und nach einer neuen Runde mit Gezänk und Meckereien verpasste er sogar noch die Kindersendung im Fernsehen.

Was meinst du? Ist es falsch, ein Kind in dieser Weise zu bestrafen? Was kann man sonst tun? Gib mir bitte ein paar Ratschläge, liebe Anna!

Er meckert nur noch (Kommentar)
Ich verstehe dich und weiß selbst, wie es sich anfühlt. Mein einziger Rat an dich heißt: Versuch es mit der »Verstärkungsmethode«, d. h., wenn er etwas Gutes tut, tüchtig ist und auf dich hört, zeigst du sofort deine Anerkennung. Sag ihm, dass er es gut gemacht hat usw. Wenn ihr euch in einer derart anstrengenden Phase befindet, musst du ihn für die kleinen Sachen, die gut laufen, loben. Ich bin NICHT der Meinung, dass er sich schlecht benehmen darf oder dass er seinen Willen bekommen sollte, sondern dass du sein positives Verhalten verstärken musst. Es kann darum gehen, dass er einem seiner Geschwister hilft, dass er mit ihnen teilt, dass er sich schick anzieht, dass er auf dich hört, usw. Ich glaube, dass man ganz schnell in einer sich selbst erfüllenden, negativen Erwartungshaltung endet, wenn man nur noch mit den Kindern redet, nachdem sie irgendetwas angestellt haben. Die Kinder verhalten sich, wie es die Umgebung von ihnen erwartet und wie ihnen gesagt wird, dass sie sind. Ich hoffe, dass dir meine Gedanken den richtigen Weg weisen werden! *Katarina*

Ja, ja, man hat ein ziemlich großes Maul, wenn man sich in ein viel zu großes Kostüm verkrochen hat – wie es kleine Menschen im Alter von sieben Jahren häufiger tun. Dann sind sie wahrhaftig nicht mehr klein, Gott bewahre! Sie sind groß (bis sie mal hinfallen und sich wehtun). Die Umwelt ist mit großen Schritten in ihre kleinen Köpfe eingedrungen, und verschiedene Vergleiche und die so genannten »großen Perspektiven« geben ihnen – in ihren eigenen Augen – das Recht und die Kompetenz zum Urteilen wie auch zum Verurteilen. Und die Meckerei greift um sich.

Katarinas Rat ist ausgezeichnet. Ich sage in der Regel, dass man genauso viel Zeit, wie man täglich für den ganzen Ärger braucht, auch für Anerkennung und Lob aufbringen muss. Das Schlimmste ist ja, dass wir viel zu häufig die guten Seiten für gegeben hinnehmen, während die schlechten eine Quelle der immer wiederkehrenden Ärgernisse sind. Nur wenn es um Selbstmitleid und Jammerei geht, sehen wir immer klar! Das ist schade und eine merkwürdige Einstellung, aber so sind wir nun mal geschaffen. Wir müssen aber aktiv werden und uns einen neuen Blickwinkel verschaffen – damit wir die guten Seiten erkennen!

Nein, ich finde nicht, dass die Bestrafung falsch ist – ganz im Gegenteil –, denn sie ist die Konsequenz eines falschen Verhaltens. Es geht ja darum, dass man sich so oder so verhalten darf – oder nicht darf. Und genau darüber möchten Kinder aufgeklärt werden und stellen Fragen, in der Regel durch ihr Handeln. Wenn man beispielsweise überlegt, was passiert, wenn man jemanden »blöde Hexe« nennt, dann fragt man ja nicht diejenige, was passiert, wenn man es macht, nein, man probiert es einfach aus.

Du kannst ihm und auch dir vieles leichter machen, wenn du ihm im Voraus erklärst, welche Regeln gültig sind. »Du hast jetzt soundso viel Zeit, um dein Zimmer aufzuräumen und den Müll rauszubringen.« Wenn die Zeit beinah abgelaufen ist, gibst du ihm eine liebevolle Vorwarnung: »Wie kommst du voran? Schaffst du es noch? Das wäre ja wirklich schade, wenn du danach nicht noch dies oder jenes machen kannst – aber natürlich schaffst du das!« Hier gibst du also die »Strafe« bekannt, d. h. die Konsequenz seines Trödelns, und gleichzeitig munterst du ihn zum Weitermachen auf. Sollte er sich z. B. über den Müllbeutel beschweren, überhörst du sein Bitten: »Aber, mein Lieber. DAS schaffst du doch allein! Ich muss ja zusehen, dass ich mit MEINEN Sachen fertig werde, denn ich wollte es mir nachher noch ein bisschen gemütlich machen, das da machst du deshalb selbst!« Wird er dagegen – wider Erwarten, hätte ich beinahe gesagt – rechtzeitig fertig, muss er natürlich dafür gelobt werden, aber mit der Betonung, dass es wirklich für ihn SELBST gut war (es war alles in seinem eigenen Interesse, lautet hier die Botschaft) und nicht dass er lieb gewesen ist. Und wird er doch nicht fertig, kannst du – ohne im Geringsten wütend zu werden – ihm die Konsequenz vermitteln, d. h., man muss nur immer die Tatsache selbst beklagen: »Ach, nein, es ist ja wirklich schade, dass du es nicht geschafft hast. Dann kannst du jetzt nicht spielen/fernsehen usw. Das tut mir aber Leid.« Fängt er nun an zu brüllen (obwohl du gar nicht laut geworden bist), schließt du in aller Ruhe die Tür und gehst. Verfolgt er dich weiter mit seiner schlechten Laune, kannst du – immer noch ruhig und gefasst – zur Verbannung greifen. »Ich habe genug von deiner Schreierei. Ich mag nichts mehr hören. Und ich mag nicht selbst herumschreien. Wenn du unbedingt schreien willst, tu es in deinem Zimmer. Dort kannst du schreien, so viel du magst. Ich will es aber nicht hören. Geh also – und nimm dein Geschrei mit! Komm wieder heraus, wenn du fertig geschrien hast.« Und durch dein Handeln vermittelst du ihm denselben Bescheid – du führst ihn ganz einfach in sein Zimmer!

Es ist nicht angenehm, wenn man kleinen Kindern gegenüber barsch sein muss, aber manchmal geschieht es wirklich in ihrem eigenen Interesse. Es ist die Antwort auf eine »Frage«, ein Bescheid – und darüber hinaus die Konsequenz ihres Verhaltens. Du zeigst ihm so, was geschieht, wenn man nicht nett ist. Dann sind die anderen auch nicht nett zu einem, und es endet damit, dass man einsam wird, denn niemand möchte mit einem zusammen sein, der sich so verhält – so lautet die Botschaft. Und sie wird irgendwann ihre Wirkung zeigen. Es ist aber wichtig, die eigene Barschheit vollkommen unter Kontrolle zu haben, damit man nicht die Beherrschung verliert! Man muss erwachsen auftreten, auch wenn man nicht nett ist, und das kannst du üben, indem du IM VORAUS die Situation durchdenkst – und darüber redest.

Dass er meckernd behauptet, dass er tun und machen kann, was er will, musst du unbedingt unterbinden. Seine Argumentation zeigt, dass er wirklich noch ein kleines Kind ist. Darin nimmst du deinen Ausgangspunkt – und verfalle nicht wieder in weitere Überlegungen! Er ist ein kleines Kind und muss die Spielregeln noch lernen. Zeig ihm, dass du es ernst meinst, indem du vor ihm in die Hocke gehst, während du ihn an den Schultern festhältst und Augenkontakt hältst: »Du hörst sofort damit auf! Es gibt hier etwas, das du nicht begriffen hast, und das werde ich dir jetzt erklären. Es ist so, dass ...« usw. Es kann eine sehr kurze Ansprache werden – klipp und klar. Sie muss aber kontrolliert bleiben. Wenn du fertig bist, fragst du (rhetorisch): »Hast du verstanden?« – in einem Tonfall, der anzeigt, dass es wohl besser ist, Einsicht zu zeigen. Dann gehst du weg, damit die Botschaft erst einmal sacken kann. Warte nie auf eine Reaktion von ihm, denn dann werden unweigerlich Einwände kommen (da du somit in seinen Augen deine Unsicherheit zeigst). Und nutze – wie Katarina erwähnt – jede Gelegenheit, um darüber hinaus auch noch aktiv und überaus positiv zu sein. Liebe Grüße!

Er meckert nur noch
(Fortsetzung)

Hallo, Anna! Tausend Dank für deine schnelle Antwort! Sie hat mir weitergeholfen, aber es ist immer noch schwierig für mich, zu entscheiden, wann und wie ich was tun muss, damit alles reibungslos funktioniert.

Heute waren wir einkaufen. Die kleine Schwester saß im Einkaufswagen, als der Achtjährige plötzlich auf die Seite des Wagens klettert und ihn dabei fast umschmeißt. Diese Situation ist bei uns schon mehrmals Thema gewesen (dass er nicht auf den Einkaufswagen steigen darf), aber es ist ihm so etwas von egal. Ich spürte, dass er ein wenig Angst bekam, als es passierte, aber diese Angst zeigt er dann dadurch, dass er laut herumschimpft, was mich umso mehr in den Wahnsinn treibt. Wenn er etwas Blödes angestellt hat, soll er nicht auch noch mich anbrüllen, wenn ich ihn darüber aufkläre!

Ich erklärte ihm (was ich schon mehrmals getan habe), dass seine kleine Schwester ja da herausfallen könnte, wenn der Wagen umkippt, und dann könnte etwas so Schlimmes passieren, dass sie fast sterben könnte! Da er es mehrmals getan hat und es offensichtlich nichts bringt, ihm zu sagen, dass er damit aufhören soll, habe ich ihn diesmal etwas härter angepackt. Ich habe ihm bildlich geschildert, wie es ausgehen würde, wenn der Wagen tatsächlich umkippt und seine Schwester auf dem steinharten Fußboden des Supermarktes blutend liegen und schreien würde!

Im Nachhinein kam es mir falsch vor, ihn dermaßen zu erschrecken, aber WAS kann ich tun? Nichts hilft und es KANN ja in der Tat schief gehen. War es ein Fehler von mir?

Als wir uns später über die Geschehnisse unterhielten, war er immer noch total bockig und wollte mich nicht einmal anschauen (was er fast nie will, er möchte dann lieber spielen gehen); ich habe ihn gebeten, mich anzuschauen, und die Antwort lautete: Das will ich aber nicht! Mit bockiger und gnatziger Stimme. Das hat mir aber gereicht. Ich habe ihm gesagt, dass er in sein Zimmer verschwinden solle und dass es heute kein Fernsehen mehr gebe.

Was muss man ganz konkret machen? Ich werde bald verrückt, wenn es jeden Tag so weitergehen soll. Und wenn er sich jetzt so verhält, wie wird er dann bloß als Teenager werden? Liebe Grüße!

Hallo, meine Liebe. Vielleicht solltest du die jetzige Situation nicht nur als eine Prüfung ansehen, sondern als eine Übung. Gerade im Hinblick auf die Teenagerjahre – beispielsweise. Es darf einfach nicht so weit kommen, dass man beinahe durchdreht. Es ist natürlich nicht immer lustig, mit einem Kind, das keine Vernunft annehmen will und einen offensichtlich endlos provoziert, zu kämpfen, aber es ist in der Tat NOTWENDIG, dagegen anzugehen, also ihn immer weiter zu ermahnen, selbst wütend zu werden und Grenzen zu setzen und von mir aus (in kontrollierter Weise) durchzudrehen. Man nennt es »sich kümmern« und genau das vermissen viele Teenager. Ein Dreizehnjähriger, der mit seinen Freunden in der Stadt ist, auf die Uhr schaut und stöhnt: »Mein Gott, ich muss jetzt schnell nach Hause«, weckt in seiner

Umgebung interessante Reaktionen. Erst versucht die Clique, den Jungen zum Bleiben zu überreden, auf seine Mutter zu pfeifen, usw. Aber wenn derjenige dann in voller Übereinstimmung mit der Wahrheit sagt: »Ich muss nach Hause, sonst dreht meine Mutter durch!«, wird die Stimmung eine andere. Vielleicht sagt niemand etwas, aber die Eifersucht ist zum Greifen spürbar.

Du hast mit deinem Vortrag über das, was passieren könnte, nichts Falsches gemacht, und es war auch nicht verkehrt, dass er erschrocken reagierte. Kinder haben ja nicht so viele Erfahrungen, auf die sie zurückgreifen können. Und auch die Vernunft hilft ihnen nicht weiter, denn sie baut ja auf Erfahrung. Und davon haben sie eben nicht genug. Dein Junge kann sich also gar nicht vorstellen, dass etwas Gefährliches passieren könnte, nur weil er etwas tut, was du nicht möchtest. Das Gefährlichste, was er sich in seiner Welt vorstellen kann, ist, dass du fuchsteufelswild wirst (denn DAS hat er schon erlebt). Aber WENN die Kleine tatsächlich gefallen wäre und sich wehgetan hätte oder gar gestorben wäre, dann wäre er ganz bestimmt zusammengebrochen und hätte geweint: Das wollte ich doch nicht. Denn genau das wollte er wirklich nicht! Er dachte in dem Moment gar nicht an seine kleine Schwester oder an das, was ihr passieren könnte, denn davon hat er keine Ahnung gehabt. Und gewisse Erlebnisse wollen wir unseren Kindern ja gerne ersparen – z.B. solche, die ihnen ernsthafte Schuldgefühle bereiten können und sie für den Rest ihres Lebens als Trauma belasten würden. Deshalb war es korrekt von dir, ein Schreckensszenario darzustellen, damit er den Ernst der Situation begreifen konnte. Dafür musst du dich überhaupt nicht entschuldigen!

Dagegen wird es leicht zu einem langwierigen Gerede, wenn man endlos lange versucht, das, was in ihm vorging, aufzuarbeiten – und er versucht, sich davon loszureißen. Er hat das Schreckensbild, das du in ihm hervorgerufen hast, noch nicht verarbeitet und schafft es deshalb nicht, sich wie bei einer Konsultation beim Psychologen hinzusetzen und die Situation auszuwerten und in aller Ruhe zu räsonieren – oder was immer du dir vorgestellt hattest. Er wird bockig, um diese Art von Vertrautheit zu umgehen, weil er noch nicht reif genug dafür ist. Und das ist nur verständlich. Ich glaube vielmehr, dass man eine solche Botschaft erst einmal sacken lassen muss, anstatt das Thema unbedingt weiter duchzukauen – damit redet man die Geschichte nur tot. Das ist auch der Grund, warum er dich nicht anschauen will. Er kann dir als einer Erwachsenen nicht in dieser unsteten Situation, die er nun dank deiner Hilfe allmählich begreift, gegenübertreten.

Vielleicht solltest du in Zukunft deine Gedanken in eine neue Richtung lenken, etwa so: Man kann NICHT immer alles sofort gutmachen oder richtig stellen. Kinder brauchen manchmal etwas Zeit, um Neues zu verdauen, und es ist hilfreich, hin und wieder erst mal abzuwarten – z. B. darauf, dass das Kind von sich aus zu einem kommt. Denn das tun sie letztendlich in irgendeiner Weise. Vielleicht haben sie dann sogar eine Umarmung an Stelle ihrer Bockigkeit für einen übrig – wenn sie nur Gelegenheit bekommen, die Situation in ihrem eigenen Tempo zu verarbeiten. Liebe Grüße!

Er schimpft über seine Freunde

Hallo, Anna! Ich habe ein Problem mit meinem fast achtjährigen Sohn. Kein großes, aber ein immer wiederkehrendes!

Wie soll man mit seinem Ärger über lärmende und – in seinen Worten – gemeine Klassenkameraden umgehen? Ich möchte ja gerne, dass er zwischen Recht und Unrecht unterscheiden lernt, aber wenn er nach Hause kommt und erzählt, dass jemand blöd war, ist es schwierig, ihm einen Rat zu geben, denn ich kenne ja nur seine Version. Er wird nicht gemobbt oder ausgegrenzt, und es sind auch nicht immer dieselben Klassenkameraden, die blöd sind.

Er sagt z. B.: »Heute hat einer der Jungs mich gehauen.« Das ist natürlich nicht O.K., aber ich erfahre in der Regel nicht, was vorgefallen ist, ob er sich selbst blöd verhalten hat (man möchte es ja nicht glauben, aber es kann sicherlich auch vorkommen). Wenn es darum geht, dass er in der Schule gehauen wird, habe ich ihm dazu geraten, mit dem Lehrer darüber zu sprechen, aber es passieren noch viele andere Sachen, über die er sich zu Hause beschwert. Jedes Mal, wenn er über etwas berichtet, schildert er es ausschließlich zu seinem eigenen Vorteil, was ja ganz natürlich ist, aber das macht es für mich und seinen Vater schwierig, herauszubekommen, was wirklich vorgefallen ist und ob es etwas ist, um das man sich kümmern muss. Hast du vielleicht ein paar Tipps für uns? Liebe Grüße!

Hallo, wenn wirklich etwas so Schlimmes passiert, dass euer Eingreifen notwendig wird, werdet ihr keinen Zweifel haben. Dann wird dein kleiner Junge so traurig und so schlecht drauf sein, dass man einfach einschreiten muss. Und in der Situation werdet ihr aktiv werden.

Aber diese allgemeinen Klagen solltet ihr eher als Ausdruck eines ganz normalen und alltäglichen Bedarfs, Aufgestautes loszuwerden, betrachten. Wir Erwachsenen beklagen uns ja auch: Mein Gott, bin ich müde, und der Kollege auf der Arbeit ist mir einfach zu viel, heute waren alle total schlecht gelaunt, und ich dachte, wir wollten es uns in der Mittagspause richtig schön gemütlich machen, aber nein … usw. Wenn wir unseren Ärger erstmal losgeworden sind, geht es uns wieder viel besser. Wir müssen nicht zur Krisentherapie greifen, nur weil jemand schlecht drauf war und es auch gezeigt hat!

In der Regel zeigen die Kinder ihre schlechte Laune durch ihr Handeln. Die Wörter gehören nicht zu ihren wichtigsten Instrumenten – und auch nicht schweigsame Demonstrationen oder böse Mienen. Sie prügeln sich – oder bringen ihre Unzufriedenheit, ihre Eifersucht und weitere weniger edle Gefühle oft auf ziemlich umständliche Weise zum Ausdruck. Wenn es dem kleinen Kind nicht so schlecht geht, dass die Alarmzentrale in deinem Inneren rot aufleuchtet, muss man keine großen Rettungsmaßnahmen einleiten. Denn wie du selbst andeutest – dein Sohn ist vermutlich auch nicht immer fromm wie ein Lamm!

Allerdings kann es in einer solchen Situation Zeit für eine kleine Moralpredigt sein. Lass den Jungen erzählen und seine Unzufriedenheit rauslassen, und verfolge beklagend seinen Bericht: »Aber nein, wie schrecklich. Oh je!« Und stelle interessierte Fragen: »Und was hast du dann gemacht?« Vermutlich wird sich seine Weitererzählung nicht gerade poetisch anhören. Und dann bringst du deine Botschaft an den Mann – in einem Tonfall der Selbstverständlichkeit, als würde er es schon wissen und als wäre er ein wahrer Unschuldsengel (was er wohl doch nicht ist): »Du weißt ja, dass man sich nicht prügeln soll, und es ist gut, zu wissen, dass du dich nicht prügelst! Es spielt ja keine Rolle, wer angefangen hat. Das, was Bedeutung hat, ist, wer aufhört! Wenn alle, die sich prügeln, das begreifen würden, würde es auf dieser Welt keine Kriege mehr geben! Sie begreifen es aber leider nicht. Zumindest nicht die Menschen, die über die Soldaten befehlen. Und das ist ja wirklich traurig. Und das – finde ich – solltest du demjenigen sagen, wenn er dich tatsächlich hauen sollte … dass du der Meinung bist, dass man sich nicht prügeln soll und dass du dich nicht daran beteiligen willst. Denn so könnten alle Kriege der ganzen Welt beendet werden – wenn nur alle so handeln würden, wie du es tust.«

Es ist mit anderen Worten wichtig, dass er seine Unzufriedenheit offensiv loswerden kann. Ihr wiederum müsst euch alles in allem nicht sonderlich aufregen, denn mit euren Worten zeigt ihr, dass ihr wisst, wie es draußen in der Welt zugeht, ihr kennt den Kampf zwischen gut und böse und seid nicht schockiert, dass es leider nun mal so ist … Hört interessiert zu, solange ihr es schafft, und haltet dann euren kleinen Vortrag. Auch bei jedem neuen Vorfall. Dieser Vortrag und ein stures Vertrauen in ihn, wenn es darum geht, wer aufhört (er selbst!), werden ihm eine positive Hemmung in puncto Aggressionen geben, die ihm für den Rest seines Lebens nützlich sein wird. Liebe Grüße!

Ewige Geschwisterstreitigkeiten

Hallo, Anna! Ich habe eine Frage an dich in Bezug auf meine Kinder – ein Mädchen, das im Mai acht wird, und einen Jungen, der im April vier wird. Sie verursachen zurzeit ständig einen schrecklichen Wirbel. Wie ich es sehe, ist der Ärger erst in letzter Zeit entstanden, früher gab es zwar auch kleinere Auseinandersetzungen, aber jetzt schreien und brüllen sie sich wegen jeder Kleinigkeit an! Wer muss dies und wer darf jenes, und wer darf zuerst usw. Sie führen sich wie die übelsten Konkurrenten auf! Beide haben hier zu Hause ihre festen, täglichen Aufgaben, der Junge muss den Tisch decken, das Mädchen muss die saubere Wäsche in den Schränken verteilen. Außerdem helfen sie für gewöhnlich bei verschiedenen anderen Sachen. Wie soll ich mich verhalten, wenn sie sich anbrüllen und sich dermaßen aufregen, dass es fast zu Handgreiflichkeiten kommt? Es endet meist damit, dass ich so wütend werde, dass ich noch lauter schreie, nur um ihren »Krieg« zu beenden. Ich hoffe, du wirst Zeit finden, um mir zu antworten. Liebe Grüße und ein dickes Dankeschön!

Ich werde mich wohl in dieser Sache nicht in die Tiefenpsychologie begeben müssen. Kinder benehmen sich manchmal unausstehlich, und es ist eigentlich ganz egal, was dahinterstecken mag. Denn egal welche Gründe der Mensch auch haben mag, sich so schrecklich zu verhalten, dürfen sie sich nicht in dieser erbärmlichen Weise aufführen. Nicht, wenn sie mit anderen zusammen sind. Wenn sie ausflippen wollen, müssen sie es für sich allein machen. (Und dann ist es plötzlich weniger interessant, nicht wahr?) Greif also im schlimmsten Fall zur Verbannung. »Bitteschön – geht und schreit in euren Zimmern weiter, danke, und macht die Türen hinter euch zu. Du gehst da hinein und du da hinein, vielen Dank! Und ihr könnt wieder herauskommen, wenn ihr gedenkt, euch anständig zu verhalten!«

Weitere Tipps: Bei Streitigkeiten, bei denen es darum geht, wer angefangen und wer die Schuld hat, kannst du sie mit folgenden Worten dazu bringen, innezuhalten: »Es ist egal, wer angefangen hat, interessant ist, wer aufhört!« Frag am besten fordernd nach: »Und – wer hört denn nun auf? Hörst du auf? Oder du?« Schmollendes Schweigen bedeutet, dass du die Kinder zum Nachdenken gebracht hast. Super!, sagst du dann, so als hätten sich beide jubelnd einverstanden erklärt, was natürlich nicht der Fall ist, und sofort beschäftigst du dich wieder mit etwas ganz anderem. Dann wird es wenigstens eine Weile dauern, bevor der nächste Streit beginnt.

Es ist auch nichts Falsches daran, dass du mal selbst wütend wirst und noch lauter brüllst als sie. Ich würde sogar behaupten, dass es notwendig und richtig ist. Deswegen musst du überhaupt kein schlechtes Gewissen haben. Der Punkt ist, dass deine Wut kontrolliert ist (es sein sollte, hm!). Du musst sie, mit anderen Worten, im Griff haben, d.h., du musst sie regulieren können. Dadurch lernen die Kinder, dass du genauso fuchsteufelswild werden kannst wie sie, aber dass du immer genau weißt, was du tust. Du haust nicht, du beleidigst nicht, du bist erwachsen – auch in deiner Wut. Du zeigst ihnen somit ein Modell, das sie in der Tat in ihrem sozialen Verhalten einander gegenüber gebrauchen können. »Ich kann genauso stinksauer werden wie ihr, ich raste aber nicht aus«, lautet deine Botschaft, mit der du folglich Forderungen an sie stellst – sie müssen lernen, sich akzeptabel zu verhalten, auch wenn sie wütend sind, und das ist für sie eine gute und wichtige Lektion! Dann werden sie nicht eines Tages jemanden umbringen müssen, weil sie von unkontrollierter Wut übervoll sind, sondern sie werden ihre Wut kontrollieren können, ohne jemanden damit zu verletzen.

Gott sei Dank haben Kinder einen guten Sinn für Humor, und es kann ein wirkungsvoller Trick sein, ihr Verhalten in übertriebener Weise nachzuahmen, während sie es beobachten. Nutze also die Gelegenheit. Wenn sie schreien und brüllen und so aussehen, als würden sie gleich handgreiflich werden, startest du eine Riesenszene mit deinem Mann, der hoffentlich gerade zur Stelle ist, wenn er gebraucht wird. Ihr schreit und brüllt euch gegenseitig an – wegen irgendeiner lächerlichen Kleinigkeit, die du gerade erfindest. Fang auch gerne eine kleine Rangelei an, während du ihn mit allen Gemeinheiten, die dir überhaupt einfallen, überschüttest! Er muss natürlich mitspielen und genauso unbändig reagieren und so aussehen, als könnte er dich in Stücke reißen. Alles muss selbstverständlich mit einem Lächeln im Auge – unter euch – geschehen, aber die Kinder sollten schon nicht mehr ganz sicher sein, ob ihr es ernst meint oder nicht. Ihr behaltet sie im Auge, aber am besten so, dass sie es nicht mitbekommen, während ihr dieses kleine Theaterstück vorführt. Es ist ja nicht Sinn der Sache, dass sie richtig Angst bekommen; sie sollen nur erleben, wie schrecklich es ist, wenn man Zeuge wird, wie zwei Menschen, die man liebt – und die einen lieben –, sich in gemeinster Weise streiten. Wenn ihr genug gebrüllt habt und der Meinung seid, dass die Botschaft angekommen ist und das Entsetzen der Kinder entsprechend groß, dann lacht ihr lauthals los und fallt euch in die Arme. Und ihr lasst die darauf folgende Erleichterung der Kinder zu einem richtigen Lachfest werden. Danach macht ihr es euch mit den Kindern zusammen gemütlich, und schaut dabei glücklich und fröhlich aus, während ihr langsam wieder Atem schöpft. Ihr schaut sie dabei an und fragt: »Na, was meint ihr, unsere beiden Lieblinge, sollen wir so miteinander umgehen? Oder ist das nicht der richtige Weg?« Ich verspreche euch, dass sie euch ein paar Mal schief von der Seite anschauen werden, bevor sie das nächste Mal einen Streit anfangen, denn überleg doch mal, wenn wieder …? Das kleine Theaterstück kann sich also als sehr nützlich erweisen. Dadurch werden so genannte konstruktive Hemmungen ausgelöst.

Noch etwas: Führ eine tägliche Aufgabe ein, am besten eine fordernde! Sie muss nicht viel Zeit in Anspruch nehmen, aber ein wenig sollten die beiden sich schon anstrengen müssen. Fordere, dass sie noch ein bisschen weitermachen, dass sie präziser werden, dass sie einen Tick besser werden. So lernen sie, den ersten kleinen Widerstand zu überwinden, bevor ihnen für ihren Einsatz gedankt wird und sie gelobt werden! Somit wachsen ihr Verantwortungsgefühl und ihr Können im Rahmen des familiären Wohlergehens, und der Ärger und die Streitigkeiten rücken wieder vom Zentrum des allgemeinen Interesses ab.

Wenn man richtig gemein konstruktiv vorgehen möchte, kann man hart durchgreifen, wenn die Kinder sich gerade am lautesten streiten, und mit großen Buchstaben erklären: »Da ihr anscheinend so viel überflüssige Energie habt, dass ihr euch hier in aller Ewigkeit anbrüllen und anschreien könnt, finde ich, dass wir eure Energie für etwas Vernünftigeres einsetzen sollten. DU kannst z.B. damit anfangen, das Klo zu putzen, und DU kannst mal eben den Backofen sauber machen! Ach nein? Wo ist denn eure ganze Energie plötzlich hin? Habt ihr vielleicht selbst ein paar sinnvolle Vorschläge? Gibt es etwas Vernünftiges, das ihr machen könntet – ohne dabei in Streit zu geraten? Lasst doch mal hören!« Dann geht es natürlich darum, interessiert zuzuhören und jede konstruktive Aussage mit einem sachlichen »gut« zu unterstützen, in der Erwartung, dass entsprechend gehandelt wird – und alles somit wieder Friede, Freude, Eierkuchen ist!

Im Großen und Ganzen sind FRAGEN wichtig: »Ach, ihr streitet euch also wegen diesem oder jenem. Ich möchte gerne von euch wissen, wie ihr gedenkt, das Problem zu lösen? Denn das könnt ihr doch schon allein regeln. Lass mich mal hören! Was würdest DU vorschlagen? Und was meinst DU?«, und das alles ganz ernsthaft, mit aufrichtigem Interesse und mit der Forderung nach einer zufrieden stellenden Antwort. Damit werden die kleinen, grauen Zellen richtig in Bewegung gebracht!

Viel Glück – und vergiss nicht, was du mit deinem Einsatz bezweckst: Die Kinder in der besten Weise auf ein Leben miteinander und mit anderen – ohne dich, ohne Eltern – vorzubereiten! Liebe Grüße!

Ich erreiche meinen Sohn nicht

Hallo, Anna! Ich weiß nicht, wie ich die Situation hier zu Hause mit meinen Kindern – besonders mit meinem Achtjährigen – meistern soll. Der kleine Bruder ist sechs Jahre alt. Hast du ein paar Ratschläge für mich? Ich mache sicherlich auch Fehler, aber ich komme nun nicht mehr weiter, und ich finde, wir haben schon alles Mögliche versucht – schon seit er noch klein war, und es ist nicht besser geworden. Es kann vielleicht damit zusammenhängen, dass er abends nicht einschlafen kann, aber da er überhaupt sehr viel Ärger macht, möchte ich dich fragen, ob du meinst, dass wir bei einem Kinderpsychologen Hilfe suchen sollten? Die Situation ist unhaltbar und äußerst anstrengend für mich als Mutter. Mein Mann leidet auch darunter, aber wahrscheinlich am meisten ich.

Sehr oft, ja, fast immer, wenn wir etwas unternehmen wollen (was ihm nicht gefällt), wehrt er sich und schreit und brüllt, dass er nicht mitkommen will. Es ist ein Problem für die ganze Familie. Ich habe schon gar keine Lust mehr, irgendetwas zu planen, und der kleine Bruder versteht überhaupt nicht, warum sein großer Bruder immer so sauer und wütend wird, wenn wir etwas unternehmen wollen, das uns anderen sehr viel Spaß macht. Bei der kleinsten Kleinigkeit, die ihn stört, stellt er auf stur und ist nur noch wütend oder bockig – er schreit, brüllt, tritt mit Füßen, knallt mit Türen usw. Er sagt, dass er sich in der Schule nicht wohl fühlt, dass alle blöd sind, aber das stimmt überhaupt nicht, denn er hat ja doch einige Freunde und ist unter den Schülern beliebt. WAS IST SCHIEF GELAUFEN? Der Fehler kann wohl zum Teil bei uns (mir) liegen, aber doch wohl nicht nur? Ich kann mich selbst schnell aufregen, wenn es zu viel Ärger und Lärm gibt, und oft begehe ich den Fehler, mich auf sein Niveau hinunterzubegeben, aber ich bin doch auch nur ein Mensch und kann nicht immer alles richtig machen. Er verhält sich schon immer so, und seit November habe ich das Gefühl, dass seine Bockigkeit immer heftiger wird – es fällt ihm sehr schwer, sich zu entspannen und abends einzuschlafen, und gleichzeitig ist er fast allem gegenüber negativ eingestellt. Es macht der übrigen Familie gar keinen Spaß mehr, irgendwelche Pläne zu schmieden, weil er uns sowieso einen Knüppel zwischen die Beine werfen wird.

Als Mutter bin ich ziemlich niedergeschlagen und verliere allmählich die Lust an allem. Ich habe das Gefühl, dass all unsere Wochenenden kaputtgemacht werden, weil er so sauer und bockig wird, wenn er es nicht so bekommt, wie er es haben will. Ist es normal, dass ein Junge im Alter von acht Jahren 90% seiner wachen Stunden schlecht gelaunt ist? Ich finde nicht.

Wir müssen doch seine Stimmung wieder heben können – herausfinden, warum er so launisch ist? Ist es die normale Entwicklung, das Alter, sind es Probleme in der Schule? Gibt es zu Hause Ungereimtheiten (mein Mann und ich haben in unserer Beziehung zwar hin und wieder Unstimmigkeiten, aber wir arbeiten daran und tun wirklich unser Bestes, damit das Familienleben funktioniert)? Etwas, das innerhalb der letzten Monate auffällt, ist, dass er selten mit uns zusammen fernsehen mag, nach kurzer Zeit verzieht er sich ins Schlafzimmer und sieht dort allein fern. Er behauptet, dass er nie für sich allein sein darf – oder dass er allein sein möchte. Außerdem hat er angefangen, alles, was mit seinem kleinen Bruder zusammenhängt, zu sabotieren und ihn bei allem zu stören. Es ist in Ordnung, dass Geschwister sich mal streiten, aber wenn wir Eltern immer wieder sagen, dass er damit aufhören soll, und es nichts nützt, werde ich letztendlich so wütend, dass ich damit meine ganze

Energie vergeude, und das ist meiner Meinung nach ein Problem! Er lässt seinen kleinen Bruder nicht in Ruhe auf der Toilette sitzen, und der Kleine wird traurig – er braucht immer etwas mehr Zeit als sein Bruder und schafft es deshalb nicht, fertig zu werden. Manchmal wirkt es aber auch, als möchte er sich selbst bestrafen.

Wir haben alles versucht, aber zurzeit ist er schlimmer als jemals zuvor. WAS KÖNNEN WIR TUN? Wir haben versucht, ihn dazu zu überreden, sportlich – oder auch anderweitig – aktiv zu werden, damit er etwas nur für sich unternehmen kann, aber er weigert sich. Ich habe kein Interesse, sagt er. Es ist, als ob er nur zwei Saiten hat, die er anschlagen kann: Entweder ist er sauer und bockig, oder er ärgert sich und spielt den Tollkühnen.

Wenn er etwas haben möchte und ich ihn bitte zu warten, wird er total wütend und schimpft mich alle möglichen Hässlichkeiten. Als er noch in der KITA war und auch kurz nach der Einschulung, hatten wir den Eindruck, dass eine Besserung eintrat, aber jetzt, zum Ende des Schuljahres, ist alles nur wieder noch schlimmer geworden. Es zehrt an meinen Kräften, körperlich wie auch seelisch. Ich habe das Gefühl, dass ich ihn nicht erreichen und man sich mit ihm nicht richtig unterhalten kann. Dann hält er sich bloß die Ohren zu und sagt: »GEH WEG, lass mich in Ruhe!«

Was soll ich bloß machen? Wo können wir Hilfe suchen? Ich weiß nur, dass ich es nicht mehr aushalte. Man muss ja auch auf der Arbeit funktionieren und es belastet einfach alle Bereiche unseres Lebens. Im Voraus vielen Dank für deine Antwort.

Hallo, meine Liebe. Ihr seid offensichtlich seit längerem in einer Situation gefangen, die so nicht haltbar ist. Ihr seid in einer Sackgasse gelandet und schlagt mit dem Kopf gegen die sich dort befindende Mauer. Dann muss man den Rückwärtsgang einlegen und versuchen, einen anderen Weg zu finden, der einen hoffentlich irgendwo hinführt.

Wenn ihr eine Kinderpsychiatrie oder eine entsprechende Stelle aufsucht, besteht unweigerlich die Gefahr, dass der Junge als mit Fehlern behaftet abgestempelt wird und dass diese »Fehler« dann auch behandelt werden sollten (durch Psychotherapie und/oder Gabe von Medikamenten) – und das ist meiner Meinung nach ein sehr schwieriger Weg. Denn damit gibt man mehr oder weniger die leitende und beschützende Elternrolle auf und überlässt anderen die Verantwortung für das Kind. Es besteht das Risiko, dass das Kind sich von seiner Herde ausgestoßen fühlt, ausgemustert im Kampf ums Überleben, der in der Herde eine gemeinsame Sache sein sollte. Natürlich könnte ein Psychiater euch weiterhelfen, wenn ihr wirklich selbst zu der Entscheidung findet, was für das Kind die richtige Lösung wäre. Selbst würde ich nur als allerletzten Ausweg Hilfe von außerhalb suchen – mit Hinblick auf das Selbstwertgefühl des Kindes, aber es ist ja eure Entscheidung. Ihr tragt die Verantwortung!

Man kann endlos lange spekulieren, warum ein Achtjähriger sich so verhält, und versuchen zu verstehen, dass es wahrscheinlich einen Grund dafür gibt, dass er so unglücklich ist – aber es löst nicht das Problem. Wir sind alle hin und wieder aus irgendwelchen Gründen unglücklich, können schlecht schlafen, aber das gibt uns nicht die Erlaubnis, uns unakzeptabel zu verhalten, weil wir damit anderen schaden oder sie belästigen würden. Man muss ja seiner Arbeit nachgehen, auch wenn man persönliche Probleme hat ... Dass ein Kind denkt und fühlt und auch in der einen oder anderen Weise reagiert, kann man ihm nicht verbieten und muss es auch nicht immer verstehen – aber es gibt ihm wie gesagt nicht die Erlaubnis, sich unakzeptabel zu verhalten. Hier kann man als Eltern, als die Erwachsenen, die bestimmen, einschreiten. Wenn man sich soundso verhält, geht es gut mit anderen zusammen, aber wenn man sich soundso verhält, geht es NICHT gut mit anderen zusammen! Egal, wie man dabei auch denken oder fühlen mag. Es ist in etwa so, als wenn ein Fahrlehrer jemandem das Fahren beibringen soll – der Schüler muss sich nach gewissen Regeln, die im Straßenverkehr gelten, richten, so ist das nun mal. Auch wenn er den Typen, der genau vor ihm fährt, hasst, darf er nicht auf ihn auffahren!

Wenn dein Junge Ärger macht und den Tollkühnen spielt, provoziert er. (Was passiert, wenn ich dies und das mache?) Er möchte Bescheid bekommen. Und den bekommt er nicht – zumindest nicht in einer Weise, die er als klar und deutlich erlebt. Unzufrieden reagiert er deshalb mit Bockigkeit und schlechter Laune. Danach fühlt er sich richtig mies – denn kleine Kinder wissen ganz genau, wann sie böse sind, und es ist für sie ein ebenso unschönes Erlebnis, als würden wir Erwachsenen erkennen, dass wir andere Menschen belästigt und ihren Seelenfrieden gestört oder gar zerstört haben. Der Mensch ist ja ein Herdentier, eine soziale Kreatur, von anderen abhängig, und deshalb ist es wichtig, dass man zusammen gut funktioniert (d.h. im Kampf um die Existenz). Er bestraft sich also selbst, wenn er allein sein möchte – d.h., er verbannt sich selbst (da es ja kein anderer tut) von der Gemeinschaft, an der er nicht mit gutem Gewissen teilhaben kann. Er sitzt wirklich in der Klemme!

Wenn du dich dann bei wenigen Gelegenheiten dazu durchringst, die Führung zu übernehmen, Entscheidungen zu treffen und ihm den Weg zu zeigen – z.B., wenn du ihn bittest, zu warten –, wird er stinksauer, und das ist an und für sich eine Provokation, er stellt mit seinem Handeln eine Frage: »Steht sie für das, was sie sagt, wirklich gerade?« »Hält sie ihr Wort?« »Schafft sie es, mir zu zeigen, wie es in dieser Welt läuft – und wie es nicht läuft?« Dasselbe ist der Fall, wenn du mit ihm reden möchtest. »Wie ernst meint sie das mit dem Reden?«, fragt er sich selbst (und dich, in seinem Handeln). »Möchte sie WIRKLICH mit mir reden?« Es geht ihm darum, herauszukriegen, ob du darauf eingestellt bist, seinen Widerstand zu bekämpfen/seinen Fragen auf den Grund zu gehen und wirklich mit ihm darüber zu reden, oder ob du es einfach so dahersagst und nicht dafür geradestehst, wenn es hart auf hart kommt (wenn er sich z.B. die Ohren zuhält und du auf Widerstand stößt). Indem du nicht beharrlich bleibst und nicht um jeden Preis an dem, was du gesagt hast, festhältst, rufst du bei ihm nur noch mehr Fragen – d.h. Unsicherheit – hervor, anstatt ihm Antworten zu geben: Ein »Vielleicht«, ein »Ich weiß nicht«, ein »Kannst du nicht mithelfen?« oder ein »Ach, übrigens ist es mir egal, ich schaffe das jetzt nicht« anstelle von einem starken JA, für das du auch in deinem Handeln geradestehst. Und das kann er nicht akzeptieren. Dabei wird er dir übrigens nicht zu Hilfe kommen, genauso wenig, wie der Fahrschüler dem Fahrlehrer hilft – denn das kann er nicht. Er hat keine Ahnung, wie. Er erwartet (und das mit Recht, finde ich – er ist ja trotz allem nur ein Schüler in der Schule des Lebens), dass der Lehrer/der Leiter/die Eltern wissen, wie man sich verhalten muss – und es ihm auch zeigen.

Es ist das grundlegende Vertrauen in dich und euch, das ihm fehlt, und das muss von Grund auf aufgebaut werden. Das erfordert viel Zeit und viel Geduld. Erst müsst ihr Erwachsenen miteinander reden – unter euch, damit ihr voll und ganz nach einer und derselben Linie vorgeht! Und ihr könnt froh sein, dass die Probleme deutlich mit euch und dem Zuhause zusammenhängen und nicht mit der Schule und den Freunden. Somit habt IHR die Möglichkeit, sie zu lösen!

Folgendes können grundlegende Richtlinien sein:

1. NACHTS WIRD GESCHLAFEN. Legt eine bestimmte Zeit fest. Er ist übermüdet und das macht das Zusammensein mit ihm nicht gerade angenehmer. Er sollte am besten 12 Stunden pro Tag schlafen. Redet rechtzeitig mit ihm darüber, bevor der Tag der neuen Regeln kommt: »Ab dann gilt ...« Und haltet an dem fest, was ihr beschlossen habt. Ihr seid ja immer noch stärker als er! Setzt euch am Anfang auf einen Stuhl vor seine Tür, damit ihm klar wird, dass das Einhalten der neuen Regelung überwacht wird. Lest oder unternehmt etwas anderes, das (scheinbar) eure ganze Konzentration erfordert – und greift sofort ein, wenn er auf die Idee kommt, sein Bett zu verlassen. Man kann kein Kind zum Schlafen zwingen, und wenn er da herumliegen und sich im Dunkeln langweilen will, dann bitte schön. Er darf aber nicht irgendwie aktiv werden, im Bett soll nur geschlafen bzw. gelegen werden. Nichts anderes wird erlaubt, egal, wie sehr er herumbrüllen wird, ggf. antwortet ihr mit der ewig gültigen Gute-Nacht-Leier, ruhig, laut und ein bisschen wütend, wenn es notwendig wird: »Es ist Nacht, jetzt wird geschlafen, leg dich also hin und schlaf schön, gute Nacht, bis morgen Früh.« Protestiert er, wiederholt ihr die Prozedur. Und gebt ihm endlich den Widerstand, nach dem er verlangt! Er wird nicht die ganze Nacht daliegen und sich beschweren, er möchte nachts schlafen – so wie alle anderen Menschen auch.

2. MAN VERHÄLT SICH ANDEREN GEGENÜBER SO, WIE MAN MÖCHTE, DASS SIE SICH EINEM SELBST GEGENÜBER VERHALTEN. Seid also freundlich, nett, ja sogar überaus korrekt, sachlich, interessiert und wertschätzend ihm gegenüber (und vergesst nicht, es auch mit Worten auszudrücken!), sobald er etwas Gutes für seinen kleinen Bruder oder für euch tut. Dann merkt er, dass es sich lohnt, sich richtig zu verhalten, und dass ihr es nicht für gegeben hinnehmt. Sagt es laut, und versichert euch, dass er es verstanden hat. »Das war toll von dir, das hast du super gemacht!« GENAUSO OFT, wie ihr ihm bisher Vorwürfe gemacht habt. Greift hart durch, wenn er etwas macht, was er nicht soll – aber unter vier Augen, nicht im Beisein anderer. Schnappt euch den Burschen, und ab in ein anderes Zimmer, Tür zu, haltet festen Augenkontakt, und erzählt ihm mit großen, deutlichen Buchstaben, wie man es macht und wie nicht: »Es würde dir auch nicht gefallen, wenn andere dich so behandeln würden!« – haltet einen Vortrag zum Thema, was man machen kann, wenn man so wütend wird, dass man richtig hundsgemein zu anderen werden möchte (denn das kann auch euch mal passieren); dann begibt man sich weg vom Geschehen und murmelt wütend vor sich hin oder schlägt auf irgendeinen Gegenstand ein oder was man gerade möchte, man wirft sich aber nicht auf an-

dere Menschen. Und man kehrt erst wieder zurück, wenn man sich beruhigt hat und sich wieder normal verhalten kann. Sollte man schon zugeschlagen oder jemanden belästigt haben, sorgt man für Wiedergutmachung: Hat man geschlagen, bekommt der-/diejenige eine Umarmung – und hat man etwas Böses gesagt, bittet man um Entschuldigung. Der Punkt ist aber, dass man sich überhaupt nicht so verhält, wie man es von anderen auch nicht wünschen würde, und sollte es noch mal vorkommen, wird man sofort in sein Zimmer verbannt und darf dann nicht herauskommen, bevor man sich wieder anständig benehmen kann. »HAST DU VERSTANDEN?« Hier geht es darum, kontrolliert wütend zu sein und zu zeigen, dass man es ernst meint. Daraufhin geht man wieder, ohne ihm Zeit für irgendwelche Einwände zu geben, aber auch ohne eine Erklärung abzuwarten, dass er jetzt mit allem einverstanden ist.

3. Auch wenn er das nächste Mal provoziert, muss die Konsequenz selbstverständlich die Verbannung sein. Dann gilt es, ihn am Kragen zu packen, bevor er richtig in Schwung kommt. Ihr spürt ja, wann das nächste Gewitter aufzieht ... Schnappt ihn euch, führt ihn in sein Zimmer, haltet euren Vortrag, und vergesst nicht, ihm zu erklären, wie man sich (stattdessen) verhalten muss. Lasst ihn allein und wartet, bis er von sich aus wieder herauskommt. Gibt es noch mehr Ärger, folgt sofort die nächste Verbannung. Im schlimmsten Fall kann es notwendig sein, die Tür zu blockieren, bis er sich wieder beruhigt hat. Wenn er dann herauskommt, sauer und eingeschnappt, aber nicht mehr provozierend, hat er selbst das Gefühl, dass er einen klaren Bescheid bekommen hat. Und ihr behandelt ihn dann, als wäre nichts geschehen – freundlich und gemütlich. Somit bekommt er seine Belohnung: Wenn man sich anständig benimmt, darf man an der Gemeinschaft teilhaben, und alles funktioniert bestens. Verhält man sich aber nicht akzeptabel, wird man von der Gemeinschaft ausgeschlossen, und dann gibt es nicht mehr viel, was noch funktioniert.

4. PRIVILEGIEN MÜSSEN MIT WERTSCHÄTZUNGEN ZUSAMMENHÄNGEN. Er muss lernen, dass es keine Selbstverständlichkeit ist, dass ihr jede Menge unterhaltsame Sachen unternehmt. Gegen jegliche Formen der Verwöhnung helfen leider nur Einschränkungen. Schraubt eure Pläne und Aktivitäten zurück, bis er so viel Vertrauen in euch bekommen hat, dass er seine Energie darauf verwendet, die gemeinsamen Unternehmungen mit euch in aller Gemütlichkeit zu genießen! Es muss keine Ewigkeit dauern, aber es wäre schön, wenn er schließlich danach fragt und ihr dann erstaunt antworten könnt: »Ach, du möchtest also gerne, dass wir etwas zusammen unternehmen? An was denkst du denn? Hm ... das müssen wir uns noch überlegen ... Was hältst du davon,

Papa? Und du, kleiner Bruder? Was könnten wir denn zusammen machen?« So, als wäre es das allererste Mal in der Weltgeschichte! Dadurch wird er sich sowohl akzeptiert wie auch verantwortlich fühlen. Und das wird ihm gut tun, glaubt mir!

5. EURE AUFGABE IST ES, IHN ZU LEITEN, NICHT NUR, IHN ZU LIEBEN. Nehmt ihn in Gebrauch. Lasst ihn nützlich sein, jeden Tag ein bisschen, bei etwas, das für euch alle wichtig ist (in eurem gemeinsamen Kampf ums Überleben). Dies stärkt den Zusammenhalt mehr als alles andere – dass er sich in praktischer und konkreter Hinsicht notwendig fühlen kann und dass er zu sich selbst sagen kann: Die anderen würden ohne mich schlechter zurechtkommen, egal, ob sie mich lieben oder nicht! Hier kann es notwendig werden, ihm auf die Sprünge zu helfen: »Ach nein, jetzt schaffe ich das auf keinen Fall, das kann ich nicht alleine machen, du musst mir mal helfen, sonst geht es gar nicht!« »Schau mal, wenn ich das und das mache und du dies und das, dann schaffen wir es noch zusammen. Oder möchtest du lieber das machen, dann mache ich dies ...« Es wirkt wie eine Abmachung, und das Kind, das beim Entscheiden, Wählen und Vorschlagen beteiligt wurde, wird sich dann auch ins Zeug legen. Kochen ist in diesem Zusammenhang optimal, aber auch Putzen, Wäschewaschen usw. eignen sich gut. Eine kleine Weile jeden Tag! Danach bedankt man sich für seine Hilfe, genauso, als würde man sich bei einem Erwachsenen bedanken – er ist nicht lieb, wenn er geholfen hat, es war dagegen einfach super, es hat so toll funktioniert, es war herrlich, sonst hätte man niemals dies oder jenes geschafft ... Dank ihm hat man das Kochen oder das Putzen schnell überstanden. Es wird ihm in göttlicher Weise gut tun – wenn ihr ihn davon überzeugen könnt, dass er wirklich unentbehrlich war und ist.

Der kleine Bruder darf möglichst nicht unter den Ausbrüchen des Großen leiden, und im Großen und Ganzen sollte er am besten gar nicht mitbekommen, dass nebenan Vorträge gehalten werden. Deshalb solltet ihr mit dem Großen sofort woandershin gehen (in ein anderes Zimmer, auf die andere Straßenseite), wenn feststeht, dass Ärger im Anmarsch ist! So wird der kleine Bruder geschont und gleichzeitig werden die Integrität und die Würde des Achtjährigen im Verhältnis zu seinem Bruder und zu anderen Menschen gewahrt.

Nun wünsche ich euch viel Glück – und zieht es am Anfang hartnäckig durch, dann werdet ihr schon bald ein strahlendes Ergebnis in Form seines Vertrauens in euch und somit eines ganz anderen Verhaltens erleben. Das garantiere ich euch, wenn ihr nur nicht davor zurückscheut, ihm die vielen klaren Botschaften, die er schon so lange vermisst, zu vermitteln. Ihr habt nichts zu verlieren, aber viel zu gewinnen – und dasselbe gilt für euren Sohn. Liebe Grüße!

Altersbedingtes Verhalten oder Entwicklungsstörungen?

Hallo! Wir haben zwei herrliche Söhne im Alter von neun und elf Jahren. Beide sind immer von ihrer Umgebung (und auch von uns) als ruhige, wohlerzogene und liebe Kinder betrachtet worden. Meine Fragen betreffen den Neunjährigen. Er war schon immer mehr Mama-anhänglich als sein Bruder, vermutlich weil er Probleme mit Allergien (Pelztiere, Pollen, Kuhmilch) hatte und oft krank war. Er hat deshalb (leider) mehr Aufmerksamkeit bekommen als sein großer Bruder. Auf diese Weise ist er selbstsicherer, aber auch unreifer als sein Bruder. Alles schien normal – bis in den letzten Herbst hinein. Da fing er an, sich im Schulunterricht leicht störend zu verhalten. Seitdem ärgert er seine Schulkameraden während des Unterrichtes, beteiligt sich an kleineren Cliquen, die andere Kinder schikanieren (auch wenn er nicht die treibende Kraft ist), und ständig benutzt er üble Ausdrücke (allerdings nie, wenn er weiß, dass Erwachsene in der Nähe sind). Geprügelt hat er sich allerdings noch nie (außer bei kleineren Auseinandersetzungen mit seinem Bruder). Hier zu Hause ist er aber wie immer: lieb und nett, auch wenn er mal mit seinem Bruder streitet. Wenn wir mit ihm über irgendwelche Dummheiten, die er begangen hat, reden wollen, fängt er schnell an zu weinen, weil wir mit ihm schimpfen. Sein großer Bruder war von Schulanfang an eher das Küken in der Klasse, weil er so schüchtern war und außerdem ein paar kleinere Tics hatte. Sowohl die Schüchternheit wie auch die Tics sind für ihn kaum noch von Bedeutung und belasten ihn nicht mehr. Aber jetzt mache ich mir darüber Sorgen, ob sein Bruder – der Neunjährige – einen Fehler/eine Krankheit in Form einer Verhaltensstörung hat – z.B. Asperger. Deutet sein Verhalten darauf hin, oder dreht es sich hier vielleicht um ein altersbedingtes Verhaltensmuster? Er fällt immer störend auf und ist ständig am Fluchen, wenn er mit seinen Freunden zusammen ist. Er ist nicht rastlos oder in anderer Weise unruhig, und er kümmert sich einwandfrei um die Schularbeit. Er vergisst nur hin und wieder seine Mütze irgendwo …

Kannst du mir ein paar Ratschläge geben, liebe Anna … ist mein neunjähriger Junge normal?

Ich kann dir versprechen, dass du dir um deinen Jungen keine Sorgen machen musst. Ganz im Gegenteil, würde ich sogar sagen. Das Alter des Neunjährigen ist nicht immer gerade lustig – wenn ich dir mein eigenes Buch, »Das KinderBuch«, empfehlen darf, wirst du im Kapitel über die Neunjährigen sicherlich einiges finden, das auch auf deinen Sohn passt. Er befindet sich ja in einer anstrengenden Phase, in der man sowohl groß ist oder zumindest versucht, so zu tun (man flucht – macht Ärger – wird oft etwas lauter), als auch noch ziemlich klein (man bricht zusammen, wenn einem Vorwürfe gemacht werden oder wenn man Schimpfe bekommt – und man ist zu Hause lieb und artig, solange keine der Kumpels in der Nähe sind). Du hast zwei feine Kinder, und ich finde, du solltest sie genießen und auf sie stolz sein, denn du hast sie hervorragend erzogen, sie kommen in der Welt zurecht und fühlen sich wohl, und das erkennen auch andere Menschen und – was noch wichtiger ist – ihr seht es ja selbst!

Dein Neunjähriger ist vollkommen normal, und ich würde sogar sagen: im Überfluss. Lass ihn nur zu Hause klein sein, wenn er es braucht, umarme und umsorge ihn, solange er es noch zulässt, und sorg dafür, dass er die Grenze nicht überschreitet (Mobbing, Prügeleien etc.). Nimm ihn zu Hause und auch außerhalb in Anspruch, damit er spürt, dass er gebraucht wird, und ermuntere und lobe ihn – in Worten wie in Taten – mindestens genauso oft, wie er kritisiert oder ermahnt wird. Und denk dran, dass man Fehler finden wird, wenn man sie gezielt sucht! Das gilt auch bei den Erwachsenen.

Sehr bald – im Alter von etwa zehn Jahren – werdet ihr einen herrlich ausgeglichenen Jungen erleben können. Liebe Grüße!

Altersbedingtes Verhalten oder Entwicklungsstörungen?
(Fortsetzung)

Ja, ich habe leider ein paar Sachen vergessen:
Ich habe geschrieben, dass er neun Jahre alt ist, und du hast geantwortet, dass sein Verhalten für einen Neunjährigen sehr typisch sei. Nun ist es aber so, dass er erst Ende dieser Woche neun wird, und das, was ich beschrieben habe, liegt etwa ein halbes Jahr zurück, d.h., er war damals erst achteinhalb. Macht das einen Unterschied, was meinst du? Und dann habe ich noch etwas anderes überlegt, gerade mit Hinblick auf das Asperger-Syndrom, das ich erwähnt habe. Ist es eine Krankheit, die schon in der frühen Kindheit festgestellt wird, oder kann sie sich schleichend über mehrere Jahre entwickeln? Ich habe gelesen, dass Kinder, die am Asperger-Syndrom leiden, oft keine Empathie zeigen. Deshalb musste ich daran denken: Zeigen sie dann auch kein Mitgefühl Tieren gegenüber (so dass sie diese gemein behandeln bzw. ihnen Schmerzen zufügen usw.)? Wie du sicherlich zwischen den Zeilen lesen kannst, ist es hauptsächlich das Empathiesymptom, das mich beschäftigt … dass mein ruhiger und lieber Junge sich auf

einmal so verändern kann und nun störend im Unterricht und gewalttätig in
den Pausen ist usw. Kann dies ein frühes Symptom des Asperger-Syndroms sein?
Natürlich kann man die Geschichte auf die Spitze treiben und behaupten, dass
dann wohl alle Kinder, die in der Schule Ärger machen, an Asperger leiden müssten, aber ich weiß ja, dass das nicht der Fall ist. Ich beziehe mich hier einzig und
allein auf die extreme Veränderung, die bei meinem Sohn vonstatten gegangen
ist. Ich gehe davon aus, dass man doch erkennen müsste, ob er an Asperger leidet
– oder eben nicht: Wenn er an Asperger leiden würde, müsste er doch wohl immer dieselben Symptome zeigen? ODER ist gerade die große Veränderung typisch bei Asperger-Kindern in seinem Alter? Meine Fragen sind vielleicht sehr
spezifisch … Ich weiß, dass du keine Ärztin bist, aber du hast so viel Erfahrung
mit Kindern! Danke, dass du dir die Zeit nimmst, mir zu antworten!

Es tut mir Leid, aber weder kann noch möchte ich dir behilflich sein –
bei deiner Angst davor, dass dein Sohn an Asperger leiden könnte …
was immer auch du darunter verstehst? Das Traurige beim Asperger-Syndrom,
bei ADHS und einer Reihe anderer psychiatrischer so genannter Krankheiten/
Leiden ist nämlich, dass die Symptome bei jedem Einzelnen von uns festzustellen sind, zumindest hin und wieder – denn so unbestimmt sind sie! Es ist mit
wissenschaftlichen Methoden niemals gelungen, irgendeinen Hirnschaden als
ursächlich nachzuweisen bei all den Millionen von Kindern in der ganzen
Welt, die als »verhaltensgestört« diagnostiziert worden sind und nun mit Medikamenten behandelt werden (in der Regel mit Amphetamin, welches ein sti-
mulierendes, Abhängigkeit hervorrufendes Rauschmittel ist, d.h. ein Narkoti-
kum – es würde dir sicherlich nicht gefallen, wenn so etwas in deinen kleinen
Jungen hineingestopft werden würde, oder?!). Wir haben es hier also ausschließlich mit psychiatrischen Hypothesen zu tun – die wohl nur selten dazu
geführt haben, dass die Menschen glücklicher geworden sind, möchte ich am
liebsten noch hinzufügen …

Ich bin, wie du verstehst, nicht nur eine kritische, sondern eine zornige Gegnerin dieser (in meinen Augen) professionellen Kindesmisshandlung, die in
unserer so genannten zivilisierten Welt ungehemmt stattfindet: Da werden
Kindern Krankheitsstempel aufgedrückt, und man behandelt sie mit Narkoti-
ka, die – ganz anders als die nicht nachweisbaren Schäden – wirklichen Einfluss auf die Entwicklung des Gehirns haben. Das wird Konsequenzen haben,
deren Umfang wir heute noch gar nicht überschauen können.

Kinder können sich von einem Tag zum anderen total verändern – wie du
festgestellt hast –, und man hat Schwierigkeiten, den eigenen, süßen Liebling

wieder zu erkennen … Dies ist kein seltener Fall, und es ist vollkommen normal. Die Entwicklung des Kindes schreitet unaufhaltbar voran. Wachstum und Reifung des Menschen finden gerade in den schwierigeren Phasen, die voller innerer Widerstände ablaufen, statt, d.h., unangenehme Veränderungen sind im Prinzip Teil jedes Entwicklungsstadiums. Daran können und sollten wir nichts ändern, sondern wir sollten lernen, mit diesen Veränderungen in einer konstruktiven (und nicht in einer destruktiven!) Weise umzugehen.

Wenn du dich selbst davon überzeugen kannst, dass dein Sohn an Asperger leidet, musst du einen Psychologen oder einen Psychiater aufsuchen und nicht mich. Ich würde das aber nicht fair finden. Deine Aufgabe als Mutter ist nicht, bei deinem Kind Fehler zu suchen, sondern es zu unterstützen und zu leiten, ihm zu helfen und zu vertrauen, es zu respektieren und um jeden Preis zu verstehen. Du musst sein Freund sein, in allen Lebenslagen, vor allem in den schwierigen Phasen der Veränderungen.

Dass er jetzt erst neun wird, ändert nichts. Nicht alle Kinder lernen an ihrem ersten Geburtstag laufen. Da du die Empathie nennst, möchte ich noch ein Kuriosum erwähnen: Gerade unter den düsteren, protzenden, provozierenden, in sich gekehrten, deprimierten Neunjährigen habe ich beobachten können, dass sie oft unglaublich fürsorglich mit Tieren (und mit kleinen Kindern) umgehen. Liebe Grüße!

Schreiend und dominierend

Unser Neunjähriger ist ein richtiger Schreihals. Er versucht über alle anderen Familienmitglieder zu bestimmen, besonders über seine Mutter, und alle müssen nach seiner Pfeife tanzen. Es gibt ständig Konflikte, und wir müssen oft nachgeben, damit wir überhaupt ein wenig Ruhe bekommen, obwohl wir wissen, dass es der falsche Weg ist. Wir haben versucht, mit ihm darüber zu reden, aber die Wirkung hält nicht lange an. Wir haben uns, fast solange er auf der Welt ist, mit diesem Problem herumgequält.

In der Schule gibt es keine Probleme, er ist dort richtig lieb – und zu Hause auch, solange wir uns ausschließlich um ihn kümmern. Er lebt seine Gefühle intensiv aus und mag es, wenn er viel Spaß haben kann. Er hat zwei ältere Brüder, 13 und 15 Jahre alt, und wir dachten, dass es am Altersunterschied liegt, dass er sich so dominierend aufführt, aber nun ist die Belastung einfach zu groß geworden. Was können wir tun?

Belastende Situationen sind leider unumgänglich. Teils ist das Alter des Neunjährigen per definitionem anstrengend – sowohl für das Kind selbst wie auch für seine Umgebung – und teils ist das Kind mit Siebenmeilenschritten auf dem Weg ins so genannte Lümmelalter, und hier kommt auch noch dazu, dass er zwei große Brüder hat. Und eine liebe Mama. Es ist eine ausgemachte Konstellation für Ärger, Gebrülle und Diktatorenmanieren! Die Mühe, die man sich gibt, kann einem oft wirkungslos erscheinen, aber es ist eine Tatsache, dass sie sich doch irgendwo festsetzt, tief in seinem Inneren, und eines Tages ihre Wirkung entfalten wird. Gib also nicht nach, auch wenn ich weiß, dass es leichter gesagt als getan ist.

Das unleidliche Verhalten muss und sollte Konsequenzen nach sich ziehen. Ich sage nicht Strafe, sondern Konsequenzen. Wenn eine Person an ihrem Arbeitsplatz ständig herummotzt, wird das übrige Personal vor ihr flüchten, rein physisch Abstand halten. Man muss anständig sprechen, wenn man möchte, dass andere einem zuhören. Der Junge kann also jaulen, so viel er möchte, nur will ihm niemand zuhören. Deshalb muss er in seinem Zimmer allein sein, bis er genug hat. Wenn er aber anständig spricht, müsst ihr ihm zuhören. Vor eine solche Wahl gestellt, wird es ihm vielleicht schwer fallen, sich von sich aus hinter eine verschlossene Tür zurückzuziehen. In diesem Sinn sollte man ihm behilflich sein. Ihn hinter eine Tür zu verfrachten heißt nicht, dass man Gewalt anwendet! Man unterrichtet ihn damit über die Konsequenzen seines unakzeptablen Verhaltens: die Verbannung aus der Gemeinschaft.

Kinder lassen sich bereitwillig erziehen, um die Verbannung zu vermeiden. Ihr könnt deshalb ohne Bedenken folgende Bedingungen aufstellen: ENTWEDER unterhalten wir uns in aller Ruhe über diese Sache, und jeder darf erzählen, was er davon hält und was er sich wünscht, und wir treffen danach eine gemeinsame Entscheidung nach der Meinung der Mehrheit. Es geht aber nicht darum, wer am lautesten brüllt, um seinen Willen durchzusetzen – denn das ist in einer Demokratie nicht erlaubt. ODER diejenigen, die der Meinung sind, dass sie es nicht schaffen, die Sache ruhig und vernünftig zu besprechen und eine gemeinsame Entscheidung mit anderen zu treffen, und die meinen, dass sie nur laut werden müssen, um ihren Willen zu bekommen, müssen sich zurückziehen. Dann müssen wir Übrigen es bei einer kleinen Besprechung eben unter uns klären. Was gedenkst DU also zu tun? Gib ihm Zeit zum Überlegen und zum Antworten – und verlang von ihm, dass er zu dem, was er sagt, auch steht. Danach legt ihr los mit der Debatte über was auch immer, und er ist verpflichtet, daran teilzunehmen, im Geiste der Demokratie. Und sollte er in seine alte Angewohnheit zurückfallen, schaut ihr ihn ganz erstaunt an – um nicht anklagend zu sagen – und schließt ihn aus der Gemeinschaft aus. »Du kannst dann wieder kommen, wenn wir fertig sind.« Nach ein paar härteren, aber durchaus logischen Lektionen dieser Art wird er es sich – glaube ich – gründlich überlegen, bevor er das nächste Mal losmotzt.

Wenn es um all das Lustige geht, das ihr so vorhabt, könnt ihr es von der anderen Seite anpacken: Welche Vorschläge möchte ER machen? Welche kann ER umsetzen? Nein, es sollte hierbei nicht ins Geld gehen, das wollen wir nicht, aber was könnte ihm DANN sonst noch einfallen? Appelliere an seine konstruktive Denkweise! Diese Art von Lektionen, bei denen von IHM erwartet wird, dass er mit positiven Lösungsvorschlägen zu diesem und jenem kommt, wird dazu führen, dass er sich seine Überlegungen macht, bevor er an andere unverschämte Forderungen stellt.

Mit Liebe und einem lachenden Auge kannst du, mit anderen Worten, schon jetzt damit anfangen, aus ihm einen kleinen Mann zu machen! Deine Aufgabe als Vater ist es, nicht nur ihn zu verstehen, ihn zu unterhalten und immer mehr Geld auszugeben … Deine Aufgabe ist es, ihn zu leiten, zu lehren und zu erziehen, damit dein Junge lernt, wie er sich im Verhältnis zu Frauen zurechtfinden kann – zu den Frauen, die zurzeit durch die Mama repräsentiert werden. Wie geht man mit Frauen um? – ja, und wie mit dem Leben überhaupt? Ohne Papas Hilfe … Liebe Grüße!

Wie können wir unserem mürrischen Zwölfjährigen helfen?

Zu meiner Frage: Der Zwölfjährige hat es zurzeit nicht leicht, scheint es mir. Er hört sich mürrisch und traurig an, und das kann ich einfach nicht akzeptieren. Es ist nicht so, dass ich erwarte, dass er ununterbrochen mit einem großen Lächeln im Gesicht umherläuft, aber wenn ich oder jemand anders in der Familie es nicht verdient hat, sollte er nicht unangenehm zu uns werden. Er weiß sehr wohl, dass er sich gemein anhört (manchmal überrascht er mich mit seinem scharfsinnigen Selbstverständnis), und wir können darüber reden, aber wie kann ich ihm helfen?

Er weiß, dass er selbst am meisten darunter leidet, wenn er nicht lieb und nett ist, aber es scheint mir, dass er es einfach nicht in den Griff bekommt. Was können wir tun, um ihn darin zu unterstützen?

Es ist mir klar, dass er präpubertierend sein könnte, aber erstens möchte ich ein besseres Verständnis für seine Lage erreichen – ich weiß ja, dass ich manchmal viel zu wütend auf ihn werde – und zweitens möchte ich ihm gerne helfen. Im Übrigen ist er rücksichtsvoll, hilfsbereit, liebevoll und sozial, aber eben nicht ganz in Harmonie mit sich selbst.

Hallo. Du hörst dich sehr einfühlsam an – und dazu noch sehr liebevoll – und du möchtest so gerne deinem Jungen helfen. Wie ich es sehe, hast du drei Möglichkeiten zur Auswahl: 1. Du hältst durch, wirst wütend, ermahnst, verstehst – auch wenn du ihm Vorwürfe machst – und wartest im Übrigen auf bessere Zeiten, die sicherlich kommen werden.

2. Du hältst NICHT durch und gibst ihm eine übertrieben deutliche Illustration seines eigenen Verhaltens: Wenn er euch eine ganze Weile mit seiner Gereiztheit auf die Nerven gegangen ist, schweigst du (anscheinend reagierst du gar nicht), und dann wirst du dich über ein anderes Familienmitglied – vorzugsweise den Vater, wenn ein solcher da ist, ansonsten über einen seiner Brüder (nach heimlicher Absprache) – hermachen – du fängst an, ihn anzufauchen und anzuschreien, gerne mit den Worten und der Körpersprache des Zwölfjährigen, aber eben wild übertrieben, so, als würde der dritte Weltkrieg im Anmarsch sein. Du motzt auf, du schimpfst – sei richtig gemein! Und dein Gegner muss natürlich mitspielen. Ihr müsst euch wirklich ohne Ende mit unangenehmen, verbalen Auswürfen überhäufen – aber natürlich mit einem geheimnisvollen Lächeln im Auge. Wenn der Zwölfjährige, der am besten glauben sollte, dass ihr es ernst meint, anfängt zu reagieren und einen beherzten Versuch macht, einzuschreiten, weil er ja schon so groß und so verantwortungsbewusst ist, ist die Zeit für eine Demaskierung in aller Unschuld gekommen: »Aber ich dachte, dass man so miteinander reden müsste? Was meinst du?« – lächle ihn an, ohne seine Antwort abzuwarten, und lass ihn dann seine Argumente präsentieren!

3. Du hältst immer noch NICHT durch und vergewisserst dich, dass er selbst wahrnimmt, wie unangenehm er sich anhört, und dass er keinem Menschen damit eine Freude macht, am allerwenigsten sich selbst. Dann erwischst du ihn auf frischer Tat, wenn er sich das nächste Mal mürrisch oder sauer anhört und sagst: »Hoppla! Jetzt machst du es wieder ganz falsch – das macht doch gar keinen Spaß, oder? Fang also noch einmal von vorne an, und sag das, was du mir sagen willst, in einer NETTEN Weise! Also, es war so: Ich (oder sein Bruder oder wen er gerade angemeckert hat) stand gerade hier und habe dies gemacht und das gesagt, und du meintest dann dies und sagtest das – und jetzt ist es deine Aufgabe, das, was du sagen wolltest, anders zu formulieren. Und lass dir bitte etwas Besseres einfallen! Wenn ich z.B. jemanden hasse, kann ich

es ja so ausdrücken (fuchsteufelswild): Ich HASSE dich, du verdammtes ... usw., aber ich kann es auch so sagen (und du setzt ein liebenswürdiges Lächeln auf): Ich liebe dich nicht, aber ich denke, du liebst mich auch nicht, was hältst du also davon, wenn wir uns die nächsten zehn Minuten nicht sehen? O.K., wollen wir uns die Hand darauf geben? Machs gut – und bis dann!« Ein wenig übertrieben, wie du merkst, aber trotzdem (oder gerade deswegen) eine effektive Lektion, die ihm beibringen kann, dass es ihm freigestellt ist, zu denken, was er mag, aber dass wir alle, zu unserem eigenen Besten und zum Besten unserer Umgebung, in der Regel gut daran tun, unsere ersten spontanen und destruktiven Impulse zu zügeln und uns stattdessen in einer sozial akzeptablen Weise auszudrücken, die keine neuen Aggressionen weckt, sondern einen konstruktiven, weiteren Verlauf ermöglicht.

Nun hoffe ich, dass ein paar meiner Vorschläge dich inspirieren werden! Und vergiss vor allem nicht, ihn in Anspruch zu nehmen, konkret und praktisch – nicht nur als großen Bruder für die beiden Jüngeren, sondern auch mit dir zusammen, im täglichen Kampf um die Existenz. Er muss sich jeden Tag – und vor allem jetzt, wo er nicht gerade zufrieden mit sich selbst ist – sagen können: Die anderen würden ohne mich schlechter zurechtkommen – egal, ob sie mich lieben oder nicht. Liebe Grüße!

Mein Sohn hat die Führung übernommen

Mein zwölfjähriger Sohn hat die Führung übernommen. Was kann ich tun, um die Kontrolle wiederzugewinnen? Vor zwei Jahren zog er auf eigenen Wunsch zu seinem Vater, und ich muss gestehen, dass es zu jenem Zeitpunkt eine Erleichterung war, da er mit seinen Geschwistern nie gut ausgekommen ist. Er ist ein aufgeweckter und intelligenter Junge, ein gutes Stück über dem Durchschnitt. In der Schule klappt es alles in allem sehr gut, er hat aber Probleme mit Autoritäten. Er ist immer derjenige, der alles am besten kann, am besten Bescheid weiß und alles bestimmen muss. Er nimmt keine Zurechtweisung an, egal, wie freundlich sie ihm vermittelt wird. In seinen Augen ist er einfach unfehlbar, und er nimmt dann eine Haltung an, die jeden verrückt machen kann, wenn man sich überhaupt noch traut, ihm etwas zu sagen. Er kann einem eiskalt und ruhig in die Augen schauen – außer mir, aber sonst jedem Erwachsenen, ohne Ausnahme –, während er erklärt: »Du bestimmst nicht über mich, du A..., was gedenkst du denn zu tun, wenn ich nicht auf dich höre?« Es spielt überhaupt keine Rolle, welche Drohungen man aufstellt (nach dem Motto: »Ich meine es aber ernst«), er lacht nur und haut ab. Versucht man ihn aufzuhalten, liegen Ohrfeigen in der Luft. Es ist nun so weit, dass ich überzeugt bin, dass er mich früher oder später schlagen wird – und was mache ich dann?

Ein paar Jahre werde ich wohl noch stärker sein als er und würde ihm bei einer eventuellen körperlichen Auseinandersetzung überlegen sein, aber was dann? Schon heute dominiert er seine Geschwister mit Hilfe von Gewalt und Gewaltandrohungen, und wenn man dann gezwungen ist, einzuschreiten, leuchtet der Hass geradezu in seinen Augen. Sein Vater ist der einzige Mensch, den er respektiert und auf den er bis zu einem gewissen Grad auch hört. Bei ihm gibt es anscheinend auch keine großen Probleme. Er hat unseren Sohn immer wieder ermahnt, und der hat dann versprochen, sich zu bessern, oder er hat seinen Vater zu den Vorfällen auch direkt angelogen. Ich bekomme allmählich Angst vor der Zukunft. Wenn du ein paar Tipps für mich hast, werde ich sie voller Dankbarkeit annehmen!

Hallo, meine Liebe. Ach, es ist zu weit gekommen, viel zu weit. Dieser kleine Junge weiß ja überhaupt nicht, was Demut bedeutet. Er terrorisiert seine Geschwister und fordert dich heraus – um nicht wieder das Wort »demütigen« zu verwenden. Er glaubt, dass Gewalt und Gewaltandrohungen der Schlüssel zum Selbstverständnis und Respekt sind – die Art von Respekt, nach der Polizistenmörder und Neonazis schreien, während sie Menschen demütigen und umbringen. Da ist etwas total schief gelaufen!

Und es verhält sich tatsächlich so, wie du sagst, bald wird er stärker sein als du. Du kannst ihn aber immer noch zur Seite zerren und unter vier Augen deine ganze Wut mobilisieren, die sich irgendwo hinter all deiner Vernunft verbirgt, hinter deiner Traurigkeit, deinen Ängsten und Sorgen, und ihm klar machen, dass du nicht akzeptierst, dass er droht und/oder seine Geschwister schlägt: »Ich will das nicht. Ich drohe oder haue dich auch nicht! Ab jetzt wirst du jedes verflixte Mal, wenn du jemandem irgendwie wehgetan hast, denjenigen umarmen. Denn es sind deine Geschwister, und du brauchst sie, bilde dir bloß nichts anderes ein. Du wirst sie für den Rest deines Lebens noch brauchen, und du musst sie anständig behandeln. Deinen Hass kannst du sonst wohin stecken, mein kleiner Freund! Damit machst du dir nur selbst alles kaputt, vergiss das nicht!« Und dann segelst du davon – ohne seine Kommentare abzuwarten. Rede ihn sozusagen klein – und das mit SEHR großen Buchstaben. Später greifst du blitzschnell ein, wenn du spürst, dass etwas Dreckiges von seiner Seite seinen Geschwistern gegenüber im Anmarsch ist. »WAS habe ich da gehört? WAS hast du gesagt? WAS hast du getan? Bitte schön, dann umarmst du jetzt sofort denjenigen …!« Und mit einem sehr festen Griff nimmst du seine Arme und Hände und legst sie um das Opfer, egal, wie sehr er sich wehrt. Gut! Dann lässt du los und gehst. Mit Augen und Ohren im Nacken. Und wiederholst sofort die Prozedur, wenn es nötig wird. Denn hier werden harte Maßnahmen erforderlich – du MUSST ganz einfach so fuchsteufelswild werden, wie es dir überhaupt möglich ist, und das jedes einzelne Mal!

Und nun zu seinen weniger charmanten Herausforderungen à la »Du bestimmst nicht über mich, du … wenn ich nicht auf dich höre, was gedenkst du dann zu tun?«. Hier kannst du mit gleicher Münze zurückzahlen: »Du nennst mich nicht so etwas, denn so rede ich auch nicht mit dir. Danke sehr!! Und wenn ICH nicht das mache, was DU willst, was machst DU dann? Wirst du mich vielleicht schlagen? Findest du, dass wir uns hier zu Hause alle prügeln sollen, oder meinst du, dass wir anständig miteinander reden und uns auch anständig benehmen sollten? Erzähl mir doch mal, wie du es haben möchtest! Und WENN es so ist, dass du der Meinung bist, dass wir einfach losschlagen sollen, musst du wissen, dass ich größer und stärker bin als du und dass ich härter zuschlagen kann! Ich WILL aber nicht schlagen! Willst du? Meinst du, dass wir damit weiterkommen würden? Erzähl mal, lass uns hören!« Starre ihm wütend in die Augen und warte auf – ja, fordere seine Antwort. Mach ihn unsicher! Das ist der Anfang einer kleinen »Hoppla, was-ist-jetzt-denn-los«-Perspektive, die den Weg zur Demut zeigen kann.

Danach würde ich ihm eine wirklich effektive Lektion in der kleinen Schule des Lebens erteilen. Ich würde versuchen, ihn herauszufordern, indem er Gelegenheit bekommt, all seinen Ideen von Unfehlbarkeit und Besserwisserei gerecht zu werden, in der Praxis, z.B. auf einer kleinen Reise, die ich mit Entzückung in der Stimme ankündigen würde: »JETZT wollen du und ich zusammen eine Woche verreisen, das wird Spaß machen, meinst du nicht?« Und dann würde ich mich ins Auto oder in den Zug setzen, mit einer minimalen Ausrüstung und einem minimalen Geldbetrag, einem Gaskocher und vielleicht auch einem kleinen Zelt. Und dann seine Frage abwarten: »Wo fahren wir denn hin?« Und mit einer Frage antworten: »Tja, was meinst du? Weißt du nicht, wo wir hinfahren könnten? Nicht? Ach, das ist ja auch nicht so wichtig, die Hauptsache ist, dass wir zusammen sind. Was meinst du?« Darauf müsste es dem Kind überlassen werden, die weitere Planung zu übernehmen, und ich würde jede Menge Einwände haben: »Nein, das geht nicht, das ist zu weit. Nein, das geht nicht, das ist zu teuer. Nein, ich weiß nicht … Was findest du?« Ich würde mich überhaupt nicht um irgendwelche Mahlzeiten kümmern und das Kind hungern lassen, bis er das Thema selbst anspricht. »Und wie sollen wir kochen? Ein Feuer machen? Das kriegst du doch sicherlich hin. Das schaffst du doch, oder?« Ich würde ihm, mit anderen Worten, eine kleine Lektion in Sachen Überleben erteilen – und mich selbst dabei vollkommen hilflos verhalten. »Aber, bitte schön, zeig doch, was du alles kannst, mein großer, perfekter Junge«, würde meine stumme Botschaft lauten. Und ich würde dafür sorgen, dass er reihenweise Fehler macht, so dass es ihm peinlich wäre und er sich ungeschickt und dusselig anstellt. Und ich würde mich bestimmt nicht triumphierend verhalten, sondern nur beklagend: »Ach, nein, wie kann es nur sein, dass es so kommen musste …« – und selbst untätig bleiben. Ich würde keine Initiative ergreifen. Er müsste selbst sein Leben in die Hand nehmen, dort draußen in der Wildnis (vorzugsweise). Eine Art Robinson-Show.

Wieder zu Hause würde ich ihm dann mit SEHR großen Buchstaben einen Vortrag halten – zum Thema »große Worte und nichts dahinter«, denn draußen im Leben zählt nur das, was man kann und tut, und nicht, was man meint, dass man kann – und DAS lernt man nur, indem man lebt, und nicht, indem man mit großen Sprüchen um sich wirft! Ich würde das, was er hoffentlich gelernt hat, auf die Probe stellen – das, was man in der Tat als Demut bezeichnen kann, die Einsicht, dass man doch nicht so ein Teufelskerl ist, wenn es um die wahren Naturkräfte geht, usw. Und ich würde ihm klar machen, dass ich ihm mit meiner eigenen Hilflosigkeit während der Reise einen echten Freundschaftsdienst erwiesen habe, da er anscheinend etliches missverstanden hatte – man wird nicht auf Kosten anderer ein guter Mensch, sondern indem man den anderen hilft. Und es würde mir nicht eine Sekunde einfallen, mich dafür zu entschuldigen. Ich würde mich damit sehr wohl fühlen, ihm eine längst überfällige Lektion erteilt zu haben. Hier geht es darum, einem kleinen Rüpel Einhalt zu gebieten, bevor er ins Wasser fällt!

Es ist gut, dass er trotz allem seinem Vater ein wenig Respekt erweist (den musst du dir auch erkämpfen). Und sein Vater sollte wissen, dass seine unendlichen Vorträge – wenn er den Jungen zurechtweist – doch von Nutzen sind, auch wenn sie vielleicht nicht immer sofort Wirkung zeigen. Sie werden irgendwo gespeichert und zu dem verarbeitet, was man letztendlich Moral nennen kann. Sie sind also NICHT umsonst. Liebe Grüße!

Fragen zur körperlichen Entwicklung

»*Es ist ja unsere Aufgabe als Eltern, unsere Kinder
in bestmöglicher Weise auf ein Leben
ohne die Eltern vorzubereiten.*«

Bauchschmerzen

Meine siebenjährige Tochter beklagt sich ständig über Bauchschmerzen. Ich frage sie, wo es wehtut, und dann sagt sie fast immer, dass ihr der ganze Bauch wehtut. Ich finde auch, dass ihr Bauch aufgebläht aussieht, wie bei den hungernden Kindern, die im Fernsehen gezeigt werden, aber jedenfalls isst sie etwas. Ich finde, ihre Essgewohnheiten könnten etwas besser sein, sie liebt Butterbrote und Schokomilch. Vor ungefähr einem Monat war ich mit ihr beim Arzt, aber er konnte nichts Unnormales feststellen. Trotzdem mache ich mir Sorgen, weil sie so oft über Schmerzen klagt (ihr Stuhlgang ist O.K.).

Wenn sowohl der Appetit wie auch der Stuhlgang in Ordnung sind, hat das Problem wohl doch nichts mit dem Bauch zu tun, sondern liegt an anderer Stelle, auch wenn es der Bauch ist, der reagiert (was nicht ungewöhnlich ist). Du solltest also diese ganze Bauchgeschichte entdramatisieren und sie stattdessen dazu aufmuntern, ihre Sorgen und Gedanken, die sie evtl. belasten, deutlicher zum Ausdruck zu bringen. Wenn sie über Bauchschmerzen klagt, kannst du den kleinen Bauch streicheln, darauf pusten, ihn leicht massieren und liebevoll sagen: »Ach nein, kleiner Bauch, tut es dir heute weh, dann machen wir mal so ...«, worauf du voller Konzentration deine kleinen Tricks einsetzt, so als würde der Bauch ein Eigenleben führen, und danach erklärst du: »Schau, nun wird der Bauch bald wieder fröhlich sein!« Versuch nicht zu viel Aufhebens um die Schmerzen zu machen, und zeig auch kein Mitleid mit dem Kind, sondern wende dich direkt an den Bauch, und schon ist das Problem gelöst. Deine Einstellung soll der Kleinen zeigen, dass es vollkommen O.K. ist, wenn man hin und wieder irgendwo Schmerzen hat, das ist keine Katastrophe, das passiert jedem Menschen mal, so ist es einfach.

Ermuntere nun deine Tochter, über ihre Sorgen zu reden, was bei kleinen Kindern gar nicht so einfach ist, weil sie ja selten wissen – geschweige denn verstehen –, was sie bedrückt. Versuch es z.B., wenn sie gerade ein Butterbrot oder Schokomilch genießen will. Setzt euch zusammen hin und unterhaltet euch dabei. »Na, magst du mir etwas Lustiges erzählen? Oder auch mal etwas Trauriges? Ich habe etwas! Ich kenne eine total lustige Geschichte. Aber man muss auch die traurigen Sachen erzählen … Hast du auch eine lustige und eine traurige Geschichte? Wer soll anfangen, was meinst du?« Mit einer solchen spielerischen Therapie kann man, was es auch sein mag, näher kommen, und dann gilt es – wenn man den Ort, an dem der Hund begraben liegt, spürt –, nicht die geringste Spur von Besorgnis zu zeigen. Ebenso wenig sollte man ihr etwas ausreden oder sie abweisen, sondern sie einfach nur zum Weiterführen des Gesprächs ermuntern – indem man interessiert zuhört und immer alles versteht, ohne deswegen Mitleid zu zeigen. Man kann ähnliche Erlebnisse/Gedanken/Gefühle aus dem eigenen Erfahrungsschatz hervorkramen – und es mit leichter Hand tun, denn es geht darum, das Kind von dem Gefühl zu befreien, dass mit ihm etwas nicht in Ordnung ist (nach dem Motto: »Keinem auf der ganzen Welt geht es so wie mir!«). Und danach unterhält man sich über ganz andere Sachen, in einem alltäglichen Tonfall, der dem Kind zeigt, dass alles so ist, wie es sein soll (= nichts Gefährliches, nichts Falsches).

Ich hoffe, du verstehst, was ich meine, und dass ich dir Mut gemacht habe, in diese Richtung zu denken und zu handeln! Liebe Grüße!

Nägelkauen

Hallo. Mein siebenjähriger Sohn hat angefangen seine Nägel abzuknabbern, und zwar auf ganz üble Weise, sozusagen, bis nichts mehr dran ist! Er war schon immer ein nuckeliger Typ, d.h., er hat immer an allem gelutscht und geknabbert, seit er ein Säugling war. Soll ich etwas zum Eincremen/Lackieren seiner Nägel kaufen? Diese Mittel riechen ja immer sehr stark. Ich finde aber, dass es wohl besser ist, jetzt einzugreifen, bevor sich die Gewohnheit richtig festgesetzt hat. Gibt es jemanden, der sich mit diesem Problem auskennt? Liebe Grüße!

Hallo, meine Liebe. Ich kenne mich persönlich mit dem Problem nicht so gut aus, aber die Welt ist voller Nägel kauender Menschen, und wir brauchen nicht noch einen dazu … Ich würde dem kleinen (wahrscheinlich von wachstumsbedingter Unruhe befallenen) Jungen einen hübschen Vortrag halten, in dem es darum geht, dass es ja wirklich traurig wäre, wenn er seine hübschen und eleganten (schmeiß mit den Komplimenten nur so um dich) Hände und Nägel ganz und gar kaputtknabbert. Und das passiert, wenn man die Nägel vollkommen abbeißt. Außerdem braucht man die Nägel bei ganz vielen Gelegenheiten (hier kannst du es ihm demonstrieren, indem du ihm den Rücken kratzt, wenn er das denn mag ...). Also muss das Nägelkauen ein Ende haben. Frag ihn, was ihm lieber ist: Entweder hört er selbst auf und ihr werdet ihn dann mit Kaugummi versorgen – oder ihr müsst eine Salbe/einen Nagellack kaufen, der so eklig schmeckt, dass ihm davon übel werden wird, wenn er doch noch Nägel kaut. Lass ihn ein wenig überlegen, und danach trefft ihr eine gemeinsame, großartige Entscheidung. Liebe Grüße!

Nächtliches Einnässen

Hallo, mein siebenjähriger Sohn hat gerade eine Phase, in der er nachts immer wieder einnässt. Im Bett wohlgemerkt, was ich gar nicht lustig finde. Trotzdem versuche ich, nicht wütend oder sauer zu werden, aber es ist nicht leicht, wenn ich in meinem Bett aufwache, und mein Sohn bei uns liegt und das ganze Bett (seufz!) nass gemacht hat. Was kann man dagegen machen? Wir haben versucht zu sagen: »Heute Abend hast du wohl vergessen, deinen Pipi-Wecker zu stellen?« Aber beim letzten Vorfall (letzte Nacht) sagte er einfach: »Verflixt noch mal, die Batterie im Wecker war alle – bist du jetzt sauer, Mama?«

Sollte man ihn hochnehmen, damit er auf die Toilette gehen kann? Sollten wir den gemütlichen Gute-Nacht-Trunk weglassen? (Es hat aber nichts gebracht, als wir es ein paar Mal versucht haben.) Hast du einen guten Rat für uns? (Sein Urin ist untersucht worden, alles O.K., es ist also kein medizinisches Problem.) Liebe Grüße!

Einnässen ist ein trauriges Problem. Schläft er bei euch im Bett – und wenn, warum? Meiner Meinung nach solltet ihr damit anfangen, ihn in seinem eigenen Bett schlafen zu lassen. Erzählt es ihm rechtzeitig – in aller Ruhe, aber mit Bestimmtheit, wenn in eurem Zuhause gerade Ruhe herrscht. Sagt in einem neutralen Tonfall: »Ab heute Abend wirst du immer in deinem Bett schlafen, das haben wir entschieden. Du bist jetzt so groß, das kriegst du schon hin. Und wenn es passieren sollte, dass du dein Bett nass machst, machen wir es so ...« Darauf folgt ein praktischer und freundlicher Vortrag darüber, wie er dann vorgehen muss – möglichst sachlich und ohne gefühlsmäßige

Würze (du kannst ihm evtl. zu verstehen geben, dass du selbst – egal, ob es wahr ist oder nicht – als Siebenjährige/r total oft ins Bett eingenässt hast, damit er deine Solidarität spürt). Du sagst weiter zu ihm, er solle sich ein großes Frotteehandtuch holen – »du weißt doch, wo sie liegen, oder?« – und es über den nassen Fleck legen. »Und am nächsten Morgen ziehst du das Bettlaken ab und legst es in den Wäschekorb, dann holst du ein sauberes Laken und beziehst die Matratze neu – leg noch ein Handtuch unter das Bettlaken, falls die Matratze noch nass ist. Du weißt doch, wo unsere Bettlaken liegen, oder? Gut, dann regelst du das morgen Früh, aber natürlich nur, FALLS du Pipi ins Bett machen solltest, denn so brauchen wir anderen uns gar nicht mehr darum zu kümmern. Super!« Die Pointe dieser Ansprache ist, dass das Einnässen so umständlich wird, dass er sich bemühen wird, es zu vermeiden. Seine Frage, ob du sauer wirst, zeigt ja ganz deutlich, dass er sehr wohl weiß, dass es nicht gerade toll ist, wenn man einnässt, besonders nicht in eurem Bett. Es ist eine kleine Provokation, der du dadurch begegnest, dass du die ganze Sache etwas konkreter anpackst – hat er irgendwelche Probleme, soll er sie verflixt noch mal nicht dadurch zum Ausdruck bringen, dass er in dein Bett pinkelt!

Seinen Schlaftrunk darf er bekommen – und auch die Verantwortung für dessen Ausscheidung, sozusagen.

Du kannst – ganz neutral, fast im Vorübergehen – auch ein Töpfchen unter sein Bett stellen und ihn freundlich darauf aufmerksam machen, dass er dort Pipi machen kann, falls er zu müde ist, um sich bis ins Badezimmer zu schleppen. Liebe Grüße!

Das Einnässen hört nicht auf

Hallo! Meine achtjährige Tochter macht häufig, aber nicht immer Pipi ins Bett. Manchmal geschieht es jede Nacht eine ganze Woche lang, und plötzlich nässt sie dann eine Woche gar nicht ein. Ich habe mit der Ärztin darüber gesprochen, und sie sagt, dass ich keine Tabletten gegen das Einnässen geben soll, da meine Tochter ja nicht jede Nacht einnässt. Wenn es aber passiert, ist es wirklich ziemlich anstrengend, wegen der ganzen Wäsche. Ich habe einige Einwegbettlaken bekommen, und sie waren ganz gut. Meine Tochter ist nun seit vielen Jahren Bettnässerin, warum hört es denn nicht endlich auf? Die Ärztin meinte, dass es mit der Zeit immer besser werden wird. Stimmt das? Ich habe einen Artikel gelesen, und danach kann es für immer so bleiben. Ich mache mir ein wenig Sorgen, wenn sie bei anderen übernachten möchte. Ein paar ihrer Freundinnen wissen, dass sie einnässt, weil sie es selber erzählt hat, manche reagieren ganz locker, andere meinen, es sei kindisch.

Wird das Einnässen als eine Krankheit betrachtet – denn man kann ja eigentlich gar nichts dagegen machen, oder? Meine Schwägerin und ich unterhielten uns letztens über unsere Kinder, und da sprachen wir wieder über das Bettnässen meiner Tochter, und ich sagte, dass sie ja dafür nichts könne. Meine Schwägerin ist Epileptikerin, und ich sagte, dafür könne sie selbst ja auch nichts, und genauso wenig könne meine Tochter etwas dafür, dass sie einnässt. Es ist sehr belastend, dass nicht jeder es versteht, und ich habe Angst, dass meine Tochter darunter leiden könnte. Ich hoffe, du kannst mir helfen und mir ein paar Anweisungen geben. Vielen Dank im Voraus!

Ich bin der Meinung, dass du deine Tochter nicht als Bettnässerin abstempeln solltest – denn die Folge ist, dass sie es selber dann auch so sieht, und das ist bestimmt nicht von Vorteil! Ich bin ja keine Ärztin, aber ich glaube nicht, dass sie krank ist. Denn wäre körperlich etwas nicht in Ordnung gewesen, wäre es doch schon längst festgestellt worden (du warst ja mit ihr bei einer Ärztin). Und außerdem würde sie sich ja im Falle, dass es etwas Organisches wäre, kaum eine ganze Woche lang trocken halten können. Dass sie das schafft, zeigt für mich eher, dass sie irgendwo in ihrem Hinterkopf doch ihre Blasenfunktion unter Kontrolle hat. Aber da ihr sozusagen der Status als Bettnässerin zukommt, braucht sie die Kontrolle auch nicht mehr zu wahren, sondern gibt sie auf, wenn ihr danach ist – der Stempel wird somit zur sich selbst erfüllenden Prophezeiung.

Normalerweise werden Kinder im Alter von etwa drei Jahren trocken, wenn man nicht bewusst darauf hinarbeitet und sich so wenig wie möglich einmischt. Der Mensch ist von Natur aus ein reinliches Wesen. Hat man einmal die nächtliche Windel weggelassen, sollte es am besten dabei bleiben. Meiner Meinung nach sollte das Sauberkeitstraining ausschließlich darin bestehen, dass man dem Kind die Initiative für sein Trockenwerden überlässt. Es sollte schnell auf die Toilette oder aufs Töpfchen gelangen können, es sollte lernen, wie man sich abwischt und dass man danach die Hände wäscht, so dass das Kind die Angelegenheit allein regeln kann. Die Verantwortung für die ganze Sache sollte also beim Kind liegen, d.h., man hilft ihm bei der praktischen Seite, damit das Kind seine Blasen- und Darmfunktion selbst steuern kann, und mehr sollte man gar nicht tun. Man drängelt nicht, man fragt nicht nach, sondern erwartet nur, dass es klappt – wenn nicht heute, dann morgen. Man setzt sein Vertrauen in die Natur. Es ist für den Menschen genauso natürlich, dass er sich selbst sauber hält, wie er aus eigener Initiative lernt, allein zu essen!

Aus irgendeinem Grund ist dein kleines Mädchen auf die Idee gekommen, dass »Mama es für mich schon in den Griff bekommt« (wenn du verstehst, was ich meine), und das ist auf Dauer nicht haltbar. Es ist ja so, dass sie manchmal ohne Stütze auskommt – um bei der Bildersprache zu bleiben. Und so ist ja auch die natürliche Ordnung. So muss es sein, und das weiß sie auch. Zeigt sich aber, dass dies nicht unbedingt notwendig ist, braucht sie sich ja auch nicht danach zu richten, wenn sie gerade keine Lust dazu hat.

Das Bettnässen als kleines Fehlverhalten verschwindet deshalb auch nicht immer von selbst. Ist die natürliche Kontrolle erst einmal aus den Fugen geraten oder hat sie noch nie richtig funktioniert, besteht die Gefahr, dass die Maschinerie sozusagen aus dem Ruder läuft. Andererseits kann es natürlich nur vorübergehend sein, besonders wenn es mit seelischem Druck zusammenhängt – sage ich, die in der ganzen frühen Kindheit Bettnässerin war, was aber plötzlich ein Ende fand, als die letzten kümmerlichen Reste meiner Familie sich auflösten (ich war damals ein Jahr älter als deine Tochter jetzt). Noch so klein und ganz allein unter fremden Menschen musste ich notgedrungen meine eigene Mutter werden. Deshalb hörte ich – paradoxerweise, könnte man sagen – mit dem Einnässen auf.

Mein Vorschlag ist, dass du die Sache jetzt erst einmal ganz praktisch angehst – kombiniert mit ein paar einfachen und freundlichen, aber bestimmten Forderungen, denn deine Tochter KANN es ja! Vergiss die Überlegung, dass mit ihr etwas nicht in Ordnung sei und dass sie nichts dafür könne. Denn sie kann das regeln – mit deiner Unterstützung.

Rede erst mit ihr unter vier Augen darüber (keine anderen sollten in diese Geschichte eingeweiht werden!). Erzähl ihr, dass ihr jetzt einander dabei helfen wollt, diese Sache in den Griff zu bekommen, denn nun ist sie schon so groß, dass sie es einfach schaffen muss, woanders zu übernachten und vielleicht auch mit der Schule auf Klassenfahrt zu gehen und bei anderen Menschen mehr Zeit zu verbringen und Freundinnen bei sich übernachten zu lassen, um mit ihnen richtig schön viel Spaß zu haben – du kannst gerne richtig dick auftragen –, und deshalb muss das Bettnässen jetzt ein Ende haben, denn sonst geht das ja alles nicht! Ihre kleine Pipi-Blase muss jetzt in der Tat lernen, sich richtig zu verhalten! (Die Blase hat sich also falsch verhalten – und nicht deine Tochter, lautet deine Botschaft.) Und wo muss man noch mal Pipi machen? Ach, ja, auf der Toilette. Oder möchte sie vielleicht lieber ein kleines Töpfchen in ihrem Zimmer haben? Das ist auch vollkommen in Ordnung, mit Toilettenpapier und allem drum und dran, wenn nur die kleine Pipi-Blase es so hinbekommt, dass sie NICHT ins Bett macht und auch nicht in die Hose oder auf Opas schöne Couch oder … (hier ist Raum für humoristische Einschübe, wenn du ein wenig übertreiben magst. Lachen ist immer ein gutes Mittel gegen böse Trolle und wunde Füße!). »Man macht kein Pipi ins Bett«, erzählst du weiter, »aber das weißt du ja, oder? Es ist wohl nur die kleine Pipi-Blase, die noch nicht Bescheid weiß, aber das muss sie dann jetzt eben lernen. Dass man in die Toilette oder ins Töpfchen macht, aber NICHT ins Bett. Man macht Pipi in die Toilette …« (wiederholst du einige Male).

Und dann gehst du zum praktischen Teil über: »FALLS am Anfang noch ein wenig Pipi im Bett enden sollte, weil die Pipi-Blase es noch nicht richtig gelernt hat, machen wir es so: Erst beziehen wir das Bett hiermit, denn so ist die Matratze vor Nässe geschützt. Danach legen wir das Bettlaken darauf (lass sie es selbst machen – mit deiner Hilfe!) und streichen es schön glatt, so (denn deine Tochter muss jetzt lernen, die Verantwortung dafür zu übernehmen, dass das Bett sauber bleibt), und dann – also FALLS das Bett doch noch nass wird – in der Nacht, wenn wir alle schlafen, dann musst du es so machen: Du ziehst das Bettlaken ab, legst es in den Wäschekorb, dann holst du ein neues Laken – sie liegen hier – und beziehst das Bett wieder neu. Am nächsten Morgen müssen wir das nasse Bettlaken waschen, ich werde dir dann schon zeigen, wie man es macht, damit du es alleine hinbekommst. FALLS es überhaupt noch passieren sollte …« Der Tonfall ist so, dass es SICHERLICH NICHT so sein wird. Denn man macht ja Pipi in die Toilette usw.

Wenn du sie abends ins Bett bringst, wiederholst du die ganze Leier ein paar Mal. Sie muss davon bis in den Schlaf begleitet werden, damit die Botschaft sich wie ein kleines Alarmsignal in ihrem Hinterkopf einnistet: »Man macht Pipi in die Toilette und NICHT ins Bett. Man macht Pipi in die Toilette!« So als würde eine alte und gemütlich klingende Schallplatte laufen. Am nächsten Morgen fragst du interessiert und freundlich: »Bist du letzte Nacht auf die Toilette gegangen?« Vielleicht musste sie gar nicht, und vielleicht hat sie ins Bett gemacht. In dem Fall reagierst du so, als wäre ein kleiner Unfall passiert, der dich ein bisschen überrascht (da du jetzt davon ausgehst, dass sie auf die Toilette geht und nicht ins Bett macht): »Ach, so ist das! Dann müssen wir uns wohl noch mal mit der Pipi-Blase unterhalten. Aber du hast doch gewusst, was du machen musst, oder nicht? Zeigst du es mir bitte?« Und sie darf dir dann zeigen, wie sie das Bett neu bezogen hat, und natürlich muss jetzt das nasse Bettlaken in die Waschmaschine gestopft werden. Die Hauptsache ist, dass sie die unpraktische Seite der Geschichte miterlebt. Am folgenden Abend wiederholst du deine Leier – und das machst du jeden Abend, wenn du sie ins Bett bringst.

Bleib dabei! Es würde mich sehr wundern, wenn das Problem sich nicht schon bald in Luft auflöst! Liebe Grüße!

Sie macht jeden Tag in die Hose

Meine fast neunjährige Tochter macht noch in die Hose. Und das fast täglich. Es geht schon jahrelang so, mehr oder weniger konstant. Es ist nicht so, dass sie bewusst in die Hose macht, also anstatt auf die Toilette zu gehen. Nicht alles endet in der Hose, aber eben so viel, dass man es riecht. So viel, dass es tatsächlich ein Problem ist. Sie sagt, dass sie es nicht bis zur Toilette schafft. Aber sie kann sehr lange damit herumlaufen, ohne sich umzuziehen oder sich zu waschen. Sie geht auf die Toilette, wenn ich sie dazu auffordere, aber dann unter großem Protest, sie wird richtig wütend, wenn ich es ihr sage. Es ist für sie überhaupt ein heikles Thema. Ich darf ihr nie beim Waschen helfen, und sie wird RASEND, wenn ich nur das Thema berühre.

Gelegentlich hat sie angedeutet, dass sie sich nicht die Zeit nimmt, um auf die Toilette zu gehen, weil danach vielleicht ihre Freundin weg ist oder mit anderen spielt. Sie hat es hier zu Hause nicht leicht gehabt, und es ist mir klar, dass dies die Ursache ihres Problems sein könnte. Ihr Vater und ich trennten uns vor kurzem. Sie wurde von ihm immer wieder im Stich gelassen, und gleichzeitig ist sie wütend darüber, dass er nicht mehr hier wohnt. Auf der anderen Seite ist es hier seitdem viel ruhiger geworden, und ich finde, dass es ihr allmählich besser geht.

Ich habe keine Ahnung, wie ich das Problem anpacken soll. Muss ich einen Arzt oder einen Kinderpsychologen aufsuchen? Und WIE bringe ich sie dazu, dies oder jenes auszuprobieren, wenn sie nicht einmal darüber reden will? FALLS das Problem körperlicher Art sein sollte – gibt es dann Medikamente dagegen? Ich wäre für jede Hilfe sehr dankbar. Im kommenden Sommer fährt sie in ein Kinderlager, und bis dahin müssen wir eine Lösung gefunden haben.

Vielleicht hast du schon einen Arzt konsultiert? Ich bin der Meinung, dass man immer als Erstes ein körperliches Leiden ausschließen sollte, wenn man einem Problem, das sich körperlich äußert, gegenübersteht. Es gibt viele Menschen, sowohl große wie auch kleine, die ihre Blasen- und Darmfunktionen nicht vollkommen unter Kontrolle haben, und nicht selten gibt es eine medizinische Lösung des Problems. Suche also fachlichen Rat!

Wenn körperlich alles in Ordnung ist, heißt es, dass sie in einer Misere gelandet ist, die du – offensichtlich – anders als bisher handhaben solltest. Selbst geht sie mit dem Problem so um, wie es Kinder nun mal tun: Sie verdrängt es – solange es irgendwie geht – und ist nicht erfreut, wenn sie daran erinnert wird. Denn der Mensch ist ja ein reinliches Tier. Sie weiß sehr wohl, dass es keine gute Idee ist, mit Aa in der Hose herumzulaufen, und deshalb tut sie so, als hätte sie es gar nicht bemerkt – oder sich noch nicht darum gekümmert.

Wenn man das Problem unbedingt streng psychologisch analysieren will, wird man sicherlich einen Zusammenhang mit der elterlichen Trennung und allem, was dazugehört, finden können. Ich kann mir vorstellen, dass es ziemlich viel Unruhe gegeben hat, bevor es nun in der kleinen Familie wieder friedlicher geworden ist, wie es deiner Beschreibung nach jetzt der Fall ist. Nichtsdestotrotz vermisst sie ihren Vater. Dies ist ein Konflikt, bei dem man sagen könnte, dass sie buchstäblich ziemlich »angeschissen« ist. Ich bin zwar überhaupt kein Freund radikaler Psychologisierung, nur muss deine Tochter unter allen Umständen lernen, sauber zu werden, was sie ja auch selbst innerlich wünscht, zumindest, was die körperliche Funktion betrifft. Deshalb möchte ich dir dazu raten, das Problem so zu handhaben, als wäre es 1. ein soziales Problem – und 2. ein praktisches Problem – und sonst nichts.

Die soziale Seite: Menschen, die nach Kacka riechen, werden früher oder später aus der Gemeinschaft ausgegrenzt. Außerdem ist es anderen gegenüber unverschämt, wenn man nicht auf die Hygiene achtet. Es ist ja nicht nur unser selbst wegen, dass wir auf Sauberkeit achten. Und sie kann getrost alles, was mit Sommerlager zu tun hat, vergessen, wenn sie mit Aa in der Hose umherläuft – es ist genau so, als würde man nie Zähne putzen und aus dem Mund stinken, sobald man ihn aufmacht, oder nie Haare waschen und sich auch nie kämmen und somit irgendwann Läuse bekommen. Und so etwas mögen die Freunde, die man um sich hat, einfach nicht leiden. Man kann also den näheren Kontakt mit anderen vollkommen vergessen und muss für sich ganz allein oben im Turm sitzen – wie eine kleine, dreckige Prinzessin, eingesperrt hinter Schloss und Riegel und ohne einen einzigen Freund, mit dem man reden oder spielen kann. Das musst du ihr freundlich und in aller Ruhe (aber mit Bestimmtheit) erklären, und das machst du am besten, wenn es gerade zwischen euch richtig gut funktioniert und sie NICHT wütend ist (und du auch nicht genervt oder niedergeschlagen bist). Achte darauf, dass sie dir richtig zuhört, wenn du in dieser Weise alle Konsequenzen schilderst, die sie natürlich noch gar nicht bedacht hat. Mach ihr also keine Vorwürfe, sondern zeig ihr nur, welche Auswirkungen ihr Problem haben kann. Erzähl gerne noch eine erschreckende Geschichte dazu – gewürzt mit der einen oder anderen Übertreibung! Dein Ziel muss es sein, dass die kleine, dreckige Prinzessin deiner Tochter so sehr Leid tut, dass sie ihr zu Hilfe eilen möchte!

Die praktische Seite: Und wie schafft ihr das? Tja, was meint sie denn selbst dazu? Hör ihr zu. Mach auch Vorschläge. Ihr solltet ein Übereinkommen erreichen, bei dem sie sich beteiligt (auch wenn du die Vorgaben gemacht hast) und sich somit verantwortlich fühlt, so dass sie ihren Teil auch wirklich erfüllen möchte. Wann muss sie ungefähr normalerweise auf die Toilette? Kann man sich irgendwie darauf vorbereiten, damit es nicht mitten in einem Spiel passieren muss? »Zuerst das große Geschäft erledigen – und dann spielen, oder?« Und wie beendet man den Toilettenbesuch, damit die Sache auch korrekt erledigt ist? (Mach gerne ein bisschen Theater daraus, wenn du magst, setz dich auf die Toilette und presse, zeig ihr, wie befreiend es ist – Plumps! Es kommt wohl noch etwas, vielleicht kann man so lange in einem Comic lesen, es dauert ja doch ein bisschen, und vielleicht kommt ja doch noch etwas, ja – Plumps! Aber ich glaube, ich lese lieber noch ein bisschen weiter …) »Und wie macht man danach den Po sauber?« (Vielleicht habt ihr eine Puppe, an der ihr es beide demonstrieren könnt?) »Und wie wäscht man sich die Hände – und wo gibt es saubere Unterhosen – und wo kommen die alten hin? Und was ist, wenn die Freundin doch verschwunden ist, während man auf der Toilette saß? Was macht man dann? Und – nicht vergessen! – was sollte man ihr denn sagen, BEVOR man auf die Toilette geht? ›Entschuldige, ich muss nur mal … Ich komme gleich wieder! Ich werde dich schon finden!‹ Beispielsweise.«

Dass die Kinder manchmal etwas vermasseln oder nicht richtig handhaben, hängt ja damit zusammen, dass sie nicht wissen, wie man es richtig macht. Wir haben versäumt, es ihnen beizubringen, weil es für uns so selbstverständlich ist. Kinder werden aber nicht mit der Fähigkeit geboren, sich selbst sauber zu halten. Sie möchten gerne – schaffen es aber nicht alleine. Und darin ist deine Tochter stecken geblieben, bis zur Verdrängung. Außerdem weigert sie sich – schon seit langem –, die Signale wahrzunehmen, die ihr sagen, dass sie auf die Toilette muss. Und deshalb schafft sie es nicht rechtzeitig. Wenn sie die Signale einfach nicht mehr überhören kann, ist es sozusagen schon zu spät.

Deshalb solltest du mit ihr so umgehen, als wäre sie viel jünger, als sie ist – vier Jahre vielleicht! –, und fang damit an, ihr bis ins kleinste Detail verschiedene Sachen beizubringen. Überprüfe, dass sie es wirklich versteht, indem du in regelmäßigen Abständen nachfragst. Du kannst beispielsweise so tun, als hättest du selbst ganz vergessen, wie man etwas macht, denn so bekommt sie die Gelegenheit, sich tüchtig zu fühlen, während die Botschaft wiederholt wird: »Was muss man noch mal tun, wenn man spürt, dass man bald einen Haufen machen muss …?«

Ich hoffe, du verstehst, was ich mit dieser ganzen Geschichte meine, und dass es dir eine Hilfe sein wird. Denn es ist notwendig, dass du deine eigene, vollkommen verständliche und besorgte Einstellung änderst und die ganze Sache als ein soziales/praktisches Problem betrachtest – und als nichts anderes. Und dass du einsiehst, dass das, was du jetzt anpackst, in ihrem eigenen Interesse geschieht, damit sie lernt, selbst auf ihre Hygiene zu achten, damit sie aus diesem Grund keine Probleme im Umgang mit anderen Menschen bekommt – in einer lebenslangen Perspektive gesehen, sozusagen. Liebe Grüße!

Ist Krafttraining schädlich?

 Kann es für dreizehnjährige Kinder schädlich sein, Krafttraining zu machen? Wann dürfen sie damit anfangen?

 Hallo, meine Liebe. In dem Alter ist es immer gut, seinen Körper zu trainieren. Ich möchte nur zwei Warnungen äußern:
1. Setze das Kind nie unter Druck, weder direkt noch indirekt, bringe also keine großen Erwartungen zum Ausdruck, und investiere nicht zu viel Zeit, Geld und Mühe. Denn sollte das Kind dann den Mut oder die Begeisterung verlieren, könnte es enorme Schuldgefühle bei ihm auslösen.

Dagegen kannst und solltest du von deinem Kind fordern, dass es, wenn es Krafttraining machen möchte, daran auch ein halbes Jahr lang ernsthaft arbeiten sollte. Es muss dann auch wirklich Einsatz zeigen. Erst dann kann man beurteilen, ob das Training sinnvoll ist oder ob eine andere Trainingsform gesucht werden sollte (oder ob man ganz damit aufhört) – vorher nicht.

2. Experimentiere auf keinen Fall mit Nahrungsergänzungsmitteln, besonderen Präparaten etc. Der kleine Körper ist noch lange nicht ausgewachsen und sollte nicht nach »Profivorstellungen« älterer Jungs – oder Mädels – überlastet werden!

Schlaf und Schlafgewohnheiten

»Besonders den sorgenvollen Kindern tut es gut, zu erleben,
wie die bösen Trolle sich im Sonnenschein in Luft auflösen.
Mach das ›Gute-Nacht-Lachen‹ zu einer kleinen, abendlichen Routine.«

Er kommt nachts angeschlichen

Unser Sechsjähriger schläft noch bei uns. Dabei schläft er aber in seinem eigenen Bett ein. Um 18.30 Uhr macht er sich fürs Bett fertig, dann lese ich ihm eine Gutenachtgeschichte vor – sie ist für ihn »lebenswichtig« –, und dann bekommt er DREI Küsse, und um etwa 19.15 Uhr herrscht Ruhe.

Nun ist es aber so, dass er nachts sozusagen angeschlichen kommt. Ich bekomme gar nicht mit, dass er kommt – und sein Vater auch nicht. Er legt sich in der Regel bei seinem Vater hin, in seine Arme. KEINER von uns bemerkt etwas (außer wenn er in sein Bett gemacht hat). WAS KÖNNEN WIR DENN TUN? Morgens, wenn der Wecker klingelt, liegen meistens beide Kinder bei uns im Bett!

Dass das Kind die Sache selbst in die Hand nehmen sollte, wenn es ins Bett gemacht hat, hört sich in meinen Ohren richtig gut an! ABER er hat ja Angst im Dunkeln! Soll ich es ihm einfacher machen, indem ich Bettlaken usw. bereitlege – sozusagen griffbereit? Ich glaube, es wird ein bisschen zu umständlich, wenn er alles alleine machen muss.

Ich habe auch überlegt, ob es nachts nicht jede Menge Unruhe geben wird, wenn wir ihm verbieten, bei uns zu schlafen, weil er in sein eigenes Bett eingenässt hat und sich nicht selbst darum kümmern mag. Geht es nur darum, konsequent zu sein? Wird sich die Sache dann allmählich beruhigen?

Hallo, meine Liebe. Es gibt viele Familien, in denen die Eltern in ihren eigenen Betten und die Kinder in ihren einschlafen, und morgens wachen die Eltern in den Betten der Kinder und die Kinder im elterlichen Schlafzimmer auf, ohne dass jemand weiß, wie es eigentlich passieren konnte … und das ist auch vollkommen O.K., solange alle zufrieden sind!

Möchte man aber die Sache anders regeln, muss man eine kleine Kur durchführen. Dann geht es darum, wach zu sein, wenn die kleinen Kinder angeschlichen kommen. Im schlimmsten Fall muss man zum Wecker greifen. Und dann muss man das Kind wecken und es auf die neuen Spielregeln aufmerksam machen, nämlich dass Sinn der Sache ist, dass jeder in seinem eigenen Bett schlafen soll, worauf man das Kind an die Hand nimmt und es in sein eigenes Bett zurückbringt, wo man es schnell und effektiv ins Bett kuschelt. Somit wird das Kind begreifen, wie die Sache läuft!

Du solltest ihn unbedingt jeden Abend ordentlich vorbereiten (d.h. einige Abende hintereinander), damit er sich mental darauf einstellen kann, dass er in seinem eigenen Bett schlafen soll.

Nein, du sollst die Sachen nicht für ihn bereitlegen. Der Punkt ist ja, dass er selbst die Verantwortung für sein eventuelles Einnässen übernehmen soll (damit umgeht er auch jegliches Schuld- oder Schamgefühl). Du kannst ja an entsprechender Stelle eine kleine Lampe brennen lassen, damit er sehen kann, was er macht – aber nicht in seinem Zimmer. Liebe Grüße!

Plötzliche Einschlafprobleme

Hallo! Ich habe einen siebenjährigen Sohn, der immer wie ein Murmeltier geschlafen hat. Er schlief immer schön in seinem eigenen Bett ein, nachdem ich eine Geschichte vorgelesen und er eine Kinderkassette gehört hatte. Seit einigen Wochen will er aber unbedingt in meinem Bett schlafen. Er liegt dort lange wach, versucht einzuschlafen und ruft mich ständig, um mir zu sagen, dass er nicht schlafen kann. Ich habe ihn nochmals eingekuschelt, mit ihm über alles und nichts geredet und gute Nacht gesagt – gute Nacht, bis morgen Früh! Mehrere Abende lag er ein paar Stunden wach, obwohl er eigentlich hundemüde war. Als er deswegen morgens immer schlechter in Gang kam, habe ich nachgegeben und ihn in meinem Zimmer schlafen lassen (er musste aber auch dort allein schlafen, wie sonst auch). Er ist sofort eingeschlafen! Nun ist es jeden Abend immer wieder dasselbe. Er möchte in meinem Bett schlafen, und ich sage ihm, dass ich dort schlafen werde. Gestern Abend war er bis 23.30 Uhr wach!

Wenn er nach 30–40 Minuten noch nicht eingeschlafen ist, mache ich es jetzt in der Regel so, dass er noch ein bisschen aufbleiben darf. Aber nicht spielen – er darf mir dann Gesellschaft leisten, während ich die Wäsche zusammenlege, oder er blättert in einem Buch, bis ich ihn wieder ins Bett bringe, ihm einen Gute-Nacht-Kuss gebe und seine Kassette anstelle. Ich lese jeden Abend eine Geschichte vor – aber nur eine. Mache ich etwas falsch? Wie ist es dazu gekommen? Er hat doch sonst nie Einschlafprobleme gehabt.

In ihm geht etwas vor, das ihm Einschlafprobleme bereitet. Es ist schwer zu sagen, was – und unter allen Umständen kannst und solltest du es ihm meiner Meinung nach nicht wegnehmen. Das Leben ist nicht immer leicht – auch nicht für kleine Kinder, und Schwierigkeiten sind nicht per definitionem dazu da, sofort aus dem Weg geräumt zu werden.

Dagegen kann es notwendig werden, sie zu lindern. Und genau das tust du – in einer ganz hervorragenden Weise. Du machst dir keine Sorgen und machst deshalb das, was er jetzt durchstehen muss, nicht noch schlimmer. Die Art und Weise, in der du mit ihm umgehst, ist von Respekt und gegenseitiger Integrität geprägt. Dafür verdienst du ein dickes Lob.

Mamas Bett ist ein Ruhekissen von hohem Rang, auch wenn sie nicht selbst darin liegt. Mamas Beschäftigungen, die nichts mit dem Kind zu tun haben, sind auch äußerst beruhigend. Die Welt geht nicht unter; sie dreht sich in aller Ruhe weiter und weiter, wie immer, auch wenn man das Gefühl hat, dass sich alles im Kopf nur so dreht und dass man weder ein noch aus weiß … und das ist beruhigend zu wissen.

Ich finde also, dass du ihn sehr wohl in deinem Bett einschlafen lassen kannst, da es nicht mit deiner Person verbunden ist. Erkläre ihm aber die Spielregeln: »Wenn ich ins Bett gehe, trage ich dich in dein Bett hinüber, oder du gehst selbst, und dann musst du dort schlafen. Das wird schon klappen! Und wenn du wieder lieber gleich in deinem Bett schlafen möchtest, dann sag mir Bescheid, dann machen wir es so – aber ERST, wenn du es wieder möchtest!« (Der letzte Satz zeigt ihm, dass an der Situation nichts Verkehrtes ist.)

Dagegen ist es nicht von Vorteil, dass du ihn wieder aufstehen lässt, wenn er schon ins Bett gegangen ist. Wir können alle mal Schwierigkeiten haben, einzuschlafen, und er muss lernen, sich dann wie ein Erwachsener zu verhalten: Man liegt einfach da, liest ein bisschen, hört Musik, ruht. Sag ihm, dass er dabei an etwas Schönes denken soll und dass er dir morgen unbedingt erzählen muss, an welche schönen Dinge er gedacht hat, bevor er eingeschlafen ist! (Vergiss nicht, ihn danach zu fragen!) Sorg auch dafür, dass er immer gut gelaunt ist, wenn er ins Bett geht. Zur Not muss man die kleinen Kinder durchkitzeln, um sie zum Lachen zu bringen. Besonders den sorgenvollen Kindern tut es gut, zu erleben, wie die bösen Trolle sich im Sonnenschein in Luft auflösen. Mach das Gute-Nacht-Lachen zu einer kleinen, allabendlichen Routine!

Den alltäglichen, kleinen Arbeiten, denen er so gerne folgt, solltest du meiner Meinung nach etwas mehr Aufmerksamkeit schenken: Verleg sie beispielsweise in seine Wachzeit am frühen Abend, und lass ihn aktiv daran teilhaben. Lass dir einfach von ihm helfen! Könntest du vielleicht …? Das war ja toll, danke! So als würde er wirklich von Nutzen sein und dich entlasten – nicht weil er lieb ist, sondern weil er sich behilflich zeigt. Dadurch bekommt er das Gefühl, dass er im Kampf um die Existenz wirklich von Bedeutung ist, und das wirkt bei kleinen Kindern, und auch bei Erwachsenen, Wunder! Liebe Grüße!

Plötzliche Einschlafprobleme
(Fortsetzung)

Hallo! Danke für deine Antwort. Ich werde ihn in meinem Bett einschlafen lassen. Manchmal hat man einfach merkwürdige Prinzipien, die man selbst nicht versteht … Ich werde ihn auch in seinem eigenen Bett in aller Ruhe lesen lassen – das tue ich ja auch selbst, wenn ich nicht einschlafen kann. Die Bedeutung der Beteiligung an den Arbeiten hier im Haus habe ich mir schon eingeprägt, als ich während der Schwangerschaft dein Buch, »Das KinderBuch«, las. Und dass es darum geht, sich in der Herde wertvoll zu fühlen. Seit er laufen kann, hilft er hier zu Hause bei allen möglichen Sachen (auf spielerische Weise) mit. Häufig war es so, dass die Arbeit dann zwei- oder dreimal länger gedauert hat als sonst, aber die Mühe hat sich gelohnt. Jetzt hat er seine eigenen, hauptsächlich selbst gewählten Aufgaben im Haushalt. Der Küchentisch wird von ihm sehr energisch abgewischt, er legt Wäsche zusammen und wischt den Fußboden. Es ist bei ihm schon zur Gewohnheit geworden, sich über seine unordentlichen Eltern zu beschweren, weil sie ja ständig wieder Staub aufwirbeln! Er ist stolz darauf, dass er seine Aufgaben selbstständig erledigen kann. Er hatte ein paar Tage bei seinem Opa verbracht, und als er nach Hause kam, wischte er den Küchentisch, bis er blitzblank war, und meinte dann: »Da habt ihr ja Glück, dass ich wieder da bin, damit ich hier ein wenig für Ordnung sorgen kann.« Ich glaube, den Kindern tut es richtig gut, wenn sie zum Wohlergehen der ganzen Familie beitragen können, über ihre kleine, wunderbare Persönlichkeit hinaus. Für ihn ist es beispielsweise ganz selbstverständlich, dass er den Geschirrspüler leer räumt usw. Ich möchte dir jedenfalls für die vielen Ratschläge, die ich durch »Das KinderBuch« bekommen habe, danken. Was mir gut und richtig erschien, habe ich angenommen. Eine kleine Frage an dich: Nach so vielen Jahren mit deinen Kindern – wird es dir dann nicht manchmal zu viel, dir die immer wiederkehrenden Sorgen anderer Eltern anzuhören? Aber ich freue mich riesig – und viele Eltern mit mir –, dass du dich noch um uns kümmerst. Liebe Grüße!

Danke, meine Liebe, du hast mich wirklich glücklich gemacht – ich freue mich immer riesig, wenn ich von Kindern höre, die sich nützlich und notwendig fühlen dürfen, das tut ihnen so gut! Du hast es deinem Kind ermöglicht – und das hast du hervorragend gemacht!

Nein, ich bekomme nie genug davon. Es ist einfach fantastisch – finde ich –, zu erleben, wie viel ich über die Jahre als Mutter, die nur zu Hause gearbeitet hat, und als private Säuglingsforscherin gelernt habe – als Mutter und Oma bin ich richtig stolz darauf. Und die dankbarste Aufgabe in dieser Welt ist überhaupt, einem kleinen Kind helfen zu können – in der einen oder anderen Weise. Nicht zuletzt durch die Eltern, die sich dadurch allmählich trauen, auf ihre eigene, innere Stimme der Überzeugung zu hören. (Auch wenn es vielleicht auf Kosten meiner Überzeugung geschehen sollte – ha, ha!) Liebe Grüße – auch an den kleinen »Arbeiter«.

Fühlen sich die Kinder nicht geborgen?

Ich bin eine allein erziehende Mutter mit zwei Söhnen im Alter von 10 und 13 Jahren. Ich wundere mich, warum die beiden so oft in meinem Bett schlafen wollen. Tagsüber sind sie beide fröhlich, offen und zuversichtlich, aber wenn es Schlafenszeit wird, scheint es mir, dass sie plötzlich unsicher werden und nicht in ihren eigenen Betten schlafen mögen. Es ist nicht jeden Abend so, aber ziemlich oft. Ich finde, sie müssen nun lernen, in ihren eigenen Betten zu schlafen, und deshalb haben wir zusammen entschieden, dass sie nur noch Freitag-, Samstag- und Sonntagnacht bei mir schlafen dürfen. Das funktioniert aber nicht so gut. Wenn sie bei ihrem Papa sind – jedes zweite Wochenende –, schlafen sie nur in ihren eigenen Betten. Ich habe versucht mich mit ihnen darüber zu unterhalten, was sie bedrückt, das wissen sie aber nicht, sie sagen nur, dass sie in meinem Bett viel schneller einschlafen können. Was kann der Grund dafür sein – und was kann ich tun? Der Vater der Jungs und ich trennten uns vor bald acht Jahren, ich finde aber, dass das Problem mit dem Schlafen seit etwa einem Jahr besonders schlimm geworden ist. Wir sind vor einem Jahr in eine neue Wohnung umgezogen. Sowohl die Jungs wie auch ich fühlen uns hier sehr wohl, wir sind in derselben Gegend geblieben, und die Kinder mussten nicht die Schule wechseln etc. Ich habe keinen neuen Mann gefunden, also kann das nicht der Grund sein, warum der Schuh jetzt drückt.

Hallo, meine Liebe. Schmeiß sie hinaus – und das sofort! Sie sind ja schon fast in der Pubertät, alle beide. Sie sollten nun wirklich nicht mehr in Mamas Bett schlafen.

Ich glaube nicht, dass es ihnen an Geborgenheit fehlt. Dagegen spüren sie (unbewusst), dass sie DIR fehlt. Es ist nicht ungewöhnlich – und es ist ganz O.K., finde ich –, dass die Söhne sozusagen den Platz des Vaters einnehmen, buchstäblich genommen. Das, eine gewisse Bequemlichkeit (denn man schläft ja so toll in Mamas Bett! Und außerdem kann man die Gesellschaft der anderen genießen) und auch die bloße Gewohnheit wiegen offensichtlich schwerer als ihr Gefühl der Unsicherheit, das sie ja bei ihrem Vater nicht zeigen. Und deshalb funktioniert eure Abmachung auch nicht. SIE werden nicht die Verantwortung für eine Änderung der Lage übernehmen, das musst du schon für sie regeln.

Vergiss also deine Gedanken an ihre Unsicherheit und fehlende Geborgenheit. Deine Jungs müssen dir nicht Leid tun! Es geht ihnen gut, sie fühlen sich wohl und sie machen es gut – außer, was diese kleine Angewohnheit betrifft. Übernimm die Führung – und fall nicht kurz vor der Ziellinie hin! Hier musst du Entscheidungskraft an den Tag legen und deine Autorität zeigen, ohne Raum für Proteste zu lassen oder um Zustimmung deiner Jungs zu buhlen – ja, du musst überhaupt nicht daran denken, was sie davon halten, denn es gibt nur eine Lösung: Sie müssen in ihren eigenen Betten schlafen, so groß, wie sie schon sind – und damit basta.

Erklär ihnen also – ein paar Stunden vor Schlafenszeit, damit sie sich an den Gedanken gewöhnen können –, welche Regeln jetzt Gültigkeit haben: »Ich möchte nicht mal den Schatten von euch in der Nähe von meinem Bett sehen! Ihr schlaft ausgezeichnet in euren hervorragenden Betten, und das werdet ihr ab heute Abend auch tun! Ich werde zu euch kommen, euch knuddeln und gute Nacht sagen, und dann werde ich mich in MEIN Bett schlafen legen, so wie ihr in euren Betten liegt. Habt ihr verstanden?« Die letzte Frage stellst du hauptsächlich, damit du ihnen mit Bestimmtheit in die Augen schauen und einen endgültigen Punkt setzen kannst. Darauf gehst du sofort zu etwas ganz anderem über, ohne dich in irgendeiner Weise zu entschuldigen!

Sollte einer deiner kleinen Lieblinge im Dunkel der Nacht doch auf die Idee kommen, zu dir ins Schlafzimmer zu schleichen, muss er sofort an die Spielregeln erinnert werden, er darf NICHT zu dir ins Bett kriechen. »Nein, das hier ist nicht dein Bett, es ist mein Bett, und du musst in DEINEM Bett schlafen! Hast du das vergessen? Nein – ich denke nicht! Sieh zu – ab in dein Bett mit dir! Bis morgen Früh!« Liebe Grüße!

Verschiedenes

»Meine Kinder haben mir alles, was ich heute weiß, beigebracht – nicht nur über Kinder, sondern über die Menschen, ja, über die Menschheit, und somit natürlich auch über mich selbst.«

Mit den Kindern spielen

Hallo. Ich habe einen siebenjährigen Sohn. Ich mag sehr gerne mit kleinen Kindern spielen, aber das Spielen mit kleinen Autos, wobei man dann von Polizeiautos gejagt wird, Autos zusammenkrachen usw., finde ich einfach total langweilig. Deshalb tue ich es auch nicht – nicht mehr, heißt das. Mein Sohn ist Einzelkind (unfreiwilligerweise, was alle Beteiligten betrifft), und ich habe ein richtig schlechtes Gewissen, weil ich ihm keine Geschwister habe geben können, und deshalb habe ich auch mit ihm gespielt, obwohl ich dazu überhaupt keine Lust hatte. Es kam nicht so oft vor, aber doch regelmäßig. Nun habe ich aber Stopp gesagt. Wenn er mich fragt, ob ich mit ihm spielen komme (was in 99% der Fälle bedeutet, dass wir kleine Autos über den Teppich schieben, Brrrr-Geräusche machen und Unfälle verursachen), sage ich manchmal: »Nein, das will ich nicht, mein Schatz. Du weißt doch, dass ich keine Spieltante bin, und ich habe nun mal gar keinen Spaß daran. Ich möchte aber gerne mit dir zum Spielplatz gehen – oder wir könnten zusammen ein bisschen im Garten graben.« Oder ich schlage vor, dass er mir beim Kochen oder Abwaschen helfen soll. Das macht er dann meistens auch. Manchmal möchte ich aber auch nur dasitzen und in aller Ruhe die Zeitung lesen. Dann weint er. Ist es gemein von mir, nicht zu seiner Verfügung zu stehen, wenn er es doch möchte (und auch darüber zu bestimmen, was wir machen)? Wenn er Geschwister hätte, würde er mit ihnen spielen, und es liegt ja an mir (wenn auch ungewollt), dass er keine Geschwister hat. Ich verbringe viel Zeit mit ihm, aber nicht immer unter seinen Bedingungen. Er sitzt immer gemütlich bei mir auf dem Schoß, wenn er seine Kindersendung im Fernsehen schaut. Das ist unsere feste Stunde der Gemütlichkeit, und dabei fühlen wir uns pudelwohl. Ich bringe ihn jeden zweiten Abend ins Bett (an den anderen Abenden ist mein Partner dran). Wir lesen dann und unterhalten uns ein wenig. Er hilft außerdem oft beim Kochen, Wäschewaschen und bei der Gartenarbeit. Er mag gerne »erwachsene« Aufgaben übernehmen. Aber wie gesagt, ich verlange auch manchmal, dass er sich allein beschäftigen soll. Und dann sitzt er in der Regel nur herum und ist maulig. Ich überlasse ihn meistens sich selbst, es ist ja seine Sache, ob er sich langweilen oder spielen will – das ist doch seine Entscheidung! Meine Freundin findet, dass ich auf jeden Fall mit ihm spielen sollte, dazu hat man doch eine Mama, sagt sie. Was meinst du, Anna? Und ihr anderen Mütter?

Mit den Kindern spielen (Kommentar)
Hallo! Ich erkenne mich, in dem was du schreibst, genaustens wieder! Mein Sohn wird im kommenden Sommer acht, und ich bin auch keine Spiele-Mama. Ich glaube, es ist nicht falsch für Kinder, zu lernen, sich allein zu beschäftigen, ganz im Gegenteil – ich glaube, dass es sehr nützlich für sie sein kann. Wenn du, wie du schreibst, mit ihm zum Spielplatz gehst und er zu Hause mit dir zusammen arbeitet, ja, dann meine ich, dass du mit dir selbst überaus zufrieden sein kannst!

Dass Mütter da sind, um mit ihren Kindern zu spielen, ist das Verrückteste, was ich jemals gehört habe. Mütter sind dazu da, um ihren Kindern Geborgenheit zu geben und sie auf ein Leben als Erwachsene vorzubereiten. Und das machst du perfekt, wenn du ihm erlaubst, »erwachsene« Aufgaben zu erledigen! Und Geborgenheit bekommt er ja auch, wie ich verstehe, wenn ihr vor dem Fernseher kuschelt und am Bett lest und plaudert – es hört sich doch richtig toll an! Weiterhin alles Gute – ich umarme dich. *Eine Mama*

Ich bin mit der Mama, die dir einen Kommentar geschickt hat, vollkommen einig. Genau richtig! Und du hast ja auch selbst eine kluge Einstellung: Entweder maulig sein oder spielen – er hat die Wahl. Man kann einem Menschen nicht verbieten, auf etwas zu reagieren, und möchte er partout schlecht gelaunt sein und/oder sich erst einmal zu Tode langweilen, dann bitte schön – schade für ihn, aber es wird von ihm erwartet, dass er die Verantwortung für seine Entscheidung selbst trägt. Fein! Ich schlage vor, dass du ihm hin und wieder mit einer kleinen Herausforderung weiterhilfst – aber das tust du ja vielleicht schon? Sehr effektiv und anregend ist es für ein kleines Kind, das sich beklagt, wenn man interessiert und neugierig nachfragt: »UND WAS WILLST DU DAGEGEN TUN?« Natürlich ohne die geringste Spur von Ärger in der Stimme. Es ist eine ernst gemeinte Frage, und man wartet interessiert auf die Antwort. Lautet diese mürrisch »Weiß ich nicht«, sagt man munter: »Na, dann freue ich mich darauf, dass du zu mir kommst und es mir erzählst, wenn du es herausbekommen hast! Da bin ich aber gespannt!« Und dann richtet man die Aufmerksamkeit wieder auf das, womit man sich gerade beschäftigt hatte. Später hakt man dann mal nach. Oder ist dem Kind wirklich etwas eingefallen, was es machen kann, beobachtet man es aus dem Augenwinkel und zeigt ein wenig später aufrichtiges Interesse: »Das sieht ja richtig interessant aus, was du da angefangen hast. Dir fällt ja wirklich immer etwas Gutes ein, und wie TOLL du das machst!« (Was evtl. nicht ganz der Wahrheit entspricht, aber es ist eine kleine positive Notlüge, die sich vielleicht eines schönen Tages in eine sich selbst erfüllende Prophezeiung verwandelt ...)

Gewiss, es ist schade, dass er keine Geschwister hat, aber Kinder können nun mal nicht alles haben, und du solltest aus dem Grund nicht rastlos umhergehen und Gewissensbisse sammeln. Es gibt ja wohl noch andere Kinder als Geschwister auf dieser Welt, mit denen er spielen kann. Kinder können – und sollen – sowohl miteinander als auch alleine spielen, und in der Regel bekommen sie das selbst ganz gut hin. Kinder können aber nicht allein für ein gutes Zuhause, eine liebevolle Mutter und ein soziales Engagement sorgen, das musst du deinem Jungen geben, so dass er sich nützlich und notwendig fühlen kann und viele Sachen lernt, die ihn auf einen Tag in der Zukunft, an dem er allein zurechtkommen wird, vorbereiten. All dies ist ein genauso großes Plus wie das Vorhandensein von Geschwistern, und es ist etwas, auf das viel zu viele Kinder verzichten müssen – egal, wie viele Geschwister sie haben. Liebe Grüße!

Er ist von seinem Kuscheltier total abhängig

Hallo, Anna! Mein Sohn ist sieben Jahre alt und von seiner Kuschelkatze total abhängig. Ich muss dazu noch sagen, dass er Tiere über alles in der Welt liebt und sehnsüchtig darauf hofft, ein eigenes zu bekommen. Leider reagieren wir in unserer Familie allergisch auf alle Arten von Tierfellen, und deshalb kommt das gar nicht in Frage. Als Kompensation darf er in die Reitschule gehen. Aber Katzen sind seine absoluten Lieblingstiere – schon als er ganz klein war. Sein treuer Begleiter ist eine weiche Kuschelkatze. Wir reden hier von der Katze Nr. 4. Nummer 1 wurde von einem Hund gefressen, Nummer 2 wurde auf einem Parkplatz in Dänemark vergessen, Nummer 3 löste sich in der Waschmaschine auf – und nun sind wir also bei Nummer 4 angelangt. Er darf die Katze nicht mit aus dem Haus nehmen, denn es hat zu hysterischen Szenen geführt, wenn sie mal hier oder dort liegen gelassen wurde, und das möchten wir nicht wieder erleben. Er legt die Katze jeden Morgen auf die Fußmatte an die Tür, wenn er zur Schule geht, und hebt sie wieder auf, sobald er zu Hause ist. Das arme Tierchen muss mit am Tisch sitzen, wenn wir essen, aber nun habe ich dem eine Grenze gesetzt, und es muss so lange vor der Tür auf ihn warten.

Ist seine Abhängigkeit zu groß geworden? Womit kann sie zusammenhängen? Muss ich etwas tun – oder es einfach so hinnehmen? Es entstehen dadurch für mich ja keine Probleme – mache ich mir also umsonst Sorgen? Liebe Grüße!

Ich glaube, du machst dir umsonst Sorgen. Das Katzentier wird ja nicht überallhin mitgeschleppt, das hat der Kleine schon akzeptiert. Somit wird er wegen seiner Abhängigkeit auch nirgendwo gehänselt werden … An deiner Stelle würde ich seine Vorliebe für Katzen unterstützen (und nutzen), indem ich ihm einen Katzenkalender, Katzenpostkarten (die er mit der Zeit, wenn er schreiben lernt, an Freunde und Verwandte schicken kann) usw. schenkte. Alles unter dem strahlenden Stern, der hoffentlich seine katzenreiche und allergiefreie Zukunft erhellen wird.

Man muss sich um die kindliche Abhängigkeit von diesem oder jenem keine Gedanken machen. Sie wird von ganz allein vorübergehen, und man sollte sie höchstens insoweit steuern, dass das Kind von außen keine Sticheleien abbekommt. Ist die Abhängigkeit für das Kind vollkommen unschädlich (was man beim regelmäßigen Verlangen nach Süßigkeiten nicht behaupten kann!), kann man das Kind meiner Meinung nach getrost darin bestätigen und seine Vorliebe anerkennen, ja, sie sogar fördern. Man muss ja nur mal an die vielen Dinge denken, von denen wir Erwachsenen abhängig sind, ohne dass unsere Umgebung begreift, warum es so ist. Viele liebe Grüße!

Tipps zu besseren Essgewohnheiten

Hallo Anna! Ich möchte gerne deine Meinung dazu hören, was Kinder essen sollten, damit es ihnen gut geht. Oder ist meine Frage vielleicht zu umfassend gestellt? Ich bin nämlich kein großes Talent, wenn es um die alltägliche Ernährung geht. Ich habe aber immer versucht, an einer gesunden Grundernährung festzuhalten. Meine Kinder, fünf und sieben Jahre alt, trinken beispielsweise keine Limonade (nur wenn es eine Feier gibt), wir essen weder Pommes noch Chips, und Schokolade und andere Süßigkeiten sind nur samstags erlaubt und Kekse nur bei besonderen Gelegenheiten. Eis gibt's nur hin und wieder mal. Die Sache ist aber die, dass ich damals, als mein Sohn noch ganz klein war, glaubte, dass Kinder, wenn sie sich so viel zum Naschen nehmen dürfen, wie sie wollen (wenn es auf den Tisch gestellt wird), später im Leben kein übermäßiges Verlangen danach entwickeln würden. Davon war ich jedenfalls überzeugt.

Es zeigte sich aber, dass die Wirklichkeit anders aussieht. Jetzt habe ich also einen kleinen Siebenjährigen, der sich gerne mit Süßigkeiten voll stopft und 20 Kekse hintereinander essen kann, wenn ich nicht vorher Stopp sage. Und genau das wollte ich ja nicht, ich wollte seine Essgewohnheiten nicht kontrollieren müssen, weil ich selbst als Kind in dieser Hinsicht strengstens überwacht wurde. Vielleicht bin ich auch einfach zu faul gewesen. Anstatt reichhaltige Mahlzeiten zuzubereiten, gebe ich den Kindern oft nur ein Butterbrot oder Joghurt und Milch, weil es so schön schnell geht und weil sie es ohne Proteste essen. Eine Zeit lang haben wir morgens immer Müsli und Brei gegessen, nun gibt es immer nur Cornflakes, und mein Sohn kann drei bis vier Portionen in sich hineinschaufeln. Ich habe versucht ihn zu bremsen, aber dann reagiert er verzweifelt und geradezu panisch. Schon abends spricht er davon, wie viele Cornflakes er am nächsten Morgen essen möchte. Ich habe auch immer gemeint, dass man zu jedem Mittagessen Gemüse essen sollte, in der Regel endet es aber damit, dass Mama und Papa es aufessen, während die Kinder nur Grimassen schneiden. Manchmal werde ich selbst ganz verzweifelt. Kinder können doch nicht von Cornflakes, Butterbrot und Milch leben! Ich würde meinen Kindern so gerne gesunde Essgewohnheiten beibringen, aber was kann ich tun? Die Kinder sind nicht übergewichtig, der Siebenjährige wiegt 22 Kilo, die Fünfjährige 16 Kilo, ich habe aber Angst, dass sie übergewichtig werden, wenn sie nur Butterbrote und Joghurt essen. Meine Anfrage ist wohl ein bisschen chaotisch geworden – ich möchte aber gerne wissen, was Kinder deiner Meinung nach essen sollten (wenn sie doch nur Nudeln, Brot und Joghurt mögen!). Ich habe nun kleine Zwischenmahlzeiten eingeführt, die aus Gemüse und Rohkost bestehen, sie lösen bei den Kindern aber nicht gerade die große Begeisterung aus. Außerdem möchte ich nicht, dass sie den Eindruck bekommen, dass ich mit den Mahlzeiten knauserig bin – und dass sie deshalb richtig gierig werden, wenn es mal etwas besonders Leckeres gibt. Was kann ich eigentlich tun? Kannst du mir helfen?

Tipps zu besseren Essgewohnheiten (Kommentar)
Hallo! Alles mit der Ruhe! Ich glaube fast, dass eure Essgewohnheiten euch in den Kopf gestiegen sind. Deine Kinder sind nicht dick, und wenn sie nur körperlich aktiv sind, werden sie es sicherlich auch nicht werden. Bedenke, dass die Mahlzeiten allmählich das Einzige sind, was wir in unseren gestressten Familien noch ZUSAMMEN machen. Verwandle diese freie Zone nicht in einen Kriegsschauplatz. Lass zu, dass der Siebenjährige das isst, was er möchte – wie du es vermutlich auch selbst tust. Die Geschmäcker sind – wie wir alle wissen – verschieden. Ich habe selbst eine Tochter, die lange Zeit nicht richtig essen wollte, ich habe aber keine große Sache daraus gemacht, und sie ist heute noch gesund und munter. Halst euch bloß keine Essstörungen auf, denn die würden deine Kinder ihr Leben lang mit sich herumschleppen. *Kicki*

Hallo, meine Liebe. Ich verstehe, dass du dir Sorgen machst und dass du dich vielleicht auch noch schuldig fühlst, da du ja behauptest, dass du kein großes Talent in Sachen Alltagskost bist – und außerdem faul (was bist du nur für eine schlechte Mutter … haha!). Ich möchte dich hiermit beruhigen. Es sieht überhaupt nicht so aus, als würden deine Kinder Not leiden! Glaub mir! Lass mich die Sache ins rechte – und tröstende – Licht rücken: Wenn du Essen im Kühlschrank, etwas zum Anziehen für die Kinder, ein Dach über dem Kopf und ein Bett hast, dann seid ihr, du und deine Kinder, reicher als 75 % der Weltbevölkerung …

Butterbrote und Joghurt sind keine schlechte Kost! Du musst überhaupt kein schlechtes Gewissen haben. Vielleicht kannst du ja noch ein paar kleine Verbesserungen in euren Essensplan einschmuggeln – innerhalb des jetzigen Rahmens. Ich habe ein paar Vorschläge:

1. Süßigkeiten und Schokolade sollten nicht auf den Tisch gestellt werden! Gib den Kindern bei besonderen Gelegenheiten etwas, damit sie es sich teilen und sich darüber freuen können. Süßigkeiten sind aber nicht dazu da, dass deine Kinder sie sich einfach holen und in sich hineinstopfen können! Nimm

die kleine Hand in deine, und bedanke dich im Namen des Kindes für die Süßigkeiten, nachdem sie aufgegessen sind. So signalisierst du, dass es keine unendlichen Mengen davon gibt – denn die sollte es wirklich nicht geben. Die Kinder müssen lernen, gewisse Dinge als Luxus zu schätzen und nicht alles Gute im Leben einfach als gegeben hinzunehmen.

2. Cornflakes sind aus Mais hergestellt, und Mais ist – wie die Franzosen behaupten – eigentlich Tierfutter. Er wird im Körper direkt in Zucker umgewandelt, eine billige und schnelle Energie, die sich aber schnell in ein Verlangen nach mehr verwandelt (Popcorn gehört in dieselbe Kategorie und deshalb kann der Mensch Unmengen davon verschlingen – so wie auch dein Junge zum Frühstück drei bis vier Schüsseln Zucker in Form von Maisflocken in sich hineinstopfen kann). Könntest du vielleicht zum Brei, den du erwähnt hast, zurückkehren – ich gehe davon aus, dass du richtigen Haferbrei meinst und nicht den überzuckerten Pulverbrei? Sonst könntest du zumindest die Cornflakes durch Haferflocken ersetzen. Auch diese können schrecklich süß sein, sind aber auf jeden Fall besser als der Mais, und Kinder haben meist keine Probleme damit, ihre Vorlieben zu ändern. Hafer und andere gesunde Körnerprodukte halten auch länger satt und sind gesünder – oder zumindest weniger ungesund.

3. Weißes Mehl (das sich in Zucker verwandelt) ist wie auch der weiße Zucker einer der großen Schurken in der Nahrungszubereitung unserer heutigen, westlichen Kultur. Es gibt Nahrungsexperten, die behaupten, dass die Folgeschäden des Zuckers genauso groß sind wie die des Tabaks und des Alkohols – zusammengerechnet! Vermeide also möglichst Weißbrot, entsprechende Nudeln und entsprechenden Reis, alle diese Produkte können leicht durch Vollkornprodukte ersetzt werden. Am besten wäre es natürlich, wenn du die Kinder dazu bringen könntest, dir beim Brotbacken zu helfen – Schwarzbrot, Mischbrot – alles, was frisch gebacken wunderbar schmeckt und was nicht ausschließlich aus weißem Auszugsmehl besteht. (Und es wirkt wie ein Zauber, wenn die Kleinen dabei helfen dürfen – sie investieren sozusagen ihre Arbeit in der Herstellung ihrer eigenen Nahrung.) Sonst musst du versuchen, gekauftes Vollkornbrot in euren Essensplan hineinzuschmuggeln, und die süßen Zwischenmahlzeiten durch Schwarzbrot ersetzen. Vollkornbrot schmeckt getoastet richtig herrlich – und das finden auch kleine Kinder (wenn sie hungrig sind, und nicht nur nach Süßigkeiten angeln). Geh sparsam mit der Butter um, und leg evtl. eine Scheibe Käse bzw. Schinken aufs Brot, aber nichts Süßes. Nudeln gibt es auch in verschiedenen Vollkornvarianten, und dasselbe gilt für Reis. Die Kinder werden den Unterschied wahrscheinlich gar nicht beachten, er MACHT

aber im Hinblick auf ihr Wohlbefinden viel aus! Das Verlangen nach Süßem wird nachlassen. Die Kinder bleiben länger satt. Das wirst du spüren, wenn die Kinder nicht mehr ständig nach Keksen usw. fragen, sondern sich mit anderen Sachen beschäftigen.

4. Joghurt ist ein hochwertiges Nahrungsmittel. Die zuckersüße Fruchtvariante kann durch Naturjoghurt ersetzt werden. Dabei kannst du evtl. ungesüßte Beeren unterrühren. Eine hervorragende Mahlzeit.

5. Gemüse ist selbst in den besten Familien ein trauriges Kapitel. Aus irgendeinem Grund sind wir in unserer Kultur auf die Idee gekommen, dass Gemüse gekocht, evtl. gesalzen und dann serviert werden muss. Wenn man Fleisch in derselben Weise – gekocht und ohne Gewürze – zubereiten würde, gäbe es sicherlich nicht mehr viele, die sich dafür begeistern würden. Brate stattdessen das Gemüse in reichlich Olivenöl kurz an und würze es gut. Und mach noch ein schönes Dressing dazu! Am besten selbst gemacht, es gibt viele leckere Rezepte (denn gekaufte Dressings enthalten meist sehr viel Zucker).

6. Man sollte nicht akzeptieren, dass die Kinder beim Essen dasitzen und Grimassen schneiden! Erkläre ihnen mit Bestimmtheit, dass sich das nicht gehört – ich mache es nicht und Papa auch nicht, egal, was man auch vom Essen halten mag. Das GEHÖRT sich einfach nicht! Die Kinder müssen lernen, Ausdrücke wie »Das mag ich nicht« oder »Das will ich nicht« durch ein »Danke, ich habe schon genug« zu ersetzen. Und es ist wichtig, dass sie sich fürs Essen bedanken und dass sie noch beim Tischabräumen helfen – und wie gesagt, am besten auch beim Vorbereiten der Mahlzeiten behilflich sind.

Bremse sie beim Essen nicht. Hier braucht keiner in Panik geraten. Alle dürfen essen, bis sie satt sind. Es hängt eben davon ab, was sie essen! Die großen Mengen an Zucker, die die Lebensmittelindustrie in fast jedes einzelne Produkt hineingeschmuggelt hat, machen süchtig nach mehr, und dieser Wahnsinn hat Methode, denn es geht um großen Profit. Es gibt Nahrungsexperten, die den übermäßigen Zuckerverbrauch als Eintrittsstufe zum Alkoholismus sehen. Das Verlangen bleibt gleich. Statt Ketchup – der vor Zucker nur so tropft – kannst du selbst eine einfache Tomatensoße machen: Pürierte Tomaten, ein wenig Wasser, Tomatenmark (wenn du eine zuckerfreie Variante auftreiben kannst), Salz und Basilikum – lass die Sauce ca. 20 Minuten köcheln und die Kinder dir dabei helfen, eine größere Menge davon zu machen, damit ihr für längere Zeit einen Vorrat habt! Und wie gehabt: Das beste Würzmittel ist der gesunde und waschechte Hunger (und genau diesen macht der Zucker kaputt!).

Du kannst stolz auf dich sein, kleine Mama, denn du willst nur das Beste für deine Kinder! Und hierin legst du einen großen und wunderschönen Willen an den Tag. Liebe Grüße!

Wie die kleinen Kinder entstehen

Hallo, Anna! Ich habe einen Sohn, der bald sieben wird. Er hat mich noch nie gefragt, wie die kleinen Kinder entstehen. Durch meine Freunde habe ich verstanden, dass andere Kinder schon ziemlich früh Fragen zu diesem Thema stellen. Einmal hat er jetzt gefragt – aber nicht mich, sondern meinen Freund (der nicht sein Vater ist). Sie waren beide am Lesen, und ich telefonierte – am anderen Ende des Raumes. Mein Sohn fragte dann nachdenklich: »Du … wo kommen eigentlich die Babys her?« Darauf antwortete mein Freund zu seiner – und meiner – großen Überraschung, nach 10 Sekunden Totenstille: »Sie kommen aus dem Bauch ihrer Mutter, wollen wir jetzt das Buch zu Ende lesen?« Ich saß mit dem Telefon in der Hand und konnte mich nicht einfach in das Gespräch einmischen. Seitdem sind keine weiteren Fragen gekommen (worüber man sich vielleicht nicht wundern muss!). Ich habe mich köstlich über die Antwort meines Freundes amüsiert. Wir sind sonst überhaupt nicht prüde, und er ist selbst ganz verblüfft, dass er nicht einfach locker und offen darüber reden konnte.

Was meinst du dazu? Soll ich – wie ich es immer vorgehabt habe – darauf warten, dass mein Sohn selbst ankommt und fragt und dann klipp und klar erzählen, wie es funktioniert (ich mag das Gelaber nicht, wenn die Erwachsenen sich ganz doll lieb haben usw. und würde ihn lieber über die Fakten aufklären, ohne viel Gerede drum herum). Oder sollte ich ihn darauf ansprechen, bevor er zu mir kommt? Ich fürchte nur, dass er irgendwas Falsches erzählt bekommt – von seinen Freunden in der Schule, die sich mit dem Mysterium vielleicht »besser« auskennen als er. Dass er noch nicht weiß, wie es funktioniert – da bin ich mir ziemlich sicher. Das habe ich aus Gesprächen, die er mit seinen Freunden führt, heraushören können. Wie hast du es gehandhabt, Anna? Oder ihr anderen Eltern? Viele liebe Grüße!

Hallo, meine Liebe. Es ist meine Erfahrung, dass die kleinen Kinder im Alter von etwa vier Jahren mit Fragen zu diesem Thema kommen. O.K., dein Sohn hat es nicht getan, sondern ist damit erst später spontan gegenüber deinem Freund (einem Mann!) damit herausgerückt. Und bekam eine genauso spontane Antwort, mit der er offensichtlich zufrieden war. Fürs Erste. Aber du hast natürlich Recht: Die ergänzenden Details fehlen … und er wird schon noch mal nachhaken. Ich erinnere mich, dass ich als Siebenjährige mit einer Freundin in der Stadt war und wir eine Schwangere mit einem riesigen Bauch – aus unserer Perspektive der Siebenjährigen gesehen – trafen. Da hat mir meine Freundin dann einiges erzählen können, von dem ich vorher gar keine Ahnung gehabt hatte, z.B. dass der Bauch platzt, wenn das Kind geboren wird. Deshalb hatten die ganzen Tanten, die Kinder bekommen hatten, ja auch so einen braunen Streifen am Bauch. Das war die Geburtsnarbe! Ich entschied auf der Stelle, dass ich niemals Kinder bekommen wolle.

Seine Freunde sind in seinen Augen schon groß, und es IST ja ein interessantes Thema. Ich würde also an deiner Stelle nicht darauf warten, dass er zu dir kommt – denn ich glaube nicht, dass er sich mit seinen Fragen an dich wendet, sondern eher damit zu seinen Freunden geht. Und deshalb würde ich ihm – rein vorbeugend – ein ziemlich genaues Bild von dem, was dabei vor sich geht, geben und auch über die Ursachen und Wirkungen reden! Wenn sich eine gute Gelegenheit bietet, würde ich mir ihn schnappen und erklären: »Mein Liebling, es gibt da etwas, das ich dir erklären muss, damit du nicht herumläufst und dich darüber wunderst und damit du richtig antworten kannst, wenn jemand dich zu diesem Thema befragt. Ich möchte nämlich, dass du weißt, wie die kleinen Kinder entstehen« – und dann würde ich zeichnen und erzählen! Liebe Grüße!

Wie die kleinen Kinder entstehen
(Fortsetzung)

Hallo, Anna! Heute habe ich meinem siebenjährigen Sohn erklärt, wie die kleinen Kinder entstehen. »Weißt du, wie die Babys entstehen?«, habe ich ihn gefragt. »Nein, das weiß ich nicht«, hat er geantwortet und mich interessiert angeschaut. »Komm, dann werde ich es dir erzählen, setzt dich hier mit hin.« Dann habe ich gezeichnet und erzählt – die reinen Tatsachen! Er hat sehr aufmerksam zugehört und sagte dann froh und erstaunt: »Ach SO funktioniert das also!?« – »Ja, so funktioniert das«, antwortete ich. »O.K.«, sagte er,

»aber nun möchte ich mit meinem Zug weiterspielen.« – »Ja, mach das«, sagte ich. Und dann habe ich noch eine Weile dagesessen und überlegt: Ist es wirklich so einfach? Meine Freunde haben nämlich von weinenden oder auch wütenden Kindern erzählt, die stur ablehnen, dass es so funktioniert, oder die es als ekelig empfinden. Oder wird es so weitergehen, wie ich vermute: dass er alles erst einmal noch überdenkt und dann mit seinen Fragen ankommen wird? Ich bin mir nicht ganz sicher, ob er alles begriffen hat, obwohl ich – meiner Meinung nach – alles sehr ausführlich und deutlich erklärt habe. Liebe Grüße!

Gut gemacht! Genau so ist es: Wenn das Kind mit Erleichterung reagiert – d.h., es verhält sich so, als wäre alles selbstverständlich und überhaupt nicht irgendwie merkwürdig –, dann hat man das Richtige gemacht. Es war also gar nicht so kompliziert. (Dies gilt auch bei kleinen Kindern, die das Durchschlafen erlernen sollen, und bei Trotzkindern, denen man in der richtigen Weise entgegnen muss, usw., die ERLEICHTERUNG ist in allen Fällen ein guter Anhaltspunkt dafür, es richtig gemacht zu haben.) Und er hat deine Erklärung sicherlich verstanden. Sonst hättest du es ihm angemerkt. Er wollte wieder mit seinem Zug spielen, weil er mit dem Thema durch war, und nicht, weil er abhauen und nicht mehr zuhören wollte – oder was meinst du?

Selbstverständlich macht er sich seine eigenen Gedanken, aber jetzt WEISS (und spürt) er, dass er wegen noch zusätzlicher Informationen nur zu Mama gehen und sie fragen muss. Das hast du toll gemacht! Du hast ihm eine Menge Verwirrung erspart, sowohl was seine eigenen Gedanken angeht, wie auch in seinen Beziehungen zu seinen Freunden. Großes Lob von mir!

Die weinenden bzw. wütenden Kinder haben möglicherweise Informationen, die sie gar nicht haben wollten, bekommen (anders als bei deinem Sohn, denn er hatte ja in der Tat schon deinen Freund gefragt). Sie haben vielleicht ihre Eltern in einer zärtlichen Situation gehört oder gesehen, die Kinder aber als erschreckend, schmerzhaft und gewalttätig empfanden: Papa schaukelt vor und zurück mit dem Ausdruck eines Wahnsinnigen im Gesicht, und Mama liegt da wie in einem Schraubstock und winselt und jammert, als würde es schrecklich wehtun … und dann haben die lieben Eltern ihren Kindern die zuckersüße Geschichte über die Entstehung der kleinen Kinder serviert: Wenn Mama und Papa sich so richtig, RICHTIG doll lieb haben … Aber so sah es doch gar nicht aus, da im Bett, denkt das angsterfüllte Kind. Liebe Grüße!

Kinder und Spiritualität

Hallo! Inwieweit muss man Kinder ernst nehmen, wenn sie ein wenig zu spontanen, spirituellen Einfällen neigen? Ich könnte einen laaangen Brief darüber schreiben, was meine Kinder in dieser Richtung so alles unternehmen und erzählen. Mein Sohn beschäftigt sich mit Auras, und meine Tochter erzählt spontan von ihren früheren Leben usw. Bin ich total verrückt, wenn ich mich mit ihnen darüber unterhalte? Ich meine, ich bin ja erwachsen und sie sind nur Kinder, und ich möchte, dass sie ihre eigenen Meinungen zu solchen Sachen bilden sollten, anstatt dass ich ihnen irgendetwas vorsetze oder vorschreibe. Es ist schwierig, das Thema zu vermeiden, wenn sie doch beide über Licht und Liebe, Dunkelheit usw. reden. Vielleicht sollte ich noch hinzufügen, dass sie sechs und acht Jahre alt sind.

Mein Sohn sagt ernsthaft (und mit einem warmen Blick), dass er seiner Schwester helfen möchte, ihre Wut loszuwerden, indem er ihr seine Liebe schenkt (und dabei streicht er sich übers Herz). Es IST aufregend und süß und so weiter, aber wo sollte man die Grenze ziehen? Er hat auch gesagt – mit einem großen Lächeln im Gesicht: »Wenn man im Herzen nicht rein ist, wird die Aura schwarz.« Ich mache mir vielleicht ein wenig Sorgen, dass andere Kinder ihn für verrückt halten könnten. Sollte ich ihn zurückhalten und ihm erklären, dass es besser wäre, wenn wir nur zu Hause darüber reden? Ich weiß es wirklich nicht. Meine innere Stimme sagt mir, dass ich mich vielleicht einfach darüber freuen sollte, aber mein Intellekt … ja, dass ich sie um ihretwillen zurückhalten müsste. Es ist vielleicht kein weltbewegendes Problem, aber hast du einen guten Rat für mich?

Du kannst die ganze Sache sehr wohl auf ein alltäglicheres Niveau lenken: Wenn dein Sohn in so wunderbaren Wendungen davon spricht, dass er seiner Schwester helfen wird, indem er ihr seine Liebe schenkt, kannst du ihn mit nicht ganz so esoterischen Wendungen darin bestätigen: »Du bist ja wirklich lieb zu deiner Schwester, es ist wunderbar, dass du dich so sehr um sie kümmerst und dass du sie so sehr liebst! Und ich weiß, dass sie dich genauso liebt!« Sein wundersames und in geistige Sphären erhobenes Gefühl kannst du in dieser Weise in der nüchterneren Liebe des Alltagslebens verankern.

Meiner Meinung nach brauchst du keine Einschränkungen oder Verbote auszusprechen. Du solltest ihnen dabei auch nicht ersatzweise neue, andere Ideen vorlegen – ich denke, sie haben schon selbst genug davon im Kopf! Frag stattdessen nach, zeig dich interessiert, aber lass die Kinder sozusagen den Ton angeben. Fühl dich nicht dazu verpflichtet, tiefere Erklärungen zu geben oder in irgendeiner Weise darauf zu reagieren, lass sie erklären und berichten, hör zu und sei für alles offen!

Es kann ganz von allein vorübergehen – in etwa so, wie Kinder von selbst herausfinden, dass es den Weihnachtsmann nicht gibt und auch keine Feen, und keine Trolle. Das braucht man ihnen gar nicht erzählen. Es kommt mit dem voranschreitenden Alter und der sich erweiternden Perspektive. Es kann sich aber auch zeigen, dass deine Kinder in der Tat mit einem Fuß in einer Dimension des Lebens stehen, zu der wir Normalsterblichen keinen Zugang haben. In dem Fall werden sie daran festhalten. Das sollte man, meine ich, in hohem Grad respektieren. Und sich auch ernsthaft dafür interessieren! Sie werden früh genug von ihren Freunden und ihrer Umgebung erfahren, dass man nicht in jeder Situation über solche Dinge spricht, sondern nur mit Menschen, die dafür offen genug sind und die sich auch wirklich bemühen, das Unverständliche zu verstehen, und wie oft trifft man schon auf solche Menschen? DAS musst du nicht für deine Kinder regeln. Sie werden es schon selbst herausbekommen. Liebe Grüße!

Wie schafft man das?

Hallo, Anna! Ich wollte eigentlich eine kluge und seriöse Anfrage formulieren, habe aber nun doch Schwierigkeiten dabei, mich verständlich zu machen, aber ich bin mir sicher, dass du und alle anderen Mütter voll und ganz verstehen werdet, was ich meine.

Ich habe viel darüber nachgedacht – von der Zeit an, seit ich mein erstes Kind bekam (jetzt acht Jahre alt), bis jetzt, wo ich mein drittes Kind bekommen habe (jetzt fünf Monate alt) –, warum es so gefährlich sein soll, dem Kind selbst Vertrauen zu schenken? Denn genau die Kinder bilden doch letztendlich den Ausgangspunkt von allem. Warum wird man oft angegriffen, wenn man den Problemen zuvorkommt, anstatt sich von ihnen überrumpeln zu lassen – wenn man also, mit anderen Worten, genau überlegt, bevor etwas passiert. Ich sehe es so, dass es in vielem von dem, was du erlebst, darum geht, vorausschauend zu sein und Probleme zu beheben bzw. zu verhindern.

Unter allen Umständen bin ich neugierig zu erfahren, wie du es in der Praxis geschafft hast, bei deinen Kindern immer einen Schritt voraus zu sein. Ich meine, wenn sich die Kinder – und ich habe nur drei – wehgetan haben, Ärger machten oder einen Auftrag erledigen sollten. Ich selbst bin mit meinem Kleinsten auf dem Arm ja auch überaus beschäftigt. Wie schafft man (ich) es dann, eine Sache weiterzuverfolgen und mit dem Großen ein Gespräch unter vier Augen zu führen, ohne dass die Kleinen etwas mitbekommen oder sich einmischen? Die Tage sind zu kurz, hier ist immer etwas los – von morgens bis abends, und man möchte sich ja auch hin und wieder mit dem Partner unterhalten!

Ich weiß, ich bin sehr neugierig, ich würde aber gerne wissen, wie deine Kinder es machen? Du hast ja jetzt, wie ich gelesen habe, viele Enkelkinder, und ich habe überlegt, wie deine Kinder jetzt mit ihren Kindern umgehen? Haben sie deine Methode übernommen, oder haben sie vielleicht ganz neue Wege gefunden?

Ich verstehe jetzt, dass du viele Jahre und Stunden und Tage damit verbracht haben musst, die kleinen wie auch die großen Kinder zu verstehen und zu überlegen, was für sie das Beste ist – und ich muss sagen, ich bin beeindruckt! Viele liebe Grüße!

Zu deiner ersten Überlegung: Ja, es ist richtig: Vorausschauen und vorbeugen ist immer besser und auch schlauer, als im Nachhinein zu versuchen, die Dinge wieder geradezubiegen. Ich habe den kleinen Kindern einfach sehr vertraut, und diese Art des Vertrauens ist für mich auch ganz einleuchtend – warum hat denn gerade der Mensch sich zum Herrscher dieser Welt machen können, wo er doch so zerbrechlich ist, warum hat gerade der Mensch so viele Arten überlebt? Wohl kaum wegen seiner körperlichen Stärke oder seiner Fähigkeit, unter schwierigen Umständen zu überleben, sondern wegen seiner Intelligenz! Mit einer kolossalen Neugierde habe ich mich in das Abenteuer hineinbegeben, in dem ich erleben konnte, wie diese Entwicklung vonstatten ging und vonstatten geht – wie dieses kleine und hilflose Bündel, das dort vor mir lag, eine mehrere Millionen Jahre alte Entwicklung durchlebte, um zum selbstständig denkenden Wesen auf zwei Beinen zu werden, das wir Mensch nennen – und das alles überlebt hat. Wie verläuft diese Entwicklung? Dies zu beobachten und zu versuchen, es zu verstehen, wurde mein eigenes, großes Forschungsprojekt in dieser Welt. Und als Basis für mein Verstehen hatte ich ja eigentlich nur den einen Bezugsrahmen, da ich überhaupt keine Ahnung von Kindern hatte, nämlich mich selbst – den Menschen, das Gemeinsame in uns … und so habe ich all mein Einfühlungsvermögen mobilisiert. Von diesem haben sie profitiert, und es war mir jeden Tag und jede Stunde von Nutzen – nicht zuletzt bei meinen Schreibereien und in meinem eigenen Leben. Einige Jahre lang hingen folgende Worte von Jesus bei mir an der Wand: »Versuche, so viel wie möglich zu verstehen, und versuche, so viele wie möglich zu lieben.«

Was heute so schwierig erscheinen mag und wenig Anlass zur Hoffnung gibt, hat damit zu tun, dass unsere persönliche Verantwortung als Eltern/Leiter von unseren Kindern so unheimlich diffus geworden ist. Die Tagesstätten, die Schule, die Freunde, die Freizeiteinrichtungen – alles außer Reichweite der Eltern – sollen sich mehr oder weniger um die Kindheit und Jugend unserer Kinder kümmern, denn die Eltern arbeiten außerhalb des Zuhauses, und die Familie ist nur noch in ihrer Freizeit zusammen. Folglich werden die Kinder zu Freizeitartikeln und die Eltern zu Serviceeinrichtungen – um es etwas drastisch auszudrücken. Das wirkliche Leben – sowohl das von den Kindern wie auch das von den Eltern – findet ja jeweils anderweitig statt. Das ist in meinen Augen eine ganz »kranke« Entwicklung – aber so ist es geworden, und deshalb erscheint man verdächtig, wenn man eine durchdachte Strategie in der Kindererziehung erreichen möchte, vor allem dann, wenn man etwas anderes will, als nur zu unterhalten und auszuhalten …

Überlegung Nummer zwei: Man schafft es nicht immer, unter vier Augen mit einem Kind zu sprechen – aber das ist auch nicht immer notwendig. Eine strenge Zurechtweisung oder ein reinigender Streit können sich sehr wohl innerhalb der ganzen Familie abspielen – auf italienische Art. Davon wird niemand sterben. Ganz im Gegenteil können die kleinen Kinder dabei lernen, dass es überhaupt nicht gefährlich ist, fuchsteufelswild zu werden und laut zu schimpfen. Aber es muss etwas Gutes dabei herauskommen. Und man sollte darauf achten, dass man in einer Situation, in der man ein Kind zurechtweisen möchte, weil es etwas gemacht hat, das man nicht tolerieren kann, den Geschwistern keine Schadenfreude anbietet, denn sie könnte zu noch weiteren Auseinandersetzungen führen. Und Außenstehenden gegenüber muss man immer die Integrität des Kindes wahren. Man braucht sich nur vorzustellen, wie es sich anfühlen würde, wenn der eigene Chef jedem, er es hören will, davon erzählt, welche Fehler man gemacht hat, während die Kollegen wie die Geier herumsitzen und zuhören! Wenn ich mit einem kleinen Baby auf dem Arm saß (und das kam ja recht häufig vor …) und meinte, ich müsse woanders eingreifen, habe ich das Kleine einfach auf den Fußboden gelegt (ich habe Jahre gebraucht, um zu dieser einfachen Vorgehensweise zu finden), oder ich habe das Baby in der Obhut eines größeren Geschwisterkindes zurückgelassen. Und dann aber los. Oft habe ich nur geschrien: Jetzt reicht es aber!! – um dann sobald wie möglich dem betroffenen Kind meinen wütenden Vortrag zu halten, abseits von den anderen. (Das Anstrengendste war sicherlich, wenn man sich zur gegebenen Zeit gar nicht mehr wütend fühlte, aber trotz allem mit der moralischen Botschaft herausrücken MUSSTE ...) Es erfordert gar nicht so viel Zeit, wenn man mal nachrechnet. Der nicht enden wollende Ärger und die hoffnungslosen, vergeblichen, endlosen Ermahnungen sind doch viel zeitaufwändiger.

Überlegung Nummer drei: Doch, meine eigenen Kinder haben einiges angenommen. Meine vierte Tochter hat mir mein erstes Enkelkind geschenkt, und die Ankunft der Kleinen fiel zeitlich mit der großen Trennung (meiner Tochter von mir) zusammen, und deshalb war sie als frisch gebackene Mutter total gegen jegliche Form der Routine und Reglementierung, denn davon hatte sie selbst als Kind genug bekommen ... Aber schon als sie ihr zweites Kind erwartete, tauchte ich wieder auf ihrer Bildfläche auf, und wir sind heute die besten Freundinnen der Welt. Sie hat sich aber geweigert, »Das KinderBuch« zu lesen – aus Prinzip, wie sie sagt – aber hier sollte man bedenken, dass alle meine Kinder wie arme kleine Racker schuften mussten, um den Haushalt und einander zu versorgen, während ich am Schreiben war, und deshalb hatten sie von dem Buch genug, lange bevor es herausgegeben wurde. Insgesamt kann ich feststellen, dass ich hinsichtlich der Erziehung meiner Enkelkinder nie daran gezweifelt habe, dass ihre Eltern sie hervorragend handhaben werden! (Und ich finde es einfach herrlich, dass ich mich darum nicht kümmern muss, nicht zuletzt, weil ich immer damit angegeben habe, dass ich meine Kinder niemals kritisiert habe, wenn es um ihre Meinungen und ihre Persönlichkeit ging!) Hier geht es um Respekt. Und um die soziale Beteiligung, wie ich sie nenne. Ich denke mir, dass sie sich alle überaus nützlich und wertvoll fühlen. Und geliebt ... nicht zuletzt von ihrer dankbaren Oma. Danke für all deine freundlichen Worte und viele liebe Grüße!

Vierter Teil
Familienleben bei Trennung und Scheidung

*»Jeder Tag ist neu und unsere Kinder
geben uns immer wieder eine neue Chance.«*

In diesem Teil liest du:

Trennung und Scheidung – das Leben miteinander 359
Sollte ein Siebenjähriger pendeln?   359
Im Schlafzimmer überrascht   360
Meine Kinder hassen einander   363
Wie beeinflusst unsere Scheidung unseren Sohn?   365
Mein Exmann mischt sich in mein Leben ein   368
Wie komme ich den Kindern meines neuen Mannes näher?   370
Eifersüchtig auf meinen neuen Mann?   372
Sie will nicht zu ihrem Vater   375
Mein Sohn kommt nicht mit meinem neuen Freund klar   376
Unruhig, wenn sie bei ihrem drogenabhängigen Papa sind   377
Papa geht es nicht gut   380
Wie werden sie mit ihren Halbgeschwisterchen umgehen?   382
Geschieden, aber immer noch beste Freunde   385
Sie möchte keinen Kontakt zu ihrer Tochter   387
Im Schatten seiner alten Familie   388
Kann der Schein trügen?   391

Trennung und Scheidung – das Leben miteinander

»Es erfordert Zeit, eine Herde neu zu gruppieren, und kein Kind möchte in seinem Herzen einen Elternteil verlieren.«

Sollte ein Siebenjähriger pendeln?

Hallo, Anna! Der Vater meines Sohnes und ich haben uns getrennt. Ich möchte dich nun um einen Rat bitten, da du so viel mehr Erfahrung hast als ich. Mein Sohn ist jede zweite Woche bei mir. Er geht immer noch in dem Ort, von dem ich weggezogen bin, zur Schule, weil sein Vater noch da wohnt.

Ich fahre ihn mit dem Auto zu seiner Tagesmutter, und von dort fährt er mit dem Schulbus zur Schule. Aber das kostet mich viel Geld. Ich habe es wirklich versucht, muss nun aber einsehen, dass das Geld nicht sowohl für die Tagesmutter als auch den Bus reicht. Schnief!

Ich habe überlegt, ob er es schaffen würde, mit dem Zug zu fahren, aber das lehnt sein Vater ab. Ich würde ihn ggf. hier, wo ich wohne, zum Bahnhof fahren, und er müsste dann vom Zielbahnhof bis zur Schule zu Fuß gehen. Nach der Schule würde er dann zurückkommen, wenn ich Mittagspause habe, und am Nachmittag würde meine Mutter auf ihn aufpassen.

Was meinst du? Wäre das ganz falsch? Sein Vater akzeptiert diese Lösung nicht, aber ich sehe keine andere Möglichkeit, außer dass er die ganze Zeit bei seinem Vater wohnen müsste. Ich habe ständig ein schlechtes Gewissen wegen meines Sohnes, wegen meiner Arbeit usw. Im Voraus vielen Dank für deine (kluge) Antwort! Liebe Grüße!

Hallo, meine Liebe. Es ist ja traurig, dass die Finanzen dermaßen darüber entscheiden müssen, wie kleine Kinder heutzutage leben dürfen. Du gehst mit einem chronisch schlechten Gewissen umher, und das bedeutet wahrscheinlich, du hast das Gefühl, dass ziemlich viel falsch gelaufen ist – aber es ist ja eine ganz andere Sache, eine Lösung des Problems zu finden, wie man rein äußerlich sein Leben gestaltet! Ich würde mir wünschen, ich könnte dir dabei helfen, aber es ist schwierig! Denn nur du allein kannst dich hinsetzen und entscheiden, ob du ganz neue Prioritäten setzen willst und dabei durchhältst. Und das macht man nicht einfach so hoppladihopp bei einer Tasse Kaffee.

Ich denke schon, dass dein Sohn mit den Zugfahrten zurechtkommen würde, aber wenn du die ganze Sache mal von der anderen Seite betrachtest und dir vorstellst, dass der Vater mit dieser Idee angekommen wäre, hättest du sie wahrscheinlich auch nicht berauschend gefunden … Du hast sowohl eine Tagesmutter wie auch deine Mutter mit eingebunden und findest immer noch, dass du irgendwie versagst. Aber was sagt denn dein Exmann? Hat er Vorschläge gemacht? Verhält es sich vielleicht so, dass er gerne möchte, dass der Junge ständig bei ihm wohnt, könntest du ja überlegen, ob du ihn dann nur noch an den Wochenenden bei dir hast – für eine gewisse Zeit, die ihr gemeinsam festlegen würdet? Das wäre vielleicht gar nicht so schlecht. Oder: Wenn dir diese Vorstellung überhaupt nicht behagt, dann solltest du vielleicht dein eigenes Leben, mit Job und allem drum und dran, einer gründlichen Prüfung unterziehen. Man braucht sich keine Überlegungen für die Ewigkeit machen, sondern immer nur ein Jahr vorausschauen. Aber das sollte man meiner Meinung nach auch wirklich tun, wenn es um die Kinder geht. Ganz nüchtern betrachtet: Vielleicht würde es sich für dich und deinen Sohn rentieren, wenn du ein Jahr zu Hause bleiben würdest – du könntest eine Weiterbildung in Angriff nehmen, die du von zu Hause aus schaffen würdest. Unterhalte dich mit anderen darüber, hör dich um, lass dir etwas einfallen! Es ist eine so kurze Zeit, in der unsere Kinder klein sind und uns wirklich brauchen – und wir sie. Liebe Grüße!

Im Schlafzimmer überrascht

Ich habe ein Problem, das mich sehr belastet. Ich habe drei Kinder im Alter von fünf, sieben und elf Jahren; der Vater und ich sind seit einigen Jahren geschieden. Im letzten Sommer habe ich einen neuen Mann kennen gelernt, meine erste Beziehung nach der Scheidung, und es hat super funktioniert. Nicht ganz ohne Komplikationen, aber O.K., und die Kinder mögen und akzeptieren ihn. Das Problem ist, dass der Elfjährige vor gut einer Woche uns mitten in der Nacht im Schlafzimmer überrascht hat – er wurde wütend, und auch traurig – und ich weiß nicht was. Er spricht überhaupt nicht mehr mit uns, sondern ist nur noch sauer, wird laut und sagt hässliche Sachen, was auch seine Geschwister beeinflusst. Ich habe versucht, mit ihm darüber zu reden, aber er stellt auf stur. Er schreibt auch Zettelchen und SMS, die ich furchtbar finde und blöd. Ich verstehe ja, dass er reagiert, aber ich weiß nicht, was ich machen soll. Ich habe keine Ahnung, wie ich die Beziehung zu meinem Sohn wieder geraderücken kann – und ich weiß auch nicht, wie das Zusammenleben mit meinem Freund jemals wieder funktionieren soll!?

Verliere nicht deinen Mut! Ihr seid zwar in einer traurigen Lage, aber es ist ja wirklich nichts Neues unter der Sonne. Ihr werdet es schon wieder hinbekommen!

Der Elfjährige befindet sich in jedem Fall in einem schwierigen Alter, unter anderem steht er schon mit einem Fuß in der beginnenden Pubertät. Er betrachtet dich als repräsentativ für das weibliche Geschlecht (nicht nur als Mutter), und damit bist du ein geschlechtliches Wesen, was für ihn sowohl erschreckend wie auch schwierig ist – nach dem Moto: »Auf Wiedersehen Kindheit, und wer bist du?!« Wenn Kinder entscheiden könnten, wären ihre Mütter niemals etwas anderes als ihre Mütter, es wäre ihnen auf jeden Fall niemals erlaubt, so etwas »Schreckliches« wie Sexualität auch nur zu buchstabieren, und der Storch würde ein riesiges Comeback erleben.

Aber geschehen ist geschehen, er hat nun schon eine dicke Scheibe von der Wurst abgeschnitten. Und nun legt er erst einmal richtig los und verströmt bei jeder sich bietenden Gelegenheit Gift und Galle, besonders weil du natürlich auch noch mit Schuldgefühlen und schlechtem Gewissen und vielleicht noch ein Stück echter, altmodischer Scham umherwanderst und dir obendrein Sorgen um deine Beziehung zu deinem Freund machst – und das alles, weil der Junge euch mit heruntergezogenen Hosen erwischt hat. Aber auch, wenn es ihm damit nicht gut geht, versucht er durch seine Zettel und SMS immerhin mit dir in Kontakt zu treten. Sonst könnte er ja auch einfach abhauen! Unbewusst wünscht er sich sicherlich, dass du, die doch in allem Bescheid weiß und alles kann, ihm dabei hilfst, mit diesem für ihn Unbegreiflichen umzugehen, weil er es nicht alleine schafft, es wieder loszuwerden. Wie sollte er beispielsweise auf seinen schmächtigen Schultern die Tatsache tragen können, dass er deine Beziehung zu deinem Freund zerstört hat? Dass er dein Glück – dein Leben zerbrochen hat?

Betrachte sein unerträgliches Verhalten und seine Provokationen als Fragen oder – wenn du magst – als Forderungen. Und antworte darauf. Lass dir nicht über den Mund fahren! Rede mit ihm unter vier Augen (seine Geschwister sollten nicht daran teilhaben!), an einem Tag, an dem deine Batterien voll aufgeladen sind und du das Gefühl hast, dass du die Rolle als wütende Mama gut spielen wirst. Denn hier wirst du deine ganze (kontrollierte) Wut brauchen. Halt seinen Blick fest, und halt ihn, wenn nötig, auch körperlich fest, und erzähl ihm dann mit ganz großen Buchstaben, dass es jetzt – jetzt! – aber genug ist! Und du zählst all das auf, was er so alles anstellt, macht und schreit usw. »Wenn du dich absolut großmäulig darüber auslassen willst, kannst du es für dich alleine tun, hinter geschlossener Tür, aber uns und deinen Geschwistern gegenüber musst du dich anständig verhalten, und damit basta! Ich werde mich nicht mehr damit abfinden, dass …« Und dann folgt die ganze Leier noch mal – mit SMS und allem, was dazugehört. Und schließlich noch das schwere Geschütz: »Du bist einfach in unser Schlafzimmer hereingeplatzt. Das war sehr blöd von dir. Ich habe nämlich ein Privatleben, und das hat XX auch. Wenn die Tür zum Schlafzimmer von jemandem geschlossen ist, ist es allgemein üblich, dass man anklopft, aber das habe ich anscheinend vergessen, dir beizubringen. Aber jetzt weißt du Bescheid! Man klopft an, und man wartet, bis geantwortet wird. Man platzt nicht einfach bei anderen Leuten herein, wie du es gemacht hast, und ich möchte nicht, dass es sich wiederholt! Hast du verstanden?!« Etwas in dieser Art – und du darfst keinen Raum für den kleinsten Einwand von seiner Seite lassen, und du musst ggf. verhindern, dass er dir einfach abhaut. Deine Wut und deine klaren, präzisen Anweisungen werden ihn von seiner Schuld befreien und außerdem Respekt erzeugen: Denn du stehst für dein Leben – und für das, was du tust – gerade, und es wird ihm gut tun, das zu erfahren. Wenn du mit deinem Vortrag fertig bist, drehst du dich schnurstracks um und verschwindest – und lässt die Botschaft erst einmal sacken. Danach gilt es – wenn er wieder bei dir auftaucht –, sich ganz normal zu verhalten, freundlich zu sein und über dies und jenes zu plaudern, nicht nur mit ihm, sondern auch mit allen anderen, und nicht mit einer Miene zu verraten, was geschehen ist. So als würdest du davon ausgehen, dass ab jetzt alles wieder in bester Ordnung ist.

Damit zeigst du auch deinem Partner, dass du für eure Liebe und euer Liebesleben geradestehst und dass du auf keinen Fall zulassen wirst, dass es von einem Kind in den Dreck gezogen wird. Hier müssen die Schuldgefühle aus allen Ecken weggespült werden! Auch seine.

Und dann möchte ich mutigerweise noch vorschlagen, dass ihr ganz einfach die Tür zum Schlafzimmer abschließt. Kleine Kinder können sehr wohl lernen, anzuklopfen! Und dann kann Mama ihnen die Tür aufmachen, wenn sie es für nötig hält.

Vergiss deine Sorgen – sofort! Erheb dich aus deiner unterlegenen Position und blick dem kleinen Lümmel in die Augen (das Alter des Elfjährigen wird nicht ohne Grund das Lümmelalter genannt!). Hab keine Angst. Er braucht es. Die zärtliche, liebevolle und vertrauliche Beziehung zu ihm kannst und wirst du später wiedergewinnen, glaub mir. Liebe Grüße!

Meine Kinder hassen einander

Hilfe, was soll ich bloß tun, wenn meine 10 und 12 Jahre alten Töchter sich immer mehr in die Wolle kriegen? Sie sagen jetzt klipp und klar, dass sie sich hassen, und wenn sie untereinander Ärger haben, können sie sich gegenseitig sogar den Tod an den Hals wünschen. Nun ist es auch noch vorgekommen, dass die Jüngste meint, es wäre besser gewesen, wenn sie nie geboren worden wäre. Der Vater und ich trennten uns vor gut zwei Jahren, und sie wohnen seitdem jede zweite Woche bei ihm. Mein Ex und ich sind noch gute Freunde und unterhalten uns mehrmals die Woche. Was ist hier schief gelaufen?

Jetzt möchte auch noch (vor allem) die älteste Tochter nur in den Wochen bei mir wohnen, in denen ihre Schwester beim Vater wohnt – und umgekehrt, damit sie es vermeidet, überhaupt mit ihrer Schwester zusammen sein zu müssen. Könnte das die Lösung des Problems sein, oder …? Liebe Anna, ich würde mich über einen Rat von dir sehr freuen, denn ich halte es bald nicht mehr aus.

Hallo. Ungeheuerlichkeiten wie das Hassen oder das Töten, die man von den Kindern zu hören bekommen kann, muss man radikal verbieten. Hier darf es kein Pardon geben. Du musst den Mädchen mit sehr großen Buchstaben Einhalt gebieten: »So etwas darf man nicht sagen. So sprichst du nicht mit deiner Schwester – und ich spreche niemals so mit dir. Ich möchte solche Worte nie wieder von dir hören! Niemals! Hast du verstanden?« Hier geht es darum, so wütend auszusehen, dass die Mädchen spüren (oder meinen zu spüren), dass du selbst in dem Moment töten könntest. Denn genau das müssen sie lernen: Wir Erwachsenen hassen auch, wir könnten auch manch-

363

mal töten, wir haben dieselbe wahnsinnige Wut in uns etc. ABER: Wir können unsere rabenschwarzen Impulse kontrollieren und beherrschen – wir drücken sie nicht einmal mit Worten aus: Wir *sagen* so etwas nicht – und wir würden so etwas sowieso niemals tun. Es tut den Kindern gut, das zu erfahren, denn diese starken Gefühle können sie selbst erschrecken. Sie müssen erfahren, dass es einen Weg gibt, alles in dieser Welt in den Griff zu bekommen – einen Weg, der niemandem schadet.

Wenn deine Jüngste erklärt, dass sie nie hätte geboren werden sollen, kannst du ihre Märtyrerrolle auseinander nehmen: »Und wer wäre dann glücklicher gewesen, was meinst du? Ich vielleicht? Aber überleg doch mal, wenn auch ich nie geboren worden wäre … Dann hätte es DICH nie gegeben! Hör also auf mit dem Quatsch! Mach etwas Vernünftiges, anstatt herumzulaufen und dich selbst zu bemitleiden. Lies ein Buch oder sieh fern oder hör Musik, aber hör bloß auf mit dem Jammern!« Danach behandelst du sie sofort – überaus deutlich und extrem freundlich – so, als wäre sie so klug und groß und reif, wie sie eben noch nicht ist.

Natürlich könnt ihr überlegen, ob die Mädchen auf die beschriebene Weise getrennt wohnen, aber es sollte dann – meiner Meinung nach – nur für eine gewisse Zeit so festgelegt werden, für drei Monate oder ein halbes Jahr, und in diesem Falle müssten die jungen Damen schon ganz andere (positive) Argumente hervorbringen können, als dass sie ihre Schwester meiden möchten. Frag sie mal, wie sie es empfinden werden, wenn ihre Freunde sie danach fragen, warum sie so wohnen – ob es dann schlau wäre, zu antworten, dass man die eigene Schwester loswerden will. Kaum. »Habt ihr keine besseren Ideen, Mädels? Seid doch mal konstruktiv!« Gib ihnen Zeit zum Nachdenken. Es wird gar nicht so unproblematisch sein, getrennt zu leben – und solange sie keine Lösung ihrer Probleme entdecken können, passiert auch erst einmal gar nichts. Liebe Grüße!

Meine Kinder hassen einander (Kommentar)

Hallo! Ich habe von deinen beiden Kindern gelesen und dass sie sich hassen, und ich finde absolut, dass du aufs schärfste Stopp sagen und eine Lösung des Problems finden musst – du darfst um alles in der Welt nicht nachgeben. Ich bin heute 20 Jahre alt und habe einen Bruder, der zwei Jahre älter ist. Als wir so alt waren, wie deine Kinder jetzt, haben wir uns immer öfter in die Wolle gekriegt, wir haben uns gnadenlos geprügelt und uns gesagt, wie sehr wir uns hassen. Als wir dann etwas älter wurden – etwa 9., 10. Klasse –, wurden wir dann doch so reif, dass wir uns nicht mehr prügelten, sondern nur noch aus dem Weg gingen. Die ganze Sache beruhigte sich, und es war herrlich. Aber dann trennten sich unsere Eltern, die ganze Familie wurde aufgelöst, und mein Bruder, der mir nach und nach eine gute Stütze geworden war, konnte mir nicht mehr helfen und ich ihm auch nicht – jedes Zusammensein wurde wieder schwieriger. Ich möchte mich nicht über meine Kindheit beklagen, aber leider schafften es unsere Eltern nicht, mit dem Problem der Prügeleien richtig umzugehen, sie hätten diesem Kampf ein Ende setzen müssen. Nun haben mein Bruder und ich allmählich angefangen, uns wie Erwachsene miteinander zu unterhalten, zwar noch etwas oberflächlich, aber immerhin sind wir Freunde.

Kämpfe also, gib nicht auf! Erzähl deinen Kindern, dass sie sich brauchen, denn in gewissen Zeiten können die Geschwister die einzigen Menschen sein, bei denen man noch Hilfe suchen kann. Ich habe noch eine jüngere Schwester, ein Nesthäkchen, zu der ich eine ganz tolle Beziehung habe, und ich würde um nichts in der Welt diesen Kontakt missen. Und ich weiß, dass auch ich ihr sehr viel bedeute. Ich wünsche dir viel Glück! *Lotta*

Wie beeinflusst unsere Scheidung unseren Sohn?

Hallo, Anna! Danke für deine schöne Website, auf der man viele gute Antworten auf schwierige Fragen findet. Ich werde nun von meinem Mann geschieden. Wir haben im vorigen Jahr – im Frühling – geheiratet, und eine Woche nach unserer Hochzeitsreise hat mein Mann mich mitten in der Nacht geweckt und mir gesagt, dass er sich scheiden lassen möchte. Dies hat ein totales Chaos in meinem Inneren ausgelöst, denn wir hatten gar keine Konflikte, Streitereien oder Verständigungsschwierigkeiten gehabt. Ich dachte, ich lebte in einer perfekten Beziehung. Ein toller Mann, ein liebes und gesundes Kind und alles, was sonst zu einem schönen Leben gehört. Aber so sollte es nicht sein! Innerhalb einer Woche wurde ich alleinerziehende Mutter – mit einem Mann, der es nun vorzog, als Single zu leben.

Mitten in diesem Chaos möchte ich dich Folgendes fragen: Wenn man davon absieht, dass ich unendlich verletzt bin, weil er mich im Stich gelassen hat, weil unsere Ehe ihm so wenig bedeutete, dass er einen Rückzieher machte, bevor sie eine reelle Chance bekam – wie wird das alles unseren dreijährigen Sohn beeinflussen?

Welche Folgen hat eine Scheidung im Allgemeinen für die betroffenen Kinder? Dass sie viel mehr in Mitleidenschaft gezogen werden, als man es sich unmittelbar vorstellt, ist mir klar geworden, aber was muss man dabei bedenken? Im Moment reden wir von jedem zweiten Wochenende und dazu noch ein paar Abenden in der Woche, was in meinen Augen eine gute Lösung ist, damit er mit beiden Elternteilen zusammen sein kann. Meine Forderung ist aber, dass er übergangsweise immer in seinem eigenen Bett schläft, bis wir für uns alle drei die Wohnverhältnisse geklärt haben. Zurzeit lebt mein Mann bei seinen Eltern, und ich möchte einfach nicht, dass unser Sohn jedes zweite Wochenende bei seinen Großeltern verbringt, um dann mit seinem Vater zwischendurch irgendwo zu übernachten, und ihn später noch da zu besuchen, wo er dann wohnen wird. Und dann kommt ja noch hinzu, dass auch mein Sohn und ich umziehen müssen – es wird ehrlich gesagt zu viel des Guten. Welche Lösung würdest du für diese Situation vorschlagen?

Meine zweite Frage: Bin ich zu hart, wenn ich daran festhalte, dass er nur jedes zweite Wochenende mit seinem Vater zusammen sein kann? Gerade jetzt, nachdem die Scheidung eingereicht worden ist und alles noch ziemlich unüberschaubar ist (ich wollte keine Scheidung, wurde aber vor vollendete Tatsachen gestellt), meine ich, dass man sich 100%ig um das Kind kümmern sollte und sich nicht mit Oma oder einem Kindermädchen arrangiert, nur weil man eine Bergwanderung mit Kollegen geplant hat … Ich betrachte das als eine falsche Prioritätensetzung zwischen dem Kind und dem eigenen Vergnügen. Gerade jetzt, wo alles noch so turbulent ist. Unser Junge ist ein sehr aufgewecktes Kerlchen, aber er wirkt merkwürdig und sehr verletzt, wenn er bei mir – und nicht bei meinem Mann – seine Reaktionen zeigt. Mein Mann meint, dass ich übertreibe, aber das ist leider nicht der Fall. Was soll man einem Jungen antworten, wenn er sagt, dass er traurig ist, dass Papa ihn und mich verlassen hat und dass Papa nicht mehr mit Mama zusammen wohnen möchte, weil er sie nicht mehr liebt … es ist so schwer.

Ich weiß, es ist nicht leicht, solche Fragen zu beantworten, wenn man wie in diesem Fall kein klares Bild der Lage bekommt, aber ich würde mich sehr über eine Antwort von dir freuen, denn es fällt mir schwer, auf die guten Ratschläge zu hören, die zurzeit von allen Seiten auf mich herniederprasseln. Für mich steht mein kleiner Junge im Zentrum, womit ich nicht sagen will, dass er mein ganzes Leben ist, aber er ist die Liebe meines Lebens, und ich möchte ihm nur das Beste. Ich habe selbst eine ziemlich harte Kindheit gehabt und wünsche mir, dass er so lange wie nur möglich eine unbeschwerte Kindheit haben soll – ohne sich schuldig zu fühlen, wegen dem, was seine Eltern machen. Nochmals tausend Dank für deine tolle Website. Mit freundlichen Grüßen.

Hallo, meine Liebe. Welch eine Hölle hast – und wirst – du durchleben müssen. Manchmal kann man sich nur darüber wundern, wie die Leute es überhaupt schaffen, auf den Beinen zu bleiben, nachdem sie dermaßen niedergemacht worden sind. Du hältst dich aber nicht nur auf den Beinen, du stellst auch die Liebe zu deinem Sohn an die erste Stelle. Das ist wirklich aller Ehren wert, und ich wünsche dir weiter viel Kraft und dass du weiterhin fest an dich und deine unantastbare Liebe glaubst!

Wie du selbst andeutest, setzt eine Scheidung ihre gemeinen Spuren, und die kann man leider nicht umgehen. Die ganz große Kraftanstrengung besteht dann darin, sich dem Kind gegenüber so zu verhalten, als würde man die Idee selbst supertoll finden und dafür geradestehen, was du ja nicht tust. Heute weiß dein Sohn, dass sein Vater dich nicht mehr liebt und dass er euch aus diesem Grund verlassen hat, aber morgen besteht immer noch die Gefahr, dass der Kleine die Schuld dafür auf sich nimmt. Er ist und bleibt ja der Sohn seines Vaters. Wenn sein Vater dich verwirft, heißt es ja nicht, dass er seinen Sohn nicht mehr liebt, oder? Aber was hat er dann falsch gemacht? Warum ist auch er verlassen worden?

Ein Kind von Schuld zu befreien heißt, dass man selbst die Verantwortung auf sich nimmt und dass man, auch wenn man wie du vor vollendete Tatsachen gestellt wird, für die Entscheidung, sich zu trennen, geradesteht. Ich bin so weit gegangen, dass ich konkrete Ursachen erfunden habe: Papa bekommt immer so doll Husten, wenn er hier lebt, verstehst du. Jetzt muss er woanders wohnen, wo er dann nicht so viel husten muss, und dort kannst du ihn dann besuchen! Die Wahrheit wird dem Kind natürlich früher oder später einleuchten, aber vielleicht dann von einer Reife begleitet, die den Schmerz etwas lindern kann. Du kannst also in irgendeiner eleganten Weise versuchen, die Lage so darzustellen, dass diese Scheidung total viele praktische Vorteile hat … für alle Beteiligten! Ja, ich weiß, es ist leichter gesagt als getan …

Auch wenn es wehtut und unendlich schwierig ist, musst du fortan versuchen, die Beziehung zwischen Vater und Sohn in jeder Hinsicht zu unterstützen, um des Jungen willen. Du kannst ganz einfach nicht bestimmen, wie der Vater (oder die Oma) sich um das Kind kümmern soll, wenn es bei ihm ist. Es mag vielleicht deswegen in deinem Inneren brodeln, aber es nützt nun mal nichts. Irgendwann, wenn sich die Turbulenzen später einmal gelegt haben und ihr jeweils geordnete Wohnverhältnisse habt und ein neuer Alltag sich allmählich abzeichnet, kannst du mit dem Vater verhandeln und dann evtl. Wochenenden tauschen, wenn er wieder auf Tour gehen sollte. Aber bis dahin ist die Regelmäßigkeit sehr wichtig, und sie muss sich festigen, bevor man anfängt, Änderungen einzuführen – auch wenn es bedeutet, dass der Vater auf ein Kindermädchen zurückgreift, anstatt sich selbst um das Kind zu kümmern. Diese Regelmäßigkeit wird deinem Sohn vor allem beibringen, worauf er sich verlassen kann, nämlich zumindest auf eine Mutter, deren Standfestigkeit unerschütterlich ist!

Es ist nicht leicht, etwas Positives hervorzukramen, wenn man vor einer aufgezwungenen Scheidung steht, aber vielleicht kannst du dich zumindest in einem Bereich beruhigt fühlen: Dein kleiner Junge wird schon bald lernen – und unterscheiden können –, was bei dir und was bei seinem Vater Gültigkeit hat. Die fehlende Konsequenz, die du in der unberechenbaren Weise, in der der Vater mit dem Jungen umgeht, erleben wirst, ist in der Tat nicht so wichtig – solange DU in DEINEM Bereich konsequent bist! Für kleine Kinder ist die Tatsache, dass es Mama so macht und Papa so, nicht merkwürdiger, als dass Mama lange Haare und helle Möbel hat und Papa einen Bart und bei Oma wohnt. Oder wo er nun wohnen mag … wenn dies deinem Löwenherzen tröstlich sein kann. Viel Glück, du tapferer Mensch! All meine bewundernden Gedanken und eine herzliche Umarmung.

Mein Exmann mischt sich in mein Leben ein

Hallo, Anna. Ich hoffe, du kannst mir einen Rat geben. Vor gut einem Jahr wurde ich von meinem Mann (und Vater von meinem jetzt dreijährigen Kind) geschieden. Ich habe nun einen neuen Mann kennen gelernt, und es funktioniert super mit ihm und meinem Kind – wir fühlen uns wunderbar wohl zusammen. Das Problem ist mein Ex. Er brüllt und schreit und droht und lässt überhaupt nicht mit sich reden – obwohl ich meinen neuen Freund ziemlich selten sehe und wir noch ganz am Anfang unserer Beziehung stehen. Wir haben uns noch in keiner Hinsicht festgelegt, sind »nur« ein Liebespaar. Dass ich es überhaupt meinem Ex erzählt habe, liegt daran, dass ich von vornherein ehrlich sein wollte und dass ich glaube, dass dieser neue Mann die Liebe meines Lebens ist (das habe ich meinem Ex natürlich nicht gesagt).

Wie soll ich mit meinem Exmann umgehen? Muss ich meine neue Beziehung herunterspielen? Oder muss ich hart sein und ihm sagen, dass er sich nicht einmischen soll? ... BITTE, was soll ich tun? Im Übrigen ist mein Ex ein sehr unausgeglichener Mensch, und er hegt noch alten Groll gegen mich. Ich möchte nicht, dass mein Sohn in die Klemme gerät, aber ich möchte auch nicht auf den wohl wunderbarsten Mann der Welt verzichten. Weißt du einen Rat, liebe Anna?

Hallo, meine Liebe. Es war wohl doch keine gute Idee, dass du deinen Exmann zu einem so unnötig frühen Zeitpunkt in deine neue Liebe eingeweiht hast (die sich wunderbar anhört. Herzliche Glückwünsche!). Männer können sehr wohl geschieden sein, aber Eifersucht und Besitzansprüche sind etwas, das noch jahrelang – ja, ein halbes Leben lang – eine Rolle spielen kann. Das neue Glück anzupreisen führt oft zu Problemen. Dass du es getan hast, um ehrlich zu sein, ist natürlich ein edler Zug von dir, und du wünschst, ja auch nicht, dass euer kleiner Sohn zwischen die Fronten gerät, aber es scheint mir doch, als wärest du darauf aus gewesen, sozusagen die Einwilligung deines Exmannes zu bekommen. Und die bekommst du nicht – noch nicht.

Überleg es dir sehr gut: Warum ist es so wichtig für dich, was er davon hält – geht es dabei nur um den Jungen oder auch um dich? Ich befürchte, dass du mit dem Groll deines Ex leben musst und dass dieser Groll sich noch verstärken wird, egal, wie behutsam du vorgehen magst, ganz einfach, wenn du etwas machst, auf das er keinen Einfluss mehr hat. Es ist bitter, dies einsehen zu müssen, aber du wirst anscheinend keine Hilfe, Versöhnung oder Verständnis von seiner Seite erwarten können, jedenfalls nicht in den ersten Jahren (wenn überhaupt). Nur dein eigenes Herz und dein kleiner Junge können dich in dieser Hinsicht begleiten und dich als Person mit dem Recht respektieren, so zu lieben und zu leben, wie du es für richtig hältst!

Zwar kannst du deinen Ex darum bitten, sich nicht einzumischen, du hast ihn aber selbst in diese Sache eingeweiht, und deshalb erscheint es mir nicht ganz logisch ... Du hast ihm die Tür geöffnet, er ist eingetreten, bis an die Zähne mit Anklagen bewaffnet. Deshalb solltest du meiner Meinung nach diese Tür schnellstmöglich wieder zumachen. Bagatellisiere die ganze Sache, schlag sie in den Wind, erwähn sie gar nicht, lass dich auf keine Diskussion über dein Leben und dein Wohlergehen ein, sondern vermeide diese persönlichen Gespräche, belass es dabei, über euren Sohn zu reden, denn er ist es ja, den ihr noch gemeinsam habt – und IHR HABT ja nichts anderes mehr gemeinsam, da ihr kein gemeinsames Leben mehr habt. Wenn er mit seinen Anklagen hartnäckig weitermacht, solltest du nicht darauf eingehen, dich nicht verteidigen, nicht nach seiner Anerkennung suchen. Es ist ja schade, dass du es so siehst, kannst du sagen, um dann schnell das Thema zu wechseln – und über den Jungen, über praktische Probleme, über etwas passend Neutrales zu reden, bei dem ER sich als Vater (und sonst nichts) mit einbezogen, wichtig und kompetent fühlen kann. Liebe Grüße!

Wie komme ich den Kindern meines neuen Mannes näher?

Hallo. Ich habe ein kleines Problem, das sicher nicht ungewöhnlich ist, aber ich mache mir trotzdem sehr viele Sorgen. Ich habe eine Beziehung zu einem Mann, der zwei kleine Jungs im Alter von sechs und drei Jahren hat. Diese Kinder hat er mit seiner ersten Frau. Die Ehe ist zerbrochen, und es gab sehr viel Hass und Streit. Das älteste Kind war damals drei Jahre alt. Der Mann hat dann sofort wieder geheiratet (vielleicht etwas überelit), weil es ihm so schlecht ging und er sich einsam fühlte. Die Mutter der beiden Jungs streitet sich immer noch mit ihm und sähe es am liebsten, wenn er seine Kinder gar nicht sehen würde. Hier geht es nun darum, dass ich den Mann kennen gelernt habe, nachdem seine zweite Ehe in die Brüche gegangen war. Und wir planen nun eine gemeinsame Zukunft, da wir ineinander so etwas wie Seelenverwandte gefunden haben. Aber genug der Hintergrundinformationen. Ich überlege ein bisschen, wie man sich am besten verhält, wenn man diesen kleinen Jungen vorgestellt wird. Sie haben ja erst den langwierigen Krieg und die Scheidung ihrer Eltern und danach noch die Streitereien des Vaters mit seiner neuen Frau und das darauf folgende Scheitern der zweiten Ehe miterlebt. Ich habe selbst keine Kinder, aber ich kann mir sehr wohl vorstellen, dass dies alles Spuren bei den beiden kleinen Prinzen hinterlassen haben muss. Hast du ein paar gute Ratschläge für mich? Wir haben dieses Problem ein wenig vor uns hergeschoben, da wir ganz sicher sein wollten, bevor wir die Kleinen mit einbeziehen, aber nun wird es langsam Zeit. Ich habe ihm (dem Vater) immer gesagt, dass seine Jungs immer Vorrang haben sollten, aber es leuchtet mir ein, dass die Chancen, dass ich einfach so bei ihnen beliebt sein werde, eher gering sind, oder sehe ich das falsch? Ich habe schreckliche Geschichten darüber gehört, wie Kinder sich komplett weigern können, eine Beziehung zu den neuen Partnern ihrer Eltern einzugehen, und ich möchte nicht, dass es auch bei uns so wird. Ich bin nun 28 Jahre alt und habe nie mit kleinen Kindern zu tun gehabt. Hilf mir bitte mit einigen guten Tipps, liebe Anna! – und auch andere, die sich in einer ähnlichen Situation befunden haben, können sich sehr gerne zu Wort melden.

Wird der Vater der Kinder mit dir glücklich, werden sie dich mögen, und alles wird das reine Idyll. Am Anfang. Später werden andere Perspektiven sich entwickeln, und die Lage wird schwieriger. Vielleicht sogar richtig schwierig. Um nicht zu sagen die reinste Hölle … Mama wird immer Mama bleiben, und kein Kind möchte in seinem Herzen einen Elternteil verlieren. Damit kannst du zur Bedrohung werden, gerade weil die Kinder dich ganz einfach – und das ist das Schreckliche dabei – zu sehr lieb gewinnen!

Deshalb finde ich, dass du dich in Zurückhaltung üben solltest. Presch nicht im großen Stil zu weit hervor! Sei freundlich und zeig ein wenig Interesse, in etwa so, als würdest du einen neuen Arbeitsplatz bekommen haben und deine Kollegen allmählich kennen lernen. Bewahre deine Integrität, sei ganz gelassen, versuch einfach du selbst zu bleiben. Du kannst nie die Mama dieser beiden kleinen Prinzen werden. Du kannst ihnen möglicherweise eine gute Freundin werden, und Freunde sollten sie viele haben.

Kleinen Kindern gegenüber, die man nicht kennt, ist es überaus effektiv, selbst den Kleinen und Hilflosen zu spielen. Man bekommt z.B. plötzlich vor irgendetwas Angst. Die Kleinen können einem dann erklären, dass es wirklich keinen Grund gibt, sich zu ängstigen, egal, worum es auch gehen mag. Und dann braucht man noch ihre Hilfe – ernsthaft und sehr schnell. »Ja, ich muss hier jetzt Mittagessen kochen, aber ich weiß nicht, ob ich … kann mir JEMAND bitte helfen?! Was muss ich tun? Hilfe, ich weiß nicht, was ich machen soll!« Serviere also keine Lösungen, sondern stelle nur die Fragen! Sich gegenseitig zu helfen, sich auf demselben Level zu befinden (obwohl das in Wahrheit nicht der Fall ist), Arbeitskollegen zu sein und nicht zu selbstsicher, sondern eher etwas unsicher aufzutreten – das ist das ganze Geheimnis.

Ich wünsche dir, dass dein Auserwählter alles auf dich setzen wird und dich wirklich will, nicht aus Einsamkeit heraus, sondern aus Liebe, jetzt wo er seine Seelenverwandte gefunden hat! Liebe Grüße!

Eifersüchtig auf meinen neuen Mann?

Hallo! Ich habe einen bald vierjährigen Sohn. Sein Vater und ich haben uns vor fast zwei Jahren getrennt. Im vergangenen Frühling habe ich einen neuen Mann kennen gelernt, und nach ungefähr acht Monaten sind wir zusammengezogen. Mein Sohn hat von Anfang an gezeigt, dass er ihn sehr mag, und sie kommen super miteinander klar. Aber in den letzten Monaten hat der Kleine angefangen, meinem Freund den Rücken zu kehren – er darf ihm nicht mehr beim Anziehen helfen, ihn morgens nicht wecken, ja, er darf eigentlich gar nichts mehr. Mein Sohn sagt auch, dass er nicht mehr bei uns wohnen darf. Seit etwa einer Woche zeigt mein Sohn sich extrem wütend, er schreit mich sogar manchmal an, wild und hemmungslos. Ich habe überlegt, woher das jetzt kommt, und denke mal, dass er eifersüchtig ist und Angst hat, mich zu verlieren. Bist du vielleicht anderer Meinung? Oder hast du ein paar Tipps, wie ich mich am besten verhalten sollte? Im Moment befinde ich mich in einem endlosen Loyalitätskonflikt zwischen meinem Sohn und meinem Freund. Liebe Anna, bitte gib mir eine Antwort, damit ich weiß, was ich tun kann. Und vielen Dank im Voraus!

Hallo, die Situation ist ja wirklich nicht gerade lustig. Andererseits ist sie durchaus normal und muss auch nicht Ewigkeiten anhalten. Wie ich es verstehe, lebt ihr drei nun seit ein paar Monaten zusammen. Das Leben hat sich mit anderen Worten radikal verändert, und es erfordert seine Zeit, bevor eine neue Familienkonstellation sich beruhigt.

Dein kleiner Junge steht mittendrin und kann noch gar nicht wissen, was jetzt Gültigkeit hat. Ich glaube, er handelt aus eigenen Interessen heraus und nicht, weil er eifersüchtig ist oder Angst hat, dich zu verlieren. Er kann sich gar nicht vorstellen, wie es wäre, dich zu verlieren, weil du ja schon immer für ihn da gewesen bist. Eine andere Perspektive existiert für ihn gar nicht. Dagegen kann er sich sehr viele Gedanken darüber machen, was dein Freund wohl von IHM halten mag. Wohnt er nur deinetwegen bei euch oder auch seinetwegen? Bedeutet ER ihm überhaupt irgendetwas? Dein Sohn hat ihm sein spontanes Vertrauen geschenkt, bevor ihr zusammengezogen seid. Er hat deinen Freund als einen Erwachsenen angenommen, den er wirklich mag, und glaubte natürlich, dass diese Hingabe gegenseitig sei (was sie sicherlich auch war und ist). Aber jetzt? Wie funktioniert es jetzt? Dreht sich die ganze Sache nur um dich, oder ist ER auch liebenswert?!

Und wie du weißt, zeigen wir uns nicht gerade von unserer besten Seite, wenn wir uns nicht geliebt fühlen. Wir provozieren. Wir fordern heraus. Wir brüllen und schreien, obwohl wir es eigentlich einfach sagen müssten, wie es ist: »Ich glaube nicht, dass du mich liebst.« Kleine Kinder können dieses Verhalten fast bis zur Perfektion treiben. Sie können nicht wie wir Erwachsenen alles hinterfragen und nach Erklärungen suchen (wir schaffen es ja auch nicht immer …). Die Fragen kommen in ihrem Verhalten zum Ausdruck. Sie machen es uns richtig schwierig, sie zu mögen. Damit wir wirklich beweisen müssen, dass wir es tun! Also kann es sehr wohl sein, dass dein Sohn deinen Freund mit Gekreische und Getöse ablehnt, gerade weil der Kleine sich nichts sehnlicher wünscht, als dass er wie ein richtiger Vater für ihn sei. »Macht dein Freund denn wirklich das, was er mit mir unternimmt, weil er es von Herzen WILL, d.h., weil er mich mag, oder macht er es, weil es so sein muss (Erwachsene tun nun mal so, Väter tun so) oder weil du ihm gesagt hast, dass er es tun solle (Mama ist ja diejenige, die bestimmt), oder weil …?« Diese Art von Fragen schwirren in seinem kleinen Kopf herum, auch wenn er es niemals schaffen würde, sie in einer anderen Weise zum Ausdruck zu bringen, als er es im Moment tut – mit seiner provozierenden Ablehnung. Seine eifrige Versicherung, dass er auf keinen Fall möchte, dass dein Freund bei euch wohnt, ist nichts anderes als eine echte Frage: »WILLST du denn wirklich bei uns wohnen? ICH will es, aber nur, wenn DU es willst – auch meinetwegen!«

Und damit landet er in einem Teufelskreis. Er möchte sich ja nicht so verhalten, denn er mag deinen Freund, und es ist ihm überaus bewusst (auf eine unbewusste Weise), dass er sich schrecklich und falsch benimmt – und das gefällt ihm überhaupt nicht. (So ergeht es uns Erwachsenen ja auch, wenn wir der Person, der wir lieben, etwas gesagt haben und es zutiefst bereuen.) Damit wendet seine gewaltige Ohnmacht sich in Form von Wut gegen dich. Erstens ist er der Meinung, dass du es nicht zulassen dürftest, dass er sich so schrecklich verhält, denn dann würde er es vermeiden können, sich so schlecht zu fühlen. Zweitens solltest du ihm im Großen und Ganzen dabei helfen, diese Unsicherheit und diesen Druck loszuwerden, damit es ihm aus diesem Grund nicht mehr so schlecht gehen müsste. Aber das tust du nicht, denn das kannst du nicht, und deshalb wirst du bestraft. Und gleichzeitig bestraft er auch sich selbst, weil er doch irgendwo versteht, dass es hier ein Problem gibt, das er selbst lösen muss. Er weiß nur nicht, wie, er kann keine Lösung erkennen. Ja, es ist in der Tat ein schreckliches Durcheinander!

Dein Freund kann und sollte in der alltäglichen Routine dem Kleinen nicht zu nahe kommen. Kümmere du dich bis auf weiteres darum. Aber dein Freund kann ihm sehr wohl klare Antworten geben. Das »Ich will nicht, dass du hier wohnst« kann er wie ein »Willst du hier wohnen?« deuten – und antworten: »Ja, klar! Ich WILL hier wohnen, verstehst du. Denn ich mag dich und deine Mutter so sehr.« Ruhig und mit Bestimmtheit, ohne Fragezeichen in der Stimme – als sei es etwas, das nicht in Frage gestellt werden kann, Punkt, aus. Das würde den Kleinen SEHR entlasten.

Außerdem kann er versuchen, eine eigene Beziehung zu dem Jungen (wieder) aufzubauen – eine Beziehung, die nicht nur auf Gefühle baut, sondern auch auf einer Zusammenarbeit unter Männern (entschuldige diese Formulierung!). Sie können zusammen für dich kochen, sauber machen und aufräumen, einkaufen gehen usw. Hierbei ist es wichtig, dass sie sich wie Freunde zusammen mit etwas beschäftigen, das ihr eigenes Ding ist und von dem der Junge, oder beide, dir danach erzählen kann. Dein Freund kann sich außerdem darin üben, Fragen zu stellen, anstatt immer so groß und erwachsen zu sein, wie er sicherlich meint, dass er es sein sollte, denn Erwachsene sollten doch immer alles wissen … »Was findest du, was wir bei diesem oder jenem Problem machen sollten?« So kann er sich erkundigen, voller Ernst und mit aufrichtigem Interesse, und dann muss er dem Jungen auch ernsthaft zuhören und auf seine Antworten bzw. Vorschläge eingehen (verständnisvoll, ohne Einwände), so als würde er einem zwar kleinen, aber sehr bedeutungsvollen Mitmenschen zuhören. Dies ist von unschätzbarer Bedeutung für alle kleinen Kinder, die sich in dieser Weise wichtig und wahrgenommen fühlen können (und nicht als etwas, um das man sich pflichtbewusst kümmert – und/oder dem man eine gewisse Portion Unterhaltung bieten sollte).

Ich kann gut verstehen, dass du dich zwischen zwei Loyalitäten hin- und hergerissen fühlst, aber vielleicht kannst du die Sache nun von einer etwas anderen Seite betrachten. Du musst nicht das Gefühl haben, dass du dich hier und jetzt für die eine oder andere Seite entscheiden musst. Aber eine Zeit lang kannst du dich mit Vorteil eher getrennt um die beiden Herren kümmern – denn es wird vorübergehen, sobald dein Junge davon überzeugt ist, dass er deinem Freund tatsächlich etwas bedeutet, genauso wie er für den Kleinen schon sehr wichtig ist. Die totale Familienidylle kann noch ein wenig auf sich warten lassen, aber so ist es nun mal. Schon jetzt wird die Grundlage dafür geschaffen werden müssen. Und das Werk lässt sich nicht so im Handumdrehen vollenden! Liebe Grüße!

Sie will nicht zu ihrem Vater

Hallo, Anna! Vor zwei Jahren haben mein Mann und ich uns getrennt. Wir haben eine vierjährige Tochter. Sie verbringt jedes zweite Wochenende bei ihm, und das ist zu wenig, finde ich. Jetzt ist es so, dass er sie am jeweiligen Freitag direkt vom Kindergarten abholt. Lina will aber nicht, sie ist schon donnerstags traurig, weil ihr Vater sie am nächsten Tag abholen wird. Es ist sehr belastend, sie so zu erleben. Ich habe versucht mit meinem Exmann darüber zu reden, dass wir wegen Lina etwas tun müssen, aber er scheint nicht gerade gewillt. Was soll ich/sollen wir, deiner Meinung nach, tun?

Hallo, meine Liebe. Hier braucht der Papa wohl ein wenig Unterstützung. Ich kann sehr gut verstehen, dass er nicht begeistert ist, denn was soll er sagen? Dass es wohl besser sei, wenn die kleine Lina nicht mehr zu ihm kommt? Von deiner Seite gibt es ja schon eine stille (?) Kritik – dass sie zu wenig bei ihm ist. Ein echtes Dilemma!

Und ich glaube, dass eure Kleine genau darauf reagiert. Du unterstützt ihre Besuche bei ihrem Vater nicht 100%ig. Kinder sind wie Seismographen. Spürt sie auch nur die geringste Skepsis von deiner Seite, wird sie unsicher und unglücklich: Mama kann die Sache nicht von ganzem Herzen gutheißen. Ich stehe ganz allein da! Und darauf gibt sie dir noch weitere Gründe, mit Vorbehalt zu reagieren: Sie will da gar nicht hin! Und sie wird schon donnerstags traurig …

Egal, welche zwiespältigen Gefühle du in Bezug auf die Papa-Wochenenden haben magst (u.a. dass es zu wenige davon gibt), möchte ich dir ernstlich dazu raten, dich dem Kind gegenüber so zu verhalten, als wärst DU der Meinung, dass alles in schönster Ordnung ist. »Oh, wie wird Papa sich freuen, wenn du kommst. Glaub mir, er freut sich jetzt schon drauf! Was werdet ihr wohl dann zusammen machen, du und Papa? Vielleicht etwas richtig Leckeres kochen? Vielleicht jemanden besuchen, den du gerne magst? Vielleicht …« Lass dir etwas einfallen, »Mama findet es SO aufregend! Und du musst mir dann unbedingt ALLES erzählen, wenn du wieder nach Hause kommst – alles, was ihr gesehen habt und was ihr gemacht habt«. Das alles sagst du mit einer ansteckenden Begeisterung und ohne irgendetwas in Frage zu stellen oder Einwände von ihrer Seite abzuwarten. (Ja, ich WEISS, es ist leichter gesagt als getan – aber es ist notwendig!, sagt hier eine Frau, die ihre Kinder ihrem Vater hat aufzwingen müssen – ihretwillen.)

Kinder stellen in der Regel ihre Fragen durch ihr Handeln, und wenn sie Wörter dazu benutzen, wird es in der Form von Behauptungen geschehen. Man muss lernen, in solchen Fällen ihre Aussagen zu interpretieren. Das »Ich will nicht« und die darauf folgenden Klagen und Proteste kannst und solltest du so verstehen: »Willst du wirklich, dass ich …?« Übernimm also die Führung und hilf ihr, in Worten wie in deinem Handeln, freundlich, aber bestimmt – damit sie nicht diejenige sein muss, die entscheidet, wie sich eure Elternbeziehung in Bezug auf sie gestaltet, was ja eine unmögliche Verantwortung für ein so kleines Kind wäre. Liebe Grüße!

Mein Sohn kommt nicht mit meinem neuen Freund klar

Hallo, Anna! Ich habe nun seit neun Monaten eine Beziehung zu einem Mann, der aber zu meinem fünfjährigen Sohn kein gutes Verhältnis hat. Mein Freund hatte selbst eine schwierige Kindheit. Sein Vater war überhaupt nicht gut zu ihm. Nun verhält er sich meinem Sohn gegenüber genauso, obwohl er weiß, dass es falsch ist. Inwieweit sollte ich das akzeptieren? Mein Sohn findet, dass er viel zu streng ist. Wobei stimmt, dass mein Sohn ein sehr verwöhntes Kind ist und vielleicht etwas strengere Regeln gebrauchen könnte. Jetzt hat mein Sohn sogar seinem Vater erzählt, dass der neue Freund von Mama ihn nur anschreit und anbrüllt und dass es klüger ist, sich ganz still zu verhalten, wenn man bei Mama ist, weil der Typ sonst ausrastet. Aber mein Freund ist wirklich nur *ein* Mal richtig laut geworden! Mein Sohn hat noch eine kleine Schwester, die ein halbes Jahr alt ist, sie lebt bei meinem Exmann. Am Anfang fand mein Sohn es ganz lustig, aber nun erzählt er, dass er ständig auf die Kleine aufpassen muss, wenn Papa und seine Freundin schlafen. Ist er eventuell dabei, seinen Vater und mich gegeneinander auszuspielen? Er hat eine sehr lebendige Phantasie und gibt zu, dass er manchmal irgendetwas erzählt, was ihm gerade so einfällt. Kann ein Fünfjähriger zwischen Lüge und Wahrheit unterscheiden? Vielen Dank im Voraus.

Hallo. Da sitzt du und du weißt für dich selbst, dass dein Junge ein wenig verwöhnt ist; und ganz zufrieden mit dieser Tatsache bist du ja nicht. Und dort sitzt dein Freund, der auch sehr wohl weiß, dass er etwas falsch macht. Und genau in der Mitte zwischen euch sitzt ein kleiner Junge, der sich sehr gut beklagen und auch petzen kann … Hier ist es notwendig, die Sache mit ganz neuen Augen zu betrachten und Initiativen zu ergreifen, die bewirken können, dass es euch allen dreien besser gehen wird – miteinander und mit euch selbst – und dass ihr einen festeren Boden unter den Füßen bekommt, als es bisher der Fall war!

Doch, dein kleiner Junge kann sehr wohl zwischen Wahrheit und Lüge unterscheiden. Gerade im Alter von etwa fünf Jahren entwickelt man unerklärlicherweise ein so genanntes Gewissen, d.h., man WEISS (ungefähr), was richtig und was falsch ist, auch wenn es einen nicht daran hindert, etwas Falsches zu machen. Meine jüngste Tochter kam einmal zu mir – da war sie fünf Jahre alt – und fragte, ob ich wüsste, was das Schlimmste sei was man machen könnte. Sie antwortete selbst: Das Schlimmste ist, sich zu prügeln! Danach fragte sie mich, ob ich denn wüsste, was das ALLERschlimmste sei, was man machen könnte. Das Allerschlimmste ist, wenn man lügt! Aber wüsste ich denn auch, was das ALLERALLERschlimmste sei, was man machen könnte? Das Allerallerschlimmste sei, zu KLAUEN! Darauf ging sie in den Hof hinaus und spielte. Nach fünf Minuten rief sie: Mama, Mama, schau mal, was ich geklaut habe! Einen Ball! Als ich sie bat, den Ball sofort wieder zurückzugeben, behauptete sie – ganz unbeschwert lügend –: »Aber es ist doch mein Ball!« Und als der Junge, dem der Ball gehörte, auftauchte und ihn zurückverlangte, trat sie ihn gegen das Schienbein! Innerhalb von nur zwei Minuten hat sie alle drei Kardinalsünden begangen … und wusste dabei sehr wohl, dass es falsch war! Liebe Grüße!

Unruhig, wenn sie bei ihrem drogenabhängigen Papa sind

Als ich heute meine drei Kinder bei ihrem Vater abholte – wir sind seit fünf Jahren geschieden –, wollte er mit mir unter vier Augen sprechen, und wir gingen deshalb auf den Balkon hinaus. Er sagte, dass unsere beiden sechsjährigen Zwillingsmädchen Ärger gemacht und eine ganze Flasche Shampoo leer gemacht hätten – oder vielleicht war es auch Hautbalsam –, und nun möchte er, dass ich sie dadurch bestrafen solle, dass ich ihnen zwei Wochen lang kein Taschengeld gebe. Nun ist die Frage: Muss ich sie für etwas bestrafen, das bei ihm zu Hause vorgefallen ist, und wegen so einer Banalität ihnen kein Taschengeld geben? Ich habe mich geweigert, worauf er mich angebrüllt hat, dass ich immer auf seine Meinung pfeifen würde, wenn es um Erziehungsfragen gehe, und ab sofort würde es ihm nie wieder einfallen, mir zu helfen, wenn ich mal wieder Hilfe brauche.

Er hat ein Missbrauchsproblem – Haschisch und Marihuana – gehabt. Es liegt einige Jahre zurück und war der Grund für unsere Scheidung. Nun habe ich erfahren, dass er trinkt, wenn die Kinder bei ihm sind. Er sagt, er habe nur ein Bier getrunken usw. Ich mache mir aber trotzdem Sorgen. Mein Sohn, der neun Jahre alt ist, möchte ihn nicht mehr besuchen, weil er spürt, dass etwas nicht in Ordnung ist, und ich bin in der Tat mit Angst und Sorge erfüllt, wenn ich sie losschicke. Meine so genannten freien Wochenenden sind also nicht mehr so entspannt, ich habe Angst, dass den Kindern etwas passieren könnte.

Ich weiß, dass ich wohl eine alte Glucke bin, aber ich weiß auch, wie der Vater meiner Kinder sich verhält, wenn er im Rausch ist. Außerdem ist er dann am Tag danach vollkommen erschöpft, und wenn ich höre, dass er bis 12 Uhr mittags geschlafen hat und die Kinder sich den ganzen Vormittag allein beschäftigt haben, werde ich fuchsteufelswild. Ich bin dermaßen von Wut erfüllt, dass ich fast Angst vor mir selbst bekomme. Meine Geduld ist fast ganz und gar verflogen, ich rege mich über die kleinste Kleinigkeit auf. Gib mir bitte einen Rat, liebe Anna!

Hallo, meine Liebe. Deine Wut ist vollkommen verständlich und sicherlich geht sie mit einer riesigen Enttäuschung einher – aber ich kann leider nicht sehr viel daran ändern. Du musst versuchen, diese düsteren Gedanken wieder loszuwerden, denn sie machen dir so vieles kaputt, vor allem deine Freude am Leben. Ich kann dir aber nicht sagen, wie du es anstellen sollst. Das kannst nur du selbst herausbekommen – wenn die Zeit dafür reif ist. Ich würde mir wünschen, dass ich dich wenigstens umarmen könnte!

Der Vater der Kinder weiß bestimmt ganz genau, dass er dir die Bestrafung der Kinder nicht aufbürden kann, wenn sie sich bei ihm – in seinen Augen – falsch verhalten haben. Wenn es ihm nicht im Innersten vollkommen klar wäre, würde er nicht so wütend reagieren. Er hat die Situation nicht unter Kontrolle und hat keine Ahnung, was er machen soll. Ohnmacht und Hilflosigkeit sind feste Bestandteile solcher Ausbrüche. Versuch, dich darüber hinwegzusetzen! Sollte das Thema wieder aktuell werden, musst du versuchen, deine Ruhe zu bewahren: »Ja, klar, sie machen nun mal Blödsinn, aber ich finde, wir sollten versuchen, die Probleme der Reihe nach anzupacken – egal, ob es bei mir oder dir passiert. Wir sollten da aber nicht einander hineinziehen lassen oder die Verantwortung auf den anderen schieben. Wir müssen es regeln, so gut wir es eben können, egal, was passiert. Es wird schon funktionieren.«

Versuch, ruhig zu bleiben, und zeig ihm, dass du damit rechnest, dass er die Probleme lösen wird, die er mit den Kindern hat oder demnächst sicher wieder einmal bekommen wird, und dass du auf sein Vertrauen zählst, wenn es um dein Verhältnis zu den Kindern geht.

Das Elend, das die Sucht mit sich bringt, kann einen zur Verzweiflung bringen, und man bekommt schließlich schon von viel weniger graue Haare. Ich habe es selbst erlebt, als ich versucht habe, den Vater dreier meiner Kinder um acht Uhr abends telefonisch zu erreichen – das älteste von den Kindern war damals nicht einmal vier –, und zu hören bekam, dass sie ihn nicht wachrütteln konnten. Die drei Kleinen waren alle wach – und allein … dann ist guter Rat teuer!

Wie seltsam es sich für dich auch anfühlen mag, du solltest meiner Meinung nach standhaft bleiben und versuchen, darauf zu vertrauen, dass dein Ex, der trotz allem der Vater deiner Kinder ist, es schafft, sich um die Kinder zu kümmern, wenn sie bei ihm sind. Und du solltest außerdem darauf vertrauen, dass die Kinder es schaffen, mit den verschiedensten merkwürdigen Erlebnissen, auf die sie bei ihrem Vater stoßen könnten, umzugehen, denn das können sie (solange du ihre Stütze bist).

Bedenk, dass kein Kind auf dieser Welt einen Elternteil verlieren möchte – auch nicht der Neunjährige. Sorg dafür, dass die sechsjährigen Zwillinge dich jederzeit telefonisch erreichen können! Bring ihnen bei, was sie machen müssen, damit sie mit Mama sprechen können. Du musst für sie immer zu erreichen sein, und versichere dich, dass sie auch genau wissen, wie es geht. Dann musst du ihnen vertrauen und im Übrigen deine Augen zumachen und deine freien Wochenenden irgendwie bewältigen. Liebe Grüße!

Papa geht es nicht gut

Ich habe zwei Töchter von sieben und achteinhalb Jahren. Sie verbringen jede zweite Woche bei mir und die andere bei ihrem Vater, nachdem wir uns vor etwa einem Jahr getrennt haben. Unsere Ehe scheiterte hauptsächlich wegen der Probleme, mit denen mein Mann zu kämpfen hat: vor allem eine manisch-depressive Krankheit und zusätzlich Traumen aus einer unglücklichen Kindheit mit einem Vater (auch manisch-depressiv?), der ihn misshandelte, und einer Mutter mit sehr wenig Mitgefühl. Lange bevor mein Mann Symptome der Krankheit zeigte, hatte er öfters rasende Wutausbrüche: Er brüllte, machte Sachen kaputt, warf Möbelstücke um, bedrohte mich und die Kinder – auch wenn er nie direkt handgreiflich wurde. Außerdem zeigte er sich in Geldangelegenheiten vollkommen verantwortungslos, war krankhaft eifersüchtig, misstrauisch, immer in Konflikt mit Autoritäten (Chefs, Eltern, der Bank, dem Finanzamt usw.). Ich habe sehr oft an Scheidung gedacht, habe aber wegen der Kinder gezögert. Er war – und ist – meistens ein guter Vater, er liebt seine Kinder. Er hat schon immer versucht, ihre Interessen zu wahren, und nur selten sind sie zur Zielscheibe für seine Wutausbrüche geworden. Vor einigen Jahren kamen dann die ersten Schübe der Krankheit, erst eine sehr tiefe Depression, etwa ein Jahr später eine manische Phase. Wieder überlegte ich, ob ich ihn verlassen sollte, konnte es aber nicht übers Herz bringen, weil er doch an dieser schrecklichen Krankheit litt. Vor ein paar Jahren kam er in psychiatrische Behandlung, wodurch er mehr oder weniger symptomfrei wurde. Aber die anderen, problematischen Seiten seiner Persönlichkeit waren immer noch da. Dass er mich vor anderthalb Jahren geschlagen hat (wegen einer Kleinigkeit und im Beisein unseres jüngsten Kindes), brachte das Fass zum Überlaufen, und ich entschied mich, die Scheidung einzureichen. Das zum Hintergrund, und nun zum aktuellen Problem: Mein Exmann ist ein guter Vater, wenn er mit sich selbst im Gleichgewicht ist, und das ist ja meistens der Fall. Teils habe ich aber Angst davor, dass er einen Rückfall erleiden wird, während die Kinder bei ihm sind, denn er ist, wie gesagt, unberechenbar, sowohl als Vater wie auch als Mensch. Ich habe auch Angst davor, dass seine problematischen Persönlichkeitszüge die Kinder belasten werden – so sehr, dass sie es nicht mehr ertragen können. Neulich hat meine große Tochter mich abends um 23 Uhr angerufen und eine beunruhigende Geschichte erzählt. Der Vater sei nicht da, weil er sich mit seiner neuen Freundin gestritten habe (und es war anscheinend so laut geworden, dass die Nachbarn damit gedroht hatten, die Polizei zu rufen). Die Freundin war weggefahren und er hinterher, um es wieder gutzumachen. Nun waren die Kinder also alleine da, unruhig und noch gar nicht ins Bett gebracht worden … um elf Uhr abends! Ich hatte an dem Abend ein paar Gläser Rotwein getrunken und konnte nicht mehr hinfahren. Ich habe meinen Exmann auf seinem Handy angerufen und ihm gesagt, dass er sofort zu den Kindern zurückfahren müsse, was er auch gemacht hat. Diese Episode zeigt die Art von Konflikten, mit denen ich leben muss: Die Kinder brauchen ihren Vater, möchten mit ihm zusammen sein, und wie gesagt: 99 von 100 Tagen kann ich ihm darin vertrauen, dass er seine Vaterrolle in akzeptabler Weise annimmt. Aber am hundertsten Tag …?

Wie kann ich meinen Kindern helfen, sie gegen die Ausbrüche schützen? Sie sind doch noch viel zu klein, um so etwas miterleben zu müssen – und bestimmt auch noch zu jung, um damit umgehen zu können, oder?

Hallo, meine Liebe. Leider gibt es keinen hundertprozentig sicheren Weg, um die Kinder vor Dingen zu schützen, die sie noch gar nicht miterleben sollten – und wie du schreibst, können sie bestimmt auch noch nicht damit umgehen. Es ist und wird ein schwieriger Balanceakt bleiben. Deine Mädchen brauchen ihren Vater, und du vertraust ihm zu 99%, aber gleichzeitig möchtest du sie vor solchen Erlebnissen bewahren – vor Enttäuschungen, Angst, Unsicherheit, Einsamkeit usw. Und sicherlich vor noch schlimmeren Sachen, die sie für den Rest ihres Lebens belasten würden. Und du bist nicht die Einzige, die diesen unsicheren Balanceakt durchleben muss. Tausende alleinerziehender Mütter müssen sich jeden Tag und jede Stunde dieselben Fragen stellen wie du. Denn wie soll man wissen können, genau wann – und warum – das Gleichgewicht derart gestört wird, dass es den Kindern schaden wird?

Persönlich meine ich, dass das Gute überwiegen muss – solange es irgendwie geht. Wir können leider (?) nicht alles kontrollieren, noch weniger es vermeiden. Man sollte, glaube ich, den Mut haben und Vertrauen zeigen, soweit es geht.

Und man sollte dabei nicht vergessen, dass man kleinen Kindern sehr wohl vertrauen kann. Deine kleinen Mädchen haben dich angerufen – es war ihnen ganz klar, dass sie zwei Elternteile haben; und wenn der eine nicht da ist, greift man auf den anderen zurück. Das ist schon eine gute Sache. Die Unruhe hat die beiden nicht in Panik versetzt, sie sind nicht hysterisch geworden. Sie wussten, was zu tun war. Und der Papa kehrte ja auch sofort um, als er zum Nachdenken gebracht worden war – von dir! Aber so, wie du es erzählst, denke ich, dass er es auch so getan hätte. Als Vater wirkt er nicht unberechenbar, obwohl er als Mensch Probleme hat und in seiner Persönlichkeit kleine Risse zeigt.

Ich kann dir wohl keinen besseren und beruhigenderen Rat geben, als dass du versuchen solltest, die großartige, positive und von Geborgenheit zeugende Urteilskraft in den Handlungen deiner Mädchen vor Augen zu haben. Das hast du erreicht, lass den Kopf nicht hängen, wozu man sich oft verleitet fühlen, wenn man gerade selbst in Aufruhr ist! Liebe Grüße.

Wie werden sie mit ihrem Halbgeschwisterchen umgehen?

Hallo, Anna. Ich habe zwei Söhne von sieben und neun Jahren, die jede zweite Woche bei mir wohnen, nachdem ich mich vor gut einem Jahr von ihrem Vater trennte. Nun habe ich einen neuen Mann kennen gelernt, und wir wollen im kommenden Herbst zusammenziehen. Wir erwarten ein gemeinsames Kind im November (es ging etwas schneller als geplant, aber manchmal spielt einem die Natur ja doch einen Streich). Mein Freund und meine Söhne kommen so weit sehr gut miteinander klar – sie sehen sich ein paar Mal wöchentlich, wenn die Jungs bei mir sind. Aber mir graut es ein wenig vor dem Tag, an dem wir alle unter einem Dach leben werden und mein Freund die Rolle als Stiefvater annehmen muss, mit allem, was im Alltag so dazugehört – und gleichzeitig wird ein neues Baby vor der Tür stehen. Wie sollte man deiner Meinung nach diese Situation handhaben? Kann man sich irgendwie vorbereiten – oder eventuelle Fallgruben vermeiden? Wie kann man die unvermeidbare Ungerechtigkeit handhaben, die entstehen wird, weil das neue Kind ständig bei Mama und Papa wohnen wird, während die Großen zwischen ihren Eltern hin- und herziehen werden (zwischen zwei verschiedenen Herden)? Wie kann man den Jungs das Gefühl vermitteln, dass das neue Geschwisterchen einen gleichwertigen Platz in unserer Herde haben wird – obwohl sie selbst nur jede zweite Woche hier sind? Ich tröste mich ein wenig damit, dass sie ja einander haben – einen festen Halt, ein Herdenmitglied, das immer da ist – in beiden Herden. Was können mein Freund und ich tun, damit die neue Situation die Jungs so wenig wie möglich belasten wird?

Hallo. Ihr seid in einer komplizierten Lage, worüber du dir selbst schon sehr bewusst bist.

Schwierigkeiten wirst du nicht ganz vermeiden können, dasselbe gilt für deine Unruhe, wie es im Herbst aussehen wird, obwohl du gerade jetzt sehr viel Ruhe gebrauchen könntest – mit einem kleinen Kind in deinem Bauch. Als Schwangere bereitet man sich ja nicht nur körperlich, sondern auch seelisch auf die kommenden Ereignisse vor. Dich erwartet ein in vieler Hinsicht ganz neues Leben, und wie sehr du es auch möchtest, du kannst nicht alles voraussehen und dich nicht von vornherein auf alles vorbereiten. Du kannst nur versuchen, dich mit Zuversicht zu wappnen. Und darin liegt auch, würde ich meinen, die Antwort auf deine Fragen.

Deinen Söhnen gegenüber solltest du dich so verhalten, als wäre alles in schönster Ordnung – ja, sogar von Nutzen und von Vorteil für die beiden. Du musst sie in ihrem Leben – bis ins kleinste (unmögliche) Detail – unterstützen. So als wäre es allen Kindern zu allen Zeiten so ergangen. So als sei es die normalste Sache der Welt (die es in meinen Augen überhaupt nicht ist, da ich immer eine beachtliche Wurzellosigkeit bei den jungen Menschen, die zwischen zwei Herden hin- und herspringen müssen, befürchte – es ist wirklich ein Segen, dass die beiden einander haben!). Auf diese Weise kannst du sie davor bewahren, dass sie sich voller Zweifel auf die neue Situation einstellen werden.

Außerdem kannst du davon ausgehen, dass du in dem kleinen neuen Kind eine Verbündete/einen Verbündeten haben wirst. Jedes Kind wird mit einem Zauberstab in der Hand geboren. Wenn die Jungs das neue Baby in Empfang nehmen dürfen – es wäre am besten, wenn sie zu Hause sind und dort auf eure Ankunft warten –, können sie als Herdenmitglieder, nicht als Besucher, das neue, kleine Mitglied willkommen heißen, und sie können es in aller Ruhe und auf ihre Art tun, und wenn sie dir helfen und aktiv mitarbeiten (aber auch auf eigene Faust!) dürfen, wird bei ihnen ein Zusammengehörigkeits- und Verantwortungsgefühl geweckt, und sie werden beide verstehen, ja, es wird ihnen ganz klar sein, dass das neue Kind selbstverständlich zu Hause wohnen wird – ohne dabei ein Gefühl zu entwickeln, dass dies ungerecht ist. Sie sind ja schon so viel größer (werden sie einsehen)! Du wirst sehen, das kleine Baby wird für den Zusammenhalt eurer Herde von großer Bedeutung sein.

Es erfordert Zeit, eine Herde neu zu gruppieren, und kein Kind möchte in seinem Herzen einen Elternteil verlieren. Solange dein Freund nicht mit dir (und mit ihnen) zusammenlebt, ist er ein Besucher, und Besuch kann man mit offenen Armen empfangen. Wenn ihr zusammenzieht, entsteht eine ganz neue Situation. Genau wie mit dem Baby werden die Jungs ihre Zeit brauchen, um ihn willkommen zu heißen, ihn in der Herde aufzunehmen, und das beinhaltet, dass er auf die Probe gestellt und herausgefordert werden wird, da er ja in der Tat – in den Augen der Jungs – in seiner Beziehung zu dir vorhat, den Platz ihres Vaters einzunehmen, und vielleicht auch in seiner Beziehung zu ihnen … Es wird Ärger geben, das ist klar, und es wird notwendig sein, sehr viel Geduld mit ihnen zu haben; bedenke dabei aber immer, dass es vollkommen normal und O.K. ist. Eine Herde wird nicht homogen, bevor jeder seinen Platz und seine besondere Zugehörigkeit gefunden hat. Allein die Tatsache, dass die ursprüngliche Herde schon ein Mal aufgelöst wurde, bedeutet ja, dass es noch mal geschehen kann, und deshalb könnte es vielleicht sinnlos sein, ein neues Mitglied zu den Resten der ursprünglichen Herde hinzuzufügen. Also werden sie ihn noch eine ganze Weile als Besucher betrachten: »Du bist nicht mein Vater!« (Über die Zugehörigkeit des neuen Babys wird dagegen kein Zweifel herrschen, allein aus biologischen Gründen.)

Dies kann dein Freund mittlerweile zu seinem Vorteil nutzen, während die Zeit vergeht (und die Lage sich allmählich beruhigt). Wenn er (und auch du) von vornherein daran arbeitet, ein kameradschaftliches Verhältnis zu den Jungs aufzubauen, und dabei den sieben bis neun Jahre alten Jungen tief in seinem Inneren wieder entdeckt, könnte er unter bewusstem Verzicht auf seine Rolle als Stief-»Vater« den Konkurrenzkampf ganz und gar umgehen, während die Jungen allmählich reifer werden. Er wird sehr weit kommen, indem er sich selbst als ihren Freund oder vielleicht als ihren Bruder betrachtet, wenn die beiden bei euch sind, und es dabei belässt, für das kleine Neue Vater zu sein (und gerne ein etwas hilfloser Vater, der die Hilfe der beiden großen Brüder gut gebrauchen kann). Dies beinhaltet auch, wie du sicherlich verstehst, dass er auf jegliche Einmischung in die Erziehung der beiden Jungs verzichtet und dass es deine Aufgabe ist, ihnen dieses oder jenes klar zu machen (dies kannst du deinem Freund jetzt schon beibringen, wenn du schon mal dabei bist) und dass er dich niemals küssen oder dich sexuell betont liebkosen darf, wenn die beiden da sind, sondern dich nur so knuddeln darf, wie die Jungs es machen – schnell, voller Wärme und Zärtlichkeit, aber nicht auf die Art, wie es sich liebende Erwachsene tun. Es wäre auch super, wenn die drei Männer im Haushalt zusammenarbeiten würden, nicht nur, wenn es ums Baby geht, sondern auch beim Kochen, Putzen, Einkaufen usw. In dieser Hinsicht kann er sich richtig mit den Jungs verbünden, sie um Rat fragen, sich erkundigen, wie es hier normalerweise gemacht wird, horchen, was sie dazu meinen, usw. – so, als wäre er ein gleichaltriger Kumpel von ihnen, der zu Besuch gekommen ist und seinen Freunden behilflich sein möchte.

Dies ist natürlich keine Lösung für die Ewigkeit, aber ich denke, ihr werdet damit für euch alle etwas Zeit gewinnen können – eine wohltuende Frist, bis die Jungs nach und nach und ganz in ihrem eigenen Tempo die neue Zusammenstellung der Herde akzeptieren und sie als stabil und Geborgenheit bringend betrachten werden. Dann werden sie auch – mit reiferen und milderen Reaktionen – eure erwachsene Zusammengehörigkeit anerkennen können, und dein Freund wird schließlich, an deiner Seite, ein erwachsenes und vollständig angenommenes, leitendes Mitglied eurer Herde sein. Die Zeit wird – während sie allmählich vergeht – im Stillen große Arbeit leisten. Liebe Grüße!

Geschieden, aber immer noch beste Freunde

Hallo allerseits! Ich möchte euch hiermit nur an meinen Erfahrungen teilhaben lassen. Ich habe einen siebeneinhalb Jahre alten Sohn. Sein Vater ist einer meiner besten Freunde, obwohl wir uns vor fast fünf Jahren getrennt haben und ich seit vier Jahren in einer glücklichen Beziehung mit einem anderen Mann lebe. Mein Sohn verbringt jede zweite Woche bei mir – und jede zweite Woche bei seinem Vater. Ich habe in Zeitungen und auch auf dieser Website viele Kommentare zu diesem Thema gelesen, und die meisten bringen zum Ausdruck, dass es nicht funktioniert. Meine Erfahrung ist aber, dass es sehr wohl funktionieren kann! Vorausgesetzt, dass man sich wie erwachsene Menschen verhält und das Wohl des Kindes vor Augen hat. Ich glaube, es ist wichtig, dass man über die Beziehung, die man zum Vater des Kindes hatte, als alle noch zusammenlebten, vollkommen hinweg ist. Aber! Damit sei nicht gesagt, dass man nicht eine andere, gut funktionierende Beziehung zueinander haben kann, wenn man es möchte. Wir lieben unser Kind gleichermaßen. Wir sind beide gute Eltern, obwohl wir in unserer Art sehr verschieden sind. Ich mag den Vater des Jungen, ich respektiere ihn und bin gerne mit ihm zusammen. Wenn mein Sohn bei mir ist, kommt sein Vater regelmäßig einmal die Woche zum Mittagessen zu uns, und wenn mein Sohn bei seinem Vater ist, kommen mein Freund und ich einmal im Laufe dieser Woche zu ihm zu Besuch. Wenn bei uns eine Feier ansteht, wird der Vater meines Sohnes selbstverständlich mit eingeladen, und er wird auch mit eingeladen, wenn meine Familie zum Essen etc. einlädt, und genauso werde ich bei solchen Gelegenheiten auch von seiner Familie mit eingeladen. Die Voraussetzungen hierfür sind natürlich, dass man über die Liebe zum Ex hinweg ist und dass beide immer noch gute Freunde sind und man eine gut funktionierende, freundschaftliche Beziehung aufrechterhalten MÖCHTE. Ich bekomme oft zu hören, dass wir außergewöhnlich sind, und das sind wir wohl auch. Mein neuer Lebenspartner und der Vater meines Sohnes sind beide Musiker, und sie spielen manchmal zusammen. Hier gibt es keine Eifersucht. Mein Freund weiß, dass er die große Liebe meines Lebens ist. Mein Exmann weiß, dass er mein guter Freund und der Vater meines Kindes ist, und ich weiß, dass ich seine gute Freundin und die Mutter seines Kindes bin. Dass unser Sohn sich abwechselnd bei uns aufhält, hat super funktioniert, seit wir uns – als der kleine zweieinhalb war – trennten. Der Wechsel findet jeden Freitag statt, und er freut sich immer wieder darauf: »Juhu, ich gehe heute wieder zu Papa!« Wir wohnen dicht beieinander – auch eine wichtige Voraussetzung dafür, dass es funktionieren kann. Sowohl der Vater wie auch ich sind der Meinung, dass Kinder immer Zugang zu beiden Elternteilen haben sollten. Das hat dazu geführt, dass wir uns wohnungsmäßig so eingerichtet haben, dass er uns beide sehen kann, wann immer er es möchte. Vielleicht liegt hierin die Erklärung dafür, dass er wegen des wöchentlichen Wechsels nie traurig gewesen ist? Natürlich vermisst er manchmal seinen Vater, wenn er abends schlafen soll. Dann unterhalten wir uns über ihn, oder er ruft ihn noch einmal an. Wir haben beide dieselben Auffassungen und Ansichten in Bezug darauf, wie man mit Kindern umgehen sollte, und wir haben dieselbe grundlegende Philosophie, wenn es um die Erziehung des Kindes geht. Das ist eventuell auch eine Voraussetzung? Hiermit möchte ich sagen: Wenn die Scheidung zur Tatsache wird, kann es hervorragend funktionieren, wenn das Kind abwechselnd bei Mama und bei Papa wohnt! Ich bin in der Tat davon überzeugt, dass es für meinen Sohn so besser ist, als wenn ich oder sein Vater die alleinige Verantwortung und der Junge nur ein Zuhause gehabt hätte. So wie es jetzt ist, hat sein Vater seine Arbeitszeiten nach seinem Sohn eingerichtet. In der Woche, in der unser Sohn bei mir ist, arbeitet er länger, damit er in der Woche, in der er bei ihm ist, mehr Zeit hat! Selbst bin ich Vollzeitstudentin, und in der Woche, in der der Junge bei seinem Vater ist, widme ich mich voll und ganz meinem Studium, damit ich mich auf meinen Sohn konzentrieren kann, wenn er hier ist. Was bedeutet, dass mein Sohn immer einen ausgeruhten Elternteil zu seiner Verfügung hat. Ja, sowohl ich als auch der Vater möchten den Kleinen am liebsten immer haben – wenn es nur möglich wäre. In der Woche, in der er sich bei seinem Vater aufhält, ist es hier so still und ruhig, dass es wehtut. Aber ich weiß, dass es ihm bei seinem Vater gut geht. Wir sind beide der Meinung, dass Kinder ein Recht auf ihre Eltern haben, und wie sollten wir entscheiden können, wer von uns beiden wichtiger bzw. besser für den Jungen wäre? Unser Sohn braucht uns beide, und damit ist der Wechsel zwischen uns die beste Lösung für uns wie auch für den Jungen. Wir sind schon immer offen und empfänglich für Veränderungen gewesen. Nichts ist unveränderlich. Und je älter unser Sohn wird, umso besser wird er für sich selbst sprechen können, und wir werden ihm zuhören. Wir haben den Wechsel am Anfang nur probeweise eingeführt, und jedes Mal, wenn wir uns darüber unterhalten haben, war es ganz klar, dass wir so weitermachen. Einfach, weil es funktioniert! Wenn man nur einen konstanten Dialog mit dem anderen Part führt – und wenn es keine verletzten Gefühle mehr gibt. Liebe Grüße.

Ganz wunderbar! Es war wie ein Traum, über deine Erfahrungen zu lesen! Du schreibst ja, dass du die Liebe deines Lebens gefunden hast, und ich glaube dir aufs Wort. Aber wenn man von diesem kleinen (und sicherlich wichtigen) Detail absieht, fragt man sich doch – oder zumindest ich –, warum ihr beide euch eigentlich getrennt habt?! Liebe Grüße.

Sie möchte keinen Kontakt zu ihrer Tochter

Hallo, ich weiß nicht, ob du diese Frage beantworten kannst, aber es verhält sich so: Die achtjährige Tochter meines Mannes wohnt seit drei Monaten bei uns, weil die öffentlichen Behörden es so entschieden haben. Ihre Mutter versprach, einen so engen Kontakt wie möglich zu halten, sie hat aber nur zweimal angerufen, und wenn sie nur ein paar Papiere unterschreiben würde, könnte sie ihre Tochter jedes zweite Wochenende bei sich haben, aber das tut sie einfach nicht. Sie geht nicht ans Telefon, wenn sie mitbekommt, dass wir sie anrufen. Meine Frage lautet nun: Was können wir tun, damit das Kind den Kontakt zu ihr nicht verliert? Zum Glück fragt sie nicht sehr oft nach ihrer Mutter, denn was soll man ihr sagen, wenn sie sich darüber wundert, warum sie von der Mama nichts hört? Ich wäre für eine Antwort sehr dankbar.

Hallo, meine Liebe. Was die Mutter und ihr fehlendes Interesse – ihre fehlenden Bemühungen – in Bezug auf ihre Tochter angeht, kannst du wohl nicht sehr viel tun. Außer abzuwarten. Egal, welche Gründe sie auch haben mag, es ist einfach so – und so wird es noch auf unbestimmte Zeit bleiben!

Am allerschönsten für das Kind wäre es natürlich, wenn man um jeden Preis für ihre Mutter eintritt (in all ihrer Abwesenheit), damit der Kontakt, wenn er eines schönen Tages wiederhergestellt wird, noch einigermaßen ungetrübt ist. Man sollte sich sehr einfallsreich zeigen, wenn Kinder nach Eltern, die durch Abwesenheit glänzen, fragen. Es geht dann darum, alle möglichen anderen Gründe zu erfinden: »Mama ist sicherlich krank; es ist doch klar, dass deine Mama kommen würde, wenn sie nur könnte, aber sie kann jetzt nicht kommen; Mama hat eine neue Arbeit bekommen, die sie so müde, so müde, so müde macht, dass sie nichts anderes schafft, als zu arbeiten und zwischendurch ein wenig zu schlafen … arme, arme Mama« usw. Dabei liegt die Betonung darauf, dass Mama nicht KANN – gerade jetzt, sollte man noch hinzufügen, um zu vermeiden, dass das Kind auf den Gedanken kommen könnte, dass Mama wohl gar nicht WILL. Liebe Grüße!

Im Schatten seiner alten Familie

Hallo! Mein Freund und ich haben uns nun entschlossen, den Schritt zu machen und zusammenzuziehen. Wir freuen uns beide sehr darauf, es ist so herrlich! Aber ich kann es trotzdem nicht lassen, mir im Voraus einige Sorgen zu machen … Er hat aus einer früheren Beziehung zwei Töchter von acht und zehn Jahren und er teilt sich das Sorgerecht mit der Mutter. Ich habe oft das Gefühl, dass ich von seiner alten Familie ein wenig in den Schatten gedrängt werde, denn sie haben immer noch so vieles gemeinsam, sie feiern z. B. Weihnachten und Geburtstage zusammen – um der Kinder willen. Es ist sicherlich für die Kinder überaus wichtig, dass sie Eltern haben, die sich so nahe sind. Aber es gibt auch manchmal Ärger, und in den Fällen setzt die Mutter immer ihren Willen durch. Ich frage mich manchmal selbst, ob ich es aushalten kann, wenn seine Exfrau und ihre Verwandtschaft in meinem eigenen Zuhause ein- und ausgehen und dass sie jeden Tag mindestens 10 Mal anrufen muss, usw.

Vom ersten Moment an hat es zwischen den beiden Mädchen und mir super funktioniert. Wir hatten viel Spaß zusammen, und sie sind oft zu mir auf den

Schoß gekrabbelt und haben mir die süßesten Sachen gesagt. Aber nun sind sie in eine Phase geraten, in der sie total anstrengend sind und komplett auf stur stellen, egal, was man sagt oder tut. Ich bin noch sehr jung und auch gänzlich unerfahren in Sachen Kindererziehung, und ich weiß nicht so richtig, was ich machen soll. Wie soll ich mit den schwierigen Situationen umgehen, die im Verhältnis zu den Mädchen und zu deren Mutter entstehen? Ich werde hin und wieder richtig frustriert, wenn ich sehe, wie mein Freund und seine Frau die Kinder erziehen. Es ist so schwierig, nur dazustehen und zugucken zu müssen, wenn man selbst ganz anderer Meinung ist! Ich finde z.B., dass die Schule sehr wichtig ist, aber die beiden kümmern sich überhaupt nicht darum, dass das älteste Mädchen noch nicht richtig lesen kann und dass das Jüngste noch nicht sauber spricht. Sie dürfen selbst entscheiden, wann sie ins Bett gehen wollen, auch wenn sie am nächsten Morgen früh zur Schule müssen. Sie haben nie bei irgendetwas helfen müssen, denn sie sind ja noch so klein … Aber ich bin der Meinung, dass es ihnen nicht schaden würde, wenn sie wenigstens ihr eigenes Zimmer aufräumen und ihren Teller nach dem Essen wegräumen müssen. Es sind vielleicht Kleinigkeiten, aber es ist doch etwas, mit dem ich leben muss. Deshalb überlege ich, wie sehr ich mich als die neue Lebenspartnerin des Vaters einmischen darf? Habe ich überhaupt ein Recht dazu? Wir werden doch unser Leben miteinander verbringen. Sie haben mal zu mir gesagt: Jetzt gehörst du ja fast zu unserer Familie, du bist ja unsere Dienerin … Vielleicht bin ich ja tatsächlich zu gut zu ihnen, aber eine Dienerin? NEIN DANKE! Liebe Anna, kannst du mir in dieser komplizierten Sache weiterhelfen?

Hier leuchten alle Alarmlampen auf Rot – und wie! Warnung! Warnung! Warnung! Es sieht nicht gut aus. Der einzige und absolut beste Rat, den ich dir geben kann, heißt: Abwarten. Dein Freund, der Vater der Mädchen, der Exmann seiner Frau ist noch nicht so weit, dass er mit dir zusammen wohnen kann. Seine Scheidung ist in der Praxis noch keinen Pfennig wert! Und bei seiner Ex sieht es genauso aus. Ich weiß, du wirst dich nicht freuen, dies zu hören, aber es ist wohl leider die harte Wahrheit. Es wird dir sehr wehtun, wenn ihr jetzt schon zusammenzieht – deine Seele und deine Liebe werden darunter leiden!

Aber ihr werdet wahrscheinlich doch zusammenziehen. Daran kann die kleine Anna hier sicherlich nichts ändern (schnief!). Was du in dieser Situation wenigstens verlangen solltest, ist, dass ihr euch – vorher! – zusammen hinsetzt und alles durchsprecht. Am besten haltet ihr alles schriftlich fest. Wenn man zusammenziehen will, muss man auch zusammen daran arbeiten. Ihr beide seid es, die diese Familie ausmachen. Die Mädchen sind eure Gäste – und nicht die Herrschaft. Die familiären Feiertage sollten euch gehören, mit oder ohne Kinder, aber nicht mit Partnern aus der Vergangenheit. Telefongespräche zwischen Vater und Mutter der Mädchen sollten sich auf das absolut Notwendige beschränken. In Bezug auf praktische Abmachungen in Verbindung mit den Kindern sollten diese Regelungen ohne deinen Einfluss getroffen werden und unpersönlich bleiben. Und Ärger darf von keinem der beiden Elternteile heraufbeschworen werden.

Die Mädchen sollten nicht nur ihre Zimmer aufräumen und ihre Teller nach dem Essen wegräumen; das ist nicht einmal das Wichtigste. Wichtiger ist, dass sie Arbeiten übernehmen, die der ganzen Familie zugute kommen. Klipp und klar gesagt, müssen sie am Kampf um die Existenz beteiligt werden, sie müssen lernen, euch zu helfen und die Verantwortung für das Wohlbefinden aller mitzutragen. Dass du ihre Dienerin sein solltest, ist der Gipfel – aber leicht verständlich: Am Anfang haben sie dich ja einfach als eine zusätzliche Helferin (= eine neue Servicekraft!) angesehen. Es war ja keine Rede davon, dass sie zwischen dir und der Mutter oder den beiden getrennten Eltern eine Wahl treffen mussten, genauso wenig wie sie sich um die Schule kümmern müssen. Nun bekommen sie langsam eine Ahnung – und das ist gut so! – davon, dass du diejenige bist, die zu ihrem Papa gehört, während ihre Mutter in Zukunft nicht mehr dieselbe Rolle spielen wird – und somit wirst du zur Rivalin, die bekämpft werden muss. Und deshalb zeigen sie nun dieses weniger liebenswürdige Verhalten. Du bist zu einer Bedrohung geworden. Und diese Reaktion ist ja berechtigt, denn genau das bist du in der Tat – für die Familienkonstellation, die dein Freund hartnäckig zu verteidigen versucht, indem er sie pflegt und weiter daran festhält.

Meine Liebe – ich schlage vor, dass du dir alles gründlich überlegst! Wenn ihr euch wirklich liebt, könnt ihr sehr wohl noch ein wenig abwarten, bis er seine Vergangenheit in den Griff bekommt und die gefühlsmäßigen Reste über Bord werfen kann – was ja nicht bedeutet, dass er die Kinder hinauswerfen soll. Er wird ihr Vater bleiben, aber er ist nun mal nicht mehr der Mann ihrer

Mutter. Sie haben sich ja in der Tat getrennt und müssen doch wohl schwerwiegende Gründe gehabt haben. Jetzt sollte er auch die Konsequenzen tragen. Entweder hat man sich getrennt, oder man hat sich nicht getrennt. Man schwankt nicht hin und her mit den Kindern als Ausrede, während man gleichzeitig ein neues Leben mit einer neuen Partnerin anfängt!

Bist du der Meinung, dass du dies noch nicht von ihm fordern kannst, könntest du in aller Liebe vorschlagen, dass ihr einen Familientherapeuten aufsucht, bevor ihr zusammenzieht. Daran ist nichts merkwürdig. Von einem neutralen zwischen euch vermittelnden Therapeuten könnt ihr in einer positiven Weise dazu gebracht werden, eure jeweiligen Vorstellungen von der gemeinsamen Zukunft auf den Punkt zu bringen. Liebe Grüße!

Kann der Schein trügen?

Hallo, Anna. Ich bin seit zwei Jahren geschieden und habe zwei Söhne im Alter von acht und zehn Jahren. Sie wohnen jede zweite Woche bei mir, und es hat praktisch gesehen so gut funktioniert, wie man es in einer solchen Situation nur erwarten kann. Ich habe die Initiative zur Scheidung ergriffen, nachdem es mir einige Jahre nicht so gut ging. Die alte Leier – wir hatten uns entfremdet und fanden den Weg nicht zurück. Sowohl der Vater als auch ich haben die ganze Zeit das Wohl der Kinder vor Augen gehabt, und es ist uns gelungen, die traurige Aufgabe in einer zivilisierten Weise zu lösen. Wir wohnen immer noch in derselben Gegend – um die Veränderungen im Leben der Kinder so gering wie nur möglich zu halten. Vor einem Jahr habe ich einen neuen Mann gefunden. Wir kannten uns schon seit mehreren Jahren und waren beide gleichermaßen überrascht, als es auf einmal zwischen uns funkte. Und wie es scheint, finden die Jungs ihn einfach toll. Allein die Tatsache, dass sie beide bei uns schlafen möchten – nicht weil sie sich ungeborgen fühlen, sondern weil sie es supergemütlich finden – und das am liebsten jeden Abend, zeigt doch, dass sie diesen Mann wirklich mögen. Sie haben viel Spaß miteinander, knuddeln viel, und es gibt eine innerliche Wärme zwischen ihm und den Kindern, die ich als einzigartig betrachte. Er nimmt am Alltag der Kinder teil und bringt sie gerne mit dem Auto zu ihren verschiedenen Aktivitäten –

was die Jungs anscheinend vollkommen O.K. finden. Alles ist Friede, Freude, Eierkuchen – der Vater der Kinder findet zwar, dass es belastend ist, die Jungs mit einem anderen Mann teilen zu müssen, doch zeigt er es den Kindern gegenüber nicht, und die beiden Männer können sich offen und zivilisiert unterhalten, wenn sie sich zufälligerweise begegnen.

Wo liegt denn das Problem, wirst du mich fragen? Nun, ich mache mir sehr große Sorgen gerade darüber, dass die Kinder – vor allem der Älteste – sich zu leicht mit der ganzen Sache abfinden. Es hat überhaupt kein Zähneknirschen gegeben! Ich habe versucht, bei ihm ein wenig nachzubohren, aber ohne Erfolg. Er war schon immer sehr vorsichtig damit, seine Gefühle offen zu zeigen, es ist aber ein bisschen besser geworden, seit der neue Mann dazukam. Ich habe von Anfang an – ein wenig scherzhaft – behauptet, dass er, wenn er mich heiraten möchte, bei den Jungs um meine Hand anhalten müsse. Was er dann vor wenigen Tagen gemacht hat – ich kam von der Arbeit nach Hause, und alle drei waren unterwegs gewesen und hatten einen großen Strauß Rosen und Champagner gekauft, damit er einen perfekten Heiratsantrag machen konnte. Sie waren voll und ganz damit einverstanden, und es war eine überaus glückliche Frau, die erleben durfte, wie ihr zukünftiger Mann auf die Knie ging – während meine Söhne daneben standen – und mich fragte, ob ich ihn heiraten würde. Als ich mich später mit dem Zehnjährigen unterhalten und ihn gefragt habe, ob er es für eine gute Idee halte, dass wir heiraten, drehte er mir mehr oder weniger den Rücken zu und meinte, es sei doch egal. Wie ich es auch drehe und wende, ich kann nicht herausfinden, wie er eigentlich wirklich dazu steht – ich weiß, dass er meinen neuen Mann wirklich mag, aber trotzdem … Er hat nicht für einen einzigen Moment gezeigt, dass er es traurig findet, dass sein Vater und ich nicht mehr zusammenleben, sondern er findet sich artig mit allem ab und scheint positiv gestimmt. Ich überlege häufig, ob es ihm wirklich gut geht – verdrängt er vielleicht seine Gefühle und ggf., warum?

Der Achtjährige ist viel direkter und zeigt mit seiner ganzen Körpersprache, was er meint, und er redet viel darüber, dass wir ihm gerne noch einen kleinen Bruder oder eine kleine Schwester schenken könnten. Ist es wirklich möglich, dass zwei Kinder ein so durchaus positives Lebensgefühl haben können? In der Tat habe ich immer dafür gekämpft, dass all diese Veränderungen, die wir heraufbeschworen haben, die kleinen (?) Seelen meiner Jungs so wenig wie nur möglich belasten dürfen. Oder könnte es sich so verhalten, dass sie das alles noch nicht richtig begreifen und einfach das akzeptieren, was ich ihnen vorlege, weil sie der Meinung sind, dass sie keine andere Wahl haben? Es würde mir sehr Leid tun, wenn ich ihnen ein Konzept, das sie eigentlich nicht wünschen, aufzwinge. Man könnte es vielleicht als ein Luxusproblem bezeichnen, aber ich habe manchmal das Gefühl, dass ich nicht gut genug bin, weil ich sie nicht erreichen kann und keine klaren Antworten bekomme. Auf der anderen Seite – wie könnten denn die Antworten aussehen? Vielleicht ist es ja auch nur mein schlechtes Gewissen nach der Scheidung, das herumspukt? Und genau dies nutzt mein Ex öfters aus, wenn die Kinder nicht dabei sind … Kannst du mir, liebe Anna, mit all deiner Weisheit und Erfahrung, erzählen, wie ich mich am besten verhalten sollte? Und wie kann ich zu dem Zehnjährigen vordringen, wo es mir doch scheint, als wenn er sich vor mir verschließt? Vielen Dank im Voraus!

Hallo. Ich würde vorschlagen, dass du dein großes Glück genießt – und das zu 300 %! Du hast einen Mann, der deine Kinder liebt, und sie lieben ihn. Deine Kinder haben einen Vater, der verständnisvoll und zusammenarbeitswillig ist, und du wirst wieder heiraten – bis dass der Tod euch scheidet –, und vielleicht bekommst du noch ein kleines Kind der Liebe … Viel besser kann es gar nicht werden. Vergeude nicht dieses Glück – bewahrt es euch, jede einzige Minute davon!

Und wenn ich es so sage, muss ich dennoch hinzufügen: Bewahrt es euch, solange es noch andauert. Denn du hast sicherlich Recht damit, dass dein zehnjähriger Sohn doch irgendwie reagieren müsste. Aber kein Mensch kann dir sagen, wie, am allerwenigsten er selbst. Das Alter von zehn Jahren ist eine der harmonischsten Zeiten der Kindheit. Das Kind befindet sich in der Regel vollkommen im Gleichgewicht mit sich selbst und der Welt, und es lässt nicht zu, dass jemand diese Balance stört. Deshalb werden verschiedene Reaktionen in verschleierter Form zum Vorschein kommen. Und außerdem noch zeitlich verschoben. Dabei darfst du aber nicht vergessen, dass die Atmosphäre in eurem Zuhause so wunderbar liebevoll und warm und gut ist – in der wahren Bedeutung dieser Wörter. Und es passt ihm wie die Faust aufs Auge. Genauso möchte er die Welt erleben. (Und wer möchte das nicht?!) Alle Voraussetzungen sind also gegeben, dass es ihm so gut geht, wie es den Anschein hat.

Du suchst im Grunde nach einer verbalen Bestätigung von seiner Seite, aber die wirst du nicht bekommen. In diesem Punkt weigert er sich. Er möchte ganz einfach nicht die Verantwortung mittragen müssen. Dass er sich

WÜNSCHT, dass alles genauso schön sein soll, wie es ist, bedeutet nicht, dass er dazu beitragen kann (er versteht sicherlich nicht, dass er das überhaupt könnte) und somit alles noch dauerhafter machen könnte – sozusagen als der Garant des Glückes. Das wird er nicht auf sich nehmen, und diese Tatsache musst du akzeptieren. Seine ganze schöne Welt baut darauf, dass du, ganz besonders du, aber natürlich auch dein liebevoller Mann ganz genau wisst, was ihr tut!

Seine Reaktionen werden früh genug erscheinen. Wenn nicht schon vorher, dann im Alter von elf Jahren, denn dieses Alter kann auch ohne äußere Veränderungen ziemlich schrecklich sein … Aber auch ein harmonischer Zehnjähriger kann reagieren – oft unterschwellig, wie du auch andeutest. Eventuell wird er im Kleinen damit anfangen, Sachen zu klauen oder die Schule zu schwänzen oder seinen Bruder zu schikanieren. Erst dann wird es Zeit, zu versuchen aus ihm herauszubekommen, was ihn wirklich bedrückt, und ihn dazu zu bringen, seine Gedanken auszudrücken. Du kannst die Probleme aber nicht schon im Voraus in Angriff nehmen. Lass ihm seine Zeit, setz ihn nicht unter Druck. Gib dich damit zufrieden, dass du/ihr in so strahlender Weise mit ihm umgehen könnt, wie es zurzeit der Fall ist, und lass ihn die Liebe und die Freude genießen, solange er es kann!

Liebe Grüße – und die herzlichsten Glückwünsche, möchte ich noch hinzufügen!

Anna Wahlgrens Bestseller – auch als Hörbuch

Mit diesem wundervollen Hörbuch lädt Anna Wahlgren, die weit über ihre Heimat Schweden hinaus als Kinderexpertin Nr. 1 gelten kann, alle Eltern und werdenden Eltern ein, mit ihr auf die Reise zu gehen ... in das Abenteuer, Eltern zu sein.

Entstanden aus Anna Wahlgrens einzigartigem Ratgeber »*Das KinderBuch*« ist hier auf 5 CD's alles zu finden, was junge Eltern wissen sollten: Über die Schwangerschaft und die Geburt, über die ersten Tage mit dem Neugeborenen, die Pflege des Säuglings und seine Bedürfnisse, die Gestaltung des Alltags, die Entwicklung des Kindes und sein seelisches Wohlbefinden. Und auch darüber, wie Eltern mit kleinen und größeren Problemen umgehen können.

Sachinformationen, erzählende Passagen und praktische Ratschläge wechseln dabei einander ab. Alle Kapitel – in den ausführlichen Booklets aufgeführt – sind einzeln anzusteuern. Suchen Sie sich gezielt aus, was Sie interessiert oder hören Sie sich die CD's hintereinander an – Anna Wahlgrens unnachahmliche Art, das Leben mit Kindern zu beschreiben, wird auch im HörBuch lebendig und ist eine Bereicherung – nicht nur für die Leser ihrer Bücher ...

Anna Wahlgren
Das KinderHÖRbuch
Gelesen von Caroline Schreiber
5 Audio-CD'S. Gesamtlaufzeit: 6 Stunden
ISBN 3 407 85892 2

Skandinaviens meistgelesenes Elternbuch

»Das KinderBuch« unterscheidet sich von allen Ratgebern für Eltern, die es bisher gegeben hat. Hier wird nicht erzählt, welche Fehler Eltern machen. Vielmehr geht es Anna Wahlgren darum, dass Eltern lernen, ihrer inneren Stimme, ihrer eigenen Vernunft zu vertrauen. Sie traut Eltern Fähigkeiten und Ressourcen zu, die von »professionell« Zuständigen oft unterschätzt werden. Dabei geht sie auf alles ein, was mit der Entstehung eines Kindes bis zu seinem Erwachsenwerden zu tun hat. Ein ausführliches Register macht das Buch darüber hinaus zu einem großartigen Nachschlagewerk.

»*Das wohl ungewöhnlichste Buch für Eltern, das es gibt – und das schönste. Denn die Autorin – neunfache Mutter, dabei alles andere als perfekt und außerdem politisch unkorrekt – gibt Eltern das Wichtigste überhaupt: Vertrauen und Mut. Ein großartiger Ratgeber – und ein ganz besonderes Geschenk für alle Eltern.*« Bremervörder Zeitung

»*Anna Wahlgrens Buch ist ein Glücksfall des Gesprächs über Familie und in seiner unbekümmerten Redeweise ein Solitär. Schon allein wegen dieser ansteckenden Freude am Leben mit Kindern lohnt sich seine Anschaffung. Man wird sich darauf gefasst machen müssen, dass es nicht beim Buch bleibt. Das KinderBuch macht Lust auf eine größere Familie.*« FAZ

Anna Wahlgren
Das KinderBuch
Wie kleine Menschen groß werden
Gebunden, 824 Seiten
ISBN 3 407 85787 X

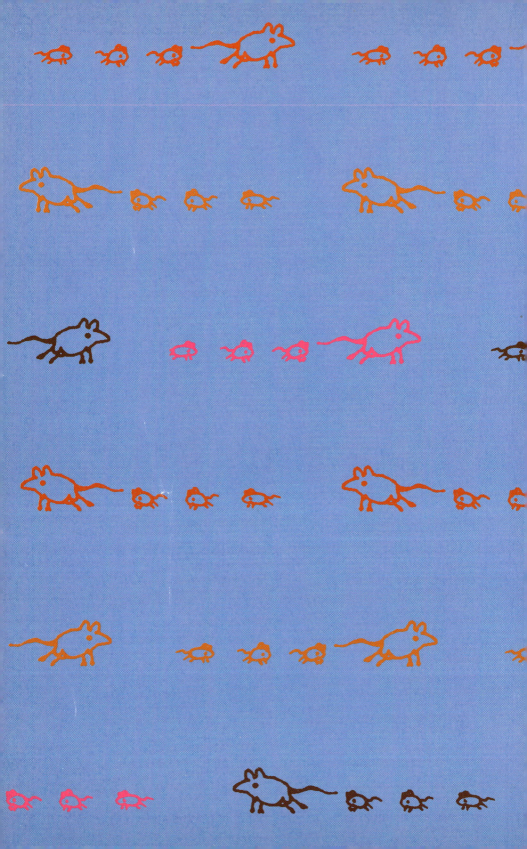